Beiträge zum ausländischen und
vergleichenden öffentlichen Recht

Band 42

Herausgegeben von
Christian Starck

Sarah Fischer

Der Abschuss entführter Zivilflugzeuge – Eine Frage der Souveränität

Zugleich eine Untersuchung verfassungsrechtlicher Aspekte des deutschen Grundgesetzes und der Verfassung der Vereinigten Staaten von Amerika

Nomos

Onlineversion
Nomos eLibrary

Die Deutsche Nationalbibliothek verzeichnet diese Publikation in der Deutschen Nationalbibliografie; detaillierte bibliografische Daten sind im Internet über http://dnb.d-nb.de abrufbar.

Zugl.: Freiburg, Univ., Diss., 2019

ISBN 978-3-8487-6641-3 (Print)
ISBN 978-3-7489-0720-6 (ePDF)

1. Auflage 2020

Vorwort

Mein besonderer Dank gilt an erster Stelle meinem Doktorvater, Herrn Prof. Dr. Ulrich Haltern, LL.M. (Yale), der mich zu dieser Arbeit ermuntert und das Interesse am interdisziplinären rechtswissenschaftlichen Arbeiten geweckt und stets gefördert hat. Dies gilt insbesondere auch für die Möglichkeit, im Rahmen meines Forschungsvorhabens an der Yale University als Research Fellow die gefundenen Ergebnisse zu hinterfragen.

Für diese Chance möchte ich auch besonders Professor Paul W. Kahn danken, der mich am Orville H. Schell, Jr. Center for International Human Rights der Yale Law School willkommen geheißen und mich durch intensive Diskussionen begleitet hat.

Ferner gilt mein Dank Herrn Prof. Dr. Ralf Poscher für die zügige Erstellung des Zweitgutachtens. Herrn Prof. Dr. Christian Starck danke ich für die Aufnahme der Arbeit in die Schriftenreihe Beiträge zum ausländischen und vergleichenden öffentlichen Recht.

Mein Dank gilt ferner Frau Sarah Katharina Stein, LL.M. (Columbia) für ihre fortdauernde und uneingeschränkte Unterstützung während der Fertigung der Dissertation. Gleicher Dank gilt auch Frau Dr. Neele Marleen Schlenker.

Ganz besonderer Dank gebührt insbesondere Frau Jutta Languth, Herrn Frank Fischer und Herrn Rafael Languth, die mich durch ihre unermüdliche Bereitschaft zur Diskussion und Korrektur maßgeblich bei der Fertigstellung dieser Arbeit unterstützt und begleitet haben.

Die vorliegende Arbeit entstand während meiner Zeit als wissenschaftliche Mitarbeiterin am Lehrstuhl für Öffentliches Recht, Europarecht und Rechtsphilosophie an der Leibniz Universität Hannover und wissenschaftlichen Hilfskraft an der Albert-Ludwigs-Universität Freiburg. Sie wurde von der rechtswissenschaftlichen Fakultät der Albert-Ludwigs-Universität Freiburg als Dissertation angenommen; das Rigorosum fand im Januar 2019 statt.

Das Manuskript wurde im Januar 2016 fertiggestellt. Der Literaturstand entspricht im Wesentlichen dem zum Zeitpunkt der Fertigstellung. Die deutsche Kommentar- und Lehrbuchliteratur wurde jedoch vor der Veröffentlichung weitgehend aktualisiert. Nicht nur dies zeigt, dass die untersuchte Fragestellung nichts an ihrer Aktualität eingebüßt hat.

Sarah Fischer
Hannover, im März 2020

Inhaltsverzeichnis

Abkürzungsverzeichnis

a.A.	andere Ansicht
a.F.	alte Fassung
A.F.L. Rev.	The Air Force Law Review
a.M.	am Main
abl.	ablehnend
Abs.	Absatz
ähnl.	ähnlich
allg.	allgemein
Am. Crim. L. Rev.	American Criminal Law Review
Am. J. Int'l L.	American Journal of International Law
Am. U. L. Rev.	American University Law Review
Anm.	Anmerkung
AöR	Archiv des öffentlichen Rechts
ARD	Arbeitsgemeinschaft der öffentlich-rechtlichen Rundfunkanstalten der Bundesrepublik Deutschland
Arizona L. Rev.	Arizona Law Review
Army Law.	The Army Lawyer
ARSP	Archiv für Rechts- und Sozialphilosophie
Art.	Artikel
AT	Allgemeiner Teil
Aufl.	Auflage
AUMF	Authorization for Use of Military Force
B.C. Int'l Comp. L. Rev.	Boston College International and Comparative Law Review
BayPAG	Polizeiaufgabengesetz Bayern
BayVBl.	Bayerische Verwaltungsblätter
BbgPolG	Brandenburgisches Polizeigesetz
Bd.	Band

Beck-OK	Beck'scher Online-Kommentar
BGB	Bürgerliches Gesetzbuch
BGBl.	Bundesgesetzblatt
BGH	Bundesgerichtshof
BGHSt	Entscheidungen des Bundesgerichtshofs in Strafsachen
BGSG	Gesetz über den Bundesgrenzschutz
BKA	Bundeskriminalamt
BRD	Bundesrepublik Deutschland
BremPolG	Bremisches Polizeigesetz
BT-	Bundestag
BT-Drs.	Drucksachsen des Bundestages
BVerfG	Bundesverfassungsgericht
BVerfGE	Entscheidungen des Bundesverfassungsgerichts
BVerfGG	Bundesverfassungsgerichtsgesetz
BVerwG	Bundesverwaltungsgericht
BVerwGE	Entscheidungen des Bundesverwaltungsgerichts
CA	California
Cal. L. Rev.	California Law Review
Campbell L. Rev.	Campbell Law Review
Cardozo J. Int'l & Comp. L.	Cardozo Journal of International & Comparative Law
Cardozo L. Rev.	Cardozo Law Review
Cardozo Pub. L. Pol'y & Ethics	Cardozo Public Law Policy & Ethics
Case W. Res. J. Int'l L.	Case Western Reserve Journal of International Law
Chap. L. Rev.	Chapman Law Review
Chi. J. Int'l L.	Chicago Journal of International Law
CIA	Central Intelligence Agency
CO	Colorado

Colum. J. Transnat'l L.	Columbia Journal of Transnational Law
Colum. L. Rev.	Columbia Law Review
Conn. Pub. Int. L. J.	Connecticut Public Interest Law Journal
Const. Comment.	Constitutional Commentary
Creighton L. Rev.	Creighton Law Review
Crim. L. & Phil.	Criminal Law & Philosophy
CT	Connecticut
D.C.	District of Columbia
ders.	Derselbe
dies.	dieselbe
diff.	Differenzierend
Diss.	Dissertation
D-Mark	Deutsche Mark
DÖV	Die öffentliche Verwaltung
Duke J. Com. & Int'l L.	Duke Journal of Comparative & International Law
Duke L. J.	Duke Law Journal
DVBl.	Deutsche Verwaltungsblätter
ebd.	Ebenda
EG	Europäische Gemeinschaft
EJIL	European Journal of International Law
Engage: J. Federalist Soc'y Prac. Groups	Engage: The Journal of the Federalist Society Practice Groups
EST	Eastern Standard Time
EuGRZ	Europäische GRUNDRECHTE-Zeitschrift
f.	Folgend
FAA	Federal Aviation Administration
FAZ	Frankfurter Allgemeine Zeitung
FBI	Federal Bureau of Investigation
Fed. Supp.	Federal Supplement
ff.	Fortfolgend
FG	Festgabe
FL	Florida

Fla. L. Rev.	Florida Law Review
Fordham Int'l L.J.	Fordham International Law Journal
Fordham Urban L. J.	Fordham Urban Law Journal
FS	Festschrift
GA	Goltdammer's Archiv für Strafrecht
Gen. Counsel of the Dep't of Def.	General Counsel of the Department of Defense
Geo. J. Int'l L.	Georgetown Journal of International Law
Geo. J. Legal Ethics	Georgetown Journal of Legal Ethics
German. L. J.	German Law Journal
GG	Grundgesetz
grds.	Grundsätzlich
GS	Gedächtnisschrift
Harv. C.R.-C.L. L. Rev.	Harvard Civil Rights-Civil Liberties Law Review
Harv. Int'l. L. J.	Harvard International Law Journal
Harv. J. L. & Pub. Pol'y	Harvard Journal of Law & Public Policy
Harv. Nat'l Sec. J.	Harvard National Security Journal
Hast. L. J.	Hastings Law Journal
Hastings Const. L. Q.	Hastings Constitutional Law Quarterly
HFR	Humboldt Forum Recht
HmbSOG	Hamburgisches Gesetz zum Schutz der öffentlichen Sicherheit und Ordnung
Hous. J. Int'l L.	Houston Journal of International Law
HRRS	HRR Strafrecht
Hrsg.	Herausgeber
HSOG	Hessisches Gesetz über die öffentliche Sicherheit und Ordnung
HStR	Handbuch des Staatsrechts
I.C.J	International Court of Justice
i.E.	im Ergebnis
i.S.d.	im Sinne des/der

i.S.v.	im Sinne von
i.V.m.	in Verbindung mit
ICAO	International Civil Aviation Organization/ Internationale Zivilluftfahrtorganisation
IfSG	Gesetz zur Verhütung und Bekämpfung von Infektionskrankheiten beim Menschen
IGH	Internationale Gerichtshof
IL	Illinois
IN	Indiana
Ind. L. J.	Indiana Law Journal
insb.	Insbesondere
Int'l J. Const. L.	International Journal of Constitutional Law
Int'l L. Stud. Ser. US Naval War Col.	International Law Studies Series. US Naval War College
J. Air L. & Com.	Journal of Air Law & Commerce
J. Contemp. L.	Journal of Contemporary Law
J. Crim. L. & Criminology	Journal of Criminal Law& Criminology
J. Inst. Just. Int'l Stud.	Journal of the Institute of Justice and International Studies
J. Int'l Legal Stud.	Journal of International Legal Studies
J. Nat'l Security L. & Pol'y	Journal of National Security Law & Policy
J. Transnat'l L. & Pol'y	Journal of Transnational Law & Policy
JA	Juristische Ausbildung
JR	Juristische Rundschau
Jr.	Junior
JuS	Juristische Schulung
JZ	Juristenzeitung
Kap.	Kapitel
KJ	Kritische Justiz
krit.	Kritisch
KritV	Die kritische Vierteljahresschrift für Gesetzgebung und Rechtswissenschaft
KS	Kansas

LG	Landgericht
Lincoln L. Rev.	Lincoln Law Review
LuftSiG	Luftsicherheitsgesetz
LVwG SH	Allgemeines Verwaltungsgesetz für das Land Schleswig-Holstein
m.w.N.	mit weiteren Nachweisen
MA	Massachusetts
MD	Maryland
Meck.-V.	Mecklenburg-Vorpommern
MEPolG	Musterentwurf eines einheitlichen Polizeigesetzes
Mich. J. Int'l L.	Michigan Journal of International Law
Mich. L. Rev.	Michigan Law Review
Mil. L. & L. War Rev.	Military Law and Law of War Review
Mil. L. Rev.	Military Law Review
Minn. L. Rev.	Minnesota Law Review
MN	Minnesota
MPC	Model Penal Code
Mü-Ko	Münchener Kommentar
N.Y.U. J. Legis. & Publ. Pol'y	New York University Journal of Legislation & Public Policy
N.Y.U. L. Rev.	New York University Law Review
NATO	North Atlantic Treaty Organization
Naval War Coll. Rev.	Naval War College Review
NBrandSchG	Niedersächsisches Brandschutzgesetz
NC	North Carolina
Nds.	Niedersächsisches
Nds. SOG	Niedersächsisches Gesetz über die öffentliche Sicherheit und Ordnung
New Crim. L. Rev.	New Criminal Law Review
New Eng. L. Rev.	New England Law Review
NJ	New Jersey
NJW	Neue Juristische Wochenschrift

NMCC	National Military Command Center
No.	Number
NORAD	North American Aerospace Defense Command
Notre Dame L. Rev.	Notre Dame Law Review
NPOG	Niedersächsisches Polizei- und Ordnungsbehörden-gesetz
Nr.	Nummer
NRW	Nordrhein-Westfalen
NStZ	Neue Zeitschrift für Strafrecht
NSU	Nationalsozialistischer Untergrund
NVwZ	Neue Zeitschrift für Verwaltungsrecht
NWVBl.	Nordrhein-Westfälische Verwaltungsblätter
NY	New York
NYPD	New York Police Department
NZWehrr	Neue Zeitschrift für Wehrrecht
NZZ	Neue Zürcher Zeitung
o. O.	ohne Ort
OLG	Oberlandesgericht
PA	Pennsylvania
Pace L. Rev.	Pace Law Review
PENTTBOM	Pentagon/Twin Tower Bombing Investigation
POG Rh.-Pf.	Polizei- und Ordnungsbehördengesetz Rheinland-Pfalz
Pol. Sci. Q.	Political Science Quarterly
PolG BW	Polizeigesetz Baden-Württemberg
PolG NRW	Polizeigesetz des Landes Nordrhein-Westfalen
RAF	Rote Armee Fraktion
Re	In re
Rhld.	Rheinland
Rn.	Randnummer

RuP	Recht und Politik
Rutgers J. L. & Religion	Rutgers Journal of Law & Religion
Rutgers L. J.	Rutgers Law Journal
S.	Seite
S. Cal. L. Rev.	Southern California Law Review
S.Ct.	Supreme Court Reporter
S/Res.	Sicherheitsrat der Vereinten Nationen/ Resolution
SächsPolG	Polizeigesetz des Freistaates Sachsen
Seattle U. L. Rev.	Seattle University Law Review
Seton Hall L. Rev.	Seton Hall Law Review
SOG LSA	Gesetz über die öffentliche Sicherheit und Ordnung des Landes Sachsen-Anhalt
SOG M-V	Gesetz über die öffentliche Sicherheit und Ordnung in Mecklenburg-Vorpommern
SoldG	Soldatengesetz
Sr.	Senior
St. Thomas L. Rev.	St. Thomas Law Review
Stan. J. Int'l L.	Stanford Journal of International Law
Stan. L. Rev.	Stanford Law Review
StGB	Strafgesetzbuch
StV	Strafverteidiger
Sup. Ct. Rev.	Supreme Court Review
Temp. Int'l & Comp. L. J.	Temple International and Comparative Law Journal
Temp. L. Rev.	Temple Law Review
Temp. Pol. & Civ. Rts. L. Rev.	Temple Political & Civil Rights Law Review
Tex. Int'l L. J.	Texas International Law Journal
Theoretical Inq. L.	Theoretical Inquiries in Law
ThürPAG	Thüringer Gesetz über die Aufgaben und Befugnisse der Polizei
Tort & Ins. L. J.	Tort & Insurance Law Journal

TPG	Transplantationsgesetz
Tulsa J. Comp. Int'l L.	Tulsa Journal of Comparative International Law
U. Chic. L. Rev.	University of Chicago Law Review
U. Colo. L. Rev.	University of Colorado Law Review
U. Ill. L. Rev.	University of Illinois Law Review
U. Mem. L. Rev.	University of Memphis Law Review
U. Miami L. Rev.	University of Miami Law Review
U. Pa. J. Const. L.	University of Pennsylvania Journal of Constitutional Law
U. Pa. L. Rev.	University of Pennsylvania Law Review
U. Pitt. L. Rev.	University of Pittsburgh Law Review
U. Rich. L. Rev.	University of Richmond Law Review
u.a.	und andere
U.C. Davis J. Int'l L. & Pol'y	U.C. Davis Journal of International Law & Policy
U.N./UN-	United Nations
U.S./US	United States
U.S.C.	United States Code
U.S.C.A.	United States Code Annotated
U.S.F. L. Rev.	University of San Francisco Law Review
UBWV	Unterrichtsblätter für die Bundeswehrverwaltung
UCLA L. Rev.	UCLA Law Review
UN-C	Charta der Vereinten Nationen
UNO	United Nations Organization
Utah L. Rev.	Utah Law Review
UZwG	Gesetz über den unmittelbaren Zwang bei Ausübung öffentlicher Gewalt durch Vollzugsbeamte des Bundes

UZwGBw	Gesetz über die Anwendung unmittelbaren Zwanges und die Ausübung besonderer Befugnisse durch Soldaten der Bundeswehr und verbündeter Streitkräfte sowie zivile Wachpersonen
v.	versus
Va. L. Rev.	Virginia Law Review
Vand. J. Transnat'l L.	Vanderbilt Journal of Transnational Law
Vand. L. Rev.	Vanderbilt Law Review
VBl.BW	Verwaltungsblätter Baden-Württemberg
VG	Verwaltungsgericht
vgl.	vergleiche
Virginia J. Int'l L.	Virginia Journal of International Law
Vol.	Volume
Vorbem	Vorbemerkungen
VR	Verwaltungsrundschau
VVDStRL	Veröffentlichung der Vereinigung der Deutschen Staatsrechtslehrer
Wake Forest L. Rev.	Wake Forest Law Review
Wash. U. J. L. & Pol'y	Washington University Journal of Law & Policy
WI	Wisconsin
Willamette L. Rev.	Willamette Law Review
Wis. Int'l L. J.	Wisconsin International Law Journal
WStG	Wehrstrafgesetz
Y.B. Int'l Hum. L.	Yearbook of International Humanitarian Law
Yale J. Int'l L.	Yale Journal of International Law
Yale L. & Pol'y Rev.	Yale Law & Policy Review
Yale L. J.	Yale Law Journal
ZaöRV	Zeitschrift für ausländisches öffentliches Recht und Völkerrecht
ZfP	Zeitschrift für Politik
ZG	Zeitschrift für Gesetzgebung

ZIS	Zeitschrift für Internationale Strafrechtsdogmatik
ZLW	Zeitschrift für Luft- und Weltraumrecht
ZParl	Zeitschrift für Parlamentsfragen
ZRP	Zeitschrift für Rechtspolitik
ZStW	Zeitschrift für die gesamte Strafrechtswissenschaft
zust.	zustimmend

1. Kapitel Einleitung

Fünf Personen entführen ein voll besetztes Passagierflugzeug. Die Entführer beabsichtigen, das Flugzeug in einem von unbeteiligten Personen stark frequentierten Hochhaus zum Absturz zu bringen. Das Ziel kann vor dem intendierten Einschlag nicht rechtzeitig evakuiert werden, sodass mit an Sicherheit grenzender Wahrscheinlichkeit eine große Anzahl von Menschen in dem Hochhaus sowie alle Personen an Bord des entführten Flugzeugs ihr Leben verlieren werden.[1] Die einzige Chance, die im Hochhaus befindlichen Menschen zu retten, ist der Abschuss der entführten Maschine, bevor diese ihr Ziel erreicht. Hierdurch verlieren jedoch alle Flugzeuginsassen – auch diejenigen, die nicht an der Entführung der Maschine und der weitergehenden Verwendung beteiligt sind – mit an Sicherheit grenzender Wahrscheinlichkeit ihr Leben. Den entführten Flugzeuginsassen ist es nicht möglich, die Kontrolle über die entführte Maschine zurückzuerlangen. Ferner besteht keine Möglichkeit, die unbeteiligten Flugzeuginsassen zu retten.

Angenommen, es bestünde die Möglichkeit, das Flugzeug durch einen gezielten Abschuss von seinem Ziel abzuhalten, welche rechtlichen Voraussetzungen müssten hierfür erfüllt sein? Könnten diese überhaupt zu einem Abschuss ermächtigen oder ist ein derartiges Eingreifen grundsätzlich immer unzulässig?

Eine Bedrohung durch entführte und zu Waffen pervertierte Zivilflugzeuge ist spätestens seit den Anschlägen vom 11. September 2001 in den USA bittere Realität. Doch schon Jahrzehnte vorher wurden Passagierflugzeuge für terroristische Zwecke missbraucht.[2] Bereits im Jahr 1972 musste sich der damalige Verteidigungsminister Leber während der Olympischen Spiele in München die Frage stellen, ob ein Passagierflugzeug, zu dem der Funkkontakt abgebrochen war, abgeschossen werden sollte. Es wurde vermutet, die Maschine sei von Terroristen entführt worden, die beabsichtigten, während der Abschlussfeier im Münchener Olympiastadion aus dem

1 Angelehnt an die tatsächlichen Flugzeugentführungen vom 11. September 2001, etwa auch Resnicoff, Shooting Down Suicide Airplanes, 10 Issues in Aviation Law and Policy (2010-2011), 281 (281).

2 Auch zur Erpressung von Lösegeldern, vgl. Atwell, Aviation and International Terrorism, in: Research Handbook on International Law and Terrorism, S. 57 (57 f.).

Flugzeug heraus Bomben in die Abschlussveranstaltung zu werfen.[3] Noch vor einer Entscheidung über einen Abschuss identifizierte sich das vermeintlich entführte Flugzeug als finnische Passagiermaschine, die sich aufgrund eines Defekts der Radaranlage verirrt hatte.[4]

Dennoch ist das durch die Anschläge von 9/11 verwirklichte, bis dahin völlig ungekannte, Bedrohungsrisiko nach wie vor beispiellos.[5] Spätestens seit dieser Erfahrung wird jede Unterbrechung des Funkkontakts argwöhnisch untersucht und bewertet. In Deutschland ist etwa der Irrflug eines geistig verwirrten Mannes im Jahr 2003 über der Frankfurter Innenstadt in besonderer Erinnerung geblieben, der unter anderem Motiv des Gesetzes zur Neuregelung von Luftsicherheitsaufgaben (LuftSiG) wurde.[6]

Im Fall des unterbrochenen Funkkontakts besteht die Problematik zunächst in der Unsicherheit, festzustellen, ob rein technisches Versagen oder doch strafrechtlich relevantes Verhalten zum Abbruch des Funkkontakts geführt hat. Wurde eine missbräuchliche Intention ermittelt, stellt sich im Anschluss die wohl wichtigste Frage: Wie darf ein Staat auf eine Bedrohung durch eine entführte, als Waffe zweckentfremdete Passagiermaschine reagieren, die mit der Absicht eingesetzt wird, durch einen kontrollierten Absturz einer größtmöglichen Personenzahl Schaden zuzufügen?

Unbesehen der faktischen und technischen Schwierigkeiten der konkreten Sachverhaltsaufklärung oszilliert das Spektrum möglicher hoheitlicher Maßnahmen zwischen der Nichtbeeinträchtigung und dem Abschuss der entführten Maschine, wobei nicht nur die Bedrohung für am Boden befindliche Personen und Objekte zu berücksichtigen ist, sondern auch die Situation der an Bord befindlichen, unbeteiligten Flugzeuginsassen, die Opfer einer Entführung und Geiselnahme geworden sind.

A. Ausgangsüberlegung

Während in Deutschland seit der Nichtigerklärung von § 14 Abs. 3 LuftSiG, der einen Abschuss einer entführten Passagiermaschine zur Rettung

3 Leber, Vom Frieden, S. 227.

4 Leber, Vom Frieden, S. 230.

5 Nach Steiger, Das völkerrechtliche Folterverbot und der „Krieg gegen den Terror“, S. 27.

6 BT-Drs. 15/2361, S. 14; auch wenn dieser abgesehen von der Verwendung eines Flugzeugs keine bedeutenden Parallelen zu den Anschlägen vom 11. September 2001 aufweist.

von am Boden bedrohten Personen ausdrücklich normierte, ein solcher problematisch sein dürfte, entsteht der Eindruck, dass ein Abschuss zur Rettung Dritter in den USA rechtlich zulässig ist. Es scheint, als ob die Vernichtung des Rechtsguts Leben zugunsten Dritter in der Rechtsordnung der Vereinigten Staaten im Falle entführter, pervertierter Zivilflugzeuge so unproblematisch als rechtmäßig anerkannt wird, dass sich die Frage einer vermeintlichen Unzulässigkeit überhaupt nicht stellt. Denn obwohl der damalige Präsident Bush und auch sein Vizepräsident Cheney am 11. September 2001 Abschussbefehle für die entführten Maschinen erteilt hatten[7] und die Befehle der Öffentlichkeit bekannt waren, wurde weder die Rechtmäßigkeit der Befehle noch die Rechtmäßigkeit eines möglichen Abschusses von den öffentlichen Medien oder innerhalb der US-amerikanischen rechtswissenschaftlichen Diskussion angezweifelt oder in Frage gestellt.[8]

Interessanterweise zeigt sich für die deutsche Verfassungsordnung ein gänzlich gegenteiliges Bild. Das Bundesverfassungsgericht kassierte die Eingriffsbefugnis des § 14 Abs. 3 LuftSiG mit einem Paukenschlag und erteilte jeglichem Bestreben der staatlichen Legitimation eines Abschusses eine deutliche Absage. Die Rechtswissenschaft reagierte mit scharfer Kritik und einer prominent geführten Diskussion über die Zulässigkeit des gezielten Waffeneinsatzes, in der nicht wenige Vertreter diese – im Widerspruch zur bundesverfassungsgerichtlichen Rechtsprechung – bejahten.[9]

Ausgehend von diesem Meinungsbild soll anhand des oben geschilderten Beispielfalls nach Abbild der Anschläge vom 11. September 2001 zunächst geklärt werden, ob tatsächlich nach deutschem und US-amerikanischem Verfassungsrecht ein Abschuss eines auch mit unbeteiligten Flugzeuginsassen besetzten Passagierflugzeugs rechtmäßig oder unrechtmäßig ist. Sollte sich die Prognose der Unzulässigkeit nach deutschem und die der Zulässigkeit nach US-amerikanischem Verfassungsrecht bestätigen, würde sich daran die Frage des „Warum“ anschließen. Worin könnte die Ursache für eine derart unterschiedliche rechtliche Wertung in zwei demo-

7 The 9/11 Commission Report, S. 40 f., (Onlinequelle).

8 Dershowitz, Why Terrorism Works, S. 189: “It is clearly right to shoot down a commercial jet (...)”; Huskisson, The Air Bridge Denial Program and the Shootdown of Civil Aircraft under International Law, 56 A.F.L. Rev. (2005), 109 (136): “(...) no one would doubt the propriety of shooting down a civil aircraft on a suicide mission (...)”; im Ergebnis auch Resnicoff, Shooting Down Suicide Airplanes, 10 Issues in Aviation Law and Policy (2010-2011), 281 (293).

9 Zustimmung als Minderheit festgestellt von Khan, Der Staat im Unrecht: Luftsicherheit und Menschenwürde, in: Der Staat im Recht, S. 143 (148).

kratischen, liberalen Rechtsordnungen zu finden sein, die doch übereinstimmend das Rechtsgut Leben als eines der bedeutendsten Verfassungsgüter anerkennen?

B. These

Ausgangsüberlegung der folgenden Untersuchung ist die Annahme, dass die von Paul W. Kahn und Ulrich Haltern verwendete kulturtheoretisch orientierte Theorie der Bedeutung von Souveränität im Recht Bewertungsquerstände und -divergenzen zwischen Rechtsordnungen aber auch dem nationalen Recht immanente Friktionen aufzuklären vermag.

Kahn und Haltern nehmen an, dass die Erfahrung des Rechts und die Erfahrung des Staates durch ein Verständnis von Souveränität geprägt wird, das auch eine Kategorie des Willens umfasse.[10] Souveränität lasse sich als eine Imagination beschreiben, die Charakteristiken verwandt mit denen des christlichen Glaubens aufweise.[11] Kahn zeichnet für die USA ein Bedeutungskonzept von Souveränität, das er als modern beschreibt.[12] Hiervon ausgehend gelangt Haltern zu einer Bedeutungsbeschreibung des deutschen Souveränitätsverständnisses als aufgeklärt, protestantisch.[13]

Darauf aufbauend ist These der folgenden Untersuchung, dass der Grund für eine unterschiedliche rechtliche Wertung hinsichtlich der Frage der Verfassungsmäßigkeit eines staatlichen Abschusses einer entführten, mit unbeteiligten Passagieren besetzten Maschine in den USA wie auch in Deutschland in dem in der jeweiligen Rechtsordnung verwobenen Souveränitätsverständnis gefunden werden kann und sich dieses für die USA als Ausdruck eines modernen Souveränitätsverständnisses, für Deutschland hingegen als eines protestantischen beschreiben lässt.

Diese These bedarf jedoch insbesondere hinsichtlich der kontrovers geführten Debatte in Deutschland und den divergierenden Ergebnissen zahlreicher deutscher Rechtswissenschaftler, einen Abschuss als rechtmäßig zu bewerten, einer kritischen Überprüfung.

---

10 Etwa Haltern, Europarecht und das Politische, S. 55 ff.; Kahn, Putting Liberalism in Its Place, S. 103, 143 ff.

11 Haltern, Was bedeutet Souveränität, S. 29 f., 49; Kahn, Putting Liberalism in Its Place, S. 152.

12 Kahn, Sacred Violence, S. 34, 53; vgl. auch A. I. im 4. Kapitel.

13 Haltern, Was bedeutet Souveränität, S. 62 ff.; ausführlicher siehe A. II. im 4. Kapitel.

C. Methode

Den Kern der dogmatischen Untersuchung bildet ein Verfassungsvergleich zwischen den Regelungen des deutschen Grundgesetzes und der Verfassung der Vereinigten Staaten von Amerika in Bezug auf die Frage, ob der Abschuss eines auch mit Unbeteiligten besetzten, entführten Passagierflugzeugs, das als Waffe eingesetzt werden soll, verfassungsrechtlich zulässig ist.[14]

Die Ergebnisse werden anschließend durch den von Kahn und Haltern verwendeten kulturtheoretisch inspirierten Analyserahmen erweitert, der Ansätze der kritischen Philosophie und anthropologischen Beschreibung kombiniert.[15] Begründet wird eine kontextualisierende Ergänzung[16] der rechtsdogmatischen Prüfung mit der Eindimensionalität bloß dogmatischer Betrachtungen.[17] Beide nehmen an, Reformen seien zwar der Fokuspunkt der Rechtskultur,[18] beleuchteten jedoch immer nur einen Teilbereich des Rechts selbst und blieben infolgedessen immanent innerhalb der rechtlichen Perspektive gefangen.[19] Die kulturtheoretische Analyse des Rechts biete eine Möglichkeit zur Beantwortung von rechtswissenschaftlichen Fragen, die durch die Rechtswissenschaft nicht vollumfassend zufriedenstellend gelöst werden könnten, da sie anders als die bloß reformorientierte Untersuchung nicht dem Problem ausgesetzt sei, vom Untersu-

---

14 Allgemein zum methodischen Vorgehen der Rechtsvergleichung etwa Zweigert/Kötz, Einführung in die Rechtsvergleichung, Bd. 1, S. 27 ff.; krit. dazu etwa Adams/Griffiths, Against ‚Comparative Method‘, in: Practice and Theory in Comparative Law, S. 279 (283 f.). Soweit angenommen wird, die funktionale Methode verfolge immer auch die Intention der Reform, vgl. etwa Michaels, Functional Method, in: The Oxford Handbook of Comparative Law, S. 339 (342, 380), soll dies für die folgende Untersuchung explizit ausgeschlossen werden.

15 Siehe Kahn, The Cultural Study of Law, S. 36.

16 Für eine Ergänzung etwa auch Baer, Verfassungsvergleichung und reflexive Methode: Interkulturelle und intersubjektive Kompetenz, ZaöRV 64 (2004), 735 (752).

17 Haltern, Notwendigkeit und Umrisse einer Kulturtheorie des Rechts, in: Kulturelle Identität als Grund und Grenze des Rechts, S. 193 (203 f.); ders., Recht und soziale Imagination, in: Rechtsanalyse als Kulturforschung, S. 89 (90 ff.).

18 Haltern, Europarecht und das Politische, S. 7 f.; Kahn, The Cultural Study of Law, S. 7.

19 Haltern, Europarecht und das Politische, S. 8; ders., Recht und soziale Imagination, in: Rechtsanalyse als Kulturforschung, S. 89 (90); Kahn, The Cultural Study of Law, S. 7, 27.

chungsgegenstand konsumiert zu werden, sondern diesen unabhängig betrachte.[20]

Dieser Untersuchungsansatz zielt folglich gerade nicht auf die Ermittlung der „Richtigkeit und Wahrheit" oder die Optimierung von Rechtssätzen ab, sondern geht der Frage nach, „welche Bedeutungen diese Sätze für die Erlebniswelt der jeweiligen Imagination haben".[21] Recht werde keineswegs als transzendentes Normgebilde, das von außen auf die Gesellschaft zugreife, sondern als Betrachtungsmodus, als Perspektive verstanden.[22] Das Recht selbst verleihe dem Beobachtungsobjekt einen dem Recht eigentümlichen Sinn.[23] Angelehnt an Ernst Cassirer sei kulturtheoretisch informierte Rechtswissenschaft „nicht Erkenntnis äußerer Fakten oder Ereignisse; sie ist eine Form der Selbsterkenntnis".[24] Sie müsse sich auf das Bedeutungssystem des Rechts konzentrieren, das sich in Symbolen materialisiere.[25] Ihr zentraler Auftrag bestehe darin, symbolische Formen und ihre Bedeutungen aufzudecken, die gleichsam reziprok von Menschen an das Recht herangetragen und wiederum aus dem Umgang mit selbigem erlangt würden.[26]

Methodisch wird auf den von Kahn angewandten Untersuchungsrahmen zurückgegriffen, der aus einer zweiachsigen Matrix besteht: Architektur und Genealogie.[27]

---

20 Haltern, Europarecht und das Politische, S. 8, krit. auch zu anderen theoriegeleiteten Untersuchungsansätzen (ebd.); ders., Notwendigkeit und Umrisse einer Kulturtheorie des Rechts, in: Kulturelle Identität als Grund und Grenze des Rechts, S. 193 (204); Kahn, The Cultural Study of Law, S. 7, 27.

21 Haltern, Europarecht und das Politische, S. 11, 17 f.; ders., Notwendigkeit und Umrisse einer Kulturtheorie des Rechts, in: Kulturelle Identität als Grund und Grenze des Rechts, S. 193 (206); siehe auch Kahn, The Cultural Study of Law, S. 7, 36.

22 Haltern, Europarecht und das Politische, S. 17; ders., Recht und soziale Imagination, in: Rechtsanalyse als Kulturforschung, S. 89 (91).

23 Haltern, Europarecht und das Politische, S. 19; ders., Recht und soziale Imagination, in: Rechtsanalyse als Kulturforschung, S. 89 (91).

24 Haltern, Europarecht und das Politische, S. 17 f.; ders., Notwendigkeit und Umrisse einer Kulturtheorie des Rechts, in: Kulturelle Identität als Grund und Grenze des Rechts, S. 193 (207).

25 Haltern, Europarecht und das Politische, S. 18; ders., Obamas politischer Körper, S. 39; ders., Recht und soziale Imagination, in: Rechtsanalyse als Kulturforschung, S. 89 (93 ff.); Kahn, The Cultural Study of Law, S. 35 ff.

26 Haltern, Europarecht und das Politische, S. 18; ders., Notwendigkeit und Umrisse einer Kulturtheorie des Rechts, in: Kulturelle Identität als Grund und Grenze des Rechts, S. 193 (208); Kahn, The Cultural Study of Law, S. 39.

27 Kahn, The Cultural Study of Law, S. 41 ff.

I. Architektur

Die architektonische Dimension untersucht Form und Struktur der gegenwärtigen Rechtspraxis, faktisch die tatsächliche Ausdrucksform der Imagination.[28] Ziel sei es, durch die Beschreibungen der dem Recht eigenen Konzeptionen die Struktur und Form der Erfahrung, die vom heutigen Recht bestehe, darzustellen.[29] Zugleich sollen hierdurch fremde symbolische Bedeutungen erkannt werden, um die dem Recht zugehörige Struktur zu schärfen und Interaktionen mit anderen symbolischen Formen zu verstehen.[30]

II. Genealogie

Die Genealogie des Rechts ist nach Kahn die Dimension, die die historische Entwicklung des Glaubenssystems Recht nachzeichnet.[31] Hierzu verknüpfe die genealogische Analyse die Natur des Glaubens an das Recht mit den Traditionen westlicher Kulturen.[32] Das moderne Verständnis vom Recht fuße auf zwei fundamentalen, kulturellen Wandlungen: Dem Wandel vom religiösen zum säkularen Verständnis politischer Ordnungen und dem Übergang vom Verständnis des Monarchen zum Verständnis des Volkssouveräns.[33] Der Wille des Volkes und nicht des Monarchen werde zur Quelle des Rechts; nicht der Körper des Monarchen, sondern der des Volkssouveräns verkörpere die mystische Gestalt des Staates.[34] Diese Entwicklung erfolgte jedoch nicht durch einen deutlichen Bruch oder klaren

---

28 Kahn, The Cultural Study of Law, S. 41.

29 Haltern, Europarecht und das Politische, S. 42; ders., Notwendigkeit und Umrisse einer Kulturtheorie des Rechts, in: Kulturelle Identität als Grund und Grenze des Rechts, S. 193 (208 f.).

30 Haltern, Notwendigkeit und Umrisse einer Kulturtheorie des Rechts, in: Kulturelle Identität als Grund und Grenze des Rechts, S. 193 (208 f.).

31 Kahn, The Cultural Study of Law, S. 41 ff.; ders., Putting Liberalism in Its Place, S. 66 f.

32 Haltern, Europarecht und das Politische, S. 40; Kahn, The Cultural Study of Law, S. 41.

33 Haltern, Europarecht und das Politische, S. 40; ders., Recht und soziale Imagination, in: Rechtsanalyse als Kulturforschung, S. 89 (97); Kahn, The Cultural Study of Law, S. 41; ders., Putting Liberalism in Its Place, S. 89.

34 Kahn, Putting Liberalism in Its Place, S. 89 f.

Schnitt, vielmehr seien die Bedeutungen und Überbleibsel vergangener Zeiten noch in heutigen Begrifflichkeiten und Konzeptionen zu finden.[35]

D. Fortgang der Untersuchung

Die folgende Untersuchung wird sich zunächst im zweiten und dritten Kapitel mit der architektonischen Dimension befassen. Ausdruck und Form der Imagination des Rechts sollen anhand der Frage der verfassungsrechtlichen Rechtmäßigkeit eines staatlichen Flugzeugabschusses für Deutschland und für die Vereinigten Staaten von Amerika konkret untersucht werden. Das vierte Kapitel widmet sich der genealogischen Einordnung der vorgefundenen Rechtssätze innerhalb der Imagination des Rechts und untersucht, ob sich die gefundenen Ergebnisse in die Theorien von moderner/katholischer oder postmoderner/protestantischer Souveränität einfügen.

Der herangezogene Vergleich mit der US-amerikanischen Verfassung bietet einen Spiegelungsrahmen für die in Deutschland geführte rechtswissenschaftliche Diskussion zum Abschuss entführter Passagiermaschinen. Hierdurch lassen sich die unterschiedlichen Imaginationskonzepte im Recht verdeutlichen und das Verständnis für die eigene Rechtsordnung schärfen.[36] Sicherlich ist die Imagination des Rechts der USA nicht der einzig mögliche Referenzrahmen, allerdings bietet sich die Verfassungsordnung der Vereinigten Staaten[37] insbesondere durch die präzedenzlosen Anschläge sowie die belegten Abschussbefehle vom 11. September 2001 als Spiegelungsobjekt besonders an.

Anders als in vielen rechtsvergleichenden Untersuchungen wird vorliegend gerade nicht die Ableitung dogmatischer Reformanstöße verfolgt. Soweit Ergebnisse auch auf die rechtliche Bewertung anderer Szenarien einer Flugzeugentführung oder eines Flugzeugabschusses übertragen werden möchten, wird dies an dieser Stelle gleichermaßen nicht beabsichtigt.

---

35 Haltern, Europarecht und das Politische, S. 40; ders., Recht und soziale Imagination, in: Rechtsanalyse als Kulturforschung, S. 89 (98); Kahn, The Cultural Study of Law, S. 41.

36 Allgemein etwa Starck, Rechtsvergleichung im öffentlichen Recht, JZ 1997, 1021 (1023).

37 Zur Bedeutung der USA für den Rechtsvergleich bereits Zweigert/Kötz, Einführung in die Rechtsvergleichung, Bd. 1, S. 292.

2. Kapitel Die Verfassungswidrigkeit des Abschusses in Deutschland

Das folgende Kapitel untersucht, wie der Abschuss einer entführten Passagiermaschine, die als Waffe gegen Dritte eingesetzt werden soll, aus verfassungsrechtlicher Perspektive des deutschen Grundgesetzes zu bewerten ist.

Mit dem Inkrafttreten des LuftSiG[38] 2005 wurde der Abschuss eines Passagierflugzeugs in § 14 Abs. 3 LuftSiG ausdrücklich in der deutschen Rechtsordnung geregelt. Es soll deshalb zunächst auf die Regelungen des LuftSiG eingegangen werden (A.), um hieran chronologisch anknüpfend auf das Urteil des Bundesverfassungsgerichts einzugehen, das die Verfassungswidrigkeit der Abschussermächtigung aus § 14 Abs. 3 LuftSiG feststellte (B.). Anschließend wird die insbesondere dem Urteil nachfolgende rechtswissenschaftliche Diskussion zur Frage der Verfassungsmäßigkeit eines Abschusses einer entführten Zivilmaschine abgebildet und rechtlich hinterfragt (C.).

A. Das LuftSiG vom 11. Januar 2005

Das LuftSiG regelt die Abwehr äußerer Gefahren für die Luftsicherheit, die bisher im Luftverkehrsgesetz enthalten war und an die Verordnung (EG) Nr. 2320/2002 des Europäischen Parlaments und des Rates vom 16. Dezember 2002 angepasst wurde, neu.[39]

Nach § 1 LuftSiG bezweckt das Gesetz den Schutz vor Angriffen auf die Luftsicherheit, insbesondere vor Flugzeugentführungen, Sabotageakten und terroristischen Anschlägen, der gemäß § 2 LuftSiG den Luftsicherheitsbehörden obliegt. Diese können nach § 3 LuftSiG die notwendigen Maßnahmen zur Abwehr einer im Einzelfall bestehenden Gefahr treffen, soweit nicht die Befugnisse durch § 5 LuftSiG gesondert normiert werden.[40] In den §§ 13-15 LuftSiG wird die „Unterstützung und Amtshilfe

---

38 BGBl. I, 2005 S. 78.

39 BVerfG, Urteil vom 15. Februar 2006 - 1 BvR 357/05 -, (= BVerfGE 115, 118 ff.).

40 §§ 7-12 LuftSiG regelten die Zuverlässigkeitsprüfungen sowie besondere Pflichten von Flughafenbetreibern und Luftfahrtunternehmen und besondere Vorschriften beim Flugbetrieb.

durch die Streitkräfte“ geregelt. § 13 Abs. 1 LuftSiG erlaubt den Einsatz der Streitkräfte zur Unterstützung der Polizeikräfte der Länder, soweit auf Grund eines erheblichen Luftzwischenfalls Tatsachen vorliegen, die im Rahmen der Gefahrenabwehr die Annahme begründen, dass ein besonders schwerer Unglücksfall nach Art. 35 Abs. 2 oder Abs. 3 GG bevorstehe und der Einsatz der Streitkräfte zur Verhinderung eines besonders schweren Unglücksfalls erforderlich ist.

Im Fall des Art. 35 Abs. 2 Satz 2 GG entscheidet über den Einsatz auf Anforderung des betroffenen Landes der Bundesminister der Verteidigung oder sein Vertreter nach § 13 Abs. 2 LuftSiG, bei einem überregionalen Katastrophennotstand nach Art. 35 Abs. 3 GG die Bundesregierung im Benehmen mit den betroffenen Ländern gemäß § 13 Abs. 3 Satz 1 LuftSiG. Ist eine rechtzeitige Entscheidung der Bundesregierung nicht möglich, obliegt die Entscheidungsbefugnis dem Bundesminister der Verteidigung oder im Vertretungsfall dem zu seiner Vertretung berechtigten Mitglied der Bundesregierung im Benehmen mit dem Bundesminister des Inneren, § 13 Abs. 3 Satz 2 LuftSiG. Dabei richtet sich die Unterstützung durch die Streitkräfte im Rahmen des Einsatzes nach den Bestimmungen des LuftSiG, § 13 Abs. 4 Satz 2 LuftSiG.

Die §§ 14, 15 LuftSiG regeln die Grundsätze zur Auswahl der zulässigen Einsatzmaßnahmen. Nach § 15 Abs. 1 LuftSiG dürfen Maßnahmen zur Verhinderung eines schweren Unglücksfalls i.S.v. § 14 Abs. 1, 3 LuftSiG erst getroffen werden, wenn das Luftfahrzeug, von dem die Gefahr eines solchen Unglücksfalls ausgeht, von den Streitkräften vorab im Luftraum überprüft und erfolglos versucht wurde, es zu warnen und umzuleiten. Erst danach dürfen die Streitkräfte nach § 14 Abs. 1 LuftSiG das betreffende Luftfahrzeug im Luftraum abdrängen, zur Landung zwingen, den Einsatz von Waffengewalt androhen oder Warnschüsse abgeben, wobei der Einsatz des jeweiligen Mittels nach § 14 Abs. 2 LuftSiG verhältnismäßig zu erfolgen hat.

Ursprünglich durfte als Ultima Ratio nach § 14 Abs. 3 LuftSiG mit Waffengewalt unmittelbar auf das Luftfahrzeug eingewirkt werden, wenn Umstände die Annahme begründeten, das Luftfahrzeug solle gegen das Leben von Menschen eingesetzt werden, die Einwirkung mit Waffengewalt das einzige Mittel zur Abwehr dieser gegenwärtigen Gefahr sei und der Bundesminister der Verteidigung oder im Vertretungsfall das zu seiner Vertretung berechtigte Mitglied der Bundesregierung den Einsatz von Waffengewalt angeordnet hätte, § 14 Abs. 4 Satz 1 LuftSiG.

Im Zuge des Gesetzgebungsverfahrens wurde, neben Bedenken hinsichtlich der materiellen Verfassungsmäßigkeit des § 14 Abs. 3 LuftSiG, vor allem die Frage, ob §§ 13-15 LuftSiG den verfassungsrechtlichen Vorgaben des Art. 35 Abs. 2 Satz 2, Abs. 3 GG genügen, kontrovers diskutiert.

B. Das Urteil des Bundesverfassungsgerichts zum LuftSiG

In seinem Urteil zum LuftSiG vom 15. Februar 2006 erklärte das Bundesverfassungsgericht insbesondere die Abschussermächtigung aus § 14 Abs. 3 LuftSiG für unvereinbar mit Art. 2 Abs. 2 Satz 1 GG i.V.m. Art. 1 Abs. 1 GG, soweit hiervon tatunbeteiligte Flugzeuginsassen betroffen würden.[41]

I. Formelle Verfassungswidrigkeit

Nach Ansicht des Gerichts fehlte dem Bund bereits die Gesetzgebungsbefugnis für die angegriffene Regelung.[42] Die Kompetenz des Bundes zur Regelung des Einsatzes der Streitkräfte im Zusammenwirken mit den beteiligten Ländern zur Bewältigung eines regionalen oder überregionalen Katastrophennotstandes folge unmittelbar aus Art. 35 Abs. 2 Satz 2, Abs. 3 GG[43] und könne nicht aus Art. 73 Nr. 1 GG oder Art. 73 Nr. 6 GG hergeleitet werden.[44] Die Streitkräfte dürften nach Art. 87a GG nur dann zu anderen Zwecken als der Verteidigung eingesetzt werden, wenn das Grundgesetz hierzu ausdrücklich ermächtige.[45] Art. 35 Abs. 2 Satz 2 GG verwehre den Einsatz spezifisch militärischer Waffen bei der Bekämpfung von Naturkatastrophen und besonders schweren Unglücksfällen, deren Einsatz in § 14 Abs. 3 LuftSiG explizit vorgesehen werde.[46] Art. 35 Abs. 2 Satz 2 GG und Art. 35 Abs. 3 GG beschränkten den Maßnahmenkatalog der Hilfeleistungen auf den Zuständigkeitsbereich der Gefahrenabwehrbehörden, welcher in seiner Qualität nicht den Maßnahmenkatalog der Polizeikräfte der Länder zur Erledigung der ihnen obliegenden Aufgaben ausweite.[47]

Darüber hinaus nahm das Bundesverfassungsgericht einen Verstoß von § 14 Abs. 3 LuftSiG gegen Art. 35 Abs. 3 Satz 1 GG an, da der Einsatz von Maßnahmen des § 14 Abs. 3 LuftSiG nach § 13 Abs. 3 LuftSiG nicht zwin-

---

41 BVerfGE 115, 118 (3. Leitsatz).
42 BVerfGE 115, 118 (139).
43 BVerfGE 115, 118 (141).
44 BVerfGE 115, 118 (141).
45 BVerfGE 115, 118 (142).
46 BVerfGE 115, 118 (146).
47 BVerfGE 115, 118 (146 f., 150).

gend die vorherige Einsatzentscheidung der Bundesregierung als Kollegialorgan erfordere, sondern diese regelmäßig durch einen Einzelminister, den Bundesminister der Verteidigung oder dessen Vertreter, ersetzt werde, § 13 Abs. 3 Satz 2, 3 LuftSiG.[48]

II. Materielle Verfassungswidrigkeit

Nach Auffassung des Bundesverfassungsgerichts verstoße § 14 Abs. 3 LuftSiG gegen Art. 1 Abs. 1 GG, soweit dieser den Einsatz von Waffengewalt auch gegen ein Luftfahrzeug erlaube, das nicht nur den Täter selbst, sondern auch unbeteiligte Passagiere befördere.[49] Die Anordnung und Durchführung des Waffeneinsatzes zum Schutze Dritter gegen ein auch mit Unbeteiligten besetztes Luftfahrzeug, der auch die unbeteiligten Flugzeuginsassen als Opfer eines Angriffs auf die Luftsicherheit beeinträchtige, entrechtliche und verdingliche die unbeteiligten Flugzeuginsassen durch die einseitige Verfügung über ihr Leben.[50] Eine solche Maßnahme verleugne den Wert der Flugzeuginsassen, der ihnen als Menschen um ihrer selbst willen zukomme.[51]

> „(…) unter der Geltung des Art. 1 Abs. 1 GG [ist es] schlechterdings unvorstellbar, auf der Grundlage einer gesetzlichen Ermächtigung unschuldige Menschen, die sich wie die Besatzung und die Passagiere eines entführten Luftfahrzeugs in einer für sie hoffnungslosen Lage befinden, (…) vorsätzlich zu töten."[52]

Für eine verfassungsrechtliche Beurteilung sei nur die Unzulässigkeit einer gesetzlichen Ermächtigung zur Tötung Unbeteiligter, die diese im Falle des nichtkriegerischen Streitkräfteeinsatzes als rechtmäßig und erlaubt qualifiziere, bedeutsam.[53] Insoweit hatte das Gericht über eine strafrechtliche Bewertung eines Abschusses nicht zu entscheiden.[54] Das Recht auf Leben und die staatliche Verpflichtung zum Schutz und zur Achtung der menschlichen Würde verbiete eine solche Eingriffsbefugnis.[55] Weder kön-

48 BVerfGE 115, 118 (149 f.).
49 BVerfGE 115, 118 (151 f.).
50 BVerfGE 115, 118 (154).
51 BVerfGE 115, 118 (154).
52 BVerfGE 115, 118 (157).
53 BVerfGE 115, 118 (157).
54 BVerfGE 115, 118 (157).
55 BVerfGE 115, 118 (157).

ne der Antritt einer Flugreise die Einwilligung des Passagiers in einen möglichen Abschuss fingieren,[56] noch der Mangel alternativer Rettungschancen für die unbeteiligten Insassen dazu führen, den Würdeanspruch der Flugzeuginsassen entfallen zu lassen. Der Achtungsanspruch aus Art. 1 Abs. 1 GG gebühre jedem Menschen unabhängig von der prognostizierten Lebensdauer.[57]

Die Ansicht, dass die unbeteiligten Flugzeuginsassen durch ihre bloße Anwesenheit im betroffenen Luftfahrzeug zum Teil der Tatwaffe würden, lehnte das Gericht ausdrücklich ab.[58] Eine solche Annahme vergegenständliche die unbeteiligten Insassen und sei nicht mit dem grundgesetzlichen Verständnis des selbstbestimmten Menschen zu vereinbaren.[59] Offen ließ das Gericht hingegen, ob über die in der Notstandsverfassung geschaffenen Schutzmechanismen hinaus eine solidarische Einstandspflicht des Einzelnen zur Aufopferung seines Lebens hergeleitet werden könne.[60] Da es sich bei § 14 Abs. 3 LuftSiG um eine rein gefahrenabwehrrechtliche Maßnahme handele und gerade nicht Maßnahmen zur Existenzsicherung des Gemeinwesens geregelt werden sollten, sei die Frage einer individuellen Aufopferungspflicht im Bereich des § 14 Abs. 3 LuftSiG nicht relevant.[61]

Auch seien staatliche Schutzpflichten gegenüber den am Boden befindlichen Personen vorliegend nicht geeignet, einen Abschuss auch von Unbeteiligten zu rechtfertigen.[62] Bei der Wahrnehmung von Schutzpflichten obliege den staatlichen Organen ein weiter Verantwortungsspielraum, der jedoch durch die Verfassungskonformität möglicher Maßnahmen begrenzt werde.[63] Die Abschussermächtigung in § 14 Abs. 3 LuftSiG verkenne nicht nur den Schutzanspruch der unbeteiligten Flugzeuginsassen, sondern greife vielmehr verstärkend in den den Unbeteiligten gebührenden Abwehranspruch aus Art. 2 Abs. 2 Satz 1 GG i.V.m. Art. 1 Abs. 1 GG ein. Die hierdurch praktizierte Missachtung der Subjektstellung der unbeteiligten Insassen sei mit den Grundsätzen von Art. 1 Abs. 1 GG nicht zu vereinba-

56 BVerfGE 115, 118 (157).
57 BVerfGE 115, 118 (158).
58 BVerfGE 115, 118 (158).
59 BVerfGE 115, 118 (158 f.).
60 BVerfGE 115, 118 (159).
61 BVerfGE 115, 118 (159).
62 BVerfGE 115, 118 (159 f.).
63 BVerfGE 115, 118 (160).

ren.[64] Auch das Ziel des Eingriffs, zum Schutze des Lebens Dritter, könne zu keinem anderen Bewertungsergebnis führen.[65]

Andererseits stehe Art. 2 Abs. 2 Satz 1 GG i.V.m. Art. 1 Abs. 1 GG dem Abschuss eines unbemannten oder nur mit dem Piloten besetzten Flugzeugs, der dieses als Waffe gegen das Leben anderer Menschen verwenden wolle, nach § 14 Abs. 3 LuftSiG nicht entgegen.[66] In einem solchen Fall erfolgten die staatlichen Maßnahmen lediglich zur Abwehr des rechtswidrigen Angriffs. Der Handelnde werde hierdurch gerade nicht objektiviert; e contrario entspreche die Zurechnung des persönlichen Verhaltens der Achtung der Subjektstellung der handelnden Person.[67] Prognoseunsicherheiten im Vorfeld habe die handelnde Person selbst zu verantworten, die durch ihr eigenes Verhalten staatliche Abwehrmaßnahmen jederzeit beeinflussen und beenden könne.[68] Die Wesensgehaltssperre des Art. 19 Abs. 2 GG schließe den Einsatz von Waffengewalt nicht aus, soweit gewichtige Schutzinteressen Dritter einen Eingriff legitimieren und dieser nicht unverhältnismäßig sei.[69]

C. *Die wissenschaftliche Diskussion*

Das bundesverfassungsgerichtliche Urteil zum LuftSiG wurde von Teilen der Rechtswissenschaft scharf angegriffen, es sei die „Unvernunft selbst“[70], eine „Kapitulation“[71], die „einem grundrechtlichen Autismus [huldige]“[72] und „Bemühungen zum Schutz vor terroristischen Anschlägen in den Rücken [falle]“[73]. Kurz „die verabsolutierende Auffassung des Bundesverfassungsgerichts“ wurde für unhaltbar erklärt.[74]

Entgegen der eindeutigen bundesverfassungsgerichtlichen Feststellung eines Verstoßes gegen Art. 2 Abs. 2 Satz 1 GG i.V.m. Art. 1 Abs. 1 GG wer-

64 BVerfGE 115, 118 (160).
65 BVerfGE 115, 118 (160).
66 BVerfGE 115, 118 (160).
67 BVerfGE 115, 118 (160 f.).
68 BVerfGE 115, 118 (161).
69 BVerfGE 115, 118 (165).
70 Isensee, Leben gegen Leben, in: FS Jakobs, S. 205 (229).
71 Isensee, Menschenwürde: die säkulare Gesellschaft auf der Suche nach dem Absoluten, AöR 131 (2006), 173 (192).
72 Isensee, Leben gegen Leben, in: FS Jakobs, S. 205 (227).
73 Rogall, Ist der Abschuss gekaperter Flugzeuge widerrechtlich?, NStZ 2008, 1 (5).
74 Hirsch, Defensiver Notstand gegenüber ohnehin Verlorenen, in: FS Küper, S. 149 (168).

den in der Rechtswissenschaft verschiedenste Argumentationsansätze vertreten, um die Verfassungsmäßigkeit eines Abschusses zu begründen. Dieses Meinungsbild gilt es im Folgenden darzustellen und kritisch zu hinterfragen.

Das Diskussionsfeld lässt sich grob in vier Argumentationsstränge unterteilen. Ersterer untersucht die Frage der Gesetzgebungskompetenz zur Regelung eines Abschusses und die Kompetenz zur Erteilung eines Abschussbefehls (I.). Der Zweite verneint den vom Bundesverfassungsgericht festgestellten materiell verfassungsrechtlichen Verstoß gegen Art. 2 Abs. 2 Satz 1 GG i.V.m. Art. 1 Abs. 1 GG durch eine gesetzliche Abschussbefugnis (II.). Ein Weiterer leitet die verfassungsrechtliche Zulässigkeit eines Abschusses aus bereits existierenden einfachgesetzlichen Eingriffsbefugnissen her (III.), während sich der Vierte mit Alternativen anstelle einer gesetzlichen Neuregelung eines Abschusses beschäftigt (IV.).

I. Kompetenz zum Abschussbefehl

Bereits im Laufe des Gesetzgebungsverfahrens zum LuftSiG und in der Folgezeit entbrannte in der Literatur eine schier endlose Debatte hinsichtlich der Kompetenz[75] zum inländischen Bundeswehreinsatz zur Abwehr

75 Krit. zur Verwendung der Begriffe Verfassungsvorbehalt und Gesetzgebungskompetenz in dieser Debatte Palm, Der wehrlose Staat?, AöR 132 (2007), 95 (101).

eines von Terroristen entführten Luftfahrzeugs.[76] Eine Kompetenz wurde teils aus Art. 87a Abs. 1, 2[77]; Abs. 4[78] GG, Art. 87d Abs. 2 GG[79],

---

76 Blumenwitz, Einsatzmöglichkeiten der Bundeswehr im Kampf gegen den Terrorismus, ZRP 2002, 102 (102 ff.); Dreist, Terroristenbekämpfung als Streitkräfteauftrag, NZWehrr 2004, 89 (100 ff.); Matthias Fischer, Terrorismusbekämpfung durch die Bundeswehr im Innern Deutschlands, JZ 2004, 376 (379 ff.); Giemulla, Zum Abschuss von Zivilluftfahrzeugen als Maßnahme der Terrorbekämpfung, 54 ZLW (2005), 32 (33 ff.); Gramm, Bundeswehr als Luftpolizei, NZWehrr 2003, 89 (91 ff.); Hillgruber/Hoffmann, Mehr, als die Polizei erlaubt?, NWVBl. 2004, 176 (177 f.); Burkhard Hirsch, Einsatz der Bundeswehr in inneren Krisen, ZRP 2003, 378 (378); Klein, Das Gesetz zur Neuregelung von Luftsicherheitsaufgaben auf dem Prüfstand, ZG 2005, 289 (292 ff.); ders., Die vorsätzliche Tötung unbeteiligter Personen durch den Staat, in: FS Mußgnug, S. 71 (73 ff.); Knelangen, Innere Sicherheit als neue Aufgabe für die Bundeswehr, in: Bundeswehr – Die nächsten 50 Jahre – Anforderungen an deutsche Streitkräfte im 21. Jahrhundert, S. 253 (256 ff.); Knödler, Terror, Schutz – und Einsatz der Streitkräfte im Innern, BayVBl. 2002, 107 (108 ff.); Krings/Burkiczak, Bedingt abwehrbereit?, DÖV 2002, 501 (501 ff.); dies., Sicherer Himmel per Gesetz?, NWVBl. 2004, 249 (250 ff.); Ladiges, Reichweite des Verteidigungsbegriffs bei terroristischen Angriffen, HFR 2009, 19 (19 ff.), (Onlinequelle); Linke, Verfassungswidrige Wahrnehmung luftpolizeilicher Aufgaben durch die Bundeswehr, DÖV 2003, 890 (891 ff.); ders., Zur Rolle des Art. 35 GG in dem Entwurf eines Gesetzes zur Neuregelung von Luftsicherheitsaufgaben, NZWehrr 2004, 115 (115 ff.); ders., Innere Sicherheit durch die Bundeswehr?, AöR 129 (2004), 489 (533 ff.); Lorse, Die Befehls- und Kommandogewalt des Art. 65a GG im Lichte terroristischer Herausforderungen, DÖV 2004, 329 (329 ff.); Lutze, Abwehr terroristischer Angriffe als Verteidigungsaufgabe der Bundeswehr, NZWehrr 2003, 101 (102 ff.); Martínez Soria, Polizeiliche Verwendung der Streitkräfte, DVBl. 2004, 597 (597 ff.); Melzer/Haslach/Socher, Der Schadensausgleich nach dem Luftsicherheitsgesetz, NVwZ 2005, 1361 (1362 ff.); Odendahl, Der Umgang mit Unbeteiligten im Recht der Gefahrenabwehr, Die Verwaltung 2005, 425 (438 ff.); Pieroth/Hartmann, Der Abschuss eines Zivilflugzeugs auf Anordnung des Bundesministers für Verteidigung, Jura 2005, 729 (730, 732 ff.); Sattler, Terrorabwehr durch die Streitkräfte nicht ohne Grundgesetzänderung, NVwZ 2004, 1286 (1286 ff.); Schenke, Das Luftsicherheitsgesetz und das Recht der Gefahrenabwehr, in: FG Burkhard Hirsch, S. 75 (78 ff.); Schmidt-Jortzig, Verfassungsänderung für Bundeswehreinsätze im Innern Deutschlands?, DÖV 2002, 773 (775 ff.); Schmidt-Radefeldt, Inlandseinsätze der Bundeswehr auf dem Prüfstein der Wehrverfassung, UBWV 2008, 269 (270 ff.); Sittard/Ulbrich, Fortgeschrittenenklausur – Öffentliches Recht: Das Luftsicherheitsgesetz, JuS 2005, 432 (434 f.); Tettinger, Der Luftsicherheitseinsatz der Bundeswehr, 53 ZLW (2004), 334 (339 ff.); Wiefelspütz, Verteidigung und Terrorismusbekämpfung durch die Streitkräfte, NZWehrr 2007, 12 (18 ff.) m.w.N.; ders./Klein, Einsatz der Bundeswehr in inneren Krisen, ZRP 2003, 140 (140); Wilkesmann, Terroristische Angriffe auf die Sicherheit des Luftverkehrs, NVwZ 2002, 1316 (1320 ff.); Daniela Winkler, Die Systematik der grundgesetzlichen Normierung des Bundeswehreinsatzes unter Anknüpfung an die Regelung des LuftSiG,

Art. 115a GG[80], Art. 35 Abs. 1[81], Abs. 2 GG oder

DÖV 2006, 149 (150 ff.). Dabei spielte die materielle Verfassungsmäßigkeit der Abschussermächtigung bemerkenswerterweise eine untergeordnete Rolle, so auch: Lepsius, Das Luftsicherheitsgesetz und das Grundgesetz, in: FG Burkhard Hirsch, S. 47 (47) m.w.N.; Odendahl, Der Umgang mit Unbeteiligten im Recht der Gefahrenabwehr, Die Verwaltung 2005, 425 (426) m.w.N.; Rettenmaier, Das Luftsicherheitsgesetz, VR 2006, 109 (109) m.w.N.; Saurer, Die Ausweitung sicherheitsrechtlicher Regelungsansprüche im Kontext der Terrorismusbekämpfung, NVwZ 2005, 275 (279); statt vieler schon Burkhard Hirsch, Schutz des Luftverkehrs durch ein Luftsicherheitsgesetz?, ZRP 2004, 273 (273 f.); Schlink, An der Grenze des Rechts, Der Spiegel 3/2005, S. 34 ff., (Onlinequelle); so auch Fehn/Brauns, Bundeswehr und innere Sicherheit, S. 71.

77 Soweit es sich um Angriffe von außerhalb der Bundesrepublik Deutschland handelt: Melzer/Haslach/Socher, Der Schadensausgleich nach dem Luftsicherheitsgesetz, NVwZ 2005, 1361 (1363); Wiefelspütz, Verteidigung und Terrorismusbekämpfung durch die Streitkräfte, NZWehrr 2007, 12 (18 f.); in diesem Fall auch Stein, Rechtssicherheit aus einer Hand?, in: FS Mußgnug, S. 85 (95); für eine entsprechende Auslegung des Verteidigungsbegriffs: Fiebig, Der Einsatz der Bundeswehr im Innern, S. 290; Krings/Burkiczak, Sicherer Himmel per Gesetz?, NWVBl. 2004, 249 (251 f.); diff.: Franz, Der Bundeswehreinsatz im Innern und die Tötung Unschuldiger im Kreuzfeuer von Menschenwürde und Recht auf Leben, Der Staat 45 (2006), 501 (544 f.); Hillgruber/Hoffmann, Mehr, als die Polizei erlaubt?, NWVBl. 2004, 176 (177); abl.: Burkhard Hirsch, Verfassungsbeschwerde gegen das Gesetz zur Neuregelung von Luftsicherheitsaufgaben, KritV 89 (2006), 3 (15); Hase, Das Luftsicherheitsgesetz, DÖV 2006, 213 (215); Linke, Ein Karlsruher Befreiungsschlag für den Rechtsstaat?, NWVBl. 2006, 174 (177); ders., Zur Rolle des Art. 35 GG in dem Entwurf eines Gesetzes zur Neuregelung von Luftsicherheitsaufgaben, NZWehrr 2004, 115 (118); Daniela Winkler, Die Systematik der grundgesetzlichen Normierung des Bundeswehreinsatzes unter Anknüpfung an die Regelung des LuftSiG, DÖV 2006, 149 (157); noch restriktiver bei Zurechenbarkeit zu einem anderen Völkerrechtssubjekt Droege, Die Zweifel des Bundespräsidenten, NZWehrr 2005, 199 (206).

78 Linke, Innere Sicherheit durch die Bundeswehr?, AöR 129 (2004), 489 (533); abl.: Droege, Die Zweifel des Bundespräsidenten , NZWehrr 2005, 199 (207); Giemulla, Zum Abschuss von Zivilluftfahrzeugen als Maßnahme der Terrorbekämpfung, 54 ZLW (2005), 32 (34); Hillgruber/Hoffmann, Mehr, als die Polizei erlaubt?, NWVBl. 2004, 176 (177).

79 Gramm, Bundeswehr als Luftpolizei, NZWehrr 2003, 89 (100).

80 Jerouschek, Nach dem 11. September 2001: Strafrechtliche Überlegungen zum Abschuss eines von Terroristen entführten Flugzeugs, in: FS Schreiber, S. 185 (197 f.), der nach den Geschehnissen vom 11. September 2001 in den Vereinigten Staaten eine extensive Auslegung befürwortet, die nicht nur Waffen im technischen Sinne erfasst und einen Angriff nicht bloß im Falle drittstaatlichen Handelns annimmt. Für nichtstaatliche terroristische Anschläge, die von außen gesteuert werden und eine militärähnliche Struktur aufweisen bejahend: Lutze, Abwehr terroristischer Angriffe als Verteidigungsaufgabe der Bundeswehr, NZ-

Art. 35 Abs. 3 GG[82] sowie dem überverfassungsrechtlichen Notstand[83] abgeleitet oder eine Ergänzung bzw. Änderung der verfassungsrechtlichen

---

Wehrr 2003, 101 (104, 115); zweifelnd Linke, Verfassungswidrige Wahrnehmung luftpolizeilicher Aufgaben durch die Bundeswehr, DÖV 2003, 890 (893); abl.: Dreist, Terroristenbekämpfung als Streitkräfteauftrag, NZWehrr 2004, 89 (100 f.); Wieland, Verfassungsrechtliche Grundlagen polizeiähnlicher Einsätze der Bundeswehr, in: Rechtsfragen der Terrorismusbekämpfung durch Streitkräfte, S. 164 (174); Wilkesmann, Terroristische Angriffe auf die Sicherheit des Luftverkehrs, NVwZ 2002, 1316 (1320).

81 Grundsätzlich als Möglichkeit gesehen von Hochhuth, Militärische Bundesintervention bei inländischem Terrorakt, NZWehrr 2002, 154 (159); abl.: Dreist, Terroristenbekämpfung als Streitkräfteauftrag, NZWehrr 2004, 89 (103); Droege, Die Zweifel des Bundespräsidenten, NZWehrr 2005, 199 (207); Gramm, Bundeswehr als Luftpolizei, NZWehrr 2003, 89 (93); Krings/Burkiczak, Sicherer Himmel per Gesetz?, NWVBl. 2004, 249 (250); Linke, Verfassungswidrige Wahrnehmung luftpolizeilicher Aufgaben durch die Bundeswehr, DÖV 2003, 890 (894); Lutze, Abwehr terroristischer Angriffe als Verteidigungsaufgabe der Bundeswehr, NZWehrr 2003, 101 (105 f.); Melzer/Haslach/Socher, Der Schadensausgleich nach dem Luftsicherheitsgesetz, NVwZ 2005, 1361 (1363); Wieland, Verfassungsrechtliche Grundlagen polizeiähnlicher Einsätze der Bundeswehr, in: Rechtsfragen der Terrorismusbekämpfung durch Streitkräfte, S. 164 (177).

82 Baldus, Streitkräfteeinsatz zur Gefahrenabwehr im Luftraum, NVwZ 2004, 1278 (1282 f.); soweit das Flugzeug mit welchem der Angriff verübt werden soll auf dem Gebiet der Bundesrepublik Deutschland gestartet ist: Hillgruber/Hoffmann, Mehr, als die Polizei erlaubt?, NWVBl. 2004, 176 (178); Hochhuth, Militärische Bundesintervention bei inländischem Terrorakt, NZWehrr 2002, 154 (156 ff.); Melzer/Haslach/Socher, Der Schadensausgleich nach dem Luftsicherheitsgesetz, NVwZ 2005, 1361 (1363); *Wiefelspütz*/Klein, Einsatz der Bundeswehr in inneren Krisen, ZRP 2003, 140 (140); Sittard/Ulbrich, Fortgeschrittenenklausur – Öffentliches Recht: Das Luftsicherheitsgesetz, JuS 2005, 432 (434 f.); abl.: Droege, Die Zweifel des Bundespräsidenten, NZWehrr 2005, 199 (208); Hase, Das Luftsicherheitsgesetz, DÖV 2006, 213 (217); Linke, Zur Rolle des Art. 35 GG in dem Entwurf eines Gesetzes zur Neuregelung von Luftsicherheitsaufgaben, NZWehrr 2004, 115 (121 ff.); Krings/Burkiczak, Sicherer Himmel per Gesetz?, NWVBl. 2004, 249 (251); Odendahl, Der Umgang mit Unbeteiligten im Recht der Gefahrenabwehr, Die Verwaltung 2005, 425 (441); Stein, Rechtssicherheit aus einer Hand?, in: FS Mußgnug, S. 85 (98); Tettinger, Der Luftsicherheitseinsatz der Bundeswehr, 53 ZLW (2004), 334 (342 f.).

83 Für Extremsituationen allenfalls Tettinger, Der Luftsicherheitseinsatz der Bundeswehr, 53 ZLW (2004), 334 (343); abl.: Franz, Der Bundeswehreinsatz im Innern und die Tötung Unschuldiger im Kreuzfeuer von Menschenwürde und Recht auf Leben, Der Staat 45 (2006), 501 (531); Gramm, Bundeswehr als Luftpolizei, NZWehrr 2003, 89 (98); Odendahl, Der Umgang mit Unbeteiligten im Recht der Gefahrenabwehr, Die Verwaltung 2005, 425 (442 f.); Schenke, Die Verfassungswidrigkeit des § 14 III LuftSiG, NJW 2006, 736 (739); ders., Das Luftsi-

Kompetenzen[84], die Aufrüstung polizeilicher Mittel[85] oder ein Rückgriff auf § 34 StGB[86] vorgeschlagen.

cherheitsgesetz und das Recht der Gefahrenabwehr, in: FG Burkhard Hirsch, S. 75 (84).

84 Dreist, Einsatz der Bundeswehr im Innern, in: Sicherheit statt Freiheit?, S. 77 (103 ff.); Mattias Fischer, Terrorismusbekämpfung durch die Bundeswehr im Innern Deutschlands, JZ 2004, 376 (384); Franz, Der Bundeswehreinsatz im Innern und die Tötung Unschuldiger im Kreuzfeuer von Menschenwürde und Recht auf Leben, Der Staat 45 (2006), 501 (546); Giemulla, Zum Abschuss von Zivilluftfahrzeugen als Maßnahme der Terrorbekämpfung, 54 ZLW (2005), 32 (38); Gramm, Bundeswehr als Luftpolizei, NZWehrr 2003, 89 (98 ff); Hase, Das Luftsicherheitsgesetz, DÖV 2006, 213 (217); Krings/Burkiczak, Bedingt abwehrbereit?, DÖV 2002, 501 (512); Laschewski, Der Einsatz der deutschen Streitkräfte im Inland, S. 167; Linke, Verfassungswidrige Wahrnehmung luftpolizeilicher Aufgaben durch die Bundeswehr, DÖV 2003, 890 (894 f.); Lorse, Der Beitrag der Streitkräfte zur Neuausrichtung des Katastrophenschutzes, ZRP 2005, 6 (9); Martínez Soria, Polizeiliche Verwendung der Streitkräfte, DVBl. 2004, 597 (606); Odendahl, Der Umgang mit Unbeteiligten im Recht der Gefahrenabwehr, Die Verwaltung 2005, 425 (443); Sattler, Terrorabwehr durch die Streitkräfte nicht ohne Grundgesetzänderung, NVwZ 2004, 1286 (1291); Tettinger, Der Luftsicherheitseinsatz der Bundeswehr, 53 ZLW (2004), 334 (344 f.); Wieland, Verfassungsrechtliche Grundlagen polizeiähnlicher Einsätze der Bundeswehr, in: Rechtsfragen der Terrorismusbekämpfung durch Streitkräfte, S. 164 (179 f.); abl.: Hochhuth, Militärische Bundesintervention bei inländischem Terrorakt, NZWehrr 2002, 154 (155, 161, 166); Melzer/Haslach/Socher, Der Schadensausgleich nach dem Luftsicherheitsgesetz, NVwZ 2005, 1361 (1364, 1368).

85 Zu dieser Möglichkeit als Alternative zur Verfassungsänderung schon Zuleeg, Die Ausübung der Lufthoheit über der Bundesrepublik Deutschland, 24 ZLW (1975), 189 (202); so auch Gramm, Bundeswehr als Luftpolizei, NZWehrr 2003, 89 (99); als Voraussetzung zur Anwendung einer Kompetenz nach Art. 35 Abs. 2 GG angenommen von Hillgruber/Hoffmann, Mehr, als die Polizei erlaubt?, NWVBl. 2004, 176 (180); abl.: Franz, Der Bundeswehreinsatz im Innern und die Tötung Unschuldiger im Kreuzfeuer von Menschenwürde und Recht auf Leben, Der Staat 45 (2006), 501 (546); Hase, Das Luftsicherheitsgesetz, DÖV 2006, 213 (216); Linke, Die >>militärische Waffe<< Ein Begriffsgespenst im Wehrverfassungs- und im Recht der inneren Sicherheit, NZWehrr 2006, 177 (178 ff., 190).

86 Wilkesmann, Terroristische Angriffe auf die Sicherheit des Luftverkehrs, NVwZ 2002, 1316 (1322); abl.: Hillgruber/Hoffmann, Mehr, als die Polizei erlaubt?, NWVBl. 2004, 176 (179); Schenke, Die Verfassungswidrigkeit des § 14 III LuftSiG, NJW 2006, 736 (739); ders., Das Luftsicherheitsgesetz und das Recht der Gefahrenabwehr, in: FG Burkhard Hirsch, S. 75 (84); dazu bereits Amelung, Erweitern allgemeine Rechtfertigungsgründe, insbesondere § 34 StGB, hoheitliche Eingriffsbefugnisse des Staates?, NJW 1977, 833 (834 ff.).

Mit Plenarbeschluss vom 3. Juli 2012 entschied das Bundesverfassungsgericht die Frage einer bundesrechtlichen Regelungskompetenz zugunsten einer Annexkompetenz des Bundes nach Art. 73 Nr. 6 GG a.F.[87]

Hiervon unberührt beließ der Plenarbeschluss jedoch die materiell verfassungsrechtliche Entscheidung des Ersten Senats zum LuftSiG vom 15. Februar 2006,[88] sodass weiterhin fraglich ist, welcher Stellenwert den abweichenden wissenschaftlichen Ansichten hinsichtlich der materiellen Verfassungsmäßigkeit des Abschusses einer auch mit unbeteiligten Flugzeuginsassen besetzten Zivilmaschine einzuräumen ist.

II. Kein Verstoß gegen Art. 2 Abs. 2 Satz 1 GG i.V.m. Art. 1 Abs. 1 GG?

Die Argumentationsmodelle, die bereits das Vorliegen eines Würdeverstoßes verneinen, lassen sich ausdifferenziert untergliedern in die Meinungen, die eine Verdinglichungssituation der unbeteiligten Insassen durch einen Abschuss ablehnen (1.) oder das Vorliegen einer verfassungswidrigen Abwägungslage verneinen (2.).

1. Kein Verstoß gegen Art. 1 Abs. 1 GG mangels Verdinglichungssituation?

In seiner Entscheidung rügte das Bundesverfassungsgericht, die staatliche Verfügung in Form eines Abschusses eines Verkehrsflugzeugs verletze die tatunbeteiligten Flugzeuginsassen in ihrem Würdeanspruch. Der Abschuss negiere den ihnen gebührenden Abwehranspruch und verdingliche die unbeteiligten Insassen, indem ihr Tod zum Schutze anderer herbeigeführt werde.[89] Hiergegen wendet sich Merkel mit der Argumentation, „Nebenfolgen“ einer Handlung, die weder gewollt noch beabsichtigt seien, könnten nicht als Mittel qualifiziert werden, unabhängig von der Wahrscheinlichkeit mit der die „Nebenfolgen“ durch die Zweckverfolgung eintreten

---

87 BVerfG, Beschluss des Plenums vom 3. Juli 2012 - 2 PBvU 1/11 -, (= BVerfGE 132, 1 (1. Leitsatz)); krit. etwa Ladiges, Der Einsatz der Streitkräfte im Katastrophennotstand nach dem Plenarbeschluss des Bundesverfassungsgerichts, NVwZ 2012, 1225 (1225 ff.).

88 BVerfGE 132, 1 (1 ff.).

89 BVerfGE 115, 118 (154, 160); so bereits Höfling/Augsberg, Luftsicherheit, Grundrechtsregime und Ausnahmezustand, JZ 2005, 1080 (1083).

würden.[90] Merkel versteht die Tötung der Flugzeuginsassen durch den Abschuss nur dann als Mittel zur Rettung der am Boden befindlichen Personen, wenn ihr Tod „ein empirisch notwendiges Glied in der Kausalkette zwischen Handlung (Abschuss) und intendiertem Zwecke (Rettung) wäre".[91] Die am Boden betroffenen Personen würden jedoch nicht durch den Tod der Insassen gerettet, sondern durch den Abschuss der fehlgeleiteten Maschine.[92] Diese werde aber gerade nicht durch den Tod der Insassen zum Absturz gebracht, sondern durch den Abschuss.[93] Daher stelle der Tod der unbeteiligten Insassen als nicht kausale, ungewollte Nebenfolge kein Mittel zur Rettung der Personen am Boden dar.[94] Mangels Kausalzusammenhangs zwischen dem Tod der Insassen und der Rettung der gefährdeten Personen am Boden würden die Flugzeuginsassen durch einen Abschuss nicht verdinglicht.[95]

---

90 Merkel, § 14 Abs. 3 Luftsicherheitsgesetz: Wann und warum darf der Staat töten?, JZ 2007, 373 (379 f.), im Ergebnis gelangt dieser dennoch zur Ablehnung der Zulässigkeit des Abschusses, da die unbeteiligten Passagiere keine Pflicht treffe, einen solchen Eingriff zu dulden (ebd., 380); zust. im Ergebnis anders Gramm, Der wehrlose Verfassungsstaat, DVBl. 2006, 653 (660); ders., Wie weit darf der Staat bei >besonders schweren Unglücksfällen< gehen?, UBWV 2007, 121 (127).

91 Merkel, § 14 Abs. 3 Luftsicherheitsgesetz: Wann und warum darf der Staat töten?, JZ 2007, 373 (380).

92 Merkel, § 14 Abs. 3 Luftsicherheitsgesetz: Wann und warum darf der Staat töten?, JZ 2007, 373 (380).

93 Merkel, § 14 Abs. 3 Luftsicherheitsgesetz: Wann und warum darf der Staat töten?, JZ 2007, 373 (380).

94 Merkel, § 14 Abs. 3 Luftsicherheitsgesetz: Wann und warum darf der Staat töten?, JZ 2007, 373 (380); zust. wenn auch im Ergebnis offen: Dreier, in: Dreier, GG, Art. 1 Abs. 1 Rn. 135; so auch Odendahl; Der Umgang mit Unbeteiligten im Recht der Gefahrenabwehr, Die Verwaltung 2005, 425 (450); Ladiges, Die Bekämpfung nicht-staatlicher Angreifer im Luftraum, S. 353, der eine Verdinglichung mangels Finalität der staatlichen Maßnahme ablehnt; Winkeler, Bedingt abwehrbereit?, S. 275, der eine Instrumentalisierung nur annehmen will, wenn durch die staatliche Handlung das Leben der Passagiere zur Rettung der sich am Boden befindenden Personen eingetauscht würde. Im Renegade-Fall sei der Tod der Passagiere schon bereits zum Zeitpunkt der Entführung durch die Entführer unausweichlich. Die Passagiere könnten gar nicht mehr zum staatlichen Verfügungsobjekt instrumentalisiert werden. Mit gleicher Argumentation auch Paulke, Die Abwehr von Terrorgefahren im Luftraum, S. 308, die eine menschenunwürdige Behandlung durch den Abschuss verneint, da die Opferlast der Passagiere hierdurch nicht über das Maß hinaus erhöht werde, das ihnen ohnehin schon durch die Entführung aufgezwungen wurde. Krit. etwa Herdegen, in: Maunz/Dürig, GG, Art. 1 Rn. 96 ff.

95 Merkel, § 14 Abs. 3 Luftsicherheitsgesetz: Wann und warum darf der Staat töten?, JZ 2007, 373 (380).

Eine ähnliche Ansicht vertritt inzwischen Beestermöller. Der Tod der unbeteiligten Passagiere sei als bloße Nebenfolge staatlichen Handelns zulässig.[96] Ziel sei die Abwehr des zur Waffe pervertierten Flugzeugs und nicht der Tod der Passagiere.[97] Auch Baldus verneint eine Instrumentalisierung der Passagiere, da der Abschuss die Rettung der am Zielort bedrohten Menschenleben und nicht die Negierung des Achtungsanspruches der betroffenen Insassen bezwecke.[98] Eine würdewidrige staatliche Tötung erfordere eine Aberkennung des Achtungsanspruchs der Betroffenen durch die Ausführung der Maßnahme.[99]

Mit Isensee lehnen auch Palm und Lorenz eine Verdinglichung der tatunbeteiligten Flugzeuginsassen durch den Abschuss ab. Eine Verdinglichung der unbeteiligten Passagiere werde nur durch die terroristische Handlung verwirklicht, die eine Zwangslage des Staates begründe.[100] Mit ähnlichem Ergebnis schlagen Zimmermann und Geiß eine einschränkende Auslegung der Objektformel vor.[101] Staatliche Maßnahmen sollten nur dann als würdewidrig bewertet werden, wenn sie „die Subjektqualität des Einzelnen prinzipiell in Frage stellen und zugleich Ausdruck der Verach-

---

96 Beestermöller, Das Luftsicherheitsgesetz als Krisenindikator, Die neue Ordnung 2006, 296 (308 f.).

97 Beestermöller, Das Luftsicherheitsgesetz als Krisenindikator, Die neue Ordnung 2006, 296 (309); so auch Häußler, Air Policing and Counter-Renegade Action, 48 Mil. L. & L. War Rev. (2009), 7 (44).

98 Baldus, Streitkräfteeinsatz zur Gefahrenabwehr im Luftraum, NVwZ 2004, 1278 (1285); im Ergebnis auch Odendahl, Der Umgang mit Unbeteiligten im Recht der Gefahrenabwehr, Die Verwaltung 2005, 425 (450); Winkeler, Bedingt abwehrbereit?, S. 275 f.; in diese Richtung wohl auch Gramm, Der wehrlose Verfassungsstaat?, DVBl. 2006, 653 (657 ff.); Sittard/Ulbrich, Fortgeschrittenenklausur – Öffentliches Recht: Das Luftsicherheitsgesetz, JuS 2005, 432 (436).

99 Baldus, Streitkräfteeinsatz zur Gefahrenabwehr im Luftraum, NVwZ 2004, 1278 (1285); so auch Odendahl, Der Umgang mit Unbeteiligten im Recht der Gefahrenabwehr, Die Verwaltung 2005, 425 (451); für den konkreten Fall anders etwa Baumann, Das Grundrecht auf Leben unter Quantifizierungsvorbehalt, DÖV 2004, 853 (859).

100 Isensee, Menschenwürde: die säkulare Gesellschaft auf der Suche nach dem Absoluten, AöR 131 (2006), 173 (192); Lorenz, in: Bonner Kommentar GG, Art. 2 Abs. 2 Satz 1 Rn. 493, der eine Ausführung allerdings aufgrund der faktisch unsicheren Gefahrenprognose ablehnt (ebd., Rn. 494); Palm, Der wehrlose Staat?, AöR 132 (2007), 95 (108); grundsätzlich die Folge der Preisgabe gegenüber staatlichen Handlungen abl. etwa Droege, Die Zweifel des Bundespräsidenten, NZWehrr 2005, 199 (203 f.).

101 Zimmermann/Geiß, Die Tötung unbeteiligter Zivilisten, Der Staat 46 (2007), 377 (391 f.); in diese Richtung auch Rücker, Die Allokation von Lebenschancen, S. 171.

tung des Wertes, der dem Menschen kraft seines Personenseins zukommt" seien.[102] Konsequenterweise werde staatlich ausgeübter Zwang zum Schutze Dritter hiervon nicht erfasst, da der Staat bei Ausführung der Maßnahme gerade nicht die Herabwürdigung und Verächtlichmachung der Betroffenen beabsichtige.[103]

Merkel ist insoweit zuzustimmen, dass finales Ziel, oder im strafrechtlichen Terminus dolus directus 1. Grades, eines staatlichen Abschusses weder die Herbeiführung des Todes der unbeteiligten Passagiere noch die Verneinung des ihnen gebührenden Achtungsanspruches ist. Dennoch stellt sich die Frage, ob, entgegen der Feststellung des Bundesverfassungsgerichts, die Verneinung einer finalen Absicht eine Verdinglichung der unbeteiligten Flugzeuginsassen durch staatliche Handlung ausschließt.

Dagegen spricht bereits die Unklarheit des Kriteriums der staatlichen Intention einer Würdenegierung. Foltert ein Staat ein Individuum, um Informationen zu erlangen, so ist nicht zwingend vorrangiger Zweck der Maßnahme, den Achtungsanspruch des Gefolterten zu verneinen, sondern der Informationsgewinn. Dennoch geht die herrschende Meinung unverändert von der Würdewidrigkeit staatlicher Foltermaßnahmen aus.[104]

---

102 Zimmermann/Geiß, Die Tötung unbeteiligter Zivilisten, Der Staat 46 (2007), 377 (391).

103 Zimmermann/Geiß, Die Tötung unbeteiligter Zivilisten, Der Staat 46 (2007), 377 (391 f.).

104 Vgl. etwa Beutler, Strafbarkeit der Folter zu Vernehmungszwecken, S. 128; Düx, Meinungen zur „Folterdiskussion", ZRP 2003, 180 (180); Enders, in: Berliner Kommentar GG, Art. 1 Rn. 101; Rainer Hamm, Schluss der Debatte über Ausnahmen vom Folterverbot, NJW 2003, 946 (946); Haurand/Vahle, Rechtliche Aspekte der Gefahrenabwehr in Entführungsfällen, NVwZ 2003, 513 (518); Hecker, Relativierung des Folterverbots in der BRD?, KJ 36 (2003), 210 (212 ff.); Herdegen, in: Maunz/Dürig, GG, Art. 1 Abs. 1 Rn. 95; Hilgendorf, Folter im Rechtsstaat?, JZ 2004, 331 (338); Horlacher, Auskunftserlangung mittels Folter, S. 131, 157 f.; Jäger, Das Verbot der Folter als Ausdruck der Würde des Staates, in: FS Herzberg, S. 539 (549 f.); Jahn, Gute Folter – schlechte Folter?, KritV 87 (2004), 24 (41 f., 46 f.); Jarass, in: Jarass/Pieroth, GG, Art. 1 Rn. 21; Jerouschek/Kölbel, Folter von Staats wegen?, JZ 2003, 613 (616 ff.); Kinzig, Not kennt kein Gebot?, ZStW 115 (2003), 791 (808); ders., Not kennt kein Gebot?, in: Folter – Zulässiges Instrument im Strafrecht?, S. 11 (25); Möhlenbeck, Das absolute Folterverbot, S. 70, 150; Momsen, Die Zumutbarkeit als Begrenzung strafrechtlicher Pflichten, S. 469; Perron, Foltern in Notwehr?, in: FS Weber, S. 143 (150); Prittwitz, Strafwürdigkeit und Strafbarkeit von Folter und Folterandrohung, in: FS Herzberg, S. 515 (516); Poscher, „Die Würde des Menschen ist unantastbar.", JZ 2004, 756 (760); Roxin, Kann staatliche Folter in Ausnahmefällen zulässig oder wenigstens straflos sein?, in: FS Eser, S. 461 (463 f.); ders., Rettungsfolter?, in: FS Nehm, S. 205 (208 ff.); Sacksofsky, Der Schutz der Würde des Menschen,

Unstreitig wird das Individuum im Falle von Foltermaßnahmen als Mittel zur Informationsgenerierung gegen sich selbst verwendet. Aber auch der Tod eines Geiselnehmers wird in Kauf genommen, um das Leben der Geisel zu retten. Beide Maßnahmen dienen einem über das Individuum hinausgehenden Zweck; warum sollte also die Vorsatzform entscheidendes Abgrenzungskriterium zur Bewertung der Verfassungsmäßigkeit sein?

Die Maßnahme des Flugzeugabschusses wird nicht unmittelbar gegen die Passagiere, sondern gegen deren Transportmittel eingesetzt. Vorrangiges Ziel ist die missbräuchliche Verwendung des Flugzeugs als Waffe durch einen Abschuss zu verhindern. Die hiermit verbundene Tötung aller Insassen steht mit an Sicherheit grenzender Wahrscheinlichkeit fest. Keinesfalls ist ihr Tod Absicht oder Motiv der staatlichen Maßnahme. Es findet sich also auch im Fall des staatlichen Abschusses ein über das Individuum hinausgehender verfolgter Zweck. Dennoch wird nahezu einhellig der finale Rettungsschuss, der auch den Tod des Störers bezwecken darf, wenn dies die einzige Möglichkeit darstellt, das Leben der Geisel zu retten, als

in: Menschenwürde – Demokratie – Christliche Gerechtigkeit, S. 23 (30); Saliger, Absolutes im Strafprozess?, ZStW 116 (2004), 35 (47 ff.); Schmitt Glaeser, Folter als Mittel staatlicher Schutzpflicht?, in: Staat im Wort, S. 507 (514 ff.); Sonderegger, Die Rückkehr der Folter?, S. 187; Alexander Stein, Das Verbot der Folter im nationalen und internationalen Recht, S. 343 ff.; Wang, Die strafrechtliche Rechtfertigung von Rettungsfolter, S. 173, 196 ff.; Weilert, Grundlagen und Grenzen des Folterverbots in verschiedenen Rechtskreisen, S. 152 ff., 227; wohl nicht unkritisch Isensee, Das Grundrecht als Abwehrrecht und als staatliche Schutzpflicht, in: HStR IX, S. 413 (562 f.); anders: Brugger, Vom unbedingten Verbot der Folter zum bedingten Recht auf Folter?, JZ 2000, 165 (169, 171); ders., Das andere Auge. Folter als zweitschlechteste Lösung, in: Rettungsfolter im modernen Rechtsstaat, S. 107 (112 f.); mit ihm: Erb, Notwehr als Menschenrecht, NStZ 2005, 593 (599 ff.); Herbst, Die lebensrettende Aussageerzwingung, S. 159 f.; Herzberg, Folter und Menschenwürde, JZ 2005, 321 (322); Gössel, Enthält das deutsche Recht ausnahmslos geltende, >>absolute<< Folterverbote?, in: FS Otto, S. 41 (58); Götz, Das Urteil gegen Daschner im Lichte der Werteordnung des Grundgesetzes, NJW 2005, 953 (956); Gromes, Präventionsfolter, S. 169 ff.; Merkel, Folter und Notwehr, in: FS Jakobs, S. 375 (379, 401), „normativer Extremismus"; Otto, Diskurs über Gerechtigkeit, Menschenwürde und Menschenrechte, JZ 2005, 473 (480 f.); Wagenländer, Zur strafrechtlichen Beurteilung der Rettungsfolter, S. 155 ff., 160; Wittreck, Menschenwürde als Foltererlaubnis?, in: Folter – Zulässiges Instrument im Strafrecht?, S. 37 (53); einer Abwägung im Falle präventiv-polizeilichen Handelns offen Chr. Starck, in: von Mangoldt/Klein/Starck, GG, Art. 1 Abs. 1 Rn. 79.

verfassungsmäßig;[105] die Foltermaßnahme hingegen als verfassungswidrig bewertet und die Zulässigkeit des staatlichen Abschusses entführter Passagierflugzeuge entgegen der deutlichen Feststellung des Bundesverfassungsgerichts nach wie vor höchst kontrovers diskutiert.

Aus der unterschiedlichen Bewertung dieser drei staatlichen Maßnahmen, die alle zumindest auch einem überindividuellen Zweck dienen, folgt, dass zur Feststellung einer würdewidrigen staatlichen Maßnahme nicht entscheidend sein kann, mit welcher Intention bzw. mit welchem Vorsatzgrad die Maßnahme eingesetzt wird.[106] Eine Abgrenzung muss maßgeblich anhand der Frage erfolgen, inwieweit die Maßnahme dem betroffenen Individuum Raum für ein selbstbestimmtes Handeln belässt und die autonome Subjektstellung des Individuums achtet. Aus diesem Grund wird die Tötung eines Geiselnehmers zur Rettung eines Unbeteiligten als verfassungskonform bewertet, da der Geiselnehmer zum einen durch sein eigenes selbstbestimmtes Verhalten die staatlichen Reaktionsmaßnahmen hervorgerufen hat und zum anderen diese durch eigenes kooperatives Verhalten zu seinen Gunsten beeinflussen kann.[107]

Die nicht an der Entführung beteiligten Flugzeuginsassen haben hingegen keine Möglichkeit, dem gefährdenden Flugzeug zu entkommen, sondern sind räumlich untrennbar mit diesem verbunden. Sie sind staatlichen Gegenmaßnahmen, die sie weder durch eigenes selbstbestimmtes Verhalten hervorgerufen haben noch abwenden können, chancenlos ausgeliefert und damit nicht nur dem Willen der Flugzeugentführer, sondern auch den staatlichen Abwehrmaßnahmen hilflos ausgesetzt. Ihre Rechtspositionen werden von § 14 Abs. 3 LuftSiG nicht berücksichtigt.[108] Die Regelung bewertet den Tod der unbeteiligten Flugzeuginsassen als Kollateralscha-

---

105 Dreier, Grenzen des Tötungsverbots – Teil 1, JZ 2007, 261 (265); Fehn/Brauns, Bundeswehr und innere Sicherheit, S. 72 ff.; Schmelter, Der finale Rettungsschuss/Todesschuss, VR 1989, 161 (163); Schöne/Klaes, Die hoheitliche Befugnis zur Tötung eines Angreifers, DÖV 1996, 992 (996); Weichert, Der sogenannte „finale Rettungsschuss", VBl.BW 1991, 249 (252); vgl. Anm. 252 m.w.N.

106 So auch Kersten, Die Tötung von Unbeteiligten, NVwZ 2005, 661 (662); im Ergebnis auch Jarass, in: Jarass/Pieroth, GG, Art. 1 Rn. 13; anders Ladiges, Die Bekämpfung nicht-staatlicher Angreifer im Luftraum, S. 353.

107 So etwa Baumann, Das Grundrecht auf Leben unter Quantifizierungsvorbehalt, DÖV 2004, 853 (859); Dreier, Grenzen des Tötungsverbots – Teil 1, JZ 2007, 261 (266).

108 So auch Lepsius, Das Luftsicherheitsgesetz und das Grundgesetz, in: FG Burkhard Hirsch, S. 47 (60), der Feststellung des Gerichts folgend, krit. zur Kopplung von Art. 1 Abs. 1 GG und Art. 2 Abs. 2 GG (ebd., 61); „Nicht-Personen", Jakobs, Rechtszwang und Personalität, S. 28.

den, der ohnehin nicht verhindert werden kann und aufgrund dieser Chancenlosigkeit als nicht mehr beachtungswürdig scheint.[109] Die rationalisierende Betrachtungsweise missachtet die Subjektstellung der Unbeteiligten, indem sie als individuelle Rechtsträger nicht mehr wahrgenommen werden. Der Entzug bzw. die Unbeachtlichkeitserklärung individueller Rechtspositionen, ohne Anknüpfung an das persönliche Verhalten des Rechtsträgers, bedingt eine Verdinglichungssituation. Nichts anderes ergibt sich auch aus der Annahme, den Passagieren seien ihre Rechte bereits durch die Entführer genommen worden. Anderenfalls ließe sich der Grundrechtsschutz vor staatlichen Maßnahmen durch individuelle – im Übrigen strafbare – Handlungen vollumfänglich ausschalten. Eine solche Konsequenz führt aber grundrechtliche Gewährleistungen und Garantien ad absurdum.

Die Zweckrichtung einer staatlichen Maßnahme kann somit nicht entscheidendes Merkmal zur Feststellung einer Verdinglichungssituation sein.[110]

Im Ergebnis führt eine Abschussmaßnahme selbst dann zu einer Verdinglichung der unbeteiligten Insassen, wenn weder eine Verletzung ihres Würdeanspruches noch ihr Tod gewollt oder bezweckt werden.

2. Keine verfassungswidrige Abwägung?

Die Auflösung der Kollision zwischen Achtungsabwehr- und Achtungsschutzanspruch der unbeteiligten Flugzeuginsassen und Achtungsschutzanspruch der am Boden befindlichen Personen zugunsten der Abwehransprüche[111] wird vielfach in der Literatur nicht anerkannt. Zum Teil wird bereits das Vorliegen einer Abwägungssituation verneint (a.) oder von der

---

109 Festgestellt von Baumann, Das Grundrecht auf Leben unter Quantifizierungsvorbehalt, DÖV 2004, 853 (858); Jakobs, Terroristen als Personen im Recht?, ZStW 117 (2005), 839 (848); Streng, Gerechtfertigte Aufopferung Unbeteiligter?, in: FS Stöckel, S. 135 (147); Odendahl weist darauf hin, dass die Unbeteiligten in Abweichung von allen anderen Normierungen des Gefahrenabwehrrechts im LuftSiG nicht mal mehr Erwähnung finden, dies., Der Umgang mit Unbeteiligten im Recht der Gefahrenabwehr, Die Verwaltung 2005, 425 (435).

110 So auch Dreier, in: Dreier, GG, Art. 1 Abs. 1 Rn. 55 m.w.N.; Höfling/Augsberg, Luftsicherheit, Grundrechtsregime und Ausnahmezustand, JZ 2005, 1080 (1083); Streng, Gerechtfertigte Aufopferung Unbeteiligter?, in: FS Stöckel, S. 135 (153).

111 BVerfGE 115, 118 (160).

Zulässigkeit einer Quantifizierung von Menschenleben ausgegangen (b.). Andere wollen den grundgesetzlichen Würdebegriff neu interpretieren oder gehen von einem ausnahmsweise zulässigen Eingriff in Art. 1 Abs. 1 GG aus (c.). Weitere Autoren stellen darauf ab, dass eine Einwilligung der Passagiere in einen Abschuss das Vorliegen einer verfassungswidrigen Abwägung kompensiert (d.). Alle Meinungen gelangen im Ergebnis zur Annahme der Verfassungsmäßigkeit eines Abschusses zum Schutze der am Boden befindlichen Personen.

a. Nichtvorliegen einer Abwägungssituation?

Da das Leben der Flugzeuginsassen ohnehin staatlicherseits nicht gerettet werden könne und durch einen von den Entführern initiierten Absturz beendet werde, lehnt eine beträchtliche Anzahl an Literaturstimmen im Falle eines Abschusses eines entführten Passagierflugzeugs zum Schutze Dritter schon das Vorliegen einer Abwägungssituation ab.[112] Eine weitere Rechtsverletzung könne den Passagieren nicht zugefügt werden, da ihr Schicksal bereits vorbestimmt sei und durch die hoheitliche Maßnahme kein darüberhinausgehender Eingriff erfolge.[113] Mangels tatsächlicher Rettungsmöglichkeiten liege eine „unechte Abwägung von Menschenleben" vor.[114] Durch die Maßnahme würden weder die Opferzahl noch die Opferlast des Einzelnen angesichts des unmittelbar bevorstehenden Todes wesentlich er-

112 Gauder, Das abverlangte Lebensopfer S. 218 f.; Giemulla, Zum Abschuss von Zivilluftfahrzeugen zur Terrorbekämpfung, 54 ZLW (2005), 32 (40); Gramm, Der wehrlose Verfassungsstaat, DVBl. 2006, 653 (660); ders., Wie weit darf der Staat bei >besonders schweren Unglücksfällen< gehen?, UBWV 2007, 121 (127); Hillgruber, Der Staat des Grundgesetzes, JZ 2007, 209 (216); Schily, Das Notstandsrecht des Grundgesetzes und die Herausforderungen der Zeit, in: Innere Sicherheit, Menschenwürde, Gentechnologie, S. 17 (31); abl. etwa Fehn/Brauns, Bundeswehr und innere Sicherheit, S. 67 ff.; vgl. auch zur entsprechenden Argumentation im Strafrecht C. III. 3. a. aa. in diesem Kapitel.

113 Etwa Hochhuth, Militärische Bundesintervention bei inländischem Terrorakt, NZWehrr 2002, 154 (165); alternativ nimmt Rücker an, angesichts des unmittelbar bevorstehenden Todes sei ein Berufen auf die abwehrrechtliche Grundrechtsdimension der unbeteiligten Insassen als unzulässige Rechtsausübung zu verwerfen, ders., Die Allokation von Lebenschancen, S. 146 ff.; entschieden dagegen Lepsius, Das Luftsicherheitsgesetz und das Grundgesetz, in: FG Burkhard Hirsch, S. 47 (60, 68).

114 Winkeler, Bedingt abwehrbereit?, S. 248 ff.; so auch Giemulla, Zum Abschuss von Zivilluftfahrzeugen zur Terrorbekämpfung, 54 ZLW (2005), 32 (40 f.), verneint mangels alternativer Rettungschancen eine „Aufrechnung" von Leben.

höht.[115] Im Rahmen der „unechten Abwägung" werde gerade keine staatliche Auswahlentscheidung getroffen, sondern situationsbedingt die Maßnahme ausschließlich zugunsten derjenigen eingesetzt, auf deren Überleben der Staat noch einen Einfluss nehmen könne.[116] Gerade hierin komme eine gleichwertige Achtung der betroffenen Leben zum Ausdruck, anderenfalls stelle staatliche Passivität die am Boden betroffenen Personen der Willkür der Entführer anheim.[117]

Der Annahme einer „unechten Abwägung" muss jedoch bereits aufgrund der grundgesetzlichen Wertzuschreibung des Rechtsguts Leben widersprochen werden. Als „vitale Basis der Menschenwürde" und aller anderen Grundrechte kommt dem menschlichen Leben in der Werteordnung des Grundgesetzes ein Höchstwert zu.[118] Dennoch wird dieses verfassungsrechtlich nicht schrankenlos geschützt.[119] Nicht jede Tötung enthält eine würdewidrige Behandlung, die gegen Art. 1 Abs. 1 GG verstößt.[120]

Im vorliegenden Beispielsfall gilt es drei Personengruppen zu unterscheiden: Die Entführer (öffentlich-rechtlich: Störer, strafrechtlich: Täter), die tatunbeteiligten Flugzeuginsassen und die am Boden befindlichen, durch den kontrollierten Absturz bedrohten Personen.

Das Argument, eine Rettung der unbeteiligten Passagiere aus der Entführungssituation sei aussichtslos, versucht eine Abwägungssituation von Menschenleben zu umgehen. Problematisch ist dabei nicht die Abwägung zweier Menschenleben an sich, sondern die Abwägung von Abwehr- und Schutzansprüchen zweier Opfergruppen, die ohne ihr eigenes Zutun gefährdet werden. Der staatliche Abschuss beendet das Leben der Flugzeuginsassen früher, als es nach dem prognostizierten Geschehensverlauf durch

115 Hochhuth, Militärische Bundesintervention bei inländischem Terrorakt, NZWehrr 2002, 154 (166, Anm. 44).

116 Gramm, Der wehrlose Verfassungsstaat?, DVBl. 2006, 653 (660).

117 Gramm, Der wehrlose Verfassungsstaat?, DVBl. 2006, 653 (660 f.); ders., Wie weit darf der Staat bei >besonders schweren Unglücksfällen< gehen?, UBWV 2007, 121 (127).

118 Vgl. BVerfG, Urteil vom 25. Februar 1975 - 1 BvF 1/74, 1 BvF 2/74, 1 BvF 3/74, 1 BvF 4/74, 1 BvF 5/74, 1 BvF 6/74 -, (= BVerfGE 39, 1 (42)).

119 Vgl. Art. 2 Abs. 2 Satz 3 GG.

120 Lepsius, Das Luftsicherheitsgesetz und das Grundgesetz, in: FG Burkhard Hirsch, S. 47 (67 f.); Lindner, Die Würde des Menschen und sein Leben, DÖV 2006, 577 (585); Linke, Ein Karlsruher Befreiungsschlag für den Rechtsstaat?, NWVBl. 2006, 174 (178); Pieroth/Hartmann, Der Abschuss eines Zivilflugzeugs auf Anordnung des Bundesministers für Verteidigung, Jura 2005, 729 (729); Schenke, Das Luftsicherheitsgesetz und das Recht der Gefahrenabwehr, in: FG Burkhard Hirsch, S. 75 (84 f.).

den vorsätzlichen Absturz der Fall gewesen wäre. Damit greift der Abschuss in die abwehrrechtliche Dimension der Grundrechtsposition der unbeteiligten Flugzeuginsassen aus Art. 2 Abs. 2 Satz 1 GG i.V.m. Art. 1 Abs. 1 GG ein.

Zwar ließe sich im Falle absoluter Prognosesicherheit annehmen, dass die Flugzeuginsassen ihr Leben unweigerlich durch einen Absturz verlören, hieraus folgt jedoch gerade nicht der Ausschluss einer Abwägungsentscheidung mangels alternativer Rettungsmöglichkeiten einer betroffenen Personengruppe.[121] Eine solche Ansicht wäre nur vertretbar, wenn angenommen werden könnte, die Leben der betroffenen Insassen wären angesichts ihres nahenden Todes nicht mehr als Rechtsposition zu berücksichtigen[122] und ihr Leben insoweit als nicht mehr schützenswert im Sinne von Art. 2 Abs. 2 Satz 1 GG i.V.m. Art. 1 Abs. 1 GG anzusehen.[123]

Eine solche Differenzierung verbietet sich jedoch angesichts Art. 2 Abs. 2 Satz 1 GG i.V.m. Art. 1 Abs. 1 GG, die jedes menschliche Leben von Beginn bis zu seinem Tod unabhängig der prognostizierten Lebensdauer gleichermaßen schützenswert erachten und schützen.[124] Menschliche Würde wird sogar über den Tod hinaus geschützt.[125] Jegliche qualifizierende Bewertung und Differenzierung menschlichen Lebens verbietet sich. Insbesondere die Wertung, die betroffenen Flugzeuginsassen seien in Anbe-

---

121 So auch Höfling/Augsberg, Luftsicherheit, Grundrechtsregime und Ausnahmezustand, JZ 2005, 1080 (1083); Horn, Die Verfassungsgemäßheit präventiver Terrorismusbekämpfungsmaßnahmen, S. 133; Sinn, Tötung Unschuldiger auf Grund § 14 III Luftsicherheitsgesetz, NStZ 2004, 585 (586).

122 So auch Klein, Die vorsätzliche Tötung unbeteiligter Personen durch den Staat, in: FS Mußgnug, S. 71 (79); a.A. Isensee, Leben gegen Leben, in: FS Jakobs, S. 205 (230), der annimmt, es würde keine Wertung durch die Prognose der Lebensspanne vorgenommen, da das Schicksal der Flugzeuginsassen durch die Entführer vorbestimmt sei.

123 Rettenmaier, Das Luftsicherheitsgesetz, VR 2006, 109 (111).

124 BVerfGE 39, 1 (59); BGH, Urteil vom 20. Mai 1980 - 1 StR 177/80 -, (= BGH, NStZ 1981, 218 (218)); BGH, Urteil vom 10. August 1984 - 1 StR 9/84 -, (= BGH, NStZ 1985, 26 (27)); Hirsch, Defensiver Notstand gegenüber ohnehin Verlorenen, in: FS Küper, S. 149 (160); Jakobs, Strafrecht AT, S. 420; Pieroth/Hartmann, Der Abschuss eines Zivilflugzeugs auf Anordnung des Bundesministers für Verteidigung, Jura 2005, 729 (730); Roxin, Sterbehilfe aus Mitleid mit Patienten, NStZ 1992, 35 (35); Schenke, Das Luftsicherheitsgesetz und das Recht der Gefahrenabwehr, in: FG Burkhard Hirsch, S. 75 (85 f.); Wolfslast, Anmerkung, NStZ 1981, 219 (219).

125 BVerfG, Beschluss des Ersten Senats vom 24. Februar 1971 - 1 BvR 435/68 -, (= BVerfGE 30, 173 (196)); so bereits Dürig, Der Grundrechtssatz von der Menschenwürde; AöR 81 (1956), 117 (126).

tracht ihres unweigerlich nahenden Todes nicht in eine Abwägung miteinzubeziehen, ihre Rechte mithin nicht mehr beachtungswürdig, degradiert die unbeteiligten Insassen als qualitativ minder schützenswert als die betroffenen Personen am Boden.[126] Eine solche Annahme ist nicht nur „befremdlich“[127], sondern verstößt gegen Art. 2 Abs. 2 Satz 1 GG i.V.m. Art. 1 Abs. 1 GG, indem den tatunbeteiligten Flugzeuginsassen die abwehrrechtliche Dimension aus Art. 2 GG versagt wird. Dieser Verstoß nimmt den eigentlich abwehranspruchsberechtigten Insassen ihre Subjektqualität. Sie verkommen zu Objekten, die nicht einmal mehr im Abwägungsprozess im Rahmen einer Saldierung Berücksichtigung finden.[128] Angesichts des hierin enthaltenden Qualifizierungsmoments menschlichen Lebens durch das Kriterium der „Todgeweitheit“ ist jegliche derartige Argumentation abzulehnen.[129]

Auch die Argumentation, durch den staatlichen Abschuss werde gar nicht über Leben oder Tod der Flugzeuginsassen entschieden, sondern lediglich über die Rettung der noch zu rettenden Personen am Boden, kann über die enthaltende Qualifizierung nicht hinwegtäuschen.[130] Eine solche Begründung klingt verlockend einfach, ist dennoch angesichts Art. 1 Abs. 1 GG nicht haltbar. Prognosen hinsichtlich verbleibender Lebenszeit haben nach Art. 1 Abs. 1 GG keine Relevanz für die Anerkennung der

---

126 So auch Hartleb, Der neue § 14 III LuftSiG und das Grundrecht auf Leben, NJW 2005, 1397 (1398); Sinn, Tötung Unschuldiger auf Grund § 14 III Luftsicherheitsgesetz, NStZ 2004, 585 (587); a.A. Odendahl, Der Umgang mit Unbeteiligten im Recht der Gefahrenabwehr, Die Verwaltung 2005, 425 (446 f.), die annimmt, für staatliches Handeln können nicht strafrechtliche Tötungsverbote herangezogen werden.

127 Baumann, Das Grundrecht auf Leben unter dem Quantifizierungsvorbehalt, DÖV 2004, 853 (859).

128 So auch Baumann, Das Grundrecht auf Leben unter dem Quantifizierungsvorbehalt, DÖV 2004, 853 (859); Rettenmaier, Das Luftsicherheitsgesetz, VR 2006, 109 (111); a.A.: Gramm, Der wehrlose Verfassungsstaat?, DVBl. 2006, 653 (660).

129 So auch Hartleb, Der neue § 14 III LuftSiG und das Grundrecht auf Leben, NJW 2005, 1397 (1398); Höfling/Augsberg, Luftsicherheit, Grundrechtsregime und Ausnahmezustand, JZ 2005, 1080 (1083); Klein, Das Gesetz zur Neuregelung von Luftsicherheitsaufgaben (LuftSiG) auf dem Prüfstand, ZG 2005, 289 (296); ders., Die vorsätzliche Tötung unbeteiligter Personen durch den Staat, in: FS Mußgnug, S. 71 (79); Köhler, Die objektive Zurechnung der Gefahr als Voraussetzung der Eingriffsbefugnis im Defensivnotstand, in: FS Schroeder, S. 257 (259); Lackner/Kühl, StGB, § 34 Rn. 7; Meißner, Die Interessenabwägungsformel in der Vorschrift über den rechtfertigenden Notstand (§ 34 StGB), S. 208.

130 So aber Gramm, Der wehrlose Verfassungsstaat?, DVBl. 2006, 653 (660); dagegen etwa Rettenmaier, Das Luftsicherheitsgesetz, VR 2006, 109 (111).

Schutzwürdigkeit menschlichen Lebens. Selbst die sichere Prognose des nahenden Todes eines Organspende-Willigen erlaubt nicht eine vorzeitige Organentnahme.[131] Dies gilt auch dann, wenn das Leben des Organspenders nicht zu retten ist und mögliche Organspendeempfänger durch ein natürlich eintretendes späteres Ableben des Spenders versterben werden. Gerade weil jedes menschliche Leben unabhängig des Lebensstadiums als gleichermaßen wertvoll geschätzt, geschützt und keiner differenzierenden Bewertung unterworfen wird,[132] darf eine staatliche Tötung auch dann nicht angeordnet und ausgeführt werden, wenn feststeht, dass die von der Maßnahme betroffenen Leben durch das rechtswidrige Verhalten Dritter oder auf andere Art vorzeitig enden oder beendet würden.[133]

Das Leben und die Würde des Sterbenden sowie des durch die Organspende zu rettenden Kranken werden gleichermaßen geachtet und geschützt. Auf den Zeitpunkt des Eintretens der Voraussetzungen einer Organspende darf kein Einfluss genommen werden, auch wenn dies den Tod des die Organspende benötigenden Patienten bedeutet.

Dieser Schutz muss gleichermaßen auch den in einem Passagierflugzeug befindlichen Unbeteiligten zuteilwerden. Die Annahme, sie verlören ohnehin ihr Leben durch einen initiierten Absturz, begründet nicht eine rechtliche Befugnis zur Ausführung aller praktisch möglichen Maßnahmen zur Rettung Dritter. Die Behauptung, Rechte Unbeteiligter seien im Angesicht ihres nahenden Todes irrelevant, bedingt eine Qualifizierung der Betroffenen, die mit Art. 1 Abs. 1 GG nicht zu vereinbaren ist.

Der Rückgriff auf kollidierende Lebensschutz- und Abwehransprüche verfehlt zudem den Kern der verfassungsrechtlichen Zwangslage. Im Fall des Flugzeugabschusses geht es nicht um eine reine Abwägung kollidierender Rechte aus Art. 2 Abs. 2 Satz 1 GG. Grundrechte und auch das Lebensrecht aus Art. 2 Abs. 2 Satz 1 GG sind grundsätzlich abwägungsoffen.[134] Dies wird insbesondere durch den einfachen Gesetzesvorbehalt in Art. 2

131 Fischer, StGB, § 34 Rn. 19; Merkel, Wenn der Staat Unschuldige opfert, Zeitonline 29/2004, 08.07.2004, S. 5, (Onlinequelle); so auch Hörnle, Töten, um viele Leben zu retten, in: FS Herzberg, S. 555 (558), die jedoch einen kategorialen Unterschied zum Flugzeugabschuss annimmt, da das Leben der im Flugzeug befindlichen Insassen ohnehin verloren wäre (ebd., 566).

132 BVerfGE 39, 1 (58 f.).

133 Vgl. auch Jerouschek, Nach dem 11. September 2001: Strafrechtliche Überlegungen zum Abschuss eines von Terroristen entführten Flugzeugs, in: FS Schreiber, S. 185 (193 f.).

134 Siehe Hecker, Die Entscheidung des Bundesverfassungsgerichts zum Luftsicherheitsgesetz, KJ 39 (2006), 179 (190); vermeintlich anders Burkhard Hirsch, Ver-

Abs. 2 Satz 3 GG deutlich.[135] Ansprüche auf den Schutz des Lebens und gegen Beeinträchtigungen des Lebens können und dürfen gegeneinander abgewogen werden.[136] Unzulässig ist die Privilegierung eines Lebens jedoch dann, wenn mit der Privilegierung eine Qualifizierung eines Lebens und/oder auf andere Weise eine Verletzung von Art. 1 Abs. 1 GG einhergeht.[137] Im Fall des Flugzeugabschusses ist die Abwägung von Lebensrechten aus zwei Gründen verfassungswidrig. Zum einen aufgrund der Qualifizierung von Leben durch die Berücksichtigung des Kriteriums der Restlebensdauer, zum anderen mangels Selbstbestimmungsmöglichkeiten der unbeteiligten Flugzeuginsassen, die weder durch ihr Verhalten staatliche Abwehrmaßnahmen erforderlich gemacht haben noch diese abwenden können. Die Entführung selbst sowie die von ihnen nicht beeinflussbaren staatlichen Gegenmaßnahmen machen sie zu Opfern im doppelten Sinn.[138] Dieses fehlende Beeinflussungsmoment begründet im Falle staatlicher Gegenmaßnahmen eine Verdinglichung der unbeteiligten Passagiere. Sie werden nicht mehr als Rechtsträger berücksichtigt oder für nicht berücksichtigenswert erachtet. Gerade die hiermit einhergehende Abwertung ihrer Rechtsträgereigenschaft stellt eine unzulässige Qualifizierung im Sinne von Art. 1 Abs. 1 GG dar.

Folglich ist die Verneinung der Verfassungswidrigkeit einer Abwägungssituation im Falle des Flugzeugabschusses nicht haltbar.

---

fassungsbeschwerde gegen das Gesetz zur Neuregelung von Luftsicherheitsaufgaben, KritV 89 (2006), 3 (11). Einen Hinweis bedarf jedoch, dass die von Burkhard Hirsch genannten Varianten der Abwägung und der Aufrechnung in der Regel eine würdeverletzende Verdinglichungssituation enthalten. Eine solche wird jedoch im Fall des polizeilichen Rettungsschusses durch das zurechenbare Verhalten des Störers aufgehoben, siehe etwa Küper, Tötungsverbot und Lebensnotstand, JuS 1981, 785 (793, Anm. 66); Lepsius, Human Dignity and the Downing of Aircraft, 7 German. L. J. (2006), 761 (768).

135 Etwa Klein, Die vorsätzliche Tötung unbeteiligter Personen durch den Staat, in: FS Mußgnug, S. 71 (76).

136 So auch Di Fabio, in: Maunz/Dürig, GG, Art. 2 Abs. 2 Satz 1 Rn. 37.

137 Hartleb, Der neue § 14 III LuftSiG und das Grundrecht auf Leben, NJW 2005, 1397 (1401); Pieroth/Hartmann, Der Abschuss eines Zivilflugzeugs auf Anordnung des Bundesministers für Verteidigung, Jura 2005, 729 (729).

138 Siehe Burkhard Hirsch, Verfassungsbeschwerde gegen das Gesetz zur Neuregelung von Luftsicherheitsaufgaben, KritV 89 (2006), 3 (7); Streng, Gerechtfertigte Aufopferung Unbeteiligter?, in: FS Stöckel, S. 135 (154).

b. Zulässigkeit einer Quantifizierung?

Zum Teil wird angenommen, eine Saldierung der betroffenen Leben sei ausnahmsweise zulässig, auch wenn der Maßnahme eine staatliche Auswahlentscheidung zugrunde liege.[139] Spendel vertritt, von zwei Übeln müsse das kleinere gewählt werden.[140] Roellecke hält das Abwägungsverbot für unrichtig und realitätsfern.[141] Eine staatliche Entscheidung müsse zumindest anhand quantifizierender Kriterien möglich sein, da eine qualifizierende Bewertung menschlichen Lebens ausgeschlossen sei.[142] Extremsituationen, in denen nur die Rettung eines von zwei gleichwertigen Rechtsgütern möglich sei und staatliche Untätigkeit zum Verlust beider führe, dürften den Staat nicht zur Untätigkeit verdammen.[143] Anderenfalls werde der Lebensschutz in sein Gegenteil verkehrt.[144] Auch Hörnle verneint eine Würdeverletzung.[145] Eine würdeverletzende Tötung sei anzunehmen, wenn eine Tötung aufgrund kollektiver Interessen vorgenommen und die Betroffenen gegenüber anderen Menschen herabgewürdigt oder die Bedeutung menschlichen Lebens im Verhältnis zu Sachwerten

---

139 Sittard/Ulbrich, Fortgeschrittenenklausur – Öffentliches Recht: Das Luftsicherheitsgesetz, JuS 2005, 432 (435 f.); dafür wohl auch Baldus, Streitkräfteeinsatz zur Gefahrenabwehr im Luftraum, NVwZ 2004, 1278 (1285); Roellecke, Der Rechtsstaat im Kampf gegen den Terror, JZ 2006, 265 (269); vgl. auch die entsprechende Problematik im Strafrecht C. III. 3. a. bb. in diesem Kapitel.

140 Spendel, Luftsicherheitsgesetz und Bundesverfassungsgericht, RuP 2005/2006, 131 (134).

141 Roellecke, Der Rechtsstaat im Kampf gegen den Terror, JZ 2006, 265 (269).

142 Sittard/Ulbrich, Fortgeschrittenenklausur – Öffentliches Recht: Das Luftsicherheitsgesetz, JuS 2005, 432 (435), diejenigen, die jedoch den Tabubruch einer Quantifizierung durch die Unrettbarkeit der Flugzeuginsassen abfedern und legitimieren möchten, übersehen jedoch, dass hierdurch bereits eine Qualifizierung anhand von Lebenschancen und verbleibender Lebenszeit vorgenommen wird, etwa Baldus, Streitkräfteeinsatz zur Gefahrenabwehr im Luftraum, NVwZ 2004, 1278 (1285).

143 Hillgruber, Der Staat des Grundgesetzes, JZ 2007, 209 (217); Sittard/Ulbrich, Fortgeschrittenenklausur – Öffentliches Recht: Das Luftsicherheitsgesetz, JuS 2005, 432 (435).

144 Archangelskij, Das Problem des Lebensnotstandes am Beispiel des Abschusses eines von Terroristen entführten Flugzeuges, S. 47; Isensee, Leben gegen Leben, in: FS Jakobs, S. 205 (229); a.A.: Kersten, Die Tötung von Unbeteiligten, NVwZ 2005, 661 (663); Küper, Tötungsverbot und Lebensnotstand, JuS 1981, 785 (790).

145 Hörnle, Töten, um viele Leben zu retten, in: FS Herzberg, S. 555 (568); dies., Shooting Down a Hijacked Plane, 3 Criminal Law and Philosophy (2009), 111 (119 f.).

verkannt werde.[146] Ein ausschließlich quantitativer Vergleich von Überlebenden verstoße nicht gegen die Wertung von Art. 1 Abs. 1 GG, da hiermit nur der Schutz einer größeren Anzahl von Menschenleben und kein schlichtes kollektives Interesse verfolgt werde.[147] Die Pattsituation zwischen Abwehransprüchen der Flugzeuginsassen und Schutzansprüchen der am Boden bedrohten Personen rechtfertige[148] eine ausnahmsweise Auflösung nach „Zahlenverhältnissen".[149] Der Abschuss diene der Rettung einer Überzahl von Menschenleben und beinhalte mithin keine Abwertung der Flugzeuginsassen.[150] Mit Bezug auf Dürig nimmt auch Palm an, eine Abwägung zwischen Abwehr- und Schutzansprüchen des Lebens sei nicht unzulässig und verstoße nicht gegen Art. 1 Abs. 1 GG.[151]

Die oben genannten Meinungen verdeutlichen den Wunsch einer garantierten staatlichen Handlungsfähigkeit, insbesondere für den Fall der Verwendung eines entführten Flugzeugs als Waffe gegen eine höhere Anzahl von Menschenleben.[152] Eine andere Interpretation lässt die Berufung auf ein „kleineres Übel" oder „quantifizierende Kriterien" nicht zu. Jede

---

146 Hörnle, Töten, um viele Leben zu retten, in: FS Herzberg, S. 555 (568).

147 Hörnle, Töten, um viele Leben zu retten, in: FS Herzberg, S. 555 (568); anders wenn eine Auswahlentscheidung etwa durch Umleitung des Flugzeugs vorgenommen werde, dies., Menschenwürde und Lebensschutz, ARSP 89 (2003), 318 (329 f.); so auch Sittard/Ulbrich, Fortgeschrittenenklausur – Öffentliches Recht: Das Luftsicherheitsgesetz, JuS 2005, 432 (435).

148 Für eine Entschuldigung individuellen Verhaltens Hörnle, Hijacked Airplanes: May They Be Shot Down?, 10 New Crim. L. Rev. (2007), 582 (600).

149 Hörnle, Töten, um viele Leben zu retten, in: FS Herzberg, S. 555 (570); dies., Hijacked Airplanes: May They Be Shot Down?, 10 New Crim. L. Rev. (2007), 582 (612); so auch Isensee, Leben gegen Leben, in: FS Jakobs, S. 205 (231); vorsichtiger wohl auch Paulke, Die Abwehr von Terrorgefahren im Luftraum, S. 278; zahlenmäßige Abwägung niemals der Rechtfertigung zugänglich etwa bereits BGH, Urteil vom 28. November 1952 - 4 StR 23/50 -, (= NJW 1953, 513 (513 f.)); Welzel, Zum Notstandsproblem, ZStW 1951, 47 (51 f.).

150 Hörnle, Töten, um viele Leben zu retten, in: FS Herzberg, S. 555 (568); dies., Shooting Down a Hijacked Plane, 3 Criminal Law and Philosophy (2009), 111 (119 f.), in diese Richtung auch Küper, Tötungsverbot und Lebensnotstand, JuS 1981, 785 (792); ebenso Baldus, Streitkräfteeinsatz zur Gefahrenabwehr im Luftraum, NVwZ 2004, 1278 (1285); Odendahl, Der Umgang mit Unbeteiligten im Recht der Gefahrenabwehr, Die Verwaltung 2005, 425 (450).

151 Palm, Der wehrlose Staat?, 132 AöR (2007), 95 (109).

152 Obwohl die Mehrzahl der zu rettenden Personen gerade keine Tatbestandsvoraussetzung des § 14 Abs. 3 LuftSiG ist, Giemulla, Der Abschuss von Zivilluftfahrzeugen als Maßnahme der Terrorbekämpfung, 54 ZLW (2005), 32 (39); Klein, Die vorsätzliche Tötung unbeteiligter Personen durch den Staat, in: FS Mußgnug, S. 71 (79); Winkeler, Bedingt abwehrbereit?, S. 217.

Form von Saldierung oder Abwägung menschlichen Lebens, in der das Individuum nicht mehr als solches, sondern als bloße Rechengröße oder Dispositionsmasse wahrgenommen wird, verbietet sich jedoch.[153] Der dem Rechtsgut Leben innewohnende Würdekern[154] untersagt eine Quantifizierung menschlichen Lebens.[155] „Menschliches Leben (...) kann keiner (...) zahlenmäßigen Abwägung unterworfen werden".[156] Jegliche Form einer Bilanzierung von Menschenleben ist daher abzulehnen. Folglich verstößt der Einsatz von Waffengewalt gegen Unbeteiligte zur Rettung einer größeren Anzahl von Menschenleben gegen Art. 2 Abs. 2 Satz 1 GG i.V.m. Art. 1 Abs. 1 GG. Die Kollisionslage bedrohter Leben am Boden und der Leben der unbeteiligten Flugzeuginsassen begründet nicht die ausnahmsweise Zulässigkeit einer quantifizierenden Abwägungsentscheidung zulasten der unbeteiligten Flugzeuginsassen.[157]

c. Aufgabe der Unantastbarkeit?

Im Kontext des Urteils zum LuftSiG wurden weitere Lösungswege diskutiert, die einen Verstoß gegen die menschliche Würde durch eine Neudefinition des Absolutheitsdogmas auflösen (aa.) oder im Falle einer Kollision von Abwehr- und Schutzansprüchen im Schutzbereich von Art. 1 Abs. 1 GG eine Abwägung erlauben und eine Vorrangregelung zulassen (bb.).

153 So auch Hartleb, Der neue § 14 III LuftSiG und das Grundrecht auf Leben, NJW 2005, 1397 (1398); Höfling/Augsberg, Luftsicherheit, Grundrechtsregime und Ausnahmezustand, JZ 2005, 1080 (1084); vgl. bereits BVerfGE 39, 1 (58 f.). Nach Teifke sei im Fall des Flugzeugabschusses das „Verrechnungsproblem kein Problem der Menschenwürde, sondern ein Problem der Gleichgewichtung von menschlichem Leben als metaphysisches Problem", ders., Das Prinzip Menschenwürde, S. 131.

154 Oder Schranken-Schranke, so Hillgruber, Der Staat des Grundgesetzes, JZ 2007, 209 (215); Lindner, Die Würde des Menschen und sein Leben, DÖV 2006, 577 (585); krit. zur Verwendung als solche im Urteil zum LuftSiG, Burkiczak, Das Luftsicherheitsgesetz vor dem Bundesverfassungsgericht, NZWehrr 2006, 89 (99 f.).

155 Deutlich Baumann, Das Grundrecht auf Leben unter Quantifizierungsvorbehalt, DÖV 2004, 853 (858).

156 BVerfGE 39, 1 (59).

157 Im Ergebnis etwa Archangelskij, Das Problem des Lebensnotstandes am Beispiel des Abschusses eines von Terroristen entführten Flugzeuges, S. 45; Franz, Der Bundeswehreinsatz im Innern und die Tötung Unschuldiger im Kreuzfeuer von Menschenwürde und Recht auf Leben, Der Staat 45 (2006), 501 (506).

aa. Auflösung des Absolutheitsdogmas

Zur Auflösung des Absolutheitsgrundsatzes aus Art. 1 Abs. 1 GG wird unter anderem eine Neudefinition des Würdeschutzes, der sich prinzipiell vom unantastbaren Absolutheitsanspruch abwendet (aaa.), oder aber eine Einschränkung des konkreten Würdeschutzes in besonderen Bedrohungslagen vorgeschlagen, in denen eine Verletzung von durch Art. 1 Abs. 1 GG geschützten Rechtspositionen ausnahmsweise zulässig sein soll (bbb.).

aaa. Neudefinition des menschlichen Würdebegriffs

In Abweichung von einer rein gegenständlich-modalen und rein finalen Definition einer Würdeverletzung will Herdegen einen aus Art. 1 Abs. 1 GG abgeleiteten Achtungsanspruch „situationsgebunden" ausfüllen.[158] Der Achtungsanspruch sei im Rahmen einer wertenden und bilanzierenden Gesamtwürdigung zu konkretisieren, in der auch die konkreten Umstände sowie andere hochrangige Verfassungswerte zu berücksichtigen seien.[159] Erst ein hierdurch ermittelter Achtungsanspruch genieße absolute Geltung.[160]

Noch darüber hinausgehend nimmt Kloepfer eine grundsätzliche Beschränkbarkeit der Menschenwürde an.[161] Das Rechtsgut Leben sei der Höchstwert der Verfassung und könne nicht minder geschützt sein als die daraus resultierende Menschenwürde.[162]

---

158 Herdegen, in: Maunz/Dürig, GG, Art. 1 Rn. 54, 47; zust. Lorenz, in: Bonner Kommentar GG, Art. 2 Abs. 2 Satz 1 Rn. 416; krit. etwa Böckenförde, Die Würde des Menschen war unantastbar, in: Recht, Staat und Freiheit, S. 379 (383 ff.).

159 Herdegen, in: Maunz/Dürig, GG, Art. 1 Rn. 47, 54, 73; in diese Richtung auch Hain, Konkretisierung der Menschenwürde durch Abwägung?, Der Staat 45 (2006), 189 (191 ff.); vorsichtiger Hömig, Menschenwürdeschutz in der Rechtsprechung des Bundesverfassungsgerichts, in: Das Dogma der Unantastbarkeit, S. 25 (47).

160 Herdegen, in: Maunz/Dürig, GG, Art. 1 Rn. 73.

161 Kloepfer, Leben und Würde des Menschen, in: FS 50 Jahre BVerfG, S. 77 (77).

162 Kloepfer, Grundrechtstatbestand und Grundrechtsschranken in der Rechtsprechung des Bundesverfassungsgerichts, in: FS 25 Jahre BVerfG, S. 405 (411 ff.); ders., Leben und Würde des Menschen, in: FS 50 Jahre BVerfG, S. 77 (79); eine grundsätzliche Abwägbarkeit sieht auch Gössel, Enthält das deutsche Recht ausnahmslos geltende, >>absolute<< Folterverbote?, in: FS Otto, S. 41 (52 f.).

bbb. Zulässigkeit einer Verletzung von Art. 1 Abs. 1 GG

Welding argumentiert, um besonderen Bedrohungslagen zu begegnen, müssten Grundrechtsverletzungen durch staatliche Eingriffsmaßnahmen als Ultima Ratio möglich sein.[163] Auch Wittreck vertritt, der Fall kollidierender, gleichrangig positiver Rechtspflichten erlaube dem Staat zur Auflösung der Kollisionslage auch auf Mittel zurückzugreifen, die nach geltendem Recht als unzulässig bewertet würden.[164]

ccc. Stellungnahme

Die von Herdegen vorgeschlagene situationsgebundene Auffüllung des Menschenwürdeschutzbereichs, der für sich wiederum Unantastbarkeit genießen soll, kann nicht über die faktische Auflösung des Absolutheitsanspruchs von Art. 1 Abs. 1 GG hinwegtäuschen. Ein unantastbarer Kerngehalt findet sich auch in den speziellen Grundrechtsgewährleistungen, die durch Art. 1 Abs. 1 GG inhaltlich ergänzt werden. Die kontextualisierende Definition bedingt eine Egalisierung von Art. 1 Abs. 1 GG gegenüber anderen Grundrechtsgewährleistungen. Unklar bleibt jedoch, in welcher Form ein unantastbarer Kerngehalt zu definieren ist oder, ob dieser gänzlich aufgegeben werden soll. Grundsätzlich ist der von Herdegen beschrittene Weg nicht zwingend ausgeschlossen, er bedeutet jedoch einen Bruch mit der bisherigen Menschenwürdedogmatik. Fraglich ist nicht nur das Verhältnis von Art. 1 Abs. 1 GG zu anderen Grundrechtsgewährleistungen, sondern auch die Rechtfertigung der Auslegung vor dem Hintergrund des in Art. 1 Abs. 1 GG einzigartig vorwendeten Begriffes der Unantastbarkeit, die durch Herdegens Definition vollumfänglich eingeebnet wird.[165]

Auch nach der von Kloepfer vertretenen Annahme der Gleichwertigkeit menschlichen Lebens und menschlicher Würde müsste der Würdeanspruch einem einfachen Gesetzesvorbehalt unterliegen. Eine solche Einordnung missversteht gänzlich die grundgesetzlichen Rangvorgaben und lässt sich systematisch nicht in das grundgesetzlich vorgegebene Abstufungsverhältnis von Würde und Leben einpassen.

163 Welding, Ist das Luftsicherheitsgesetz fragwürdig?, RuP 2005/2006, 165 (167).

164 Wittreck, Menschenwürde und Folterverbot, DÖV 2003, 873 (879 f.).

165 Auf die daraus resultierende Frage der Bedeutung dieses Vorschlags soll konkreter im 4. Kapitel eingegangen werden.

Wittreck übersieht die klare Vorgabe der Auflösung einer vermeintlich existierenden Kollisionslage durch Art. 1 Abs. 1 GG. Die Situation der Unrettbarkeit der Flugzeuginsassen einerseits und eines Verbots des Schutzes der bedrohten Personen am Boden andererseits wird erst durch die eindeutige Vorgabe von Art. 1 Abs. 1 GG als Pattsituation wahrgenommen. Die Beschränkung tauglicher Schutzmaßnahmen auf deren Verfassungskonformität bedingt den Vorrang zugunsten des Abwehranspruchs der Flugzeuginsassen. Die Annahme einer unauflösbaren Kollisionslage zur Legitimierung eines Eingriffs in Art. 1 Abs. 1 GG ist mithin nicht mehr und auch nicht weniger als eine bloße Fiktion.

bb. Auflösung zugunsten einer staatlichen Schutzpflicht?

Obwohl das Bundesverfassungsgericht im Urteil zum LuftSiG eine Rechtfertigung des Abschusses aufgrund von Schutzpflichten zugunsten der am Boden befindlichen Personen ausdrücklich mangels verfügbarer verfassungskonformer Schutzmaßnahmen abgelehnt hat,[166] wird eine Auflösung der Interessenkollision zugunsten dieser Schutzpflicht weiterhin intensiv diskutiert und teilweise bejaht.

Da eine staatliche Schutzpflicht gegenüber den Flugzeuginsassen zwar bestehe, mangels praktischer Rettungsmöglichkeiten jedoch nicht erfüllbar sei, wird untersucht, ob der Abwehranspruch der Passagiere gegen staatliche Maßnahmen einem Schutzanspruch der am Boden befindlichen, vom Absturz bedrohten Personen vorrangig sei.

Hillgruber verneint den Vorrang eines subjektiven Abwehranspruchs gegen das Leben verkürzende staatliche Maßnahmen zulasten das Leben schützender staatlicher Schutzpflichten.[167] Als Begründung wird auf die Existenzlegitimation des Staates aufgrund seines Schutzversprechens gegenüber den Bürgern verwiesen, das im Zweifel auch durch Eingriff erfüllt werden müsse.[168] Die Vorrangigkeit des Schutzanspruchs trete dann zurück, wenn dieser mit einer Minderwertschätzung der betroffenen Leben einhergehe.[169] Die mangelnden Überlebenschancen der Flugzeuginsassen dürften zwar nicht unberücksichtigt bleiben, aber auch den am Boden betroffenen Personen stehe ein unbedingter Würdeschutzanspruch zur Seite,

---

166 BVerfGE 115, 118 (160).
167 Hillgruber, Der Staat des Grundgesetzes, JZ 2007, 209 (217).
168 Hillgruber, Der Staat des Grundgesetzes, JZ 2007, 209 (217).
169 Hillgruber, Der Staat des Grundgesetzes, JZ 2007, 209 (217).

nicht durch die terroristischen Ziele instrumentalisiert zu werden.[170] Im Falle einer Kollision von Achtungs- und Schutzanspruch sei die Auflösung der „Abwägungsfestigkeit“ der Menschenwürde unumgänglich.[171] Anderenfalls „betreibt der Staat, wenn auch unbeabsichtigt, das Geschäft der Terroristen“.[172]

Gleichermaßen gelangt Sinn zur Annahme, der Bruch des Unantastbarkeitsdogmas könne im Falle kollidierender Schutzansprüche gerechtfertigt werden, wenn tatsächlich ausschließlich eine Personengruppe geschützt werden könne.[173]

Im Ergebnis hält auch Franz nicht nur eine Abwägung von aus Art. 1 Abs. 1 GG resultierenden Schutz- und Abwehransprüchen für erforderlich,[174] sondern darüber hinaus auch die Berücksichtigung von Quantifizierungskriterien und asymmetrisch verteilten Rettungschancen im Rahmen einer Verhältnismäßigkeitsprüfung.[175] Die bundesverfassungsgerichtliche Rechtsprechung zum Schwangerschaftsabbruch enthalte bereits An-

---

170 Hillgruber, Der Staat des Grundgesetzes, JZ 2007, 209 (217); so auch Enders, Der Staat in Not, DÖV 2007, 1039 (1040).

171 Hillgruber, Der Staat des Grundgesetzes, JZ 2007, 209 (217); so auch Franz, Der Bundeswehreinsatz im Innern und die Tötung Unschuldiger im Kreuzfeuer von Menschenwürde und Recht auf Leben, Der Staat 45 (2006), 501 (509, 513); Isensee, Menschenwürde: die säkulare Gesellschaft auf der Suche nach dem Absoluten, 131 AöR (2006), 173 (191); Chr. Starck, in: von Mangoldt/Klein/Starck, GG, Art. 1 Abs. 1 Rn. 34; offen wohl auch Dreier, in: Dreier, GG, Art. 1 Abs. 1 Rn. 132; anders Odendahl, Der Umgang mit Unbeteiligten im Recht der Gefahrenabwehr, Die Verwaltung 2005, 425 (447), die eine Kollision von Schutzpflichten annimmt.

172 Hillgruber, Der Staat des Grundgesetzes, JZ 2007, 209 (217).

173 Sinn, Tötung Unschuldiger auf Grund § 14 III Luftsicherheitsgesetz, NStZ 2004, 585 (592 f.).

174 Franz, Der Bundeswehreinsatz im Innern und die Tötung Unschuldiger im Kreuzfeuer von Menschenwürde und Recht auf Leben, Der Staat 45 (2006), 501 (513 f.); auch Wittreck, Achtungs- gegen Schutzpflicht?, in: Sicherheit statt Freiheit?, S. 161 (177); undeutlich Erb, Der rechtfertigende Notstand, JuS 2010, 108 (111) m.w.N.

175 Franz, Der Bundeswehreinsatz im Innern und die Tötung Unschuldiger im Kreuzfeuer von Menschenwürde und Recht auf Leben, Der Staat 45 (2006), 501 (514), der sich darauf beruft, dass das Bundesverfassungsgericht in seiner vergangenen Rechtsprechung die Abwägungsfestigkeit von Art. 1 GG „beweglich gemacht“ habe (ebd.).

haltspunkte zu einer – wenn auch durch das Gericht nicht ausgesprochenen – Qualifizierung von Leben.[176]

Hingegen wenden Höfling und Augsberg ein, in der Situation des Flugzeugabschusses fehle es bereits an einer Kollision gleichwertiger Handlungspflichten.[177] Anders als im Fall der Entführung Hanns Martin Schleyers stünden sich beim Abschuss eines auch mit Unbeteiligten besetzten Luftfahrzeugs nicht nur zwei staatliche Schutzpflichten, sondern zusätzlich der Abwehranspruch[178] der Flugzeuginsassen gegenüber, zu dessen Gunsten die Konfliktlage aufzulösen sei.[179] Eine Handlungspflicht des Staates zur Wahrnehmung seines Schutzauftrags sei nur anzunehmen, soweit diese verfassungskonform ausgeführt werden könne.[180]

Dennoch geht Isensee von einem Grundrechtspatt aus, das dem Staat gerade nicht erlaube, in der Summe alle bedrohten Grundrechtspositionen ungeschützt zu lassen, nur weil einige der betroffenen Grundrechtspositionen nicht schützbar seien.[181] Schicksal werde hierdurch nicht gespielt, schließlich erzwinge das strafwürdige Verhalten der Flugzeugentführer eine staatliche Entscheidung.[182] Die Rechtfertigung eines Abschusses ergebe sich aus der Notwendigkeit, den „größtmöglichen Lebensschutz zu er-

---

176 Franz, Der Bundeswehreinsatz im Innern und die Tötung Unschuldiger im Kreuzfeuer von Menschenwürde und Recht auf Leben, Der Staat 45 (2006), 501 (514).

177 Höfling/Augsberg, Luftsicherheit, Grundrechtsregime und Ausnahmezustand, JZ 2005, 1080 (1084); so auch Daniela Winkler, Verfassungsmäßigkeit des Luftsicherheitsgesetzes, NVwZ 2006, 536 (537); a.A. Hörnle, Hijacked Airplanes: May They Be Shot Down?, 10 New Crim. L. Rev. 2007, 582 (609); dies., Shooting Down a Hijacked Plane, 3 Criminal Law and Philosophy (2009), 111 (125 f.).

178 Anders Odendahl, Der Umgang mit Unbeteiligten im Recht der Gefahrenabwehr, Die Verwaltung 2005, 425 (447).

179 So auch Kersten, Die Tötung von Unbeteiligten, NVwZ 2005, 661 (663); Merkel, § 14 Abs. 3 Luftsicherheitsgesetz: Wann und warum darf der Staat töten?, JZ 2007, 373 (381); Rettenmaier, Das Luftsicherheitsgesetz, VR 2006, 109 (112).

180 Höfling/Augsberg, Luftsicherheit, Grundrechtsregime und Ausnahmezustand, JZ 2005, 1080 (1084); zust. Roxin, Der Abschuss gekaperter Flugzeuge zur Rettung von Menschenleben, ZIS 2011, 552 (554); allg. zur Rangfolge auch Poscher, Grundrechte als Abwehrrechte, S. 382.

181 Isensee, Leben gegen Leben, in: FS Jakobs, S. 205 (229); Vermengung mit Geiselnehmer-Problematik: ders., Das Grundrecht als Abwehrrecht und staatliche Schutzpflicht, in: HStR IX, S. 413 (561); fragend Baldus, Gefahrenabwehr in Ausnahmelagen, NVwZ 2006, 532 (534).

182 Isensee, Leben gegen Leben, in: FS Jakobs, S. 205 (227).

reichen".[183] Soweit Würde wider Würde streite, relativiere sich der Unantastbarkeitsgehalt.[184] Absoluten Charakter besitze nur die Idee der Menschenwürde.[185]

Mit Bezug auf das Schleyer-Urteil nimmt auch Palm an, die Gemeinschaftsbezogenheit der Schutzpflicht sei im Urteil zum LuftSiG verkannt worden, sodass die Schutzpflicht des Einzelnen nicht höherwertiger als der Schutzanspruch der Gesamtheit der Bürger zu bewerten sei.[186]

Für die Auflösung eines – vermeintlichen – Grundrechtspatts[187] zugunsten der staatlichen Schutzpflicht der am Boden befindlichen Personen spricht der ergebnisorientierte Ansatz. Es erscheint „widersinnig"[188], die tatsächlich mögliche Rettung einer Personengruppe zu unterlassen, wenn faktisch keine Rettungschancen für die andere Personengruppe bestehen. Da auch der Wortlaut von Art. 1 Abs. 1 GG eine Gleichrangigkeit von Abwehr- und Schutzanspruch zu betonen scheint,[189] ist zudem auch systematisch unklar, warum der Schutzanspruch der am Boden betroffenen Personen hinter einem Abwehranspruch der Flugzeuginsassen zurücktreten soll.[190] Ausgehend von der Annahme, dass nur verfassungsrechtlich zulässige Maßnahmen auch tauglich seien, um einen Schutzpflichtauftrag zu erfüllen, ergebe sich im Einzugsbereich von Art. 1 Abs. 1 GG zwangsläufig das unabdingbare Primat des Abwehranspruchs.[191] Insoweit präsentiert sich die Priorisierung des Schutzanspruchs als naheliegender, erlösender Weg, durch den auch Personen, die noch gerettet werden können, gerettet werden dürfen.

---

183 Isensee, Leben gegen Leben, in: FS Jakobs, S. 205 (229), gleichzeitig wird auch eine Aufopferungspflicht der Insassen „um der Allgemeinheit willen" angenommen, (ebd., 230).

184 Isensee, Leben gegen Leben, in: FS Jakobs, S. 205 (227).

185 Isensee, Leben gegen Leben, in: FS Jakobs, S. 205 (227).

186 Palm, Der wehrlose Staat?, AöR 132 (2007), 95 (109 f.).

187 Diesen bereits mangels gleichwertiger Pflichten abl. Höfling/Augsberg, Luftsicherheit, Grundrechtsregime und Ausnahmezustand, JZ 2005, 1080 (1084).

188 Hillgruber, Der Staat des Grundgesetzes, JZ 2007, 209 (217).

189 Anders von Bernstorff, Pflichtenkollision und Menschenwürdegarantie, Der Staat 47 (2008), 21 (34), abgeleitet aus der Nennung der Achtungspflicht vor Schutzanspruch aus den Ausführungen des Parlamentarischen Rates zur Verpflichtung „in erster Linie" die Menschenwürde zu achten.

190 Allgemein den Vorrang des Abwehranspruchs annehmend Merkel, § 14 Abs. 3 Luftsicherheitsgesetz: Wann und warum darf der Staat töten, JZ 2007, 373 (381).

191 Von Bernstorff, Pflichtenkollision und Menschenwürdegarantie, Der Staat 47 (2008), 21 (25).

Auch wenn nicht angenommen wird, der Verfassungsgeber habe die Abwägung zugunsten des Achtungsanspruchs im Rahmen von Art. 1 Abs. 1 GG durch die Zuerstnennung der Achtungspflicht bereits vorentschieden,[192] steht die Achtungspflicht den staatlichen Handlungsmöglichkeiten grundsätzlich näher als eine Schutzpflicht gegenüber willkürlichem Verhalten Dritter. Erstere wird in der Regel durch einfache Unterlassung einer Maßnahme erfüllt werden können. Von Bernstorff folgend, handelt es sich bei einer Schutzpflichtverletzung auch nicht um eine direkte, sondern indirekte – durch das Hinzutreten des Störers mediatisierte – Verletzung.[193] Dass die indirekte Schutzpflichtverletzung zugunsten einer staatlichen Achtungspflicht zurücktreten müsse, hat das Bundesverfassungsgericht in den Urteilen zum Schwangerschaftsabbruch konkretisiert. Der Schutzanspruch des Lebens und der Würde des Ungeborenen wurden zweifelsfrei anerkannt und dennoch wurde der Mutter eine Rechtspflicht in Form einer Austragungspflicht nach Art. 2 Abs. 1 GG i.V.m. Art. 1 Abs. 1 GG in besonderen Umständen nicht auferlegt.[194] Nur soweit die Schutzpflichten nicht den abwägungsfesten Kern des Persönlichkeitsrechts der Mutter und deren Würde berühren, dürfen diese seitens des Staates wahrgenommen werden. Nichts anderes gilt jedoch auch im Fall des Abschusses einer entführten Zivilmaschine.

Insoweit kann auch ein Rückgriff auf das Schleyer-Urteil des Bundesverfassungsgerichts zur Begründung der Vorrangigkeit eines Schutzanspruchs nicht überzeugen. Im Fall Schleyers kollidierte dessen Schutzanspruch mit dem Schutzanspruch der „Gesamtheit aller Bürger".[195] Es fehlte in dieser Konstellation bereits ein Bezug zu der abwehrrechtlichen Dimension betroffener Grundrechtspositionen.[196] Ein staatliches Ermessen hat das Bundesverfassungsgericht somit nur im Kontext zweier kollidierender Schutzpflichten festgestellt.[197] Staatliches Ermessen wurde auch für den Fall der

192 Siehe von Bernstorff, Pflichtenkollision und Menschenwürdegarantie, Der Staat 47 (2008), 21 (34); so bereits Dürig, Der Grundrechtssatz von der Menschenwürde; AöR 81 (1956), 117 (117 f.); anders Dreier, in: Dreier, GG, Art. 1 Abs. 1 Rn. 133; Isensee, Das Grundrecht als Abwehrrecht und staatliche Schutzpflicht, in: HStR IX, S. 413 (427).

193 So von Bernstorff, Pflichtenkollision und Menschenwürdegarantie, Der Staat 47 (2008), 21 (35).

194 BVerfG, Urteil vom 28. Mai 1993 - 2 BvF 2/90, 2 BvF 4/92, 2 BvF 5/92 -, (= BVerfGE 88, 203 (7. Leitsatz, 255)).

195 BVerfG, Urteil vom 16. Oktober 1977 - 1 BvQ 5/77 -, (= BVerfGE 46, 160 (165)).

196 So auch Burkhard Hirsch, Verfassungsbeschwerde gegen das Gesetz zur Neuregelung von Luftsicherheitsaufgaben, KritV 89 (2006), 3 (10).

197 BVerfGE 46, 160 (164).

Wahrnehmung des Schutzanspruchs der am Boden befindlichen Personen im Urteil zum LuftSiG nicht verneint, vorausgesetzt die gewählten Mittel genügen den verfassungsrechtlichen Bestimmungen und verletzen den unabwägbaren Kern[198] einer Grundrechtsposition oder unmittelbar Art. 1 Abs. 1 GG nicht. Das Urteil zum LuftSiG widerspricht damit nicht der Begründung des Schleyer-Urteils, sondern führt die dort getroffenen Aussagen fort. Denn auch im Schleyer-Urteil wurde eine Ermessensreduzierung auf Null und eine zwingende staatliche Pflicht zur Ausführung von Rettungsmaßnahmen bei Vorliegen zweier kollidierender Schutzpflichtansprüche verneint, obwohl die Rettung Schleyers und die Wahrnehmung des Schutzauftrages nicht nur tatsächlich, sondern auch rechtlich möglich schien.[199] Bedingt jedoch bereits die Nichtausführung einer tatsächlichen und rechtlich zulässigen Schutzpflicht nicht deren Verletzung, so muss dies erst recht für die Sachverhalte gelten, in denen eine Erfüllung der Schutzpflicht nur in verfassungswidriger Form möglich ist, wie im Fall des Flugzeugabschusses.

Das faktisch Mögliche darf das rechtlich Zulässige nicht diktieren. Lepsius weist zurecht darauf hin, dass eine Differenzierung, die, wie im Fall des Flugzeugabschusses, zu qualifizierenden Abwägungsentscheidungen führe, die Fiktion einer verfassungsrechtlichen Pflicht zur Ausführung allein tatsächlich möglicher staatlicher Maßnahmen unabhängig ihrer Verfassungsmäßigkeit generiere.[200] Einen solchen Trugschluss habe der Parlamentarische Rat nach den Erfahrungen mit dem nationalsozialistischen Regime gerade ausschließen wollen.[201]

Damit widerspricht eine Vorrangstellung der Schutzpflicht, soweit nur diese tatsächlich erfüllbar ist, dem grundgesetzlichen Verständnis von

198 Vgl. zur Theorie der Abwägungsfestigkeit des Kerngehalts eines Grundrechts etwa BVerfG, Urteil vom 16. Januar 1957 - 1 BvR 253/56 -, (= BVerfGE 6, 32 (41)); BVerfG, Urteil vom 10. Mai 1957 - 1 BvR 550/52 -, (= BVerfGE 6, 389 (433)); BVerfG, Beschluss vom 14. Juli 1959 - 1 BvL 28/57 -, (= BVerfGE 10, 55 (59)); BVerfG, Beschluss vom 15. Januar 1970 - 1 BvR 13/68 -, (= BVerfGE 27, 344 (350 f.)); BVerfG, Beschluss vom 10. Oktober 1995 - 1 BvR 1476, 1980/91 und 102, 221/92 -, (= BVerfGE 93, 266 (293)); vgl. dazu auch etwa Kunig, in: von Münch/Kunig, GG, Art. 1 Rn. 4; Robbers, in: Umbach/Clemens, GG, Art. 1 Rn. 34.

199 BVerfGE, 46, 160 (164 f.).

200 Lepsius, Das Luftsicherheitsgesetz und das Grundgesetz, in: FG Burkhard Hirsch, S. 47 (62).

201 Lepsius, Das Luftsicherheitsgesetz und das Grundgesetz, in: FG Burkhard Hirsch, S. 47 (62 f.).

Grundrechten primär als Abwehrrechte[202] und führt zugleich zur Eröffnung eines Entscheidungsrahmens über die Wertigkeit menschlichen Lebens. Die Anknüpfung einer zulässigen Schutzpflichtwahrnehmung an die Verletzung von Abwehransprüchen verkehrt den grundgesetzlich vorgegebenen Schutzauftrag in sein Gegenteil und ist daher zurückzuweisen. Mithin ist das Kriterium der ausschließlichen Erfüllbarkeit des Schutzpflichtauftrages nicht geeignet, auf Grundlage bloßer Faktizität die Verfassungsmäßigkeit einer Maßnahme zu begründen und bestehende Abwehransprüche für obsolet zu erklären.

d. Einwilligung/Grundrechtsverzicht als Kompensation des Würdeverstoßes?

Vertreten wird auch, dass die Zulässigkeit einer würdewidrigen staatlichen Behandlung ausnahmsweise dann anzunehmen sei, wenn die der Maßnahme anhaftende Objektivierung aufgehoben oder kompensiert werde.[203] Die Zurechnung der staatlichen Reaktionsmaßnahme als Ausdruck der Selbstbestimmung der unbeteiligten Insassen komme aufgrund der Entführungssituation nicht in Betracht,[204] da die unbeteiligten Flugzeuginsassen die Bedrohung durch einen kontrollierten Absturz nicht als eigenverantwortliche Handlung herbeiführten, sondern durch die Geiselnahme fremdbestimmt würden.[205]

Fraglich ist jedoch, ob eine Objektivierung der Unbeteiligten durch den staatlichen Abschuss infolge eines anderen Aktes selbstbestimmten Verhaltens entfällt. Abgestellt wird hierzu zunächst auf eine mögliche Einwilligung der Passagiere in einen staatlichen Abschuss[206] oder mangels aus-

202 Gesehen auch von Lepsius, Das Luftsicherheitsgesetz und das Grundgesetz, in: FG Burkhard Hirsch, S. 47 (63), der auf das Sondervotum von Rupp-von Brünneck/Simon in BVerfG 39, 1 (73) hinweist.

203 Kersten, Die Tötung von Unbeteiligten, NVwZ 2005, 661 (662 f.); abl. grundsätzlich wohl Epping, Grundrechte, Rn. 616.

204 Vgl. dazu auch C. III. 2 in diesem Kapitel.

205 Vgl. die entsprechende Argumentation in C. II. 1. in diesem Kapitel.

206 Hierbei geht es nicht um das Fremdtötungsverbot aus § 216 StGB, sondern ausschließlich um die Frage, ob eine freiverantwortliche Einwilligung zur eigenen Tötung überhaupt angenommen werden kann.

drücklicher Einwilligung auf ihren hypothetischen Willen.[207] Zwar führe eine ausdrückliche Einwilligung oder die Annahme einer hypothetischen nicht zum Erlöschen des grundrechtlichen Schutzgehalts, sie kompensiere jedoch den würdeverletzenden Inhalt der staatlichen Maßnahme.[208]

Abgesehen von den Prognoseunklarheiten bzgl. des zukünftigen Geschehensverlaufs aus Sicht der Flugzeuginsassen[209] ist zunächst fraglich, inwieweit das Rechtsgut Leben[210] (aa.) und die menschliche Würde zur Disposition des Rechtsträgers stehen (bb.).

---

207 In diese Richtung Hochhuth, Militärische Bundesintervention bei inländischem Terrorakt, NZWehrr 2002, 154 (166, Anm. 44); Sinn, Tötung Unschuldiger auf Grund § 14 III Luftsicherheitsgesetz, NStZ 2004, 585 (588); zur verantworteten Selbstaufgabe als Ausdruck menschlicher Würde auch Depenheuer, Das Bürgeropfer im Rechtsstaat, in: Staat im Wort, S. 43 (53, 57); abl.: Baumann, Das Grundrecht auf Leben unter dem Quantifizierungsvorbehalt, DÖV 2004, 853 (855 ff.); Enders, Der Staat in Not, DÖV 2007, 1039 (1042); Franz, Der Bundeswehreinsatz im Innern und die Tötung Unschuldiger im Kreuzfeuer von Menschenwürde und Recht auf Leben, Der Staat 45 (2006), 501 (518); Hartleb, Der neue § 14 III LuftSiG und das Grundrecht auf Leben, NJW 2005, 1397 (1399 f.); Höfling/Augsberg, Luftsicherheit, Grundrechtsregime und Ausnahmezustand, JZ 2005, 1080 (1084 f.); Jerouschek, Nach dem 11. September 2001: Strafrechtliche Überlegungen zum Abschuss eines von Terroristen entführten Flugzeugs, in: FS Schreiber, S. 185 (187 f.); Kersten, Die Tötung von Unbeteiligten, NVwZ 2005, 661 (663); Merkel, § 14 Abs. 3 Luftsicherheitsgesetz: Wann und warum darf der Staat töten?, JZ 2007, 372 (379); Rettenmaier, Das Luftsicherheitsgesetz, VR 2006, 109 (112); Roxin, Der Abschuss gekaperter Flugzeuge zur Rettung von Menschenleben, ZIS 2011, 552 (558).

208 Konkret im Fall des Flugzeugabschusses abgelehnt von: Franz/Günther, Tötungshandlungen beim Bundeswehreinsatz im Innern, VBl.BW 2006, 340 (346); Kersten, Die Tötung von Unbeteiligten, NVwZ 2005, 661 (662 f.); Schenke, Die Verfassungswidrigkeit des § 14 III LuftSiG, NJW 2006, 736 (738); allg. zum Entfallen der Würdewidrigkeit durch Konsens Sternberg-Lieben, Die objektiven Schranken der Einwilligung im Strafrecht, S. 47 m.w.N.; für vertikale Konstellationen abgelehnt bereits Dürig, Der Grundrechtssatz von der Menschenwürde; AöR 81 (1956), 117 (126).

209 Allgemein schon Küper, Grund- und Grenzfragen der rechtfertigenden Pflichtenkollision im Strafrecht, S. 63 ff.; sowohl Prognoseunsicherheiten als auch Widerruflichkeit und Schwierigkeiten bezüglich einer solchen Feststellung erkennt auch Baumann, Das Grundrecht auf Leben unter Quantifizierungsvorbehalt, DÖV 2004, 853 (856).

210 Angenommen von Franz, Der Bundeswehreinsatz im Innern und die Tötung Unschuldiger im Kreuzfeuer von Menschenwürde und Recht auf Leben, Der Staat 45 (2006), 501 (517); Hilgendorf, Tragische Fälle, in: Sicherheit statt Freiheit?, S. 107 (123 f.); krit. Hartleb, Der neue § 14 III LuftSiG und das Grundrecht auf Leben, NJW 2005, 1397 (1399); abl.: Hirsch, Defensiver Notstand gegenüber ohnehin Verlorenen, in: FS Küper, S. 149 (160); Höfling/Augsberg, Luftsicher-

aa. Dispositionsfähigkeit des Rechtsguts Leben

Gegen die Disponibilität des Rechtsguts Leben wird der vermeintliche Widerspruch zur strafrechtlich bewehrten Tötung auf Verlangen[211] sowie die polizeiliche Rettungspflicht von Selbstmördern vorgebracht.[212] Mangels ausdrücklicher Einwilligung der Flugzeuginsassen wird bereits das Vorliegen der privilegierenden Tatbestandsvoraussetzung nach § 216 StGB verneint.[213] Nichtsdestotrotz wird zum Teil angenommen, gute und im Allgemeinen als nachvollziehbar anerkannte Gründe eines geäußerten Todesverlangens führten zur Nichtanwendbarkeit des § 216 StGB.[214]

Als Höchstwert der grundgesetzlichen Werteordnung besitzt der Schutz vor physischer Vernichtung einen besonderen Stellenwert.[215] Dennoch ist auch der Verzicht auf ein Grundrecht[216] oder eine Einwilligung in ein durch Fremdeinwirkung das Grundrecht beeinträchtigendes Verhalten als

---

heit, Grundrechtsregime und Ausnahmezustand, JZ 2005, 1080 (1084 f.); Jerouschek, Nach dem 11. September 2001: Strafrechtliche Überlegungen zum Abschuss eines von Terroristen entführten Flugzeugs, in: FS Schreiber, S. 185 (187 f.); Pawlik, § 14 Abs. 3 des Luftsicherheitsgesetzes – ein Tabubruch?, JZ 2004, 1045 (1050); Roxin, Strafrecht AT I, § 13 Rn. 37; Streng, Gerechtfertigte Aufopferung Unbeteiligter?, in: FS Stöckel, S. 135 (137).

211 Pawlik, § 14 Abs. 3 des Luftsicherheitsgesetzes – ein Tabubruch?, JZ 2004, 1045 (1050); so auch Hirsch, Defensiver Notstand gegenüber ohnehin Verlorenen, in: FS Küper, S. 149 (160); Jerouschek, Nach dem 11. September 2001: Strafrechtliche Überlegungen zum Abschuss eines von Terroristen entführten Flugzeugs, in: FS Schreiber, S. 185 (187 f.); Schenke, Das Luftsicherheitsgesetz und das Recht der Gefahrenabwehr, in: FG Burkhard Hirsch, S. 75 (84); Streng, Gerechtfertigte Aufopferung Unbeteiligter?, in: FS Stöckel, S. 135 (137); abl.: Laschewski, Der Einsatz der deutschen Streitkräfte im Inland, S. 140; Zimmermann, Rettungstötungen, S. 367.

212 Baumann, Das Grundrecht auf Leben unter Quantifizierungsvorbehalt, DÖV 2004, 853 (857), Hartleb, Der neue § 14 III LuftSiG und das Grundrecht auf Leben, NJW 2005, 1397 (1399); Pawlik, § 14 Abs. 3 des Luftsicherheitsgesetzes – ein Tabubruch?, JZ 2004, 1045 (1050).

213 Pawlik, § 14 Abs. 3 des Luftsicherheitsgesetzes – ein Tabubruch?, JZ 2004, 1045 (1050).

214 Abl.: Delonge, Die Interessenabwägung nach § 34 StGB und ihr Verhältnis zu den übrigen strafrechtlichen Rechtfertigungsgründen, S. 216; Roxin, Der Abschuss gekaperter Flugzeuge zur Rettung von Menschenleben, ZIS 2011, 552 (557); vgl. C. III. 3. a. cc. in diesem Kapitel m.w.N.

215 Nach BVerfGE 39, 1 (42); 46, 160 (164).

216 So auch Fischinger, Der Grundrechtsverzicht, JuS 2007, 808 (809).

Teil der Grundrechtsausübung geschützt.[217] Mithin kann § 216 StGB das Rechtsgut Leben für den Rechtsgutinhaber nicht als unverfügbar festschreiben.[218] § 216 StGB hat keine unmittelbare Bedeutung für die Frage der Disponibilität des Rechtsguts Leben, sondern nur für die Frage der Rechtfertigung eines Verstoßes gegen das Tötungsverbot im strafrechtlichen Sinn.[219] Immanent dafür ist die Nichtstrafbarkeit des Suizids.[220]

Die Annahme, eine Einwilligung des Betroffenen lasse den Eingriffscharakter staatlichen Handelns nicht entfallen, wird mit der überragenden verfassungsrechtlichen Bedeutung des Rechtsguts Leben begründet.[221] Allerdings ist die Frage der Disponibilität des Rechtsguts Leben durch den Rechtsgutsinhaber keine zwingende Voraussetzung zur Feststellung der Würdewidrigkeit einer staatlichen Maßnahme. Das Lebensrecht kann durch ein einfaches verfassungsmäßiges Gesetz beschränkt werden. Entscheidend ist vielmehr, inwieweit eine Einwilligung geeignet ist, den würdewidrigen Charakter einer staatlichen Handlung, vorliegend die Verdinglichung, zu kompensieren.

bb. Dispositionsfähigkeit menschlicher Würde

Würde zeichnet sich im Wesentlichen durch die Autonomie des Subjektes selbst aus.[222] Aus Art. 1 Abs. 1 GG ergibt sich ein zwingendes Verbot eines

---

217 Siehe etwa Hartleb, Der neue § 14 III LuftSiG und das Grundrecht auf Leben, NJW 2005, 1397 (1399); Hillgruber, in: Beck-OK/GG, Art. 1 Rn. 74; Überblick bei Bleckmann, Staatsrecht II, S. 485 ff.; diff.: Pietzcker, Die Rechtsfigur des Grundrechtsverzichts, Der Staat 17 (1978), 527 (538 ff.); Quaritsch, Der Verzicht im Verwaltungsrecht und auf Grundrechte, in: GS Martens, S. 407 (409 ff.); Robbers, Der Grundrechtsverzicht, JuS 1985, 925 (927, 929); Jens Seifert, Problemkreise des Grundrechtsverzichts, Jura 2007, 99 (102).

218 So auch Neumann, in: Kindhäuser/Neumann/Paeffgen, StGB, § 34 Rn. 18; anders: Gropp, Strafrecht AT, § 5 Rn. 76; Kühl, Strafrecht AT, § 9 Rn. 28; Krey/Esser, Deutsches Strafrecht AT, § 17 Rn. 663; Paulke, Die Abwehr von Terrorgefahren im Luftraum, S. 251.

219 So auch Neumann, in: Kindhäuser/Neumann/Paeffgen, StGB, § 34 Rn. 18.

220 Siehe Neumann, in: Kindhäuser/Neumann/Paeffgen, StGB, § 34 Rn. 17 f., 35.

221 Baumann, Das Grundrecht auf Leben unter Quantifizierungsvorbehalt, DÖV 2004, 853 (857); Wiedemann, in: Umbach/Clemens, GG, Art. 2 Abs. 2 Rn. 308; Hillgruber, in: Beck-OK/GG, Art. 1 Rn. 20; Schwabe, Der Schutz des Menschen vor sich selbst, JZ 1998, 66 (69); Daniela Winkler, Verfassungsmäßigkeit des Luftsicherheitsgesetzes, NVwZ 2006, 536 (537).

222 So BVerfG, Urteil vom 19. März 2013 - 2 BvR 2628, 2883/10, 2155/11 -, (= BVerfGE 133, 168 (197 f.)); BVerfG, Urteil vom 21. Juni 1977 - 1 BvL 14/76 -,

Verzichts oder einer Einwilligung in objektiv würdeverletzende Handlungen nicht.[223] Daraus wird zum Teil abgeleitet, die Einwilligung des Betroffenen sei geeignet, einer staatlichen Handlung ihren würdeverletzenden Charakter zu nehmen.[224]

Suchomel macht die Frage des Vorliegens einer die Würdewidrigkeit beseitigenden Einwilligung von dem Ausschluss einer solchen durch einfachgesetzliche Konkretisierung abhängig.[225] Eine willensmangelfreie Einwilligung in private Würdeverletzungen sei möglich; die staatliche Achtungspflicht verhindere hingegen in Staat-Bürger-Konstellationen eine freie Verfügbarkeit.[226] Dem entspricht auch die vom Bundesverwaltungsgericht in den Peep-Show-Urteilen getroffene Wertung, Menschenwürde sei ein objektiver, unverfügbarer Wert, der nicht zur Disposition des Einzelnen stehe.[227]

(= BVerfGE 45, 187 (227 f.)); BVerfG, Urteil vom 30. Juni 2009 - 2 BvE 2, 5/08, 2 BvR 1010, 1022, 1259/08, 182/09 -, (= BVerfGE 123, 267 (413)).

223 Franz, Der Bundeswehreinsatz im Innern und die Tötung Unschuldiger im Kreuzfeuer von Menschenwürde und Recht auf Leben, Der Staat 45 (2006), 501 (517); Thorsten Koch, Der Grundrechtsschutz des Drittbetroffenen, S. 153 f.; Merten, Grundrechtsverzicht, in: Handbuch der Grundrechte III, S. 717 (740); Michael, Rechtsetzende Gewalt im kooperierenden Verfassungsstaat, S. 327; Starck, in: von Mangoldt/Klein/Starck, GG, Art. 1 Abs. 1 Rn. 36; Suchomel, Partielle Disponibilität der Würde des Menschen, S. 155 f., zumindest für das Verhältnis Bürger-Bürger; so auch und im Rahmen freiwilliger besonderer Gewaltverhältnisse Dürig, Der Grundrechtssatz von der Menschenwürde; AöR 81 (1956), 117 (124, 152 f.); offener Stern, Staatsrecht III/2, S. 923 f; abl.: Leisner, Grundrechte und Privatrecht, S. 384.

224 Franz, Der Bundeswehreinsatz im Innern und die Tötung Unschuldiger im Kreuzfeuer von Menschenwürde und Recht auf Leben, Der Staat 45 (2006), 501 (517); Hillgruber, Der Schutz des Menschen vor sich selbst, S. 138; Pietzcker, Die Rechtsfigur des Grundrechtsverzichts, Der Staat 17 (1978), 527 (540); Sternberg-Lieben, Die objektiven Schranken der Einwilligung im Strafrecht, S. 47; offener Jarass, in: Jarass/Pieroth, GG, Art. 1 Rn. 13; anders wohl Tenthoff, Die Strafbarkeit der Tötung auf Verlangen im Lichte des Autonomieprinzips, S. 93.

225 Suchomel, Partielle Disponibilität der Würde des Menschen, S. 206 ff.; so auch Fischinger, Der Grundrechtsverzicht, JuS 2007, 808 (810); ähnlich jedoch auf die notwendige objektive Ordnung abstellend Quaritsch, Der Verzicht im Verwaltungsrecht und auf Grundrechte, in: GS Martens, S. 407 (410).

226 Suchomel, Partielle Disponibilität der Würde des Menschen, S. 244 f.; unklar: Tenthoff, Die Strafbarkeit der Tötung auf Verlangen im Lichte des Autonomieprinzips, S. 91 f.

227 So BVerwG, Urteil vom 15. Dezember 1981 - 1 C 232/79 -, (= BVerwGE 64, 274 (279)); krit. dazu etwa: Dreier, in: Dreier, GG, Art. 1 Abs. 1 Rn. 149; Hillgruber, Der Schutz des Menschen vor sich selbst, S. 107; Höfling, Menschenwürde und gute Sitten, NJW 1983, 1582 (1584), der richtigerweise darauf hinweist, dass zur

Unbesehen von der Frage, ob eine Einwilligung im konkreten Fall geeignet ist, den würdewidrigen Charakter einer staatlichen Maßnahme zu kompensieren, müsste diese zumindest freiwillig erklärt worden sein. Im Falle einer Flugzeugentführung und eines möglicherweise drohenden initiierten Absturzes dürfte jedoch für Freiwilligkeit kein Raum sein.[228] Die Passagiere befinden sich im tatsächlichen Entführungsfall bereits in einer psychischen und physischen Zwangslage, indem sie dem Verhalten der Entführer hilflos ausgesetzt sind und durch diese fremdbestimmt werden. Eine freiwillige Einwilligung scheidet mithin aus.[229]

Ferner kann eine Einwilligung des Betroffenen in eine lebensgefährdende Risikoerhöhung weder aufgrund der Buchung noch infolge des Antritts der Flugreise angenommen werden.[230] Die Kategorie der einverständlichen Eigengefährdung wird an das erhöhte Risiko angelehnt, das mit der Ausübung bestimmter Berufe bei beispielsweise Feuerwehr, Polizei oder Streitkräften verbunden ist, deren Ausübung das allgemeine Lebensrisiko übersteigt.[231] Allerdings willigt der Rechtsgutinhaber mit einer bewussten Inkaufnahme von Gefährdungslagen nicht in daraus resultierende Verletzungserfolge ein.[232] Würde bereits der Antritt einer Flugreise eine Einwilligung in ein vorsätzliches eigenverantwortliches Verhalten eines Dritten darstellen, müsste eine solche Einwilligung auch beim Antritt einer Autofahrt in Verletzungen durch pflichtwidriges Verhalten Dritter angenommen werden.[233] Die Straftat eines Dritten und eine darauf erfolgende staatliche Reaktion, die den eigenen Tod herbeiführt, sind jedoch gerade keine

---

Auflösung des Konflikts das jeweils zugrundeliegende Grundrechtsverständnis maßgeblich sein wird; Merten, Grundrechtsverzicht, in: Handbuch der Grundrechte III, S. 717 (743 f.); Schmitt Glaeser, Big Brother is watching you – Menschenwürde bei RTL 2, ZRP 2000, 396 (400); Stief, Die Einwilligungsfähigkeit im Strafrecht, S. 98; Tenthoff, Die Strafbarkeit der Tötung auf Verlangen im Lichte des Autonomieprinzips, S. 95.

228 So auch fragend Hartleb, Der neue § 14 III LuftSiG und das Grundrecht auf Leben, NJW 2005, 1397 (1399).

229 Zweifelnd Hartleb, Der neue § 14 III LuftSiG und das Grundrecht auf Leben, NJW 2005, 1397 (1399); so auch Baumann, Das Grundrecht auf Leben unter Quantifizierungsvorbehalt, DÖV 2004, 853 (856).

230 So auch Hartleb, Der neue § 14 III LuftSiG und das Grundrecht auf Leben, NJW 2005, 1397 (1399 f.).

231 Hartleb, Der neue § 14 III LuftSiG und das Grundrecht auf Leben, NJW 2005, 1397 (1399).

232 Auch Baumann, Das Grundrecht auf Leben unter Quantifizierungsvorbehalt, DÖV 2004, 853 (857).

233 Baumann, Das Grundrecht auf Leben unter Quantifizierungsvorbehalt, DÖV 2004, 853 (857).

typischerweise mit der Wahrnehmung einer Flugreise verbundenen Gefahren. Eine solche Anwendung überdehnt die Kategorie der risikoerhöhenden Einwilligung ins Uferlose.[234] Folglich scheidet die Annahme einer konkludent erklärten Einwilligung bei Antritt einer Flugreise aus.[235]

Die Frage der tatsächlichen Kompensationsmöglichkeit würdewidrigen staatlichen Verhaltens stellt sich mithin nicht mehr.

Ferner ist der Rückgriff auf eine mutmaßliche Einwilligung der Flugzeuginsassen angesichts der objektiven Zwangslage der unbeteiligten Insassen als bloße Fiktion zu bewerten.[236] In Ermangelung einer wirksamen ausdrücklichen Einwilligung ist die Annahme einer mutmaßlichen Einwilligung lediglich ein Konstrukt, um ein Kollektivinteresse im Mantel des Individualinteresses zu legitimieren.[237] Daher kann das Rechtsgebilde einer mutmaßlichen Einwilligung nicht geeignet sein, die Würdewidrigkeit eines Abschusses zu kompensieren.[238]

3. Zwischenergebnis

Keiner der bisher dargestellten Ansichten gelingt es, einen Verstoß gegen Art. 1 Abs. 1 GG durch den Abschuss eines auch mit Unbeteiligten besetzten, entführten Passagierflugzeugs überzeugend zu verneinen, ohne selbst auf verfassungswidrige Argumentationsmuster zurückzugreifen.

---

234 So auch Hartleb, Der neue § 14 III LuftSiG und das Grundrecht auf Leben, NJW 2005, 1397 (1399 f.); Hirsch, Defensiver Notstand gegenüber ohnehin Verlorenen, in: FS Küper, S. 149 (159).

235 So auch Baumann, Das Grundrecht auf Leben unter Quantifizierungsvorbehalt, DÖV 2004, 853 (856 f.); bestätigt in BVerfGE 115, 118 (157).

236 Gleichermaßen Isensee, Leben gegen Leben, in: FS Jakobs, S. 205 (224); Jerouschek, Nach dem 11. September 2001: Strafrechtliche Überlegungen zum Abschuss eines von Terroristen entführten Flugzeugs, in: FS Schreiber, S. 185 (188), „Unterstellung"; Rettenmaier, Das Luftsicherheitsgesetz, VR 2006, 109 (112).

237 So auch Höfling/Augsberg, Luftsicherheit, Grundrechtsregime und Ausnahmezustand, JZ 2005, 1080 (1085); Stübinger, „Not macht erfinderisch", ZStW 123 (2011), 403 (409 f.).

238 Im Ergebnis auch Höfling/Augsberg, Luftsicherheit, Grundrechtsregime und Ausnahmezustand, JZ 2005, 1080 (1085); Stübinger, „Not macht erfinderisch", ZStW 123 (2011), 403 (410); vgl. auch abl. Ansichten in Anm. 207.

III. Eingriffsbefugnis aus geltendem Recht?

Zum Teil wird jedoch angenommen, die Verfassungsmäßigkeit des Flugzeugabschusses könne aus bereits existierenden verfassungskonformen Eingriffsregelungen abgeleitet werden, deren Ratio gleichsam analog auf die Maßnahme des Abschusses zu übertragen sei. Zurückgegriffen wird hierfür auf die Grundsätze des Gesetzes über die Anwendung unmittelbaren Zwanges und die Ausübung besonderer Befugnisse durch Soldaten der Bundeswehr und verbündeter Streitkräfte sowie zivile Wachpersonen (UZwGBw)[239] und das Gesetz über den unmittelbaren Zwang bei Ausübung öffentlicher Gewalt durch Vollzugsbeamte des Bundes (UZwG) (1.), die landesrechtliche Regelung des polizeilichen Todesschusses in Anlehnung an § 41 Abs. 2 Satz 2 des Musterentwurfs eines einheitlichen Polizeigesetzes (MEPolG) (2.), auf strafrechtliche Rechtfertigungsgründe (3.) sowie auf strafrechtliche Entschuldigungsgründe (4.).

Im Folgenden soll daher untersucht werden, ob sich der Abschuss einer auch mit Unbeteiligten besetzten Passagiermaschine verfassungsrechtlich durch bereits existierende Eingriffsbefugnisse rechtfertigen lässt.

1. Übertragbarkeit der Grundsätze des UZwGBw/UZwG

Das UZwGBw, das UZwG sowie die einschlägigen Regelungen der Polizeigesetze der Länder, welche sich zumeist an der Regelung des MEPolG orientieren, normieren den Einsatz von Schusswaffen gegen „Personen in einer Menschenmenge" zum Teil ausdrücklich oder innerhalb der allgemeinen Regelungen zum Einsatz des Schusswaffengebrauchs gegen Personen.[240] § 18 UZwGBw erlaubt die Verwendung von Explosivmitteln nach

239 Nach Paulke, Die Abwehr von Terrorgefahren im Luftraum, S. 204 wird teilweise in der Literatur eine direkte oder analoge Anwendung des UZwGBw vertreten, dies im Ergebnis jedoch ablehnend (ebd., S. 206). Grundsätzlich einer Analogie offen Hochhuth, Militärische Bundesintervention bei inländischem Terrorakt, NZWehrr 2002, 153, (164 f.), im Ergebnis wohl wegen § 16 Abs. 3 UZwGBw abl. (ebd., 165); Ähnlichkeiten sieht auch Isensee, Leben gegen Leben, in: FS Jakobs, S. 205 (217).

240 § 43 MEPolG; Art. 83 BayPAG; § 68 BbgPolG; § 26 HmbSOG; § 62 HSOG; § 78 Nds. SOG, nunmehr § 78 NPOG; § 54 Abs. 3 PolG BW; § 65 PolG NRW; § 65 POG Rh.-Pf.; § 34 Abs. 4, 5 SächsPolG; § 67 SOG LSA; § 110 SOG M-V; § 66 ThürPAG; § 15 Abs. 2 UzwGBw; allgemeiner: § 46 Abs. 4 BremPolG; §§ 258, 259 Abs. 3 LVwG SH; § 10 Abs. 2 UZwG.

den Regelungen des Einsatzes von Schusswaffen und verweist auf §§ 15-17 UZwGBw. Nach § 15 Abs. 2 UZwGBw dürfen Schusswaffen nur gegen eine Menschenmenge eingesetzt werden, wenn von dieser oder aus dieser heraus Straftaten gegen die Bundeswehr unter Gewaltanwendung begangen werden oder unmittelbar bevorstehen und Maßnahmen gegen Einzelne weder zielführend noch erfolgversprechend sind. § 16 Abs. 2 UZwGBw verbietet zwar den Schusswaffengebrauch, wenn hierdurch Unbeteiligte mit hoher Wahrscheinlichkeit gefährdet werden, erlaubt dennoch ausnahmsweise deren Einsatz, soweit eine Gefährdung beim Vorgehen gegen eine Menschenmenge nicht vermieden werden kann.

Grundsätzlich scheint nach § 16 Abs. 2 UZwGBw der Schusswaffengebrauch mit auch tödlichen Folgen gegen Unbeteiligte möglich. Dreist nimmt an, mit § 15 Abs. 2 UZwGBw sei bereits eine Norm im Rahmen der militärischen Gefahrenabwehr geschaffen worden, die „äußerstenfalls die Tötung Unschuldiger lageabhängig gestattet, um Straftaten gegen die Bundeswehr abzuwehren“, soweit der Schusswaffeneinsatz dem äußeren Erscheinungsbild nach nicht gegen Personen im Kindesalter erfolge.[241]

Gegen eine derart weitreichende Auslegung des § 15 Abs. 2 UZwGBw und Anwendung auf den Flugzeugabschuss spricht schon der Status der Flugzeuginsassen, die mit Ausnahme der Entführer nach dem UZwGBw als Unbeteiligte anzusehen sind. Das undifferenzierte Vorgehen gegen eine Menschenmenge ist jedoch nur dann zulässig, wenn die quantitative Überzahl von Personen in der Menschenmenge für sich bereits zu einer Gefahrerhöhung beiträgt.[242] Eine Gefahrerhöhung durch die bloße Anwesenheit der Flugzeuginsassen ist jedoch nicht festzustellen, da die Wahrscheinlichkeit eines Absturzes oder das konkret daraus resultierende Schadensausmaß durch die Anzahl der Flugzeuginsassen faktisch nicht beeinflusst werden.[243]

Zwar ist ein isoliertes Vorgehen ausschließlich gegen die Entführer praktisch nicht zu realisieren, dennoch entspricht § 18 UZwGBw i.V.m. § 15 Abs. 2 UZwGBw nicht der Regelung des § 14 Abs. 3 LuftSiG. Denn nach § 16 Abs. 2 Satz 1 UZwGBw ist der Einsatz von Waffengewalt nur zur Herbeiführung der Angriffs- und Fluchtunfähigkeit erlaubt, der nur im

---

241 Dreist, Terroristenbekämpfung als Streitkräfteauftrag, NZWehrr 2004, 89 (109 f.).

242 So auch Droege, Die Zweifel des Bundespräsidenten, NZWehrr 2005, 199 (202).

243 Ähnl. Droege, Die Zweifel des Bundespräsidenten, NZWehrr 2005, 199 (202); vgl. auch die Nachweise zur entsprechenden strafrechtlichen Argumentation Anm. 352.

schlechtesten Fall auch den Tod des Störers herbeiführen, jedoch nicht bezwecken darf.[244] Die Verwendung von Waffengewalt gegen ein Luftfahrzeug führt anders als der Schusswaffeneinsatz mit höchster Wahrscheinlichkeit zum Tod aller Flugzeuginsassen, die unbeteiligten Nichtstörer inbegriffen. Eine Tötung Unbeteiligter mit dolus directus 2. Grades ist allerdings vom Wortlaut des UZwGBw gerade nicht gedeckt.[245] Folglich ist § 15 Abs. 2 UZwGBw nicht mit dem Regelungsgehalt des § 14 Abs. 3 LuftSiG vergleichbar,[246] oder angesichts des klaren Wortlauts geeignet, den Abschuss eines auch mit Unbeteiligten besetzten Luftfahrzeugs zu legitimieren.[247]

2. Übertragbarkeit der Zulässigkeit des polizeilichen Rettungsschusses

Ob die Regelung des polizeilichen Rettungsschusses auf den Abschuss einer entführten Maschine übertragen und hieraus die Zulässigkeit einer Abwägungsentscheidung gefolgert werden kann, ist fraglich.[248] § 41 Abs. 2 Satz 2 MEPolG und die daran orientierten Länderregelungen erlauben die Abgabe eines mit an Sicherheit grenzender Wahrscheinlichkeit tödlich wirkenden Schusses auf den Störer, wenn die Maßnahme das einzige Mittel zur Abwehr einer gegenwärtigen Lebensgefahr oder der gegenwärtigen Gefahr einer schwerwiegenden Verletzung der körperlichen Unversehrtheit für einen unbeteiligten Dritten ist.[249]

---

244 Stauf, Unmittelbarer Zwang-Gesetz Bundeswehr, § 16 Rn. 2.

245 Siehe Burkhard Hirsch, Verfassungsbeschwerde gegen das Gesetz zur Neuregelung von Luftsicherheitsaufgaben, KritV 89 (2006), 3 (11); Stauf, Unmittelbarer Zwang-Gesetz Bundeswehr, § 16 Rn. 2; zum Problem der Flugzeuginsassen als Menschenmenge: Ladiges, Die Bekämpfung nicht-staatlicher Angreifer im Luftraum, S. 286; Paulke, Die Abwehr von Terrorgefahren im Luftraum, S. 209; Pawlik, § 14 Abs. 3 des Luftsicherheitsgesetzes – ein Tabubruch?, JZ 2004, 1045 (1046 f.).

246 So auch Pawlik, § 14 Abs. 3 des Luftsicherheitsgesetzes – ein Tabubruch?, JZ 2004, 1045 (1046 f.).

247 Zur Ablehnung einer Analogie etwa Paulke, Die Abwehr von Terrorgefahren im Luftraum, S. 206 ff. m.w.N., ferner verbietet auch das Vorgehen gegen Kinder einen Einsatz gegen ein Luftfahrzeug (ebd., S. 209 f.).

248 Abl. etwa Dreier, Grenzen des Tötungsverbots – Teil 1, JZ 2007, 261 (266); Giemulla, Zum Abschuss von Zivilluftfahrzeugen als Maßnahme der Terrorbekämpfung, 54 ZLW (2005), 32 (40).

249 Ebenso Art. 83 Abs. 2 BayPAG; § 66 Abs. 2 BbgPolG, § 46 Abs. 2 BremPolG; § 60 Abs. 2 HSOG; § 76 Abs. 2 Nds. SOG, nunmehr § 76 Abs. 2 NPOG; § 54 Abs. 2

Dennoch werden auch die Rechte des Störers als schutzwürdig anerkannt und zwar als nicht weniger schutzwürdig als die Rechte der gefährdeten Person.[250] Obwohl zwischen den Rechten des Störers und des Nichtstörers ein Patt existiere,[251] wird überwiegend von der Verfassungsmäßigkeit des finalen Rettungs-/Todesschusses ausgegangen.[252]

Gemäß Art. 2 Abs. 2 Satz 3 GG unterliegt das Recht auf Leben einem einfachen Gesetzesvorbehalt dessen Schranken-Schranke insbesondere Art. 1 Abs. 1 GG bildet. Entscheidend zur Feststellung der Verfassungsmä-

---

PolG BW; § 63 Abs. 2 PolG NRW; § 63 Abs. 2 POG Rh.-Pf.; § 65 Abs. 2 SOG LSA; § 64 Abs. 2 ThürPAG.

250 Kutscha, Das Grundrecht auf Leben unter Gesetzesvorbehalt, NVwZ 2004, 801 (802); Pielow, Der sogenannte finale Todes- oder Rettungsschuß, Jura 1991, 482 (487); Graulich, Das Polizeihandeln, in: Handbuch des Polizeirechts, S. 319 (634); a.A. Starck, in: von Mangoldt/Klein/Starck, GG, Art. 1 Abs. 1 Rn. 78; Weichert, Der sogenannte „finale Rettungsschuss", VBl.BW 1991, 249 (252); von Winterfeld, Der Todesschuß der Polizei, NJW 1972, 1881 (1883).

251 So bereits Krüger, Die bewußte Tötung bei polizeilichem Schusswaffengebrauch, NJW 1973, 1 (2). Genau wie im Fall des festgesetzten Erpressers: Brugger, Vom unbedingten Verbot der Folter zum bedingten Recht auf Folter?, JZ 2000, 165 (169); Erb, Notwehr als Menschenrecht, NStZ 2005, 593 (599).

252 Di Fabio, in: Maunz/Dürig, GG, Art. 2 Abs. 2 Satz 1 Rn. 37; Enders, in: Berliner Kommentar GG, Art. 1 Rn. 92; Herdegen, in: Maunz/Dürig, GG, Art. 1 Rn. 96; Hillgruber, in: Beck-OK/GG, Art. 1 Rn. 47; Hofmann, Die Menschenwürde in Grenzbereichen der Rechtsordnung; in: FS Scholz, S. 225 (228); Jörn Ipsen, Nds. Polizei- und Ordnungsrecht, § 16 Rn. 647; Jarass, in: Jarass/Pieroth, GG, Art. 2 Rn. 98; Kugelmann, Polizei- und Ordnungsrecht, S. 276 f.; Kunig, in: von Münch/Kunig, GG, Art. 2 Rn. 85; Lorenz, in: Bonner Kommentar GG, Art. 2 Abs. 2 Satz 1 Rn. 491; Merten, Zum Streit um den Todesschuß, in: FS Doehring, S. 579 (591 f.); Murswiek, in: Sachs, GG, Art. 2 Rn. 182; Pieroth/Hartmann, Der Abschuss eines Zivilflugzeugs auf Anordnung des Bundesministers für Verteidigung, Jura 2005, 729 (730); Sodan, GG, Art. 1 Rn. 15; Starck, in: von Mangoldt/Klein/Starck, GG, Art. 1 Abs. 1 Rn. 78; Sundermann, Polizeiliche Befugnisse bei Geiselnahmen, NJW 1988, 3192 (3194); Witzstrock, Der polizeiliche Todesschuss, S. 63; Mußgnug, Das Recht des polizeilichen Schusswaffengebrauchs, S. 212; Pausch, Die Rechtmäßigkeit der vorhandenen gesetzlichen Regelungen des Todesschusses in den Polizeigesetzen des Bundes und der Länder, S. 70; Schöne/Klaes, Die hoheitliche Befugnis zur Tötung eines Angreifers, DÖV 1996, 992 (996, 997); Weichert, Der sogenannte „finale Rettungsschuss", VBl.BW 1991, 249 (252); von Winterfeld, Der Todesschuß der Polizei, NJW 1972, 1881 (1883); diff. Schenke, Polizei- und Ordnungsrecht, in: Besonderes Verwaltungsrecht, S. 147 (327 f.); ders., Polizei- und Ordnungsrecht, § 10 Rn. 561; zust.: Rachor, Das Polizeihandeln, in: Handbuch des Polizeirechts, S. 319 (636); Habermehl, Polizei- und Ordnungsrecht, S. 346 f.; Gusy, Polizei- und Ordnungsrecht, § 8 Rn. 451; Erbguth/Mann/Schubert, Besonderes Verwaltungsrecht, § 20 Rn. 727 ff.

ßigkeit der Maßnahme ist, ob hiermit eine Objektivierung des Individuums und dessen Verwendung als bloßes Mittel zur Erreichung eines außerindividuellen Zwecks einhergeht. Hierzu werden Art. 2 Abs. 2 Satz 1 GG und Art. 1 Abs. 1 GG entkoppelt; der Lebensanspruch des Geiselnehmers wird einer Rechtsgüterbewertung unterzogen, die Frage einer Würdeverletzung hingegen rechtsgüterunabhängig entschieden.[253] Der polizeiliche Rettungsschuss verletze die Würde des Störers nicht, da die staatliche Maßnahme lediglich auf ein selbstbestimmtes Verhalten des Betroffenen reagiere und dieser jederzeit durch die Aufgabe des störenden Verhaltens weitere staatliche Maßnahmen abzuwenden könne.[254] Unterbleibe eine Kooperation, so spiegele die staatliche Reaktion in Form des Schusses nur die Subjekthaftigkeit des Täters wider.[255] Eine auf qualifizierenden oder quantifizierenden Kriterien aufbauende Abwägung werde daher nicht vorgenommen.[256] Konsequenterweise wird aus diesem Grund ein Verstoß gegen Art. 2 Abs. 2 Satz 1 GG i.V.m. Art. 1 Abs. 1 GG durch die Maßnahme des polizeilichen Todesschusses verneint. In diese Argumentation passen sich die Ausführungen des Bundesverfassungsgerichts zur Zulässigkeit eines Abschusses eines nur mit dem Störer besetzten Flugzeugs ein.[257]

Da die unbeteiligten Flugzeuginsassen Opfer des strafrechtlichen Verhaltens Dritter sind, kann ihnen ein persönliches aktives Verhalten als sub-

253 Siehe Lepsius, Das Luftsicherheitsgesetz und das Grundgesetz, in: FG Burkhard Hirsch, S. 47 (68); Sodan, GG, Art. 1 Rn. 15.

254 BVerfGE 115, 118 (161); Di Fabio, in: Maunz/Dürig, GG, Art. 2 Abs. 2 Satz 1 Rn. 15; Dreist, Bundeswehreinsatz als Wahrnehmung materieller Polizeiaufgaben, UBWV 2006, 93 (103); Lorenz, in: Bonner Kommentar GG, Art. 2 Abs. 2 Satz 1 Rn. 491; Pieroth/Hartmann, Der Abschuss eines Zivilflugzeugs auf Anordnung des Bundesministers für Verteidigung, Jura 2005, 729 (730); deshalb darf der Einsatz gegen einen Schuldlosen nur bedingt erfolgen.

255 Baumann, Das Grundrecht auf Leben unter dem Quantifizierungsvorbehalt, DÖV 2004, 853 (859 f.); Beestermöller, Das Luftsicherheitsgesetz als Krisenindikator, Die neue Ordnung 2006, 296 (304); soweit angenommen wird, dass das Leben des Angreifers aufgrund des Angriffs auf ein Rechtsgut in einer Abwägung hinter dem des Opfers zurücktreten würde, so kann eine derartige Argumentation gerade nicht überzeugen. Ein durch qualifizierende Kriterien geprägter Abwägungsvorgang verstößt gegen Art. 1 Abs. 1 GG, so aber Baldus, Streitkräfteeinsatz zur Gefahrenabwehr im Luftraum, NVwZ 2004, 1278 (1284).

256 Di Fabio, in: Maunz/Dürig, GG, Art. 2 Abs. 2 Satz 1 Rn. 37; so bereits Rupprecht, Die tödliche Abwehr des Angriffs auf menschliches Leben, JZ 1973, 263 (266 f.); a.A.: Weichert, Der sogenannte „finale Rettungsschuss“, VBl.BW 1991, 249 (252); von Winterfeld, Der Todesschuß der Polizei, NJW 1972, 1881 (1883).

257 BVerfGE 115, 118 (160 ff.).

jektwahrend nicht vorgehalten werden.[258] Etwas anderes ließe sich nur annehmen, wenn auch den unbeteiligten Flugzeuginsassen die von dem Flugzeug ausgehende Gefahr als selbstbestimmte Entscheidung zuzurechnen wäre.

Abgestellt wird zur Zurechnung zum Teil auf das Kriterium der Lagerzugehörigkeit.[259] Die Flugzeuginsassen würden durch ihre Anwesenheit „ohne ihr bewusstes Zutun, d.h. gleichsam schicksalhaft zum Gefahrenherd“ und stünden deshalb „faktisch im Lager der Terroristen“.[260] Andere nehmen an, die Flugzeuginsassen würden durch ihre Anwesenheit „Teil der Waffe“[261] und müssten als „Teil der Waffe genommen werden“.[262]

Ohne an dieser Stelle einer strafrechtlichen Zurechnung vorzugreifen,[263] kann eine Zurechnung bereits aus grundgesetzlicher Perspektive aufgrund einer bloß räumlichen Anwesenheit und untrennbaren Verbundenheit mit einem Gefahrenherd nicht herangezogen werden, um eine selbstbestimmte Handlung der tatunbeteiligten Flugzeuginsassen zu fingieren. Den Passagieren wird durch die vorsätzliche Entscheidung der Entführer jegliche Möglichkeit zu selbstbestimmtem Handeln genommen. Sie werden mit vis compulsiva oder gar vis absoluta kontrolliert und bleiben daher trotz räumlicher Verbundenheit Nichtstörer und Opfer.[264] Die Zweckentfremdung und Verwendung der entführten Maschine kann ih-

---

258 Etwas anderes wäre nur anzunehmen, wenn der polizeiliche Todesschuss auch auf Schuldunfähige Anwendung finden dürfte. In Anbetracht einer Rechtfertigung dieser Maßnahme ausdrücklich aufgrund der selbstbestimmten Handlung des Angreifers, ist dies jedoch abzulehnen, diff. Winkeler, Bedingt abwehrbereit?, S. 141 ff.

259 Angelehnt an die Regelung des Defensivnotstands etwa Giemulla, Zum Abschuss von Zivilluftfahrzeugen als Maßnahme der Terrorbekämpfung, 54 ZLW (2005), 32, (42); abl. etwa Pawlik, § 14 Abs. 3 des Luftsicherheitsgesetzes – ein Tabubruch?, JZ 2004, 1045 (1054).

260 Im Ergebnis zweifelnd Giemulla, Zum Abschuss von Zivilluftfahrzeugen als Maßnahme der Terrorbekämpfung, 54 ZLW (2005), 32 (42, 48).

261 Epping, Deutscher Bundestag, Innenausschuss-Protokoll 15/35, Öffentliche Anhörung 26.04.2005, S. 58, (Onlinequelle); Isensee, Menschenwürde: die säkulare Gesellschaft auf der Suche nach dem Absoluten, AöR 131 (2006), 173 (193); abl. etwa Franz/Günther, Tötungshandlungen beim Bundeswehreinsatz im Innern, VBl.BW 2006, 340 (345); Streng, Gerechtfertigte Aufopferung Unbeteiligter?, in: FS Stöckel, S. 135 (153 f.).

262 Epping, Deutscher Bundestag, Innenausschuss-Protokoll 15/35, Öffentliche Anhörung 26.04.2005, S. 58, (Onlinequelle).

263 Dazu C. III. 3. in diesem Kapitel.

264 So auch Höfling/Augsberg, Luftsicherheit, Grundrechtsregime und Ausnahmezustand, JZ 2005, 1080 (1082); Gropp, Der Radartechniker-Fall, GA 2006, 284

nen nicht als eigene Handlung zugerechnet werden. Richtigerweise hat das Landgericht Hannover in seinem Urteil zum Djerba-Attentat festgestellt, dass es zwar zum allgemeinen Lebensrisiko eines jeden gehöre, Opfer eines Anschlags weltweit tätiger Terrororganisationen zu werden.[265] Daraus ist jedoch nicht abzuleiten, dass ein Terroranschlag den Opfern als eigene Handlung zugerechnet werden kann.[266]

Verfassungsrechtlich verbietet sich eine Aufweichung des Störerbegriffs durch bloße räumliche Verbundenheit. Mithin ist das Kriterium der räumlichen Verbundenheit nicht geeignet, den betroffenen Passagieren die Gefährdung durch die Zweckentfremdung des Luftfahrzeugs als persönliches Verhalten zuzurechnen. Denn das Kriterium der Lagerzugehörigkeit führt, wie das Bundesverfassungsgericht richtigerweise bemerkt, zu einer Vergegenständlichung der betroffenen Passagiere und ist mit dem grundgesetzlichen Verständnis des selbstbestimmten Menschen nicht zu vereinbaren.[267] Die Tötung der unbeteiligten Passagiere kann daher verfassungsrechtlich nicht mit der Ratio des polizeilichen Rettungsschusses begründet werden.

Gegen die Übertragbarkeit des finalen Rettungsschusses sprechen ferner auch einfachgesetzliche Argumente. § 41 Abs. 4 Satz 2 MEPolG erfasst seinem Wortlaut nach grundsätzlich auch Gefährdungslagen für Nichtstörer, um Dritte aus einer gegenwärtigen Lebensgefahr zu befreien.[268] Allerdings ist die Inanspruchnahme von Nichtstörern an enge Voraussetzungen gebunden.[269] Eine extensive Auslegung des Wortlauts der Eingriffsbefugnis steht somit in einem krassen Widerspruch zu dem von § 41 Abs. 4 Satz 2 MEPolG verfolgten Zweck.[270] Nach § 6 MEPolG muss die Inanspruchnah-

---

(287), allerdings nur für die öffentlich-rechtliche Fragestellung; Kersten, Die Tötung von Unbeteiligten, NVwZ 2005, 661 (663); a.A.: Hirsch, Defensiver Notstand gegenüber ohnehin Verlorenen, in: FS Küper, S. 149 (166 f.); Isensee, Menschenwürde: die säkulare Gesellschaft auf der Suche nach dem Absoluten, AöR 131 (2006), 173 (193).

265 Landgericht Hannover, Urteil vom 27.10.2004, 13 O 114/04, (3. Leitsatz) – nach Juris.

266 So auch Kersten, Die Tötung von Unbeteiligten, NVwZ 2005, 661 (663).

267 BVerfGE 115, 118 (158).

268 Siehe Pawlik, § 14 Abs. 3 des Luftsicherheitsgesetzes – ein Tabubruch?, JZ 2004, 1045 (1047).

269 § 8 Abs. 1 Nds. SOG; zum polizeilichen Notstand: Jörn Ipsen, Nds. Polizei- und Ordnungsrecht, § 7; Schenke, Polizei- und Ordnungsrecht § 5 Rn. 313 ff.; Schoch, Polizei- und Ordnungsrecht, in: Besonderes Verwaltungsrecht, S. 127 (234 ff.).

270 So auch Pawlik, § 14 Abs. 3 des Luftsicherheitsgesetzes – ein Tabubruch?, JZ 2004, 1045 (1047).

me des Nichtstörers ohne erhebliche Eigengefährdung erfolgen. Das Leben und die Gesundheit des Nichtstörers bildeten die Grenze einer zulässigen Gefährdung durch staatliche Maßnahmen.[271] Darüber hinaus dürften dem Verpflichteten nur vorläufige Opfer abverlangt werden,[272] also solche, die grundsätzlich reversibel seien.[273] Hieraus wird insbesondere für den Einsatz des polizeilichen Schusswaffengebrauchs gefolgert, dieser sei teleologisch zu reduzieren und unzulässig, wenn er das Leben des Nichtstörers gefährde.[274] Zumindest müsse die Ausführung unterbleiben, soweit die Gefährdung des Nichtstörers durch den Schusswaffeneinsatz die durch die Geiselnahme hervorgerufene Gefahr übersteige.[275] Odendahl wendet zwar ein, aus dem finalen Rettungsschuss sei abzuleiten, der Nichtstörer, der bereits durch das Verhalten eines Dritten einer gegenwärtigen Gefahr ausgesetzt sei, habe weitere Gefahren durch staatliches Handeln hinzunehmen und ein bereits unmittelbar mit dem Tode bedrohter Unbeteiligter müsse schwerwiegendere Eingriffe hinnehmen als weniger Bedrohte.[276] Dennoch widerspricht es jeder Ratio gefahrenabwehrrechtlicher Notstandsregelungen[277] hieraus zu folgern, der finale Rettungsschuss dürfe zur wissentlichen Tötung einer Geisel eingesetzt werden, um weitere Unbeteiligte zu retten. Denn im Unterschied zum Abschuss wird bei Ausführung des polizeilichen Rettungsschusses der Tod des Störers – auch bei extensiver Auslegung – höchstens in Kauf genommen. Keinesfalls besteht jedoch bei Durchführung der Maßnahme sicheres Wissen seitens der Polizei ob der

---

271 Siehe beispielsweise Jörn Ipsen, Nds. Polizei- und Ordnungsrecht, § 7 Rn. 244; Schenke, Polizei- und Ordnungsrecht § 5 Rn. 318.

272 Ebenso auch Merkel, Wenn der Staat Unschuldige opfert, Zeitonline 29/2004, 08.07.2004, S. 2, (Onlinequelle).

273 So auch Pawlik, § 14 Abs. 3 des Luftsicherheitsgesetzes – ein Tabubruch?, JZ 2004, 1045 (1047).

274 Dreier, Grenzen des Tötungsverbots – Teil 1, JZ 2007, 261 (266); Habermehl, Polizei- und Ordnungsrecht, S. 345 f.; im Ergebnis auch: Hase, Das Luftsicherheitsgesetz, DÖV 2006, 213 (216); Klein, Das Gesetz zur Neuregelung von Luftsicherheitsaufgaben (LuftSiG) auf dem Prüfstand, ZG 2005, 289 (294 f.); Mitsch, „Luftsicherheitsgesetz“, JR 2005, 274 (278).

275 Mußgnug, Das Recht des polizeilichen Schusswaffengebrauchs, S. 136 f.; in diese Richtung auch Jörn Ipsen, Nds. Polizei- und Ordnungsrecht, § 16 Rn. 645.

276 Odendahl, Der Umgang mit Unbeteiligten im Recht der Gefahrenabwehr, Die Verwaltung 2005, 425 (436), dennoch auf einen Paradigmenwechsel im Gefahrenabwehrrecht durch § 14 Abs. 3 LuftSiG hinweisend (ebd., 436 f.); so auch allgemein Jörn Ipsen, Nds. Polizei- und Ordnungsrecht, § 16 Rn. 645.

277 Vgl. etwa § 8 Abs. 1 Nr. 4 Nds. SOG; Umkehrschluss auch aus Art. 70 Abs. 2 BayPAG.

Verwirklichung der Rechtsgutsgefährdung.[278] Im Fall des Abschusses existiert jedoch sicheres Wissen bezüglich der Herbeiführung des Todes aller Flugzeuginsassen, auch der Unbeteiligten.[279] Der Regelungsinhalt eines Abschusses weicht mithin hinsichtlich des konkretisierten Gefährdungsinhalts von Unbeteiligten explizit von den polizeilichen Regelungen ab.

Insoweit ist die Regelung des polizeilichen Rettungsschusses nicht mit dem Regelungsgehalt des § 14 Abs. 3 LuftSiG vergleichbar und lässt keine Rückschlüsse hinsichtlich der Verfassungsmäßigkeit eines Abschusses zu.

3. Lösung durch strafrechtliche Rechtfertigungsgründe

Die Anwendung strafrechtlicher Rechtfertigungsgründe als öffentlichrechtliche Eingriffsbefugnisse ist umstritten.[280] Zum Teil wird eine Anwendbarkeit ausschließlich im Rahmen des Staatsnotstands bejaht[281] oder eine Anwendbarkeit generell verneint.[282] Dennoch wird zum Teil ange-

---

278 So auch Melzer/Haslach/Socher, Der Schadensausgleich nach dem Luftsicherheitsgesetz, NVwZ 2005, 1361 (1362); Hofmann, in: Schmidt-Bleibtreu/Hofmann/Henneke, GG, Art. 2 Rn. 65 (für den Störer).

279 Ladiges, Die Bekämpfung nicht-staatlicher Angreifer im Luftraum, S. 286; Pawlik, § 14 Abs. 3 des Luftsicherheitsgesetzes ein Tabubruch?, JZ 2004, 1045 (1047).

280 Dazu etwa Erb, in: Mü-Ko/StGB, § 32 Rn. 186 ff.; Perron, in: Schönke/Schröder, StGB, § 34, Rn. 7 m.w.N., zum Teil in Abhängigkeit von weiteren Voraussetzungen; Rogall, Ist der Abschuss gekaperter Flugzeuge widerrechtlich?, NStZ 2008, 1 (5); Wilkesmann, Terroristische Angriffe auf die Sicherheit des Luftverkehrs, NVwZ 2002, 1316 (1322); Zieschang, in: Leipziger-Kommentar, StGB, § 34 Rn. 34 ff.; Wang, Die strafrechtliche Rechtfertigung von Rettungsfolter, S. 74 ff.

281 BGH, Beschluss vom 23. September 1977 - StB 215/77 -, (= BGHSt 27, 260 (262 ff.)); grundsätzlich möglich nach BGH, Urteil vom 17. März 1983 - 4 StR 640/82 -, (= BGHSt 31, 304 (307)); BGH, Urteil vom 09. April 1986 - 3 StR 551/85 -, (= BGHSt 34, 39 (51)), einschränkend nur für präventives Handeln (ebd.); Maurach/Zipf, Strafrecht AT Teil 1, § 27 Rn. 33; diff.: Meißner, Die Interessenabwägungsformel in der Vorschrift über den rechtfertigenden Notstand (§ 34 StGB), S. 223 f.

282 Böckenförde, Der verdrängte Ausnahmezustand, NJW 1978, 1881 (1883); Böhrenz/Siefken, Nds. SOG, § 76 Rn. 9; Dreist, Terroristenbekämpfung als Streitkräfteauftrag, NZWehrr 2004, 89 (106); Duttge, in: Dölling/Duttge/König/Rössner, Gesamtes Strafrecht, Vor §§ 32 ff. Rn. 10; Fechner, Grenzen polizeilicher Notwehr, S. 49 ff.; Franz/Günther, Tötungshandlungen beim Bundeswehreinsatz im Innern, VBl.BW 2006, 340 (347); Haurand/Vahle, Rechtliche Aspekte der Gefahrenabwehr in Entführungsfällen, NVwZ 2003, 513 (519); Hillgruber/Hoffmann, Mehr, als die Polizei erlaubt?, NWVBl. 2004, 176 (179); Isensee, Leben gegen Leben, in: FS Jakobs, S. 205 (231); Kersten, Die Tötung von Unbetei-

nommen, § 34 StGB (a.) oder der Defensivnotstand (b.) erlaubten bereits den Abschuss einer entführten, auch mit Unbeteiligten besetzten Zivilmaschine.[283]

---

ligten, NVwZ 2005, 661 (662); Kirchhof, Eingriffsbefugnisse und private Nothilfe, NJW 1978, 969 (969 ff.); Klein, Das Gesetz zur Neuregelung von Luftsicherheitsaufgaben (LuftSiG) auf dem Prüfstand, ZG 2005, 289 (295); ders., Die vorsätzliche Tötung unbeteiligter Personen durch den Staat, in: FS Mußgnug, S. 71 (78); Kunz, Die organisierte Nothilfe, ZStW 95 (1983), 973 (981 ff., 985); Lübbe-Wolff, Rechtsstaat und Ausnahmerecht, ZParl 11 (1980), 110 (110 ff.) m.w.N.; Satzger/Schmitt/Widmaier, StGB, § 34 Rn. 4; Neumann, in: Kindhäuser/Neumann/Paeffgen, StGB, § 34 Rn. 113 f. m.w.N.; Rettenmaier, Das Luftsicherheitsgesetz, VR 2006, 109 (112); Schenke, Die Verfassungswidrigkeit des § 14 III LuftSiG, NJW 2006, 736 (739); Schmidt-Jortzig, Die Verallgemeinerung des Außergewöhnlichen, in: FS Ress, S. 1569 (1574 f.); Seelmann, Grenzen privater Nothilfe, ZStW 89 (1977), 36 (50 ff.); Thewes, Rettungs- oder Todesschuß?, S. 64; Zieschang, in: Leipziger-Kommentar, § 34 Rn. 38; anders: Erb, Notwehr als Menschenrecht, NStZ 2005, 593 (594); Herzberg, Folter und Menschenwürde, JZ 2005, 321 (321 f.); diff. Hoyer, in: Systematischer-Kommentar/StGB, § 34 Rn. 96 f.; Lange, Terrorismus kein Notstandsfall?, NJW 1978, 784 (784 ff.); Lerche, Der gezielt tödliche Schuß nach künftigem einheitlichem Polizeirecht, in: FS Freiherr von der Heydte, S. 1033 (1039 ff.), im Fall polizeilichen Handelns; diff. Pawlik, Der rechtfertigende Notstand, S. 214 ff.

283 Eine Rechtfertigung in Notwehr/Nothilfe aus § 32 StGB scheidet mangels eines Angriffs seitens der unbeteiligten Passagiere aus: Giemulla, Zum Abschuss von Zivilluftfahrzeugen als Maßnahme der Terrorbekämpfung, 54 ZLW (2005), 32 (41); Jerouschek, Nach dem 11. September 2001: Strafrechtliche Überlegungen zum Abschuss eines von Terroristen entführten Flugzeugs, in: FS Schreiber, S. 185 (185 ff.), mit Darstellung des Problems der Schutzschild-Fälle; Klein, Das Gesetz zur Neuregelung von Luftsicherheitsaufgaben auf dem Prüfstand, ZG 2005, 289 (295); Köhler, Die objektive Zurechnung der Gefahr als Voraussetzung der Eingriffsbefugnis im Defensivnotstand, in: FS Schroeder, S. 257 (258); Lüderssen, Zwischenruf – Kriegsrecht in Deutschland?, StV 2005, 106 (106); Mitsch, „Luftsicherheitsgesetz“, JR 2005, 274 (276); Otto, Die strafrechtliche Beurteilung der Kollision rechtlich gleichrangiger Interessen, Jura 2005, 470 (478); Stübinger, „Not macht erfinderisch“, ZStW 123 (2011), 403 (411). Eine rechtfertigende Pflichtenkollision scheidet in Ermangelung zweier sich gleichwertig gegenüberstehender Handlungspflichten aus: Hilgendorf, Forum – Zwischen Humanexperiment und Rettung ungeborenen Lebens, JuS 1993, 97 (100); Krey/Esser, Deutsches Strafrecht AT, § 16 Rn. 630; Lenckner, Der rechtfertigende Notstand, S. 270; vorrangig sei insoweit die Unterlassungspflicht: Küper, Grund- und Grenzfragen der rechtfertigenden Pflichtenkollision im Strafrecht, S. 32 ff.; ders., Grundsatzfragen der „Differenzierung“ zwischen Rechtfertigung und Entschuldigung, JuS 1987, 81 (88 ff.); Mitsch, Flugzeugabschüsse und Weichenstellungen, GA 2006, 11 (21); Neumann, Der Rechtfertigungsgrund der Kollision von Rettungsinteressen, in: FS Roxin, S. 421 (428); Roxin, Die notstandsähnliche Lage, in: FS Oehler, S. 181 (185); ders., Strafrecht AT I, § 16 Rn. 117; Sinn,

a. Rechtfertigender Notstand, § 34 StGB

Nach § 34 StGB handelt derjenige gerechtfertigt, der in einer gegenwärtigen, nicht anders abwendbaren Gefahr für Leben, Leib, Freiheit, Ehre, Eigentum oder ein anderes Rechtsgut eine Tat begeht, um die Gefahr von sich oder einem anderen abzuwenden, wenn bei der Abwägung der widerstreitenden Interessen, namentlich der betroffenen Rechtsgüter und des Grades der ihnen drohenden Gefahren, das geschützte Interesse das beeinträchtigte wesentlich überwiegt und die Tat ein angemessenes Mittel ist, die Gefahr zu beseitigen.

Zwar dürfe anders als im Rahmen des § 32 StGB die Notstandshandlung auch gegenüber einem unbeteiligten Dritten, dem ein Sonderopfer auferlegt werde, ausgeübt werden.[284] Zur Rechtfertigung einer vorsätzlichen Tötung eines anderen Menschen solle § 34 StGB grundsätzlich jedoch nicht geeignet sein.[285] Dennoch wird im Fall des Flugzeugabschusses zur Rechtfertigung der Tötung der unbeteiligten Passagiere vereinzelt auf § 34 StGB zurückgegriffen.[286] Im Rahmen der Interessenabwägung der Notstandshandlung müsse ausnahmsweise berücksichtigt werden, dass das Leben der Flugzeuginsassen „ohnehin auf anderem Wege (…) vernichtet worden wäre“ und eine die Opferzahl erhöhende Kosten-Nutzen-Rechnung nicht vorliege.[287]

Tötung Unschuldiger auf Grund § 14 III Luftsicherheitsgesetz, NStZ 2004, 585 (586). Eine rechtfertigende Einwilligung scheitert an dem ausdrücklichen Fremdtötungsverbot des § 216 StGB, der aufgrund seines eindeutigen Wortlauts zumindest eine strafrechtliche Rechtfertigungswirkung einer ausdrücklich erklärten Einwilligung ausschließt, siehe etwa Baumann/Weber/Mitsch/Eisele, Strafrecht AT, § 15 Rn. 128; Hirsch, Defensiver Notstand gegenüber ohnehin Verlorenen, in: FS Küper, S. 149 (160); Streng, Gerechtfertigte Aufopferung Unbeteiligter?, in: FS Stöckel, S. 135 (137).

284 Erb, in: Mü-Ko/StGB, § 34 Rn. 6, 8; Joecks, Studienkommentar StGB, § 34 Rn. 1; Küper, Grund- und Grenzfragen der rechtfertigenden Pflichtenkollision im Strafrecht, S. 72; Momsen/Savic, in: Beck-OK/StGB, § 34 Rn. 2; Neumann, in: Kindhäuser/Neumann/Paeffgen, StGB, § 34 Rn. 13.

285 Fischer, StGB, § 34 Rn. 14 f.; Roxin, Strafrecht AT I, § 16 Rn. 38 ff., 88; Wessels/Beulke/Satzger, Strafrecht AT, § 9 Rn. 476; anders Gropp, Strafrecht AT, § 5 Rn. 251.

286 Wilkesmann, Terroristische Angriffe auf die Sicherheit des Luftverkehrs, NVwZ 2002, 1316 (1322); abl. etwa Zieschang, in: Leipziger-Kommentar, StGB, § 34 Rn. 40.

287 Hochhuth, Militärische Bundesintervention bei inländischem Terrorakt, NZWehrr 2002, 154 (165 ff., Anm. 44).

Die strafrechtliche Diskussion gliedert sich gleichsam parallel zur verfassungsrechtlichen. Einerseits wird vertreten, im Rahmen von § 34 StGB sei eine Abwägung von kollidierenden Lebensrechten aufgrund der einseitig verteilten Rettungschancen schon nicht erforderlich (aa.), andererseits solle die Besonderheit der Situation ausnahmsweise eine zahlenmäßige Abwägung erlauben (bb.).

aa. Einseitig verteilte Rettungschancen/asymmetrische Gefahrengemeinschaft

Im Falle einseitig verteilter Rettungschancen nehmen Neumann und Erb eine „asymmetrische Gefahrengemeinschaft" an, die eine Rechtfertigungsmöglichkeit des Abschusses begründe.[288] Das Schicksal der Flugzeuginsassen sei bereits durch Dritte vorbestimmt, daher entscheide der Notstandshandelnde nicht über Leben und Tod, vielmehr würden ausschließlich weitere Opfer verhindert.[289] Der Abschuss als Notstandshandlung verletze somit nicht den Grundsatz der Absolutheit des Lebensschutzes, da menschliche Leben nicht gegeneinander abgewogen würden.[290] Eine Aufweichung des Saldierungsverbots menschlichen Lebens drohe nicht; die untrennbare Verbundenheit der Betroffenen mit der Gefahrenquelle erlaube eine trennscharfe Differenzierung.[291] Grundsätzlich könne niemand verpflichtet werden, das eigene Leben aus Solidarität zugunsten anderer zu

---

288 Erb, in: Mü-Ko/StGB, § 34 Rn. 122-127; Neumann, in: Kindhäuser/Neumann/Paeffgen, StGB, § 34 Rn. 77e; schon das Vorliegen einer Gefahrengemeinschaft verneinend Jerouschek, Nach dem 11. September 2001: Strafrechtliche Überlegungen zum Abschuss eines von Terroristen entführten Flugzeugs, in: FS Schreiber, S. 185 (189 f.), allerdings schließt Neumann eine Anwendung von § 34 StGB als staatliche Eingriffsbefugnis ausdrücklich aus und gelangt so zur Frage des übergesetzlichen entschuldigenden Notstands, ders., in: Kindhäuser/Neumann/Paeffgen, StGB, § 34 Rn. 77f., § 35 Rn. 62 a (mit offenem Ergebnis); so auch Frister, Strafrecht AT, Kap. 17 Rn. 14 f..; Ladiges, Die notstandsbedingte Tötung von Unbeteiligten im Fall des § 14 Abs. 3 LuftSiG, ZIS 2008, 129 (140); Wessels/Beulke/Satzger, Strafrecht AT, § 9 Rn. 479.

289 Erb, Der rechtfertigende Notstand, JuS 2010, 108 (111); im Ergebnis auch Wilkesmann, Terroristische Angriffe auf die Sicherheit des Luftverkehrs, NVwZ 2002, 1316 (1322).

290 Erb, Der rechtfertigende Notstand, JuS 2010, 108 (111); ders., in: Mü-Ko/StGB, § 34, Rn. 122, 127.

291 Erb, Der rechtfertigende Notstand, JuS 2010, 108 (111), ders., in: Mü-Ko/StGB, § 34 Rn. 127.

opfern.[292] Dieser Grundsatz dürfe jedoch nicht zu einer Verpflichtung der am Boden bedrohten Personen führen, zu sterben, um das Leben der ohnehin Verlorenen geringfügig, um „wenige Augenblicke“ zu verlängern.[293] Dies überfordere die Solidaritätspflichten der am Boden befindlichen Personen und verkehre den Lebensschutz in sein Gegenteil.[294]

Angelehnt an die Rechtfertigung des ärztlichen Schwangerschaftsabbruchs nach § 218a Abs. 2 StGB, vertritt Ladiges, die Tötung von Unbeteiligten sei im Fall einseitig verteilter Rettungschancen kein Bruch mit der strafrechtlichen Rechtfertigungsdogmatik.[295] Es sei nicht nachvollziehbar, warum einerseits von einer Schwangeren nicht verlangt werde, die Schwangerschaft fortzusetzen, andererseits von den am Boden befindlichen, vom Absturz bedrohten Personen gefordert werde, zugunsten der Flugzeugpassagiere zu sterben.[296]

bb. Zulässigkeit der zahlenmäßigen Abwägung im Ausnahmefall?

Andere vertreten, die besondere Pattsituation von kollidierenden Rechten der unbeteiligten Flugzeuginsassen und der potenziell betroffenen Personen am Boden erlaube dem Handelnden ausnahmsweise und gerade aufgrund der Unauflösbarkeit der kollidierenden Ansprüche eine Abwägung auch anhand der Zahlenverhältnisse vorzunehmen, um die Opferzahlen zu minimieren.[297]

---

292 Neumann, in: Kindhäuser/Neumann/Paeffgen, StGB, § 34 Rn. 77.

293 Neumann, in: Kindhäuser/Neumann/Paeffgen, StGB, § 34 Rn. 77, 77e; in diese Richtung auch Hirsch, Defensiver Notstand gegenüber ohnehin Verlorenen, in: FS Küper, S. 149 (160, 164); Merkel, Wenn der Staat Unschuldige opfert, Zeitonline 29/2004, 08.07.2004, S. 4 f., (Onlinequelle); Otto, Pflichtenkollision und Rechtswidrigkeitsurteil, S. 97 f.; abl.: Küper, Tötungsverbot und Lebensnotstand, JuS 1981, 785 (789 f.); Pawlik, § 14 Abs. 3 des Luftsicherheitsgesetzes – ein Tabubruch?, JZ 2004, 1045 (1049).

294 Neumann, in: Kindhäuser/Neumann/Paeffgen, StGB, § 34 Rn. 77; zust. Erb, in: Mü-Ko/StGB, § 34, Rn. 126.

295 Ladiges, Die notstandsbedingte Tötung von Unbeteiligten im Fall des § 14 Abs. 3 LuftSiG, ZIS 2008, 129 (137).

296 Ladiges, Die notstandsbedingte Tötung von Unbeteiligten im Fall des § 14 Abs. 3 LuftSiG, ZIS 2008, 129 (137).

297 Hörnle, Töten, um viele Leben zu retten, in: FS Herzberg, S. 555 (570); dies., Shooting Down a Hijacked Plane, 3 Criminal Law and Philosophy (2009), 111 (126, 128); so auch Isensee, Leben gegen Leben, in: FS Jakobs, S. 205 (231); in diese Richtung auch Mitsch, „Nantucket Sleighride“ – Der Tod des Matrosen Owen Coffin, in: FS Weber, S. 49 (63); ähnlich bereits Delonge, Die Interessen-

cc. Stellungnahme

Soweit angenommen wird, im Fall des Flugzeugabschusses sei eine Anwendbarkeit strafrechtlicher Rechtfertigungsgründe möglich, unabhängig davon, ob die Rechtswidrigkeit der individuellen Handlung[298] oder die des öffentlich-rechtlichen Eingriffs in Frage steht[299], setzt ein Rückgriff auf strafrechtliche Rechtfertigungsgründe grundsätzliche verfassungsrechtliche und ausdrückliche ordnungsrechtliche Vorgaben[300] nicht außer Kraft.[301] Verfassungsrechtliche Grundsätze schlagen auf die Auslegung auch strafrechtlicher Rechtfertigungsgründe durch. Eine andere Auslegung würde nicht nur den Vorbehalt des Gesetzes aus Art. 20 Abs. 3 GG, sondern auch existierende Eingriffsbefugnisse sowie die Nichtigerklärung verfassungswidriger Eingriffsermächtigungen ad absurdum führen.[302] Daher sind auch strafrechtliche Rechtfertigungsgründe ausnahmslos im Lichte der Art. 2 Abs. 2 Satz 1 GG i.V.m. Art. 1 Abs. 1 GG i.V.m. Art. 3 Abs. 1 GG zu lesen.

Bereits der Wortlaut von § 34 StGB spricht jedoch gegen eine Rechtfertigung bei der Kollision gleichwertiger Interessen, da ein wesentliches Über-

abwägung nach § 34 StGB und ihr Verhältnis zu den übrigen strafrechtlichen Rechtfertigungsgründen, S. 126, 130.

298 Kersten, Die Tötung von Unbeteiligten, NVwZ 2005, 661 (663); Kirchhof, Polizeiliche Eingriffsbefugnisse und private Nothilfe, NJW 1978, 969 (972); Renzikowski, Notstand und Notwehr, S. 297 ff.

299 Umfassender Überblick bei Jahn, Das Strafrecht des Staatsnotstandes, S. 273 ff., der sich gegen eine Übertragbarkeit ausspricht (ebd., 278 f.); auch Isensee, Leben gegen Leben, in: FS Jakobs, S. 205 (232); Paulke, Die Abwehr von Terrorgefahren im Luftraum, S. 216 ff.; anders Huber, § 34 StGB als Rechtfertigungsgrund für hoheitliches Handeln, S. 241 f.

300 Kutscha, Das Grundrecht auf Leben unter Gesetzesvorbehalt, NVwZ 2004, 801 (803).

301 Isensee, Leben gegen Leben, in: FS Jakobs, S. 205 (218) weist jedoch auch auf Rückwirkungen der unteren Normebene hin (ebd., 218 f.); Huber, § 34 StGB als Rechtfertigungsgrund für hoheitliches Handeln, S. 241; Mußgnug, Das Recht des polizeilichen Schusswaffengebrauchs, S. 167.

302 Der Verweis in polizeilichen Ermächtigungsnormen, strafrechtliche Normen nicht zu berühren, führt insoweit nicht weiter, da Zivil- und Strafgesetzgebung durch das Recht der Gefahrenabwehr ohnehin nicht berührt werden. Vielmehr erfordert ein wesentlicher Grundrechtseingriff eine konkrete gesetzliche Ermächtigungsnorm. Dies kann aber insbesondere durch strafrechtliche Rechtfertigungsgründe nicht geleistet werden, siehe Jörn Ipsen, Nds. Polizei- und Ordnungsrecht, § 16 Rn. 649; Pieroth/Schlink/Kniesel, Polizei und Ordnungsrecht, § 12 Rn. 22 ff.; Schenke, Polizei- und Ordnungsrecht, in: Besonderes Verwaltungsrecht, S. 147 (328).

wiegen eines Interesses im Falle kollidierender Lebensrechte mangels eines tauglichen Qualifizierungskriteriums nicht festzustellen ist. Selbst für den Fall asymmetrisch verteilter Rettungschancen ergibt sich daraus dennoch die Unzulässigkeit des Abschusses als taugliche Notstandshandlung, da sowohl die bedrohten Leben am Boden als auch die der Flugzeuginsassen nach Art. 1 Abs. 1 GG unabhängig von der tatsächlichen Anzahl der Betroffenen gleichwertig nebeneinanderstehen.[303]

Eine Kollisionslage gleichwertiger Interessen ließe sich nur verneinen, wenn anzunehmen wäre, dass aufgrund der asymmetrisch bzw. einseitig verteilten Rettungschancen keine Auswahlentscheidung getroffen würde. Hiergegen ist mit aller Deutlichkeit abermals das aus Art. 1 Abs. 1 GG folgende Verbot der Qualifizierung menschlichen Lebens anhand seiner prognostizierten Dauer anzuführen.[304] Die Verwendung des Kriteriums verbleibender Lebenszeit und insbesondere der asymmetrischen Chancenverteilung beinhaltet eine verfassungswidrige Qualifizierung menschlichen Lebens und ist abzulehnen.[305] Bereits die Annahme der Chancenlosigkeit, verbunden mit der Wertung der daraus resultierenden fehlenden Schutzwürdigkeit, bricht mit diesem verfassungsrechtlichen Prinzip, das zwingend auch die strafrechtliche Abwägung bestimmt.[306] Asymmetrische Chancenanmaßung heißt nicht nur, das Leben zu retten, das praktisch gerettet werden kann, es bedeutet gleichermaßen das Leben aktiv zu verkürzen, das unabhängig seiner prognostizierten Dauer gegenwärtig weiter

303 So auch etwa Kindhäuser/Hilgendorf, Nomos-Kommentar StGB, § 34 Rn. 36; Maurach/Zipf, Strafrecht AT Teil 1, § 27 Rn. 25; Satzger/Schmitt/Widmaier, StGB, § 34 Rn. 20.

304 So auch Roxin, Die notstandsähnliche Lage, in: FS Oehler, S. 181 (193 f.); zust. Hilgendorf, Tragische Fälle, in: Sicherheit statt Freiheit?, S. 107 (119); Jerouschek, Nach dem 11. September 2001: Strafrechtliche Überlegungen zum Abschuss eines von Terroristen entführten Flugzeugs, in: FS Schreiber, S. 185 (193 f.); Küper, Tötungsverbot und Lebensnotstand, JuS 1981, 785 (790); ders., Grund- und Grenzfragen der rechtfertigenden Pflichtenkollision im Strafrecht, S. 48; Lackner/Kühl, StGB, § 34 Rn. 7.

305 So auch Dreier, Grenzen des Tötungsverbots – Teil 1, JZ 2007, 261 (265); Jäger, Die Abwägbarkeit menschlichen Lebens im Spannungsfeld von Strafrechtsdogmatik und Rechtsphilosophie; ZStW 115 (2003), 765 (785); Koch, Tötung Unschuldiger als straflose Rettungshandlung?, JA 2005, 745 (747); Küper, Tötungsverbot und Lebensnotstand, JuS 1981, 785 (792); Sinn, Tötung Unschuldiger auf Grund § 14 III Luftsicherheitsgesetz, NStZ 2004, 586 (Anm. 7 m.w.N); Rechtfertigungslösung abl. etwa auch Mitsch, „Luftsicherheitsgesetz", JR 2005, 274 (277); so bereits Welzel, Zum Notstandsproblem, ZStW 63 (1951), 47 (52).

306 So auch Küper, Tötungsverbot und Lebensnotstand, JuS 1981, 785 (789).

existiert hätte.[307] Unter Berücksichtigung von Art. 3 Abs. 1 i.V.m. Art. 1 Abs. 1 GG sind prognostizierte Überlebens-/Rettungschancen kein taugliches Abgrenzungskriterium.[308] Der Versuch, die Pattsituation durch die Verneinung ebendieser zu umgehen, kann somit nicht überzeugen, beinhaltet doch gerade diese Annahme ein gegen Art. 1 Abs. 1 GG verstoßendes würdewidriges Qualifizierungskriterium.[309]

Die Theorie asymmetrischer Rettungschancen verstößt somit aufgrund der enthaltenen Qualifizierung menschlichen Lebens anhand der prognostizierten Restlebensdauer gegen Art. 1 Abs. 1 GG und exkludiert die betroffenen Passagiere in unzulässiger Art und Weise aus der Rechtsordnung. Neben Art. 1 Abs. 1 GG wird die Unzulässigkeit der Qualifizierung menschlichen Lebens mittels einer prognostizierten Lebensdauer auch einfachgesetzlich durch die Strafbarkeit des Totschlags nach § 212 StGB und der Tötung auf Verlangen gemäß § 216 StGB ausgeschlossen.

Soweit Wertungswidersprüche zu der Regelung des Schwangerschaftsabbruchs und der hierzu ergangenen bundesverfassungsgerichtlichen Rechtsprechung angenommen werden,[310] läuft die vorgebrachte Kritik allenfalls darauf hinaus, die im Urteil zum LuftSiG getroffenen Wertungen auf den Schwangerschaftsabbruch zu übertragen, ohne jedoch Rückschlüsse auf die Verfassungsmäßigkeit eines Abschusses zuzulassen.[311]

Im Ergebnis begründen folglich asymmetrische Rettungschancen weder eine Rechtfertigung des Abschusses nach § 34 StGB noch eine Ausnahme vom Verbot der Qualifizierung menschlichen Lebens.

---

307 Bereits Küper, Tötungsverbot und Lebensnotstand, JuS 1981, 785 (792); zust. Streng, Gerechtfertigte Aufopferung Unbeteiligter?, in: FS Stöckel, S. 135 (142).

308 Etwa auch Frister Strafrecht AT, Kap. 20 Rn. 27.

309 So auch für strafrechtliche Rechtfertigungsgründe Perron, in: Schönke/Schröder, StGB, § 34 Rn. 24.

310 Das Kriterium des „Ausgesetztseins“ müsste insbesondere für den Nasciturus gelten, siehe Gramm, Der wehrlose Verfassungsstaat?, DVBl. 2006, 653, (658); ders., Wie weit darf der Staat bei >besonders schweren Unglücksfällen< gehen?, UBWV 2007, 121 (126).

311 Anders als im Fall des Flugzeugabschusses fehlt es im Rahmen der Abtreibungsregelung an einer unmittelbar staatlichen Eingriffsmaßnahme. Das Urteil zum LuftSiG dürfte sich daher als Fortentwicklung der Rechtsprechung im Schleyer-Urteil verstehen lassen, so auch: Hörnle, Hijacked Airplanes: May They Be Shot Down?, 10 New Crim. L. Rev. (2007), 582 (603); anders Gramm, Der wehrlose Verfassungsstaat, DVBl. 2006, 653 (659); ders., Wie weit darf der Staat bei >besonders schweren Unglücksfällen< gehen?, UBWV 2007, 121 (126), der zwar eine nicht uneingeschränkte Übertragbarkeit annimmt und aufgrund dieser zu einem Wertungswiderspruch gelangt.

Möglicherweise ließe sich doch zu einer verfassungsrechtlichen Rechtfertigung nach § 34 StGB gelangen, wenn im Rahmen der Abwägung eine Einwilligung der Passagiere zugunsten der am Boden betroffenen Personen berücksichtigt werden könnte und diese ein anderes Abwägungsverhältnis bedingte.[312]

Gegen eine rechtfertigende Wirkung der Einwilligung spricht jedoch bereits der Wortlaut des § 216 StGB, dessen Tatbestand die ausdrücklich geäußerte, ernsthafte Einwilligung des Betroffenen voraussetzt. Angenommen, das Vorliegen einer Einwilligung begründe immer ein Abwägungsübermaß zugunsten des geäußerten Tötungsverlangens, würde dies zwingend zu einer Rechtfertigung einer jeden aufgrund eines solchen Tötungsverlangens ausgeführten Tötungshandlung führen und damit den Anwendungsbereich des § 216 StGB praktisch für obsolet erklären.[313] Ausgeschlossen muss demgegenüber nicht sein, weitere hinzutretende Umstände eines Tötungsverlangens im Rahmen der Abwägung in § 34 StGB zu berücksichtigen.[314]

In diesem Sinne lässt sich zunächst auch die neuere Rechtsprechung des Bundesgerichtshofes zur Stärkung der Patientenautonomie zu § 1901a BGB lesen, die den Behandlungsabbruch einer begonnenen medizinischen Behandlung erlaubt, wenn diese dem tatsächlichen oder mutmaßlichen Patientenwillen widerspricht und dazu dient, einem ohne Behandlung zum Tode führenden Krankheitsprozess seinen Lauf zu lassen.[315] Zu berücksichtigen ist jedoch, dass der Entscheidung ein Sachverhalt zugrunde lag, der sich nicht auf eine Tötungshandlung aufgrund eines gesteigerten

---

312 Mitsch, „Nantucket Sleighride" – Der Tod des Matrosen Owen Coffin, in: FS Weber, S. 49 (66 f.); mangels ausdrücklicher Einwilligung im Ergebnis ablehnend; so auch Hilgendorf, Tragische Fälle, in: Sicherheit statt Freiheit?, S. 107 (111, Anm. 22); Zimmermann, Rettungstötungen, S. 117; in diese Richtung auch Hirsch, Einwilligung und Selbstbestimmung, in: FS Welzel, S. 775 (796); abl. Schreiber, Das Recht auf den eigenen Tod, NStZ 1986, 337 (339); fragend Schneider, in: Mü-Ko/StGB, § 216 Rn. 58.

313 Ähnlich Eser/Sternberg-Lieben, in: Schönke/Schröder, StGB, § 212 Rn. 6; Neumann, in: Kindhäuser/Neumann/Paeffgen, StGB, § 212 Rn. 21; ders., Sterbehilfe im rechtfertigenden Notstand (§ 34 StGB), in: FS Herzberg, S. 575 (578); Knauer/Brose, in: Spickhoff, Medizinrecht, § 216 Rn. 32.

314 So auch Eser/Sternberg-Lieben, in: Schönke/Schröder, StGB, § 216 Rn. 15a m.w.N.; Göbel, Die Einwilligung im Strafrecht als Ausprägung des Selbstbestimmungsrechts, S. 44; Merkel, Früheuthanasie, S. 413; zust.: Schneider, in: Mü-Ko/StGB, § 216 Rn. 57 ff.; dafür bereits Herzberg, Der Fall Hackethal: Strafbare Tötung auf Verlangen?, NJW 1986, 1635 (1639).

315 BGH, Urteil vom 25. Juni 2010 - 2 StR 454/09 -, (= BGHSt 55, 191 (203 ff.)).

Konsenses des Sterbewilligen bezog, sondern in dem weitere Umstände hinzutraten, die in einer Gesamtabwägung von Restlebensdauer und dem Leidensdruck des Betroffenen in einer opferinternen Güterkollision das Abwägungsergebnis mitbestimmten.[316] Die Rechtfertigungswirkung der Einwilligung in aktive Tötungshandlungen wurde vom Bundesgerichtshof nach wie vor ausgeschlossen.[317]

Daraus folgt, unabhängig von der Frage, ob § 34 StGB im Rahmen des § 216 StGB zur Anwendung gelangt,[318] dennoch eine Beschränkung des Anwendungsbereichs auf das Hinzutreten von opferinternen Umständen, die nur auf Grundlage des Würdeanspruchs des Betroffenen zu einer Abwägung zugunsten einer Rechtfertigung des Tötungsverlangens führen und dies auch nur dann, wenn die Handlung nicht als aktive den Tod herbeiführende Handlung zu qualifizieren ist.[319] Im Umkehrschluss genügt ein altruistisches Motiv, einen Dritten oder eine Mehrzahl Dritter zu retten, nicht, um eine Fremdtötung auch bei Vorliegen eines Tötungskonsenses nach § 34 StGB zu rechtfertigen.[320] Für den vorliegenden Fall begründet sowohl der Mangel erkennbarer besonderer opferinterner Umstände, als auch das Vorliegen einer aktiven Tötungshandlung, dass ein Abschuss, der auch die Tötung von Unbeteiligten zur Folge hat, zumindest nach der gegenwärtigen Gesetzeslage[321] nicht nach § 34 StGB zu rechtfertigen ist.[322]

b. Defensivnotstand, § 228 BGB

Um den Grundsatz der Unabwägbarkeit menschlichen Lebens aufrechtzuerhalten, wird zur Rechtfertigung der Tötung der unbeteiligten Passagiere durch einen Abschuss vereinzelt auch auf den Rechtfertigungsgrund des

---

316 BGHSt 55, 191 (204 f.); so auch Eser/Sternberg-Lieben, in: Schönke/Schröder, StGB, § 216 Rn. 15a.

317 BGHSt 55, 191 (3. Leitzsatz).

318 So auch Antoine, Aktive Sterbehilfe in der Grundrechtsordnung, S. 394.

319 Eser/Sternberg-Lieben, in: Schönke/Schröder, StGB, § 216 Rn. 15a.

320 So auch BGHSt 55, 191 (205); so auch etwa Schreiber, Das Recht auf den eigenen Tod, NStZ 1986, 337 (339).

321 Allgemein auch Sternberg-Lieben, Die objektiven Schranken der Einwilligung im Strafrecht, S. 117 ff.

322 Ebenso Günther, Defensivnotstand und Tötungsrecht, in: FS Amelung, S. 147 (153); Roxin, Der Abschuss gekaperter Flugzeuge zur Rettung von Menschenleben, ZIS 2011, 552 (556); allgemein für die Tötung Unbeteiligter bereits Bernsmann, Zum Handeln von Hoheitsträgern aus der Sicht des „entschuldigenden Notstandes“ (§ 35 StGB), in: FS Blau, S. 23 (26).

Defensivnotstands zurückgegriffen.[323] § 228 BGB regelt, dass derjenige, der eine fremde Sache beschädigt oder zerstört, um eine durch sie drohende Gefahr von sich oder einem anderen abzuwenden, dann nicht widerrechtlich handelt, wenn die Beschädigung oder die Zerstörung zur Abwendung der Gefahr erforderlich ist und der Schaden nicht außer Verhältnis zu der Gefahr steht.

Obwohl umstritten ist, § 228 BGB direkt anzuwenden[324] oder dessen Voraussetzungen in § 34 StGB hineinzulesen[325], gelangen beide Ansichten im Rahmen einer strafrechtlichen Anwendung zu einer Umkehr der Abwägung.[326] Entscheidend sei zur Rechtfertigung der Tötung der Unbeteiligten im Defensivnotstand die Qualifizierung der durch den Abschuss sterbenden Flugzeuginsassen als Beteiligte an der Gefahrverursachung.[327]

Gropp führt dazu aus, die Flugzeuginsassen blieben für die potenzielle Gefahr eines Flugzeugabsturzes als mögliches Risiko infolge ihrer Buchung weiterhin zuständig, obwohl sich die Gefahr für die am Boden befindlichen Personen durch die Entführung verändert habe.[328] Die Flugbu-

323 Krit. zur Anwendbarkeit des § 228 BGB auf den von Menschen ausgelösten Defensivnotstand: Roxin, Strafrecht AT I, § 16 Rn. 73 ff.; Erb, in: Mü-Ko/StGB, § 34 Rn. 155.

324 Für eine Analogie zu § 228 BGB: Frister, Strafrecht AT, Kap. 17 Rn. 21; Neumann, in: Kindhäuser/Neumann/Paeffgen, StGB, § 34 Rn. 86; Renzikowski, Notstand und Notwehr, S. 45 ff., 54.

325 Freund/Rostalski, Strafrecht AT, § 3 Rn. 85; Hoyer, in: Systematischer-Kommentar/StGB, § 34 Rn. 83; Hirsch, Anm. zum Urteil des BGH v. 15.5.1979 – 1 StR 74/79, JR 1980, 115 (117); Kühl, Strafrecht AT, § 8 Rn. 134; Küper, Grund- und Grenzfragen der rechtfertigenden Pflichtenkollision im Strafrecht, S. 72; Lenckner, Der Grundsatz der Güterabwägung als Grundlage der Rechtfertigung, GA 1985, 295 (311); Momsen/Savic, in: Beck-OK/StGB, § 34 Rn. 14; Roxin, Der durch Menschen ausgelöste Defensivnotstand, in: FS Jescheck, S. 457 (466) m.w.N.; ders., Die notstandsähnliche Lage, in: FS Oehler, S. 181 (190 f.); ders., Strafrecht AT I, § 16 Rn. 75; Satzger/Schmitt/Widmaier, StGB, § 34 Rn. 24; Zieschang, in: Leipziger-Kommentar, StGB, Rn. 34 Rn. 134; offengelassen Schroeder, Notstandslagen bei Dauergefahr, JuS 1980, 336 (340).

326 Etwa Streng, Gerechtfertigte Aufopferung Unbeteiligter?, in: FS Stöckel, S. 135 (145); so auch Kindhäuser/Hilgendorf, Nomos-Kommentar StGB, § 34 Rn. 47 ff.; Joecks, Studienkommentar StGB, § 34 Rn. 7.

327 Erb, in Mü-Ko/StGB, § 34 Rn. 152; Hirsch, Defensiver Notstand gegenüber ohnehin Verlorenen, in: FS Küper, S. 149 (160); Köhler, Die objektive Zurechnung der Gefahr als Voraussetzung der Eingriffsbefugnis im Defensivnotstand, in: FS Schroeder, S. 257 (260, 267 f.); im Ergebnis abl. Hörnle, Hijacked Airplanes: May They Be Shot Down, 10 New Crim. L. Rev. 2007, 582 (589).

328 Gropp, Der Radartechniker-Fall, GA 2006, 284 (287 f.); abl.: Neumann, in: Kindhäuser/Neumann/Paeffgen, StGB, § 34 Rn. 77c.

chung sei kausal[329] für die Durchführung des Fluges und folglich für die Pervertierung des Flugzeugs als Waffe. Damit seien sie tatsächlich nicht Unbeteiligte.[330]

Nach Rogall und Köhler seien die unbeteiligten Flugzeuginsassen aufgrund der faktischen räumlichen Verbundenheit mit der Maschine Zustandsverantwortliche/Zustandsstörer.[331] Diese Verbundenheit erlaube es, den Gefahrenherd der Sphäre der Flugzeuginsassen zuzuordnen, „an der sie in ihrem Sosein Anteil haben" und infolgedessen nicht als Unbeteiligte anzusehen seien.[332] Ein Verstoß gegen die Menschenwürde durch eine Verdinglichung sei gerade nicht gegeben.[333] Vielmehr folge aus der rechtlichen Verpflichtung der entführten Flugzeuginsassen zur Ab- und Gegenwehr gegen die Entführung die Pflicht, weitere Defensivnotstandshandlungen zu erdulden.[334] Durch die Nichtigerklärung von § 14 Abs. 3 LuftSiG sei die konkurrierende öffentlich-rechtliche Ermächtigungsnorm aufgehoben worden und die Anwendung des Defensivnotstands eröffnet.[335]

Nach Einschätzung Giemullas sei die „Eliminierung eines Gefahrenherds auch dann gerechtfertigt, wenn der Betreffende ohne sein bewusstes

329 Gropp, Der Radartechniker-Fall, GA 2006, 284 (288); ausdrücklich abgelehnt von Streng, Gerechtfertigte Aufopferung Unbeteiligter?, in: FS Stöckel, S. 135 (147).

330 Gropp, Der Radartechniker-Fall, GA 2006, 284 (287 f.); a.A. Hörnle, Töten, um viele zu retten, in: FS Herzberg, S. 555 (565); Streng, Gerechtfertigte Aufopferung Unbeteiligter?, in: FS Stöckel, S. 135 (147 ff., 156).

331 Rogall, Ist der Abschuss gekaperter Flugzeuge widerrechtlich?, NStZ 2008, 1 (3); auch Köhler, Die objektive Zurechnung der Gefahr als Voraussetzung der Eingriffsbefugnis im Defensivnotstand, in: FS Schroeder, S. 257 (263 ff., 266 ff.); ähnl. Schünemann, Rechtsfreier Raum und eigenverantwortliche Entscheidung, in: Verantwortetes Recht, S. 145 (153): „Angriffskausalität"; in diese Richtung auch Hirsch, Defensiver Notstand gegenüber ohnehin Verlorenen, in: FS Küper, S. 149 (167); abl. Ladiges, Die notstandsbedingte Tötung von Unbeteiligten im Fall des § 14 Abs. 3 LuftSiG, ZIS 2008, 129 (132).

332 Rogall, Ist der Abschuss gekaperter Flugzeuge widerrechtlich?, NStZ 2008, 1 (3).

333 Anderenfalls könnten auch die Voraussetzungen des § 218a Abs. 2 StGB rechtlich nicht zulässig sein, Rogall, Ist der Abschuss gekaperter Flugzeuge widerrechtlich?, NStZ 2008, 1 (4).

334 Rogall, Ist der Abschuss gekaperter Flugzeuge widerrechtlich?, NStZ 2008, 1 (3 f.); auch Köhler, Die objektive Zurechnung der Gefahr als Voraussetzung der Eingriffsbefugnis im Defensivnotstand, in: FS Schroeder, S. 257 (268); anders Pawlik, Der rechtfertigende Defensivnotstand im System der Notrechte, GA 2003, 12 (22), der auf ein Interventionsrecht anderer abstellt.

335 Rogall, Ist der Abschuss gekaperter Flugzeuge widerrechtlich?, NStZ 2008, 1 (4 f.); Hirsch, Defensiver Notstand gegenüber ohnehin Verlorenen, in: FS Küper, S. 149 (171).

Zutun zu einem solchen Gefahrenherd geworden ist".[336] Die Herbeiführung der Gefährdungslage durch eine vorsätzliche Straftat eines Dritten, hebe die Voraussetzungen des rechtfertigenden Defensivnotstands nicht auf.[337]

Hirsch verweist auf die auch von Erb vorgebrachte Ablehnung einer „Übersolidarisierung" mit den Flugzeuginsassen.[338] Zwar dürften Unbeteiligte auch im Defensivnotstand nicht geopfert werden, eine Involvierung ohnehin Todgeweihter in die Gefahrenquelle hebe das Unbeteiligtsein jedoch auf.[339] Hirsch bezieht sich beispielhaft auf den Bergsteigerfall, in dem zwei an einem Seil gesicherte Bergsteiger gemeinsam abzustürzen drohen.[340] Die Rechtsordnung dürfe dem voransteigenden Bergsteiger seinen eigenen Tod nicht auferlegen und ihm keinen Vorwurf machen, falls er das Seil durchschneide, um sein Leben zu retten. Gleichermaßen dürfe auch von den noch rettbaren Personen am Boden nicht verlangt werden, eine Bedrohung ihres Lebens und eine Verpflichtung zum Tod nur aufgrund der untrennbaren Verbundenheit der Flugzeuginsassen mit dem Gefährdungsobjekt hinzunehmen.[341] Das Schicksal der Flugzeuginsassen werde durch die Geiselnehmer bereits vorbestimmt.[342] Die Rechtsordnung müsse denjenigen Schutz zuteilwerden lassen, die noch zu schützen seien.[343] Die Gefahr ginge vom Flugzeug und den darin befindlichen Passa-

---

336 Giemulla, Zum Abschuss von Zivilluftfahrzeugen als Maßnahme der Terrorbekämpfung, 54 ZLW (2005), 32 (42).

337 Giemulla, Zum Abschuss von Zivilluftfahrzeugen als Maßnahme der Terrorbekämpfung, 54 ZLW (2005), 32 (42); abl. etwa Pawlik, § 14 Abs. 3 des Luftsicherheitsgesetzes – ein Tabubruch?, JZ 2004, 1045 (1049).

338 Hirsch, Defensiver Notstand gegenüber ohnehin Verlorenen, in: FS Küper, S. 149 (161).

339 Hirsch, Defensiver Notstand gegenüber ohnehin Verlorenen, in: FS Küper, S. 149 (160 f.); abl. Neumann, in: Kindhäuser/Neumann/Paeffgen, StGB, § 34 Rn. 77c.

340 Hirsch, Defensiver Notstand gegenüber ohnehin Verlorenen, in: FS Küper, S. 149 (162).

341 Hirsch, Defensiver Notstand gegenüber ohnehin Verlorenen, in: FS Küper, S. 149 (161); allerdings ist das von Hirsch verwendete Beispiel aufgrund des rein privatrechtlichen Verhältnisses zwischen den betroffenen zwei Bergsteigern mangels betroffener grundrechtlicher Abwehrpositionen schon nicht auf den Fall des Flugzeugabschusses übertragbar.

342 Hirsch, Defensiver Notstand gegenüber ohnehin Verlorenen, in: FS Küper, S. 149 (161). Falls eine Auswahlentscheidung erst noch getroffen werden müsste, solle nur der entschuldigende Notstand in Betracht kommen (ebd., 164).

343 Hirsch, Defensiver Notstand gegenüber ohnehin Verlorenen, in: FS Küper, S. 149 (161, 164).

gieren aus. Folglich handele es sich auch bei den entführten Flugzeuginsassen um Störer.[344]

Ob der Defensivnotstand nach § 228 BGB analog Anwendung findet oder dessen Voraussetzungen in § 34 StGB hineinzulesen sind, kann an dieser Stelle dahinstehen.[345] Gleichermaßen unentschieden bleiben kann die Frage, ob die Tötung eines anderen Menschen taugliche Defensivnotstandstat sein kann.[346] Denn abzulehnen ist bereits die Qualifizierung der entführten Flugzeuginsassen als Verantwortliche oder Beteiligte.[347] Sie haben durch ihr Verhalten weder die Gefahr verursacht, noch begründen sie eine Gefährdung aufgrund der untrennbaren Verbundenheit mit dem Gefährdungsobjekt.[348] Im Defensivnotstand ist ein Verschulden des Adressa-

---

344 Hirsch, Defensiver Notstand gegenüber ohnehin Verlorenen, in: FS Küper, S. 149 (161, 167).

345 So auch Roxin, Der Abschuss gekaperter Flugzeuge zur Rettung von Menschenleben, ZIS 2011, 552 (558).

346 Dafür: Delonge, Die Interessenabwägung nach § 34 StGB und ihr Verhältnis zu den übrigen strafrechtlichen Rechtfertigungsgründen, S. 158; Gropp, Der Radartechniker-Fall, GA 2006, 284 (287); ders., Strafrecht AT, § 5 Rn. 251 f.; Günther, Defensivnotstand und Tötungsrecht, in: FS Amelung, S. 147 (154); Hirsch, Defensiver Notstand gegenüber ohnehin Verlorenen, in: FS Küper, S. 149 (158); Krey/Esser, Deutsches Strafrecht AT, § 15 Rn. 629; Küper, Grund- und Grenzfragen der rechtfertigenden Pflichtenkollision im Strafrecht, S. 74 f.; Pawlik, Der rechtfertigende Notstand, S. 308 ff., ders., Der rechtfertigende Defensivnotstand, Jura 2002, 26 (29); Renzikowski, Notstand und Notwehr, S. 246 f.; Rogall, Ist der Abschuss gekaperter Flugzeuge widerrechtlich?, NStZ 2008, 1 (3); Roxin, Strafrecht AT I, § 16 Rn. 42; ders., Die notstandsähnliche Lage, in: FS Oehler, S. 181 (194); offen Neumann, in: Kindhäuser/Neumann/Paeffgen, StGB, § 34 Rn. 87. Dagegen: Erb, in: Mü-Ko/StGB, § 34 Rn. 157; Perron, in: Schönke/Schröder, StGB, § 34 Rn. 30; Rengier, Anmerkung: BGH: Strafmilderung bei Mord, NStZ 1984, 21 (22); Wessels/Beulke/Satzger, Strafrecht AT, § 9 Rn. 477; Zieschang, in: Leipziger-Kommentar, StGB, § 34 Rn. 141.

347 So auch Mitsch, „Luftsicherheitsgesetz", JR 2005, 274 (277); Roxin, Der Abschuss gekaperter Flugzeuge zur Rettung von Menschenleben, ZIS 2011, 552 (559); Satzger/Schmitt/Widmaier, StGB, § 34 Rn. 26.

348 So auch Beestermöller, Das Luftsicherheitsgesetz als Krisenindikator, Die neue Ordnung 2006, 296 (296); Hartleb, Der neue § 14 III LuftSiG und das Grundrecht auf Leben, NJW 2005, 1397 (1399); Hilgendorf, Tragische Fälle, in: Sicherheit statt Freiheit?, S. 107 (127); Hörnle, Töten, um viele Leben zu retten, in: FS Herzberg, S. 555 (565, Anm. 57); dies., Hijacked Airplanes: May They Be Shot Down?, 10 New Crim. L. Rev. (2007), 582 (588 f.); Klein, Das Gesetz zur Neuregelung von Luftsicherheitsaufgaben (LuftSiG) auf dem Prüfstand, ZG 2005, 289 (295); ders., Die vorsätzliche Tötung unbeteiligter Personen durch den Staat, in: FS Mußgnug, S. 71 (78); Merkel, Wenn der Staat Unschuldige opfert, Zeitonline 29/2004, 08.07.2004, S. 3, (Onlinequelle).

ten der Notstandshandlung nicht Voraussetzung.[349] Im Unterschied zur Notwehr ist auch ein der Defensivnotstandshandlung vorausgehender Handlungsunwert nicht erforderlich.[350] Als zwingende Voraussetzung ist hingegen die Zurechenbarkeit der Notstandshandlung in Form einer normativen Zuständigkeit des Opfers für die Gefahrenlage anzusehen.[351] Anderenfalls würde die auch für strafrechtliche Rechtfertigungsgründe geltende Vorgabe aus Art. 1 Abs. 1 GG verletzt, dass eine staatliche Gefahrenabwehr gegen denjenigen ausscheidet, der für die Gefahrenlage keinerlei Verantwortung trägt. Zur Zurechnung einer Zustandsverantwortlichkeit muss also aus dem „Sosein" der Flugzeuginsassen eine Gefahrerhöhung resultieren. Diese kann aber nicht durch die Buchung oder Teilnahme an der Flugreise begründet werden.[352] Darüber hinaus spricht auch der Wortlaut von § 228 BGB mit dem verwendeten Sach-Güterabwägungs-Maßstab gegen eine Anwendung zur Rechtfertigung von Eingriffen in den Körper und das Leben.[353]

Eine Rechtfertigung der Tötung der unbeteiligten Flugzeuginsassen im Defensivnotstand scheidet daher aus.[354]

---

349 Siehe Merkel, Wenn der Staat Unschuldige opfert, Zeitonline 29/2004, 08.07.2004, S. 3, (Onlinequelle); Roxin, Der durch Menschen ausgelöste Defensivnotstand, in: FS Jescheck, S. 457 (468 f.) mit Beispielen; Rogall, Ist der Abschuss gekaperter Flugzeuge widerrechtlich?, NStZ 2008, 1 (3).

350 Gropp, Der Radartechniker-Fall, GA 2006, 284 (287); Roxin, Der durch Menschen ausgelöste Defensivnotstand, in: FS Jescheck, S. 457 (476).

351 So auch Gropp, Der Radartechniker-Fall, GA 2006, 284 (288); Rogall, Ist der Abschuss gekaperter Flugzeuge widerrechtlich?, NStZ 2008, 1 (3).

352 So auch Fischer, StGB, § 34 Rn. 18; Hörnle, Hijacked Airplanes: May They Be Shot Down?, 10 New Crim. L. Rev. (2007), 582 (588); Merkel, § 14 Abs. 3 Luftsicherheitsgesetz: Wann und warum darf der Staat töten?, JZ 2007, 373 (385); Neumann, in: Kindhäuser/Neumann/Paeffgen, StGB, § 34 Rn. 77c; Streng, Gerechtfertigte Aufopferung Unbeteiligter?, in: FS Stöckel, S. 135 (149), „Entleerung der Zuständigkeitskriterien". Die Frage eines durch technischen Defekts herbeigeführten Luftzwischenfalls kann an dieser Stelle nicht beantwortet werden und bedarf einer gesonderten Untersuchung, kurz dazu Hirsch, Defensiver Notstand gegenüber ohnehin Verlorenen, in: FS Küper, S. 149 (150, 164).

353 Mit gleichem Ergebnis etwa Neumann, in: Kindhäuser/Neumann/Paeffgen, StGB, § 34 Rn. 88, der dennoch zu einer Übertragbarkeit gelangt; Roxin, Der durch Menschen ausgelöste Defensivnotstand, in: FS Jescheck, S. 457 (466); Streng, Gerechtfertigte Aufopferung Unbeteiligter?, in: FS Stöckel, S. 135 (145); zust. Archangelskij, Das Problem des Lebensnotstandes am Beispiel des Abschusses eines von Terroristen entführten Flugzeuges, S. 74 f.

354 Im Ergebnis auch: Fischer, StGB, § 34 Rn. 18; Krey/Esser, Deutsches Strafrecht AT, § 22 Rn. 776.

c. Ergebnis

Soweit schon die Tatbestandsvoraussetzungen strafrechtlicher Rechtfertigungsgründe nicht erfüllt werden, erübrigt sich mithin die Frage, ob strafrechtliche Rechtfertigungsnormen als hoheitliche Eingriffsbefugnisse Anwendung finden.[355] Der Abschuss einer entführten Passagiermaschine, soweit hiervon auch tatunbeteiligte Flugzeuginsassen betroffen sind, lässt sich weder nach § 34 StGB noch nach den Grundsätzen des Defensivnotstands rechtfertigen.

4. Abschussbefugnis aufgrund strafrechtlicher Entschuldigung?

Werden strafrechtliche Rechtfertigungsgründe für nicht anwendbar gehalten oder deren Voraussetzungen verneint, wird zur Entschuldigung des Abschusses auf den übergesetzlichen entschuldigenden Notstand (a.) und den übergesetzlichen Ausschluss der strafrechtlichen Verantwortung (b.) zurückgegriffen oder die ex-post Straflosstellung des Handelnden vorgeschlagen (c.).

a. Übergesetzlicher entschuldigender Notstand[356]

Bereits im Gesetzgebungsverfahren wurde diskutiert, ob § 14 Abs. 3 LuftSiG einen Fall des übergesetzlichen entschuldigenden Notstands normiere.[357] Hilgendorf ist der Ansicht, nur die individuelle Handlung werde durch den übergesetzlichen entschuldigenden Notstand entschuldigt.[358] Der staatliche Abschuss einer entführten Passagiermaschine müsse im Übrigen ungeregelt bleiben, um den Grundsatz der „Nicht-Verrechenbarkeit

---

355 So auch für den Fall des Flugzeugabschusses Jerouschek, Nach dem 11. September 2001: Strafrechtliche Überlegungen zum Abschuss eines von Terroristen entführten Flugzeugs, in: FS Schreiber, S. 185 (197).

356 Wird herrschend gleichgesetzt mit der entschuldigten Pflichtenkollision, so Neumann, Der Rechtfertigungsgrund der Kollision von Rettungsinteressen, in: FS Roxin, S. 421 (438).

357 Abl. Bundestagsabgeordneter Stöbele, BT-Plenarprotokoll 15/89, 89. Sitzung vom 30.01.2004, S. 7893.

358 Hilgendorf, Tragische Fälle, in: Sicherheit statt Freiheit?, S. 107 (130).

von Leben“ auch zukünftig zu gewährleisten.[359] Das Recht könne den Ausnahmefall nicht regeln, vielmehr könnten Extremsituationen Entscheidungen erfordern, die dem Recht der Normallage zuwiderliefen.[360] Deshalb dürfe die Rechtsordnung nicht durch gesetzliche Regelungen des Ausnahmefalls aufgeweicht werden.[361] Auch Dreier befürwortet für den Fall kollidierender Handlungspflichten ein Berufen auf den übergesetzlichen entschuldigenden Notstand, der auch auf den staatlich handelnden Amtsträger angewendet werden könne.[362]

Allerdings wendet Ladiges ein, das Urteil zum LuftSiG habe die Höherwertigkeit des Schutzes der Menschenwürde im Verhältnis zum Schutz des Rechtsguts Leben ausdrücklich klargestellt.[363] Insofern könne im Rahmen der Schuld nicht auf das Kriterium des geringeren Übels zurückgegriffen werden, da das Rechtsgut Leben geringwertiger sei als die Achtung der Menschenwürde der betroffenen Flugzeuginsassen.[364]

---

359 Hilgendorf, Tragische Fälle, in: Sicherheit statt Freiheit?, S. 107 (130); so auch Kersten, Die Tötung von Unbeteiligten, NVwZ 2005, 661 (663); offen auch Dreist, Bundeswehreinsatz als Wahrnehmung materieller Polizeiaufgaben?, UBWV 2006, 93 (103); auch Pawlik sieht die Voraussetzungen des entschuldigenden übergesetzlichen Notstands für den das Flugzeug abschießenden Piloten erfüllt, angesichts der moralisch schwierigen Handlungslage und der Möglichkeit weiterhin Notwehr gegen eine entschuldigte Tat zu üben, lehnt er eine Regelung des Abschusses durch den Entschuldigungsgrund dennoch ab, vgl. § 14 Abs. 3 des Luftsicherheitsgesetzes – ein Tabubruch?, JZ 2004, 1045 (1051); so auch Sinn, Tötung Unschuldiger auf Grund § 14 III Luftsicherheitsgesetz, NStZ 2004, 585 (592).

360 Hilgendorf, Tragische Fälle, in: Sicherheit statt Freiheit?, S. 107 (130).

361 Hilgendorf, Tragische Fälle, in: Sicherheit statt Freiheit?, S. 107 (130); Streng, Gerechtfertigte Aufopferung Unbeteiligter?, in: FS Stöckel, S. 135 (157); in diese Richtung auch Khan, Der Staat im Unrecht: Luftsicherheit und Menschenwürde, in: Der Staat im Recht, S. 143 (155).

362 Dreier, Grenzen des Tötungsverbots – Teil 1, JZ 2007, 261 (267); wohl auch Wessels/Beulke/Satzger, Strafrecht AT, § 13 Rn. 717; krit.: Schmidt-Radefeldt, Inlandseinsätze der Bundeswehr auf dem Prüfstein der Wehrverfassung, UBWV 2008, 269 (274); offengelassen Neumann, in: Kindhäuser/Neumann/Paeffgen, StGB, § 35 Rn. 62a; abl. Schenke, Das Luftsicherheitsgesetz und das Recht der Gefahrenabwehr, in: FG Burkhard Hirsch, S. 75 (84), der nicht nur die Anwendbarkeit strafrechtlicher Rechtfertigungs- und Entschuldigungsgründe für hoheitliches Handeln ablehnt, sondern den übergesetzlichen entschuldigenden Notstand zudem nur anwendbar sieht, um Gefahren abzuwenden, die für den Gesetzgeber nicht vorherzusehen waren.

363 Ladiges, Die notstandsbedingte Tötung von Unbeteiligten im Fall des § 14 Abs. 3 LuftSiG, ZIS 2008, 129 (138).

364 Ladiges, Die notstandsbedingte Tötung von Unbeteiligten im Fall des § 14 Abs. 3 LuftSiG, ZIS 2008, 129 (138).

Der Versuch einer positivrechtlichen Regelung durch das LuftSiG steht bereits begriffslogisch im Widerspruch zu einem Rückgriff auf das Konstrukt des übergesetzlichen entschuldigenden Notstands.[365] Dieser betrifft ferner nur die Entschuldigung der persönlichen Vorwerfbarkeit des Handelns einer natürlichen Person. Es bleibt bei der Rechtswidrigkeit der Tat.[366] Unter den Voraussetzungen von Art. 20 Abs. 3 GG kann die Kategorie der übergesetzlichen Entschuldbarkeit nicht auf hoheitliches Handeln übertragen werden.[367] Allenfalls dürfte es möglich sein, die individuelle Handlung des Amtsträgers zu entschuldigen. In jedem Fall ist die Heranziehung des übergesetzlichen entschuldigenden Notstands mit der damit einhergehenden Wertung der unrettbar verlorenen Leben der Flugzeuginsassen als das kleinere Übel gegenüber der Anzahl noch rettungsfähiger Leben abzulehnen. Eine solche Wertung enthält ein das Leben qualifizierendes Kriterium, das im Widerspruch zu Art. 1 Abs. 1 GG steht. Bisherige Entscheidungen zum übergesetzlichen entschuldigenden Notstand ließen zwar in Bürger-Bürger Konstellationen eine Entschuldigung zu, auch wenn Leben zugunsten Dritter geopfert wurden.[368] Es kann jedoch nicht

---

365 So auch Dreist, Terroristenbekämpfung als Streitkräfteauftrag, NZWehrr 2004, 89 (107); keine Notwendigkeit mangels tatsächlicher Überlebenschancen der Flugzeuginsassen laut Hirsch, Defensiver Notstand gegenüber ohnehin Verlorenen, in: FS Küper, S. 149 (159).

366 Etwa Isensee, Leben gegen Leben, in: FS Jakobs, S. 205 (211); Klein, Das Gesetz zur Neuregelung von Luftsicherheitsaufgaben (LuftSiG) auf dem Prüfstand, ZG 2005, 289 (295); ders., Die vorsätzliche Tötung unbeteiligter Personen durch den Staat, in: FS Mußgnug, S. 71 (78); Merkel, Wenn der Staat Unschuldige opfert, Zeitonline 29/2004, 08.07.2004, S. 4, (Onlinequelle).

367 Siehe auch Melzer/Haslach/Socher, Der Schadensausgleich nach dem Luftsicherheitsgesetz, NVwZ 2005, 1361 (1362); krit. auch Gauder, Das abverlangte Lebensopfer, S. 213; Hilgendorf, Tragische Fälle, in: Sicherheit statt Freiheit?, S. 107 (124); Paulke, Die Abwehr von Terrorgefahren im Luftraum, S. 240 f.; Schmidt-Jortzig, Die Verallgemeinerung des Außergewöhnlichen, in: FS Ress, S. 1569 (1574 f.); offengelassen Neumann, in: Kindhäuser/Neumann/Paeffgen, StGB, § 35 Rn. 62a.

368 OLG Hamm, Urteil vom 28. Oktober 1975 – 5 Ss 210/75 -, (= NJW 1976, 721 (722)); offengelassen in BGH, Urteil vom 15. September 1988 - 4 StR 352/88 -, (= BGHSt 35, 347 (350)); zust. Peters, Zur Lehre von den persönlichen Strafausschließungsgründen, JR 1949, 496 (496); ähnl. Oehler, Die Achtung vor dem Leben und die Notstandshandlung, JR 1951, 489 (493): „sachlicher Strafausschließungsgrund"; siehe auch Jakobs, Strafrecht AT, S. 589; Sternberg-Lieben, in: Schönke/Schröder, StGB, Vorbem §§ 32 ff. Rn 115 f.; Paeffgen/Zabel, in: Kindhäuser/Neumann/Paeffgen, StGB, Vor § 32 Rn. 292-295; Rengier, Strafrecht AT, § 26 Rn. 40; grds. zust. Möglichkeit eines übergesetzlichen Verantwortungsausschlusses: Roxin, Strafrecht AT I, § 22 Rn. 149.

überzeugen, hieraus eine allgemeine Anwendung auf die Person des Amtsträgers abzuleiten. Eine übertragene Anwendung würde nicht nur die Vorgaben des Art. 1 Abs. 1 GG unterlaufen, sondern auch den Vorbehalt des Gesetzes aus Art. 20 Abs. 3 GG ausschalten.[369] Mithin kann, soweit eine Entschuldigung aufgrund übergesetzlichen Notstandes angenommen werden möchte, diese allenfalls zu einer Entschuldigung des individuell Handelnden gelangen.[370] Der Abschuss sowie der Befehl hierzu bleiben dennoch rechtswidrig und von der Rechtsordnung missbilligt.

b. Übergesetzlicher Ausschluss der strafrechtlichen Verantwortlichkeit

Roxin gelangt zu dem Ergebnis, ein staatlicher Abschuss könne weder gerechtfertigt noch entschuldigt werden. In Anlehnung an § 33 StGB, der eine Entschuldigung für die Überschreitung der Notwehrgrenzen aufgrund von Verwirrung, Furcht oder Schrecken vorhält, sei allerdings ein Strafbedürfnis des Handelnden zu verneinen.[371] In der Deliktskategorie Schuld müsse das zu bestrafende Unrecht auch als „Verantwortlichkeit" verstanden werden, das auch das Bedürfnis einer präventiven Bestrafung umfasse.[372] Im Falle einer eindeutigen Prognose solle das Strafbedürfnis für denjenigen entfallen, der nicht aus krimineller Gesinnung gehandelt

369 Wohl auch Frister, Strafrecht AT, Kap. 17 Rn. 31.

370 Allgemein dazu Bernsmann, Zum Handeln von Hoheitsträgern aus der Sicht des „entschuldigenden Notstandes" (§ 35 StGB), in: FS Blau, S. 23 (32).

371 Roxin, Der Abschuss gekaperter Flugzeuge zur Rettung von Menschenleben, ZIS 2011, 552 (562); krit. wohl Archangelskij, Das Problem des Lebensnotstandes am Beispiel des Abschusses eines von Terroristen entführten Flugzeuges, S. 78 f.

372 Roxin, Der Abschuss gekaperter Flugzeuge zur Rettung von Menschenleben, ZIS 2011, 552 (562); in die gleiche Richtung zur Begründung eines Strafausschließungsgrundes bereits Welzel, Zum Notstandsproblem, ZStW 63 (1951), 47 (48, 53 f.); krit.: Sinn, Tötung Unschuldiger auf Grund § 14 III Luftsicherheitsgesetz, NStZ 2004, 585 (590), der bemängelt, die Rechtsordnung müsse zumindest in der Lage sein, vorzugeben, welche Handlung die rechtmäßige gewesen wäre. In Bezug auf die von Roxin vorgeschlagene Lösung entfaltet diese Argumentation jedoch keine Relevanz. Zum einen argumentiert Roxin auf der Ebene der individuellen Vorwerfbarkeit. Zum anderen gibt die Rechtsordnung klare Vorgaben, welche Handlung rechtmäßig gewesen wäre: Die Nichtausführung des Abschusses.

habe, somit auch für den, den Abschuss befehlenden und ausführenden Amtsträger.[373]

c. Ex-post Straflosstellung

Mit ähnlichem Ergebnis schlägt von Bernstorff vor, angesichts der limitierten strafrechtlichen Möglichkeiten zur Straflosstellung des individuellen Amtsträgers, dessen Handlung nachträglich durch ein auf die Maßnahme bezogenes Parlamentsgesetz[374] straflos zu stellen.[375] In diese Richtung argumentiert auch Lepsius, der im Rahmen einer individuellen Beurteilung einen politischen Ausweg im Fall des Scheiterns strafrechtlicher Entschuldigungsmöglichkeiten über das Gnadenrecht des Minister- und Bundespräsidenten erkennt.[376] Die individuelle Schuld sei immer auch eine ethische und moralische Bewertung eines Einzelfalls, die die allgemeinen Regeln der Rechtmäßigkeit nicht diktieren dürfte.[377]

d. Stellungnahme

Grundsätzlich scheint eine individuelle Lösung über die Vorwerfbarkeit der Handlung oder eine ex-post Straflosstellung vorzugswürdig. Deutlich ist hierin die von Art. 1 Abs. 1 GG vorgegebene Wertung der Rechtswidrigkeit der vorsätzlichen hoheitlichen Tötung Unbeteiligter enthalten. Die Entscheidung Leben zu retten, ist für sich nicht verwerflich. Roxin, von Bernstorff und Lepsius folgend, wird der Last der individuellen Entschei-

---

373 Roxin, Der Abschuss gekaperter Flugzeuge zur Rettung von Menschenleben, ZIS 2011, 552 (562 f.).

374 Hierzu bereits Kirchhof, Die Zulässigkeit staatlicher Gewalt in Ausnahmesituationen, in: Die Zulässigkeit staatlicher Gewalt in Ausnahmesituationen, S. 83 (101 f.); allgemein auch Möllers, Staat als Argument, S. 266 f., jedoch nur für Maßnahmen, die nicht gegen Art. 79 Abs. 3 GG verstoßen.

375 Von Bernstorff, Pflichtenkollision und Menschenwürdegarantie, Der Staat 47 (2008), 21 (40); wegen einer aus der ex-ante gesetzlichen Straflosstellung resultierenden Missbrauchsgefahr abl. Roxin, Der Abschuss gekaperter Flugzeuge zur Rettung von Menschenleben, ZIS 2011, 552 (562); abl. auch Enders, Der Staat in Not, DÖV 2007, 1039 (1045 f.).

376 Lepsius, Das Luftsicherheitsgesetz und das Grundgesetz, in: FG Burkhard Hirsch, S. 47 (71).

377 Lepsius, Das Luftsicherheitsgesetz und das Grundgesetz, in: FG Burkhard Hirsch, S. 47 (71).

dung Rechnung getragen. Praktisch problematisch ist in diesem Fall jedoch die Auswirkung der von Art. 1 Abs. 1 GG vorgegebenen Wertung auf die Bindungswirkung des Abschussbefehls. Der Pilot darf nach Art. 1 Abs. 3 GG i.V.m. § 11 Abs. 1 Satz 3 Soldatengesetz (SoldG) einen gegen die Menschenwürde verstoßenden Befehl nicht ausführen.[378] Auch darf ein solcher Befehl nach § 10 Abs. 4 SoldG i.V.m. Art. 1 Abs. 3 GG schon nicht erteilt werden.[379] Der Abschussbefehl ist daher weder rechtlich bindend noch geeignet, die ausgeführte Handlung zu rechtfertigen.[380] Folglich hängt die Ausführung des Abschussbefehls mangels Bindungswirkung des Befehls einzig von der Bereitschaft des Piloten ab, das Risiko einer Bestrafung zu tragen.[381]

5. Zwischenergebnis

Eine Eingriffsbefugnis zum Abschuss der unbeteiligten Flugzeuginsassen lässt sich verfassungskonform weder aus bestehenden öffentlich-rechtlichen Eingriffsbefugnissen noch aus existierenden strafrechtlichen Rechtfertigungsgründen herleiten. Aufgrund des rein individuellen Bezugs strafrechtlicher Entschuldigungsgründe bleibt es in der Folge zumindest bei der Rechtswidrigkeit der Abschussmaßnahme.

---

378 Siehe Sanne/Weniger, Soldatengesetz, § 11 Rn. 8 ff.; Scherer/Alff/Poretschkin/Lucks, Soldatengesetz, § 11 Rn. 13 f.; Sohm, in: Walz/Eichen/Sohm, Soldatengesetz, § 11 Rn. 44 (keine Ausführungspflicht).

379 So auch Franz, Der Bundeswehreinsatz im Innern und die Tötung Unschuldiger im Kreuzfeuer von Menschenwürde und Recht auf Leben, Der Staat 45 (2006), 501 (534); Gramm, Der wehrlose Verfassungsstaat?, DVBl. 2006, 653 (657); ders., Wie weit darf der Staat bei >besonders schweren Unglücksfällen< gehen?, UBWV 2007, 121 (125).

380 Auch Gramm, Der wehrlose Verfassungsstaat?, DVBl. 2006, 653 (657); ders., Wie weit darf der Staat bei >besonders schweren Unglücksfällen< gehen?, UBWV 2007, 121 (125).

381 Mit gleichem Ergebnis Gramm, Der wehrlose Verfassungsstaat?, DVBl. 2006, 653 (657); ders., Wie weit darf der Staat bei >besonders schweren Unglücksfällen< gehen?, UBWV 2007, 121 (125); krit. auch Burkhard Hirsch, Verfassungsbeschwerde gegen das Gesetz zur Neuregelung von Luftsicherheitsaufgaben, KritV 89 (2006), 3 (9 f.).

IV. Alternative Lösungsmodelle

Weitere Vorschläge zur Einordnung eines staatlichen Abschusses divergieren zwischen der Anpassung verfassungsrechtlicher Bestimmungen (1.) und der rechtlichen Anerkennung von außerrechtlichen Grenzsituationen, die nicht dem Anspruch einer vollständigen positivrechtlichen Erfassung entsprechen müssen (2.).

1. Verfassungsänderung

Vor dem Urteil zum LuftSiG und dem Plenarbeschluss zum innerdeutschen Einsatz der Streitkräfte wurde diskutiert, welche Kompetenznorm für den inländischen Einsatz der Bundeswehr zur Abwehr eines entführten Luftfahrzeugs heranzuziehen sei und/oder, ob zu einer solchen Ermächtigung eine Grundgesetzänderung erforderlich sei.[382]

Ohne die Relevanz dieser Diskussion in Frage zu stellen, sollen dennoch die Beiträge im Folgenden unberücksichtigt bleiben, die ausschließlich die Frage der Kompetenz eines inländischen Streitkräfteeinsatzes behandeln. Das Augenmerk soll vielmehr auf die Meinungen gerichtet werden, die sich mit dem Problem eines Verstoßes gegen Art. 1 Abs. 1 GG durch einen Flugzeugabschuss auseinandersetzen und vorsehen, dessen Verfassungsmäßigkeit durch eine Verfassungsänderung herbeizuführen.

Zum Teil wird angenommen, die grundrechtlichen Ausführungen des Urteils zum LuftSiG unterfielen nicht der Bindungswirkung von § 31 Abs. 1, 2 Bundesverfassungsgerichtsgesetz (BVerfGG) und stünden einer gesetzlichen Neuregelung nicht im Wege, da das Bundesverfassungsgericht die Nichtigkeit der Regelungen des § 14 Abs. 3 LuftSiG bereits aufgrund der fehlenden Gesetzgebungskompetenz des Bundes festgestellt habe.[383]

Ferner wird infolge des ausdrücklichen Bezugs des Urteils zum LuftSiG auf den nichtkriegerischen Einsatz der Streitkräfte verschiedentlich vertreten, ein Abschuss eines auch mit unbeteiligten Passagieren besetzten Luftfahrzeugs sei verfassungskonform, wenn dieser als kriegerischer Einsatz der

382 Dazu bereits die Anm. zu C. I. in diesem Kapitel.

383 Hillgruber, Der Staat des Grundgesetzes, JZ 2007, 209 (217); Isensee, Leben gegen Leben, in: FS Jakobs, S. 205 (217, Anm. 45), „Volksbelehrungsdrang“; Pestalozza, Inlandstötungen durch die Streitkräfte, NJW 2007, 492 (494); widersprechend: Burkhard Hirsch, Zum Verbot des Rettungstotschlags, NJW 2007, 1188 (1188); Jens Hofmann, Zur Absolutheit des Menschenwürdeschutzes im Wirken des Präsidenten des BVerfG Hans-Jürgen Papier, NVwZ 2010, 217 (219).

Bundeswehr angesehen werden könne. Klein nimmt an, dass zur Aufgabe des grundgesetzlichen Verbots der Tötung Unbeteiligter eine Grundgesetzänderung erforderlich sei.[384] In Anlehnung an anerkannte Völkerrechtssätze und deren grundgesetzliche Billigung in Art. 25 GG schlägt er hierzu die Neueinführung einer zusätzlichen Kategorie für den Einsatz der Streitkräfte vor, die ähnlich des Verteidigungseinsatzes eine Ausnahme vom Verbot der Tötung Unbeteiligter zur Abwehr terroristischer Gefahren vorsieht.[385]

Auch der damalige Bundesinnenminister Schäuble schlug 2007 eine Neufassung des Art. 87a Abs. 2 GG vor, der einen Streitkräfteeinsatz außer zur Verteidigung im Kriegsfall auch zur Abwehr eines Angriffs auf die Grundlagen des Gemeinwesens vorsah.[386] Die Menschenwürde würde hierdurch nicht verletzt.[387]

Auch Burkiczak meint, der ausdrückliche Hinweis im Urteil zum LuftSiG auf eine Abschussermächtigung im Fall des nichtkriegerischen Einsatzes erlaube den Umkehrschluss, ein kriegerischer Einsatz zur Verteidigung habe nicht zwingend die Verfassungswidrigkeit eines Flugzeugabschusses zur Folge.[388] Vorgeschlagen wird, den Verteidigungstatbestand in Art. 87a GG dahingehend neu zu interpretieren, dass unabhängig davon, ob ein

384 Klein, Das Gesetz zur Neuregelung von Luftsicherheitsaufgaben (LuftSiG) auf dem Prüfstand, ZG 2005, 289 (299); ders., Die vorsätzliche Tötung unbeteiligter Personen durch den Staat, in: FS Mußgnug, S. 71 (82 f.).

385 Klein, Das Gesetz zur Neuregelung von Luftsicherheitsaufgaben (LuftSiG) auf dem Prüfstand, ZG 2005, 289 (299); ders., Die vorsätzliche Tötung unbeteiligter Personen durch den Staat, in: FS Mußgnug, S. 71 (83), allerdings fragend, ob ein solcher Fall tatsächlich positivrechtlich geregelt werden solle (ebd., 83); in diese Richtung wohl auch Baldus, Braucht Deutschland eine neue Wehrverfassung?, NZWehrr 2007, 133 (137 f.).

386 Schäuble, Der wehrfähige Rechtsstaat, in: FS Scholz, S. 97 (105); in diese Richtung mit Bezug zu Art. 3bis des Änderungsprotokolls des Chicagoer Abkommens wohl auch Hobe, Zu den verfassungsrechtlichen Grenzen der Gefahrenabwehr im nationalen Luftraum, 55 ZLW (2006), 333 (337 f.); krit. Enders, Der Staat in Not, DÖV 2007, 1039 (1044).

387 Schäuble, Der wehrfähige Rechtsstaat, in: FS Scholz, S. 97 (105); Prantl, Schäuble: Beim Abschuss gilt das Kriegsrecht, Süddeutsche.de, 11.05.2010, (Onlinequelle); widersprechend: Fischer, StGB, § 34 Rn. 20; Burkhard Hirsch, Zum Verbot des Rettungstotschlags, NJW 2007, 1188 (1189); Jens Hofmann, Zur Absolutheit des Menschenwürdeschutzes im Wirken des Präsidenten des BVerfG Hans-Jürgen Papier, NVwZ 2010, 217 (219); Pestalozza, Inlandstötungen durch die Streitkräfte, NJW 2007, 492 (494 f.).

388 Burkiczak, Das Luftsicherheitsgesetz vor dem Bundesverfassungsgericht, NZWehrr 2006, 89 (101); in diese Richtung auch Zimmermann/Geiß, Die Tötung unbeteiligter Zivilisten, Der Staat 46 (2007), 377 (379, 385); krit. Ipsen, Men-

Angriff von außen oder von innen drohe und ob ein Drittstaat oder eine terroristische Vereinigung einen solchen verübe, allein das Schadenspotenzial für einen Einsatz der Streitkräfte entscheidend sei.[389] Die Anwendungssperre des Art. 87a Abs. 2 GG für den inländischen Streitkräfteansatz greife hiernach nicht.[390]

Einigkeit besteht zumindest insoweit, dass eine Änderung des Wortlauts von Art. 1 Abs. 1 GG angesichts der Ewigkeitsgarantie aus Art. 79 Abs. 3 GG ausgeschlossen ist.[391] Auch können die Vorgaben des Art. 1 Abs. 1 GG sowie Art. 79 Abs. 3 GG durch eine völkerrechtlich geprägte Interpretation des Verteidigungsbegriffes nicht umgangen werden.[392] Der Ansatz einer völkerrechtlich geprägten verfassungsrechtlichen Auslegung führt folglich nicht weiter.[393] Ferner bewirkt die Aktivierung des Verteidigungsfalls nicht die Außerkraftsetzung von Art. 1 Abs. 1 GG.[394] Die Ansätze zur Neu-

---

schenwürde und Waffeneinsatz mit Kollateralwirkung auf Zivilpersonen, NZ-Wehrr 2008, 156 (159).

389 Krings/Burkiczak, Bedingt abwehrbereit?, DÖV 2002, 501 (505); Ladiges, Reichweite des Verteidigungsbegriffs bei terroristischen Angriffen, HFR 2009, 19 (19, 27), (Onlinequelle).

390 Krit. Gramm, Der wehrlose Verfassungsstaat?, DVBl. 2006, 653 (656); ders., Wie weit darf der Staat bei >besonders schweren Unglücksfällen< gehen?, UBWV 2007, 121 (124); falls der Angriff keinem anderen Staat zuzurechnen sei, abl.: Hase, Das Luftsicherheitsgesetz, DÖV 2006, 213 (214).

391 Etwa Albrecht, Krieg gegen den Terror, ZStW 117 (2005), 852 (855); Enders, Der Staat in Not, DÖV 2007, 1039 (1045, Anm. 36); Hetzer, Rechtsstaat oder Ausnahmezustand?, S. 272; Isensee, Menschenwürde: die säkulare Gesellschaft auf der Suche nach dem Absoluten, 131 AöR (2006), 173 (174); Sacksofsky, Der Schutz der Würde des Menschen, in: Menschenwürde – Demokratie – Christliche Gerechtigkeit, S. 23 (26); Will, Die Menschenwürde: Zwischen Versprechen und Überforderung, in: FG Burkhard Hirsch, S. 29 (36); vgl. bereits Dürig, Der Grundrechtssatz von der Menschenwürde; AöR 81 (1956), 117 (121): „axiomatische Ewigkeitsentscheidung".

392 So auch Franz, Die Bundeswehr im Innern und die Tötung Unschuldiger im Kreuzfeuer von Menschenwürde und Recht auf Leben, Der Staat 45 (2006), 501 (535); Pestalozza, Inlandstötungen durch die Streitkräfte, NJW 2007, 492 (495).

393 So auch Zimmermann/Geiß, Die Tötung unbeteiligter Zivilisten, Der Staat 46 (2007), 377 (387), lediglich eine an veränderten Wertungsmaßstäben orientierte Auslegung von Art. 1 Abs. 1 GG könne zu einer anderen Anwendbarkeit führen (ebd.); Tettinger, Der Luftsicherheitseinsatz der Bundeswehr, 53 ZLW (2004), 334 (344).

394 So auch Pestalozza, Inlandstötungen durch die Streitkräfte, NJW 2007, 492 (494), wobei Pestalozza meint, es sei unklar, inwieweit die Menschenwürde eine Verfassungswidrigkeit vorgebe (ebd.); Poscher, „Die Würde des Menschen ist unantastbar.", JZ 2004, 756 (760); Schmidt-Radefeldt, Inlandseinsätze der Bun-

regelung des Verteidigungsfalls sind gleichermaßen nicht geeignet, die Verfassungswidrigkeit eines Abschusses aufzuheben.

2. Dogmatik der Grenzsituationen

Der Begriff der Dogmatik der Grenzsituationen[395] erfasst Szenarien, die von der positiven Rechtsordnung scheinbar nicht zufriedenstellend gelöst werden können. Stattdessen werden Lösungsalternativen gesucht, die eine Restrukturierung oder eine Annäherung an eine gesetzliche Normierung versuchen. Hierzu wird auf die Theorie vom Feindstrafrecht (a.), eine Aufopferungspflicht der unbeteiligten Flugzeuginsassen (b.), die Anerkennung eines überpositiven Ausnahmezustandes (c.) sowie die Theorie vom rechtsfreien Raum (d.) zurückgegriffen.

a. Theorie vom Feindstrafrecht

Vereinzelt wird vertreten, Terroristen seien nicht (nur) als gewöhnliche Straftäter im Sinne des Strafrechts zu behandeln,[396] da die dem System zugrundeliegende Einordnung immer die Motivation des Straftäters voraussetze, in die Rechtsordnung zurückzukehren.[397] Eine solche persönliche Einstellung lasse sich bei Terroristen nicht finden.[398] Terrorismus wende

---

deswehr auf dem Prüfstein der Wehrverfassung, UBWV 2008, 269 (275); dies bemerkt auch Wiefelspütz, der zwar eine Kompetenz zum Abschuss aus dem Recht der Landesverteidigung auch nach dem Urteil zum LuftSiG annimmt, diese führe aber gerade nicht dazu, Art. 1 Abs. 1 GG außer Kraft zu setzen, ders., Bundeswehr muss Terrorangriffe aus der Luft abwehren, DIE WELT, 20.02.2006, (Onlinequelle).

395 Begriff übernommen von Lepsius, Das Luftsicherheitsgesetz und das Grundgesetz, in: FG Burkhard Hirsch, S. 47 (68).

396 Jakobs, Bürgerstrafrecht und Feindstrafrecht, HRRS 2004, 88 (92); Roellecke, Der Rechtsstaat im Kampf gegen den Terror, JZ 2006, 265 (268); dagegen etwa: Albrecht, Krieg gegen den Terror, ZStW 117 (2005), 852 (852 ff.): „Feindstrafrecht ist ein Missbrauch des Begriffs „Recht“.“ (ebd., 858); Enders, Der Staat in Not, DÖV 2007, 1039 (1041).

397 Rechtstreue als Voraussetzung zur Anerkennung als Person laut Jakobs, Terroristen als Personen im Recht?, ZStW 117 (2005), 839 (843); ders., Bürgerstrafrecht und Feindstrafrecht, HRRS 2004, 88 (92).

398 Jakobs, Bürgerstrafrecht und Feindstrafrecht, HRRS 2004, 88 (92); ders., Terroristen als Personen im Recht?, ZStW 117 (2005), 839 (849 f.); Roellecke, Der Rechtsstaat im Kampf gegen den Terror, JZ 2006, 265 (268 f.); dagegen Paeff-

sich immer gegen die bestehende Ordnung in toto und wolle diese bekämpfen und aufheben. Jeder einzelne terroristische Akt zeige die Abkehr von dem existierenden Gemeinwesen, unabhängig seines Ausmaßes.[399]

Für die Frage der Zulässigkeit der vorsätzlichen hoheitlichen Tötung Unbeteiligter lässt sich die Theorie vom Feindstrafrecht nicht heranziehen. Feindstrafrecht behandelt nur die Frage der Positionierung des Straftäters außerhalb der Rechtsordnung.[400] Die unbeteiligten Flugzeuginsassen sind nicht Adressaten der Theorie des Feindstrafrechts. Eine Exklusion und Aufhebung ihrer Grundrechtsansprüche kann mit der Theorie des Feindstrafrechts nicht begründet werden.

b. Aufopferungspflicht

Obwohl grundsätzlich keine Pflicht des Einzelnen zur Aufopferung des eigenen Lebens bestehe[401] und aus der Strafbarkeit der unterlassenen Hilfeleistung nach § 323c StGB abzuleiten sei, dass die Rechtsordnung nur solche Solidaritätspflichten einfordere, die ohne erhebliche Eigengefährdung oder Verletzung anderer wichtiger Pflichten möglich seien,[402] wird verschiedentlich angenommen, der staatliche Abschuss verstoße aufgrund

gen, Bürgerstrafrecht, Vorbeugungsstrafrecht, Feindstrafrecht?, in: FS Amelung, S. 81 (95, Anm. 56) m.w.N.

399 Enders, Die normative Unantastbarkeit der Menschenwürde, in: Das Dogma der Unantastbarkeit, S. 69 (84, Anm. 43).

400 Welche gegen Art. 1 Abs. 1 GG verstößt; so erkannt auch von Gössel, Widerrede zum Feindstrafrecht, in: FS Schroeder, S. 33 (48); Jahn, Das Strafrecht des Staatsnotstandes, S. 236; Marzahn, Das Feindstrafrecht als Komponente des Präventionsstaates?, S. 69; anders aber Jakobs, Bürgerstrafrecht und Feindstrafrecht, HRRS 2004, 88 (93); ders., Terroristen als Personen im Recht?, ZStW 117 (2005), 839 (843); zumindest gegen rechtstaatliche Prinzipien, Schünemann, Feindstrafrecht ist kein Strafrecht, in: FS Nehm, S. 219 (226).

401 Höfling/Augsberg, Luftsicherheit, Grundrechtsregime und Ausnahmezustand, JZ 2005, 1080 (1082); Günther, Defensivnotstand und Tötungsrecht, in: FS Amelung, S. 147 (152); Roxin, Der Abschuss gekaperter Flugzeuge zur Rettung von Menschenleben, ZIS 2006, 552 (553).

402 Roxin, Der Abschuss gekaperter Flugzeuge zur Rettung von Menschenleben, ZIS 2006, 552 (553); ders., Der durch Menschen ausgelöste Defensivnotstand, in: FS Jescheck, S. 457 (471); wohl auch Hillgruber, Der Staat des Grundgesetzes, JZ 2007, 209 (215).

einer individuellen Aufopferungspflicht der Flugzeuginsassen nicht gegen Art. 1 Abs. 1 GG.[403]

Pawlik geht in Anlehnung an den Verteidigungsfall und Art. 20 Abs. 4 GG, der ein Widerstandsrecht der Bürger gegenüber denjenigen vorhält, die versuchen, die grundgesetzliche Ordnung zu beseitigen, davon aus, der Abschuss eines Zivilflugzeugs sei zur Sicherung der Existenz des Gemeinwesens zulässig. Das bürgerliche Opfer dürfe jedoch nur in engen Grenzen und unter strengen Voraussetzungen abverlangt werden.[404] Es müsse auf Bedrohungsszenarien beschränkt bleiben, die das Gefährdungspotenzial eines Angriffs mit Waffengewalt nach Art. 115a Abs. 1 GG[405]/Art. 51 UN-Charta (UN-C) und ein terroristisches Element beinhielten.[406] Zudem müsse eine eindeutig positive Kosten-Nutzen-Bilanz für den Abschuss sprechen, in die der Umstand, der Unrettbarkeit der Leben der betroffenen Passagiere, mit einbezogen werden dürfe.[407] Im Falle einer Existenzbedrohung des Gemeinwesens stelle die Solidarpflicht des Einzelnen bis hin zur Preisgabe des eigenen Lebens eine legitime staatliche Inanspruchnahme dar. Das abverlangte Opfer sei umso geringer, je größer die Wahrscheinlichkeit des Lebensverlustes des Betroffenen sei.[408]

Darüberhinausgehend lehnt Franz eine Beschränkung der Aufopferungspflicht nur für bestimmte Schadensarten und Schadensumfänge angesichts einer generellen Bedrohung des staatlichen Herrschaftsanspruchs

---

403 Offengelassen Di Fabio, in: Maunz/Dürig, GG, Art. 2 Abs. 2 Satz 1 Rn. 40; abl.: Höfling/Augsberg, Luftsicherheit, Grundrechtsregime und Ausnahmezustand, JZ 2005, 1080 (1082); Roxin, Der Abschuss gekaperter Flugzeuge zur Rettung von Menschenleben, ZIS 2011, 552 (553).

404 Pawlik, § 14 Abs. 3 des Luftsicherheitsgesetzes – ein Tabubruch?, JZ 2004, 1045 (1054); abl. etwa Droege, Die Zweifel des Bundespräsidenten, NZWehrr 2005, 199 (203).

405 Für eine Angleichung der Interpretation von Art. 115a Abs. 1 GG entsprechend S/Res. 1368 (2001), S/Res. 1373 (2001) des UN-Sicherheitsrates, mit der Konsequenz, dass das Erfordernis eines von einem Staat bzw. Staatengruppe ausgeführten Angriffs entfiele, Pawlik, § 14 Abs. 3 des Luftsicherheitsgesetzes – ein Tabubruch?, JZ 2004, 1045 (1054, Anm. 101) m.w.N.

406 Pawlik, § 14 Abs. 3 des Luftsicherheitsgesetzes – ein Tabubruch?, JZ 2004, 1045 (1054).

407 Pawlik, § 14 Abs. 3 des Luftsicherheitsgesetzes – ein Tabubruch?, JZ 2004, 1045 (1054); in diese Richtung auch Hörnle, Töten, um viele Leben zu retten, in: FS Herzberg, S. 555 (568).

408 Pawlik, § 14 Abs. 3 des Luftsicherheitsgesetzes – ein Tabubruch?, JZ 2004, 1045 (1054 f.).

durch terroristische Handlungen ab.[409] Eine Solidarpflicht sei auch nicht im Fall der Inanspruchnahme ausschließlich minderwertiger oder ersetzbarer Rechtsgüter anzuerkennen.[410] Ebenso wenig sei der tatsächliche Erhalt einer Gegenleistung Voraussetzung.[411] Da nicht die Aufopferung einer „offenen Lebensdauer abverlangt wird, sondern nur die letzten Minuten oder gar Sekunden", könne eine Aufopferungspflicht der Passagiere bejaht werden.[412] Auch seien tödlich wirkende Aufopferungspflichten der Rechtsordnung keineswegs unbekannt, wie der Pockenimpfzwang aus dem Jahr 1982 nach § 20 Abs. 6, 7 des Gesetzes zur Verhütung und Bekämpfung von Infektionskrankheiten beim Menschen (IfSG) und die Wehrpflicht belegten.[413] Eine staatliche Inanspruchnahme verdingliche die Betroffenen gerade nicht i.S.d. Objekttheorie, sondern halte das Individuum an seinem Versprechen fest, sich in existenzgefährdenden Situationen für das Gemeinwesen aufzuopfern und beachte damit die Subjektstellung der Betroffenen.[414]

Zwar merkt Hillgruber an, der aus Art. 1 Abs. 1 GG folgende Achtungsanspruch gebiete gerade, niemanden zu verpflichten, sich aufzuopfern, aber auch er verweist auf das Beispiel der allgemeinen Wehrpflicht als ein verfassungsrechtlich zulässiges Sonderopfer, das die Opferung des eigenen Lebens einfordern könne.[415] Eine Bedrohung der Existenz des „Gewährträgers" führe zur Begründung der Einstandspflicht der Grundrechtsträger.[416]

---

409 Franz, Die Bundeswehr im Innern und die Tötung Unschuldiger im Kreuzfeuer von Menschenwürde und Recht auf Leben, Der Staat 45 (2006), 501 (520); zust. Gramm, Der wehrlose Verfassungsstaat?, DVBl. 2006, 653 (660).

410 Franz, Die Bundeswehr im Innern und die Tötung Unschuldiger im Kreuzfeuer von Menschenwürde und Recht auf Leben, Der Staat 45 (2006), 501 (520).

411 Franz, Die Bundeswehr im Innern und die Tötung Unschuldiger im Kreuzfeuer von Menschenwürde und Recht auf Leben, Der Staat 45 (2006), 501 (521); anders Achangelskij, Das Problem des Lebensnotstandes am Beispiel des Abschusses eines von Terroristen entführten Flugzeuges, S. 67.

412 Franz, Die Bundeswehr im Innern und die Tötung Unschuldiger im Kreuzfeuer von Menschenwürde und Recht auf Leben, Der Staat 45 (2006), 501 (520 f.).

413 Gramm, Der wehrlose Verfassungsstaat?, DVBl. 2006, 653 (659 f.); ders., Wie weit darf der Staat bei >besonders schweren Unglücksfällen< gehen?, UBWV 2007, 121 (126 f.); auf kommunaler Ebene der Zwangsdienst in der Gemeindefeuerwehr, vgl. etwa § 15 Niedersächsisches Brandschutzgesetz (NBrandSchG).

414 Franz, Die Bundeswehr im Innern und die Tötung Unschuldiger im Kreuzfeuer von Menschenwürde und Recht auf Leben, Der Staat 45 (2006), 501 (521).

415 Hillgruber, Der Staat des Grundgesetzes, JZ 2007, 209 (215), allerdings weist Hillgruber darauf hin, dass ein Himmelfahrtskommando staatlich nicht angeordnet werden dürfe.

416 Hillgruber, Der Staat des Grundgesetzes, JZ 2007, 209 (216).

Die willentliche Herbeiführung des Todes anstelle der bloß billigenden Inkaufnahme schließe eine mit der Wehrpflicht vergleichbare Sachlage nicht aus.[417]

Nach Hartleb sei ein staatlicher Aufopferungsanspruch nur in Fällen einer unmittelbaren Existenzgefährdung des Gemeinwesens zu legitimieren[418] und nicht, um individuelle Menschenleben zu retten.[419] Eine Aufopferungspflicht leite sich aus der einer Grundrechtsausübung vorgelagerten Pflicht des Einzelnen zur Gewährleistung der staatlichen Ordnung ab, die die Grundlage für Grundrechte bilde.[420]

Unter Rückbesinnung auf die Lehre vom Gesellschaftsvertrag nimmt auch Enders das Bestehen einer allgemeinen Solidarpflicht an, die zur Bewahrung der rechtlichen Ordnung als Garant und zwingenden Bedingung von Freiheit und subjektiven Rechten die Berechtigten notfalls zur Preisgabe ihres Lebens verpflichte.[421] Als Voraussetzung genüge bereits ein Angriff, der auf die Beseitigung des Gemeinwesens abziele.[422] Eine solche Zielsetzung enthalte jeder terroristische Akt, unabhängig seines jeweiligen Schadenspotenzials.[423] Auch Isensee charakterisiert den Terroristen als Feind, der Staat und Gesellschaft den Krieg erklärt habe, dessen Handlung

417 Hillgruber, Der Staat des Grundgesetzes, JZ 2007, 209 (216); in diese Richtung auch Gramm, Der wehrlose Verfassungsstaat, DVBl. 2006, 653 (660); a.A.: Höfling/Augsberg, Luftsicherheit, Grundrechtsregime und Ausnahmezustand, JZ 2005, 1080 (1085), „kategorialer Unterschied"; Köhler, Die objektive Zurechnung der Gefahr als Voraussetzung der Eingriffsbefugnis im Defensivnotstand, in: FS Schroeder, S. 257 (259); Roxin, Der Abschuss gekaperter Flugzeuge zur Rettung von Menschenleben, ZIS 2011, 552 (553).

418 Oder der freiheitlichen Rechtsordnung laut Di Fabio, in: Maunz/Dürig, GG, Art. 2 Abs. 2 Satz 1 Rn. 40.

419 Hartleb, Der neue § 14 III LuftSiG und das Grundrecht auf Leben, NJW 2005, 1397 (1400 f.).

420 Hartleb, Der neue § 14 III LuftSiG und das Grundrecht auf Leben, NJW 2005, 1397 (1400 f.).

421 Enders, Der Staat in Not, DÖV 2007, 1039 (1043); ders., Die normative Unantastbarkeit der Menschenwürde, in: Das Dogma der Unantastbarkeit, S. 69 (84 f.); ders., in: Berliner Kommentar GG, Art. 1 Rn. 93.

422 Enders, Der Staat in Not, DÖV 2007, 1039 (1043); ders., Die normative Unantastbarkeit der Menschenwürde, in: Das Dogma der Unantastbarkeit, S. 69 (84); grds. für den Fall einer Flugzeugentführung abl. Höfling/Augsberg, Luftsicherheit, Grundgesetz und Ausnahmezustand, JZ 2005, 1080 (1086).

423 Enders, Die normative Unantastbarkeit der Menschenwürde, in: Das Dogma der Unantastbarkeit, S. 69 (84, Anm. 43); anders Hartleb, Der neue § 14 III LuftSiG und das Grundrecht auf Leben, NJW 2005, 1397 (1401); mit ihm etwa Hecker, Die Entscheidung des Bundesverfassungsgerichts zum Luftsicherheitsgesetz, KJ 39 (2006), 179 (194); Knelangen, Innere Sicherheit als neue Aufgabe für

das gesamte Gemeinwesen angreife und eine solidarische Einstandspflicht des Einzelnen bis hin zum Lebensopfer begründe.[424]

Unter Rückbeziehung auf das hervorgerufene Dilemma, der erzwungenen Preisgabe der Friedenssicherung aufgrund des Verbots der Tötung Unschuldiger, folgert Hase, dass terroristischen Angriffen nicht mit Regelungen der „Normallage“ begegnet werden könne.[425] Diese „Grenzsituation“ lasse den Schutzanspruch der Betroffenen nicht entfallen, die Unrettbarkeit der unschuldigen Flugzeuginsassen rechtfertige aber deren Aufopferung, um gravierendste Folgen für das Gemeinwesen abzuwenden.[426]

Depenheuer versteht das Verhältnis zwischen Staat und Bürger als nicht bloß grundrechtsdefiniert.[427] Daneben bestünden Grundpflichten der Bürger in Form von Friedens- und Gehorsamspflichten sowie Dienst-, Handlungs- und Zahlungspflichten.[428] Im Falle einer Existenzbedrohung des Staates verdichteten sich die Gehorsamspflichten zu einer Verpflichtung des Bürgers zur aktiven Verteidigung des Staates, notfalls zur Aufopferung des eigenen Lebens.[429] Eine solche Inanspruchnahme verletze die Menschenwürde nicht.[430] Vielmehr könne in „tragischen Entscheidungssituationen der rechtschaffene Bürger seine Würde einzig darin finden, dass er sein Interesse bis hin zur Aufopferung seines Lebens den Interessen anderer oder des Gemeinwohls solidarisch unterordnet“.[431] Um ein Opfer jedoch aktiv einfordern zu können, bedürfe es nach Depenheuer einer positiven Begründung des Bürgeropfers unter der Geltung des Grundgesetzes,

---

die Bundeswehr, in: Bundeswehr – Die nächsten 50 Jahre – Anforderungen an deutsche Streitkräfte im 21. Jahrhundert, S. 253 (266); Neumann, in: Kindhäuser/Neumann/Paeffgen, StGB, § 34 Rn. 77d; Rettenmaier, Das Luftsicherheitsgesetz, VR 2006, 109 (113).

424 Isensee, Leben gegen Leben, in: FS Jakobs, S. 205 (230).

425 Hase, Das Luftsicherheitsgesetz, DÖV 2006, 213 (218).

426 Hase, Das Luftsicherheitsgesetz, DÖV 2006, 213 (218); ähnl. jedoch offengelassen bei Franz/Günther, Tötungshandlungen beim Bundeswehreinsatz im Innern, VBl.BW 2006, 340 (346).

427 Depenheuer, Das Bürgeropfer im Rechtsstaat, in: Staat im Wort, S. 43 (52).

428 Depenheuer, Das Bürgeropfer im Rechtsstaat, in: Staat im Wort, S. 43 (52); in diese Richtung auch Gramm, Wie weit darf der Staat bei >besonders schweren Unglücksfällen< gehen?, UBWV 2007, 121 (126).

429 Depenheuer, Das Bürgeropfer im Rechtsstaat, in: Staat im Wort, S. 43 (52).

430 Depenheuer, Das Bürgeropfer im Rechtsstaat, in: Staat im Wort, S. 43 (56).

431 Depenheuer, Das Bürgeropfer im Rechtsstaat, in: Staat im Wort, S. 43 (57), als Existenzbedrohung versteht Depenheuer auch einen Terroranschlag mit einem Passagierflugzeug, wie die Verweise auf die Anschläge vom 11. September 2001 und das LuftSiG deutlich machen (ebd., 44, 46, 57); aufgeschlossen auch Gramm, Der wehrlose Verfassungsstaat, DVBl. 2006, 653 (661).

anderenfalls könne die „moderne Staatlichkeit" nicht aufrechterhalten werden.[432] Dabei sei das Opfer der unbeteiligten Flugzeuginsassen in der Tradition des Opfers Hanns Martin Schleyers zu begreifen.[433]

Die Einschätzung, mit § 14 Abs. 3 LuftSiG vergleichbare Aufopferungspflichten seien bereits in der gegenwärtigen Rechtsordnung zu finden, kann nicht geteilt werden.[434] Zwischen den unbeteiligten Flugzeuginsassen einerseits und Soldaten im Kampfeinsatz, dem Pockenimpfzwang sowie Angehörigen der Polizei und Feuerwehr andererseits bestehen gravierende Unterschiede. Zum einen erfolgt die Verpflichtung nur zur Selbstgefährdung unbekannten Ausmaßes und beinhaltet nicht die Verpflichtung zum sicheren Tod.[435] Hillgruber merkt zu Recht an, der Staat dürfe den Soldaten nicht zu einem Himmelfahrtskommando verpflichten,[436] nicht weniger verlangt § 14 Abs. 3 LuftSiG aber von den unbeteiligten Flugzeuginsassen.[437] Zum anderen fehlt es § 14 Abs. 3 LuftSiG an einer Mitgestaltungsbefugnis durch die Betroffenen in Form einer freiwilligen Einwilligung, sich lebensgefährdenden Situationen auszusetzen.[438]

Auch ein Rückgriff auf Art. 20 Abs. 4 GG setzt Art. 1 Abs. 1 GG nicht außer Kraft. Im Übrigen normiert Art. 20 Abs. 4 GG keine staatliche Generaleingriffsbefugnis, sondern ein Selbsthilferecht der Bürger.[439] Eine Umdeutung führt die speziellen Regelungen der Notstandsverfassung ad absurdum, da diese durch eine umfassende allgemeine Generalklausel vollständig obsolet würden.[440] Der Abwehranspruch der unbeteiligten Passagiere beruht nicht auf einer Solidarpflicht gegenüber anderen Mitbürgern, sondern auf den grundrechtlichen Abwehransprüchen der Betroffenen gegen

---

432 Depenheuer, Das Bürgeropfer im Rechtsstaat, in: Staat im Wort, S. 43 (46).

433 Depenheuer, Das Bürgeropfer im Rechtsstaat, in: Staat im Wort, S. 43 (55 f.).

434 Höfling/Augsberg, Luftsicherheit, Grundrechtsregime und Ausnahmezustand, JZ 2005, 1080 (1085).

435 So auch Di Fabio, in: Maunz/Dürig, GG, Art. 2 Abs. 2 Satz 1 Rn. 40.

436 Hillgruber, Der Staat des Grundgesetzes JZ 2007, 209 (216); so auch Di Fabio, in: Maunz/Dürig, GG, Art. 2 Abs. 2 Satz 1 Rn. 40.

437 Warum dieser Unterschied im Falle des § 14 Abs. 3 LuftSiG keine Relevanz haben soll, ist nicht nachvollziehbar, so aber Hillgruber, Der Staat des Grundgesetzes, JZ 2007, 209 (216).

438 Siehe Höfling/Augsberg, Luftsicherheit, Grundrechtsregime und Ausnahmezustand, JZ 2005, 1080 (1085).

439 So auch Hilgendorf, Tragische Fälle, in: Sicherheit statt Freiheit?, S. 107 (128); Möllers, Staat als Argument, S. 266; so bereits Krenzler, An den Grenzen der Notstandsverfassung, S. 42; anders jedoch nicht nachvollziehbar Ladiges, Die Bekämpfung nicht-staatlicher Angreifer im Luftraum, S. 304.

440 Hilgendorf, Tragische Fälle, in: Sicherheit statt Freiheit?, S. 107 (128).

staatliches Handeln.[441] Diese existieren, wie bereits ausgeführt, unabhängig von der Tatsache, ob die geschützte Rechtsposition in ihrer Dauer beschränkt ist. Die Annahme, der staatliche Eingriffstatbestand sowie das abverlangte Sonderopfer seien angesichts einer nur geringen Restlebensdauer unbedeutend, ist aufgrund des darin enthaltenden würdewidrigen Qualifizierungselementes menschlichen Lebens auf das Schärfste abzulehnen.

Im Ergebnis ist die Annahme einer Aufopferungspflicht nichts anderes als die verdeckte Exklusion der Betroffenen aus der Rechtsordnung.[442] Die gesetzliche Exklusion Einzelner in besonderen Notsituationen verstößt gegen das Qualifizierungsverbot von Art. 1 Abs. 1 GG.[443] Mit der klaren Normierung von abschließenden Notstandsrechten ist die gesetzgeberische Wertung verbunden, überpositiven Notstandsrechten keinen Raum zu lassen.[444] Die These, Notsituationen führten zur Rechtmäßigkeit von vormals rechtlich Unzulässigem, unterläuft diese klare gesetzgeberische Wertung.

Zwar hat das Bundesverfassungsgericht eine Aufopferungspflicht des Einzelnen mangels einer existenziellen Bedrohung des Staates offengelassen,[445] daraus folgt jedoch nicht der zwingende Schluss, dass Aufopferungspflichten in anderen Notsituationen rechtlich zulässig sind. Gegenwärtig ist es mit der deutschen Verfassung nicht zu vereinbaren, Betroffenen grundrechtliche Abwehransprüche abzusprechen, um anderenfalls verfassungswidrige staatliche Schutzansprüche zu erfüllen. Eine solche Annahme stellt das grundsätzliche Grundrechteverständnis auf den Kopf.

---

441 Etwa auch Rettenmaier, Das Luftsicherheitsgesetz, VR 2006, 109 (111).

442 Merkel, Wenn der Staat Unschuldige opfert, Zeitonline 29/2004, 08.07.2004, S. 5 f., (Onlinequelle), dieses könne ausnahmsweise durch die grundsätzliche Bedrohung des Staates als Inhaber und Garant der freiheitlichen Ordnung legitimiert werden (ebd.); abl.: Höfling/Augsberg, Luftsicherheit, Grundrechtsregime und Ausnahmezustand, JZ 2005, 1080 (1083, 1086); Klein, Das Gesetz zur Neuregelung von Luftsicherheitsaufgaben (LuftSiG) auf dem Prüfstand, ZG 2005, 289 (297); auch die Bevölkerung/Kombattanten der Konfliktpartei könnten nicht vom Schutz des Art. 1 Abs. 1 GG ausgenommen werden, siehe Ipsen, Menschenwürde und Waffeneinsatz mit Kollateralwirkung auf Zivilpersonen, NZWehrr 2008, 156 (161).

443 So auch Hilgendorf, Tragische Fälle, in: Sicherheit statt Freiheit?, S. 107 (129); Rettenmaier, Das Luftsicherheitsgesetz, VR 2006, 109 (111).

444 Ebenso Klein, Das Gesetz zur Neuregelung von Luftsicherheitsaufgaben (LuftSiG) auf dem Prüfstand, ZG 2005, 289 (297).

445 BVerfGE 115, 118 (159); eine solche abl. auch Merkel, Wenn der Staat Unschuldige opfert, Zeitonline 29/2004, 08.07.2004, S. 2, (Onlinequelle); ders., § 14 Abs. 3 Luftsicherheitsgesetz: Wann und warum darf der Staat töten?, JZ 2007, 372 (380).

Daher ist die Annahme einer Aufopferungspflicht der unbeteiligten Flugzeuginsassen vorliegend nicht geeignet, die Verfassungsmäßigkeit eines Abschusses zu begründen.

c. Überverfassungsrechtliches Staatsnotrecht/Ausnahmezustand

Das Urteil zum LuftSiG lässt offen, ob im Falle einer Bedrohung der Existenz des Gemeinwesens ein staatlicher Abschuss zulässig ist.[446] Die Meinungen, die davon ausgehen, eine Staatsgefährdung durch einen terroristischen Akt begründe eine Pflicht des Einzelnen zur Aufopferung seines Lebens oder führe zum Ausschluss Einzelner aus grundrechtlichen Schutzgarantien, wurden bereits dargestellt. Im Folgenden wird eine weitere Kategorie des Ausnahmezustands eingeführt, die die vorhandenen Regelungen des inneren und äußeren Staatsnotstands übersteigt.

Melzer, Haslach und Socher sprechen sich für eine Rechtfertigung staatlicher Abwehrhandlungen im Falle eines terroristischen Angriffs, der auf den Kern staatlicher Legitimität abziele und staatliche Legitimation als solche in Frage stelle, aus, auch wenn hierdurch Unschuldige zu Tode kämen.[447]

Restriktiver formuliert Schenke, die Abwehr von Gefahren für die Existenz staatlicher Ordnung könne in extremen Ausnahmesituationen die Zulässigkeit der Tötung Unschuldiger legitimieren.[448] Zum einen sei die Existenz staatlicher Ordnung Bedingung zur Gewährleistung der menschlichen Würde und des Grundrechtsschutzes, zum anderen drohe anderenfalls der Staat an dem Anspruch zwischen Art. 1 Abs. 1 i.V.m. Art. 79 Abs. 3 GG und der Realität zu zerreißen.[449]

Nach Isensee habe das Bundesverfassungsgericht in seiner Schleyer-Entscheidung zu Recht aus den grundrechtlichen Schutzpflichten ein übergesetzliches Notrecht des Staates abgeleitet, das im Falle einer Realisierung

446 BVerfGE 115, 118 (159).

447 Melzer/Haslach/Socher, Der Schadensausgleich nach dem Luftsicherheitsgesetz, NVwZ 2005, 1361 (1362), folglich kommen sie zu dem Schluss, dass § 14 III LuftSiG vom Wortlaut zu korrigieren sei und entsprechend nur solche Angriffe erfassen solle, die die vorhandene staatliche Legitimation in Zweifel ziehen; abl. Höfling/Augsberg, Luftsicherheit, Grundrechtsregime und Ausnahmezustand, JZ 2005, 1080 (1086 ff.).

448 Schenke, Die Verfassungswidrigkeit des § 14 III LuftSiG, NJW 2006, 736 (738).

449 Schenke, Das Luftsicherheitsgesetz und das Recht der Gefahrenabwehr, in: FG Burkhard Hirsch, S. 75 (86).

des dem § 14 Abs. 3 LuftSiG zugrundeliegenden Luftzwischenfalls zum Tragen komme, ungeachtet der Nichtigerklärung von § 14 Abs. 3 LuftSiG.[450]

Die Notwendigkeit eines überpositiven Notstandsrechts bzw. einer Handlungsreserve im Ausnahmezustand ist höchst umstritten. Obwohl der Ruf nach „mehr" staatlicher Sicherheit auch in Deutschland infolge globaler Bedrohungsszenarien nicht mehr überrascht,[451] erscheint in Bezug auf den Flugzeugabschuss schon der Rückgriff auf den übergesetzlichen Notstand/Ausnahmezustand begriffslogisch abwegig. Bei dem Fall eines zur Waffe umfunktionierten Flugzeugs handelt es sich doch gerade um eine vom Gesetzgeber antizipierte Gefahr.[452] Die rechtliche Positivierung staatlicher Eingriffsbefugnisse blieb nicht aufgrund der Nichtvorhersehbarkeit der Bedrohung durch ein pervertiertes Zivilflugzeug aus, sondern wurde mangels verfassungsgemäßer Ausgestaltung für nichtig erklärt.

Auch ist ein Rückgriff auf ein Ausnahmerecht infolge mangelnder Schutzfähigkeit nicht nur aufgrund seiner Unschärfe ein abzulehnendes Gedankenkonstrukt. Grundrechtskonflikte und Pattsituationen sind dem deutschen Grundgesetz immanent. Art. 20 Abs. 3 GG verbietet eine hiermit begründete Nutzbarmachung überpositiver Handlungsreserven.[453]

Die vorgebrachte Begründung eines staatlichen Abwehrrechts mit der Existenzbedrohung der staatlichen Ordnung durch ein als Waffe umfunktioniertes Passagierflugzeug kann daher nicht überzeugen.[454] Das Konstrukt einer übergesetzlichen Ermächtigungsreserve dient lediglich dazu, verfassungsrechtliche Vorgaben zu umgehen.[455] Die Nichtigkeit der Ab-

---

450 Isensee, Leben gegen Leben, in: FS Jakobs, S. 205 (233 f.).

451 Möllers, Staat als Argument, S. XXVIII.

452 So auch Schenke, Das Luftsicherheitsgesetz und das Recht der Gefahrenabwehr, in: FG Burkhard Hirsch, S. 75 (84).

453 Auch Linke, Innere Sicherheit durch die Bundeswehr?, AöR 129 (2004), 489 (534 f.).

454 Eine staatliche Existenzgefährdung war auch nicht nach den Anschlägen von 9/11 gegeben, ohne das Schadensausmaß in irgendeiner Form herabzuwürdigen; in diese Richtung auch Möllers, Staat als Argument, S. XXX; diff. Fiebig, Der Einsatz der Bundeswehr im Innern, S. 399; wenig nachvollziehbar die Argumentation Funkes, der meint, nicht-verfassungsrechtlich geregelte Maßnahmen von Amtsträger könnten nicht mehr als staatliche Handlungen gewertet werden, siehe ders., Die Verfassung im Staatsnotstand, in: Sicherheit und Krise, S. 141 (148 f.), würde doch gerade diese Wertung eine bedeutende Lücke im Grundrechtsschutz bedeuten.

455 Dass dies insbesondere im Falle des Streitkräfteeinsatzes abzulehnen sei, Fiebig, Der Einsatz der Bundeswehr im Innern, S. 409 f.; krit. im Weiteren Möllers, Staat als Argument, S. XXX f., 264 ff.

schusserlaubnis mag aus utilitaristischen Erwägungen „widersinnig“[456] anmuten, die durch Art. 1 Abs. 1 GG und Art. 20 Abs. 3 GG gesicherten rechtstaatlichen Grundlagen können hierdurch dennoch nicht außer Kraft gesetzt werden.[457]

d. Theorie des rechtsfreien Raumes

Lindner fordert, staatliche Maßnahmen, die auch zur Tötung Unschuldiger führten, um Dritte zu retten, dem „rechtswertungsfreien Raum“ zu überantworten, indem eine rechtliche Bewertung als rechtmäßig oder rechtswidrig offenbleibe.[458] In Anlehnung an die von Arthur Kaufmann vertretene Lehre vom rechtsfreien Raum enthalte sich die Rechtsordnung eines Urteils.[459] Die Bewertungsleerstelle zeuge von der Unlösbarkeit bestimmter Situationen, „kapituliere“ dennoch nicht vor diesen, sondern überantworte die Entscheidung der handelnden Person.[460] Zur Ausgestaltung solle eine Norm geschaffen werden, die die Bewertungsleerstelle eindeutig formuliere und zugleich Regelungen vorhalte, einem Missbrauch vorzubeugen.[461]

Zu einem ähnlichen Ergebnis gelangt Otto. Weder die Entscheidung des Einzelnen, möglichst viele Leben zu retten, noch die Entscheidung, die Tötung der Geiseln vorzunehmen, könne von der Rechtsordnung als rechtswidrig oder rechtmäßig bewertet werden.[462]

---

456 Hillgruber, Der Staat des Grundgesetzes, JZ 2007, 209 (217).

457 So auch Lackner/Kühl, StGB, Vorbem § 32 Rn. 28a; allgemein auf eine mit § 35 StGB vergleichbare Sachlage abstellend Momsen, Die Zumutbarkeit als Begrenzung strafrechtlicher Pflichten, S. 468 f.

458 Lindner, Die Würde des Menschen und sein Leben; DÖV 2006, 577 (587).

459 Lindner, Die Würde des Menschen und sein Leben, DÖV 2006, 577 (587 f.); krit insoweit, da Kaufmann sich auf privatrechtliches Handeln bezieht, siehe Kaufmann, Rechtsfreier Raum und eigenverantwortliche Entscheidung, in: FS Maurach, S. 327 (327 ff.); grds. abl. Archangelskij, Das Problem des Lebensnotstandes am Beispiel des Abschusses eines von Terroristen entführten Flugzeuges, S. 21 ff.; abl. für strafrechtsrelevantes Verhalten etwa Schünemann, Rechtsfreier Raum und eigenverantwortliche Entscheidung, in: Verantwortetes Recht, S. 145 (150).

460 Lindner, Die Würde des Menschen und sein Leben, DÖV 2006, 577 (588).

461 Lindner, Die Würde des Menschen und sein Leben, DÖV 2006, 577 (588).

462 Otto, Die strafrechtliche Beurteilung der Kollision rechtlich gleichrangiger Interessen, Jura 2005, 470 (478 f.).

Nach Hecker entzögen sich bestimmte Extremsituationen einer gesetzlichen Normierung.[463] Da eine gesetzliche Ermächtigung die Prognoseschwierigkeiten des konkreten Falls nicht beseitige, sei es mithin nicht zielführend, eine solche einem gesetzlichen Normregime zu unterwerfen.[464]

Die Überantwortung des Abschusses in den rechtsfreien Raum verkennt die aus Art. 1 Abs. 1 GG resultierenden Vorgaben, die zwingend auch auf die Maßnahme des Abschusses Anwendung finden. Da ein Abschuss eines auch mit Unbeteiligten besetzten Luftfahrzeugs gegen Art. 1 Abs. 1 GG verstößt, besteht nach § 11 Abs. 1 Satz 2 SoldG keine Gehorsamspflicht des Soldaten, den verfassungswidrigen Abschussbefehl auszuführen. Aus den daraus resultierenden Unsicherheiten, sowohl hinsichtlich der Ausführung der Abschussmaßnahme als auch hinsichtlich der rechtlichen Konsequenzen, erscheint das Konzept des rechtsfreien Raumes als höchst willkürlich und grundrechtswidrig.[465] Auch ist mit der Aufhebung der rechtlichen Wertung „Rechtswidrigkeit" zwangsläufig die Aufhebung des Tötungsverbots verbunden.[466] Die Theorie des rechtsfreien Raumes erlaubt daher Ausnahmen vom Tötungsverbot, die in dieser Form gerade nicht in der Rechtsordnung zu finden sind.[467] Die Leerstelle oder das Freilassen einer Rechtmäßigkeits-/Rechtswidrigkeitsbewertung kann auch nicht auf staatliches Handeln übertragen werden.[468] Durch Art. 20 Abs. 3 GG ist jeder staatliche Eingriff ohne Ermächtigungsgrundlage verfassungswidrig. Es handelt sich bei der Kategorie des rechtfreien Raumes um eine bloße Fiktion, die im Rahmen von staatlichen Eingriffen keine Anwendung findet.

463 Hecker, Die Entscheidung des Bundesverfassungsgerichts zum Luftsicherheitsgesetz, KJ 39 (2006), 179 (193).

464 Hecker, Die Entscheidung des Bundesverfassungsgerichts zum Luftsicherheitsgesetz, KJ 39 (2006), 179 (193).

465 So auch Baldus, Gefahrenabwehr in Ausnahmelagen, NVwZ 2006, 532 (535), in Bezug auf Nichtregelung durch Nichtigerklärung von § 14 Abs. 3 LuftSiG; ders., Braucht Deutschland eine neue Wehrverfassung?, NZWehrr 2007, 133 (136).

466 Siehe auch Delonge, Die Interessenabwägung nach § 34 StGB und ihr Verhältnis zu den übrigen strafrechtlichen Rechtfertigungsgründen, S. 182 f.; Hirsch, „Strafrecht und rechtsfreier Raum", in: FS Bockelmann, S. 89 ff. (109 f.); wohl auch Stübinger, „Not macht erfinderisch", ZStW 123 (2011), 403 (426).

467 Jerouschek, Nach dem 11. September 2001: Strafrechtliche Überlegungen zum Abschuss eines von Terroristen entführten Flugzeugs, in: FS Schreiber, S. 185 (195); mit ihm Küper, Tötungsverbot und Lebensnotstand, JuS 1981, 785 (794); Meißner, Die Interessenabwägungsformel in der Vorschrift über den rechtfertigenden Notstand (§ 34 StGB), S. 199; Roxin, Der Abschuss gekaperter Flugzeuge zur Rettung von Menschenleben, ZIS 2011, 552 (560).

468 So auch Hilgendorf, Tragische Fälle, in: Sicherheit statt Freiheit?, S. 107 (126).

Nicht rechtmäßiges staatliches Handeln ist zwangsläufig rechtswidrig. Gegen rechtswidriges Handeln ist dem Betroffenen aber immer ein Notwehrrecht gegeben.[469] Rechtsfreier Raum ist damit eine Kategorie, die in Bezug auf staatliches Handeln eine Umgehung rechtlicher Entscheidung und Wertung fingiert, ohne diese tatsächlich aufzuheben.[470]

D. Ergebnis

Im Rahmen dieses Kapitels zeigte sich abgesehen von der Einschätzung des Bundesverfassungsgerichts hinsichtlich der Verfassungswidrigkeit eines Abschusses einer auch mit Unbeteiligten besetzten, entführten Passagiermaschine die rechtswissenschaftliche Diskussion geprägt durch unterschiedlichste Ansichten, die abweichend zur bundesverfassungsgerichtlichen Rechtsprechung zugunsten der Verfassungsmäßigkeit eines Abschusses argumentierten. Die hierzu vertretenen Argumentationsmuster ließen sich neben der kompetenzrechtlichen Diskussion in drei Diskurse untergliedern: Den verfassungsrechtlichen, den einfachgesetzlichen und den Diskurs der Grenzsituationen.

Im verfassungsrechtlichen Diskurs wurde argumentiert, der Abschuss verstoße nicht gegen verfassungsrechtliche Vorgaben, da dieser die unbeteiligten Flugzeuginsassen nicht degradiere oder objektiviere und ihnen somit nicht ihre Subjekthaftigkeit nehme. Vielmehr wurde zum Teil darauf abgestellt, der Verlust der Subjekthaftigkeit und eine Kontrolle des Willens der Passagiere erfolgten bereits durch die Entführer, indem diese das Schicksal der unbeteiligten Flugzeuginsassen durch ihren Willen und Handlungen vorbestimmten. Insoweit sei ein zusätzlicher staatlicher Eingriff, der das bereits vorbestimmte Schicksal nicht abändere, sondern nur früher verwirkliche, nicht möglich.

Andere verneinten wiederum einen Eingriff in Art. 1 Abs. 1 GG, da auch die unbeteiligten Insassen durch ihre räumliche Verbundenheit mit der pervertierten Maschine Teil der Waffe würden und ihnen eine staatliche Abwehrmaßnahme insoweit zuzurechnen sei.

---

469 Meißner, Die Interessenabwägungsformel in der Vorschrift über den rechtfertigenden Notstand (§ 34 StGB), S. 199.

470 Insoweit folgerichtig Hilgendorfs Vorschlag, ein Rechtswidrigkeitsurteil anzuerkennen, ders., Tragische Fälle, in: Sicherheit statt Freiheit?, S. 107 (130); so bereits Küper, Tötungsverbot und Lebensnotstand, JuS 1981, 785 (794).

Zum Teil wurde ein Abschuss auch mittels einer vermeintlichen Aufopferungspflicht der unbeteiligten Passagiere legitimiert, um die am Boden bedrohten Personen zu retten, da das Leben der Flugzeuginsassen ohnehin unrettbar verloren sei.

Auch wurde angenommen, im Falle einer Kollision von Abwehr- und Schutzansprüchen aus Art. 1 Abs. 1 GG sei die Schutzpflicht vorrangig, auch wenn mit ihrer Wahrnehmung ein staatlicher Eingriff in den abwehrrechtlichen Gehalt der Menschenwürde erfolge. Hierzu seien die im Rahmen von Art. 1 Abs. 1 GG betroffenen Ansprüche abzuwägen. Dabei dürfe nicht unberücksichtigt bleiben, welche Rechtspositionen der Staat tatsächlich schützen könne.

Andere Meinungen gelangten zur Ablehnung eines die Menschenwürde verletzenden Eingriffs, indem argumentiert wurde, eine hypothetische Einwilligung der Flugzeuginsassen rechtfertige den Abschuss und ihr Vorliegen sei zu unterstellen, wenn das Leben der Flugzeuginsassen nicht gerettet werden könne.

Der einfachgesetzliche Diskurs zeichnete sich durch die Überlegung aus, dass die Aufopferung bestimmter individueller Rechtspositionen bereits einfachgesetzlich in verfassungskonformer Weise normiert sei. Diese Ratio sei auch auf den Sachverhalt des staatlichen Abschusses einer entführten Zivilmaschine zu übertragen. Die Verfassungsmäßigkeit der Tötung Unbeteiligter wurde gleichsam aus bestehenden einfachgesetzlichen Eingriffsbefugnissen abgeleitet. Als Anhaltspunkte hierfür dienten sowohl die polizeigesetzliche Regelung des finalen Rettungs-/Todesschusses oder die bundeswehrrechtliche Regelung des Schusswaffengebrauchs gegen eine Menschenmenge. Des Weiteren wurde ein Bezug zu strafrechtlichen Rechtfertigungs- und Entschuldigungstatbeständen oder insbesondere der Regelung des Schwangerschaftsabbruchs hergestellt und hieraus eine verfassungsrechtliche Legitimation rückgekoppelt. Soweit eine positivrechtliche Rechtfertigung abgelehnt wurde, wurde zumindest in Betracht gezogen, das persönliche Verhalten der Amtsträger durch einen Schuld-/Verantwortungsausschluss zu entschuldigen, um ihre Intention des Lebensschutzes zu würdigen.

Im Diskurs der Grenzsituationen wurden grundsätzlich verfassungswidrige staatliche Maßnahmen erlaubt, um besonderen Bedrohungssituationen gerecht zu werden. Der besondere Umstand der Kollision von Abwehr- und Schutzansprüchen aus Art. 1 Abs. 1 GG zugunsten der entführten Flugzeuginsassen sowie von Schutzansprüchen zugunsten der am Boden bedrohten Personen aus Art. 1 Abs. 1 GG begründete einen Ausnahmefall, da staatlicherseits zum einen tatsächlich nur der Schutzanspruch der am Boden befindlichen Personen erfüllt werden könne und sich dieser zum anderen nur durch einen Eingriff in die Ansprüche der Flugzeuginsassen aus Art. 1 Abs. 1 GG verwirklichen lasse. Diese besondere Kollisionslage erlaube es, die Flugzeuginsassen aus dem Schutz der Rechtsordnung auszuklammern bzw. legitimiere die Einforderung einer Solidarpflicht in Form der Aufopferung des eigenen Lebens.

Auch wurde vertreten, ein terroristischer Anschlag sei als bewaffneter Angriff einzuordnen, sodass Verteidigungsmaßnahmen hiergegen nicht dem Anwendungsbereich von Art. 1 Abs. 1 GG unterfielen.

Alle Meinungen, die im Ergebnis zu einer Verfassungsmäßigkeit des staatlichen Abschusses eines auch mit Unbeteiligten besetzten Flugzeugs gelangen, sind mit dem gegenwärtigen grundgesetzlichen Verständnis von Art. 1 Abs. 1 GG nicht in Einklang zu bringen.

Lediglich eine grundsätzliche Abkehr von der nicht-situationsgebundenen Auslegung oder eine grundsätzlich restriktivere Definition menschlicher Würde mit der Konsequenz, dass beispielsweise nur final herbeigeführte Verletzungen des Achtungsanspruchs dem verfassungsrechtlichen Eingriffsverständnis genügten, ließen im Rahmen von Art. 1 Abs. 1 GG einen gewissen staatlichen Handlungsspielraum zu. Ein solcher entspricht jedoch gegenwärtig nicht dem vorherrschenden grundgesetzlichen Verständnis von menschlicher Würde und bedingt eine umfassende Abkehr von der bisherigen Verfassungsdogmatik im Rahmen von Art. 1 Abs. 1 GG.

Soweit die individuelle Entschuldbarkeit eines Abschusses oder die Zulässigkeit einer besonderen, dem Abschuss nachfolgenden, legislativen Ausnahme oder Aufhebung eines individuellen Schuldspruchs in Frage steht, ist diese individuelle Bewertung in keiner Weise auf die Wertungsebene der Rechtmäßigkeit der staatlichen Maßnahme übertragbar. Insoweit ist die individuelle Entschuldbarkeit oder die nachgehende Aufhebung eines individuellen Schuldvorwurfs nicht geeignet, eine rechtfertigende Wirkung im Rahmen eines staatlichen Eingriffs zu entfalten.

Da es keiner der untersuchten Ansichten gelingt, in vertretbarer Weise die verfassungsrechtliche Rechtfertigung des Abschusses einer auch mit Unbeteiligten besetzten, entführten Maschine zu legitimieren, ist im Ergebnis der Wertung des Bundesverfassungsgerichts zuzustimmen. Ein Abschuss einer entführten Zivilmaschine, von dem auch tatunbeteiligte Flugzeuginsassen betroffen wären, ist daher wegen eines Verstoßes gegen die Vorgaben von Art. 1 Abs. 1 GG verfassungswidrig.

3. Kapitel Die Verfassungsmäßigkeit des Abschusses in den USA

Am 11. September 2001 wurden vier amerikanische Inlandsflüge von insgesamt 19 Terroristen entführt. Um 8.46 EST schlug Flug American Airlines 11 in den Nordturm des World Trade Centers ein, Flug United Airlines 175 in den Südturm um 9.03 EST. American Airlines 77 traf das Pentagon um 9.37 EST. Der vierte entführte Flug United Airlines 93 zerschellte auf einem Feld nahe Shanksville, Pennsylvania, nachdem die Passagiere versucht hatten, die Gewalt über das Flugzeug zurückzuerlangen.[471] Fast 3000 Menschen verloren durch die Anschläge von 9/11 ihr Leben. Der infrastrukturelle Schaden durch die Flugzeugeinschläge wird allein in New York auf mindestens 10 Milliarden US-Dollar geschätzt.[472]

In der Nachschau der Ereignisse vom 11. September 2001 bestätigten sowohl der damals amtierende Präsident Bush als auch Vizepräsident Cheney Befehle zum Abschuss der entführten Passagiermaschinen gegeben zu haben.[473] Eine ausführliche Untersuchung der Verfassungsmäßigkeit der Abschussbefehle und eines potenziellen Abschusses fehlt bis heute.[474]

Die staatliche Reaktion der USA auf die Anschläge von 9/11 war geprägt durch einen Rückgriff auf die Regeln des bewaffneten Konflikts. Präsident Bush bezeichnete die Anschläge als kriegerische Handlung. Die Vereinigten Staaten befänden sich im Krieg mit den Urhebern der Anschläge.[475]

---

471 Siehe zum Ablauf die Ergebnisse aus The 9/11 Commission Report, S. 1 ff., (Onlinequelle).

472 Versicherungsschäden werden zwischen 35 und 75 Milliarden US-Dollar beziffert, etwa Stempel, The Insurance Aftermath of 9/11, 37 Tort & Ins. L. J. (2002), 817 (818).

473 The 9/11 Commission Report, S. 40 f., (Onlinequelle).

474 Unkommentiert angenommen von Watkin, Canada/United States Military Interoperability and Humanitarian Law, 15 Duke J. Comp. & Int'l L. (2005), 281 (294); mit verfassungsrechtlichem Bezug Resnicoff, Shooting Down Suicide Airplanes, 10 Issues in Aviation Law and Policy (2010-2011), 281 (281 ff.); aus strafrechtlicher Perspektive: Cohan, Homicide by Necessity, 10 Chap. L. Rev. (2006-2007), 119 (179 ff.); Schultz, The Necessity Defense Revisited: An Examination Through the Case of Regina v. Dudley & Stephens and President Bush's Order to Shoot Down Hijacked Aircraft in the Wake of September 11, 2001, 3 Rutgers J. L. & Religion (2001-2002), Rn. 1 ff., (Onlinequelle).

475 Bush, Presidential Address to the Nation, 07.10.2001, (Onlinequelle).

Der Kampf gegen den Terrorismus sei ein „globaler Krieg", der keinen geographischen Beschränkungen unterliege.[476] Das seit Jahrhunderten praktizierte Völkerrecht erlaube es Staaten, bereits im Vorfeld Maßnahmen zu ergreifen, um unmittelbare Angriffe abzuwehren.[477]

> "(...) the war on terror will not be won on the defensive. We must take the battle to the enemy, disrupt his plans and confront the worst threats before they emerge."[478]

Sowohl der Kongress[479] als auch die nachfolgende Obama-Regierung bestätigten diese Einschätzung und den Rückgriff auf das Kriegsparadigma.[480]

Die kriegsrechtliche Einordnung des Konflikts mit Al-Qaida wurde durch den Supreme Court in Hamdan v. Rumsfeld, bestätigt. Es handele sich um einen „non-international armed conflict"[481], der durch das Recht des bewaffneten Konflikts geregelt werde.[482]

---

476 Nach Blum/Heymann, Law and Policy of Targeted Killing, 1 Harv. Nat'l Sec. J. (2010), 145 (156); krit. hinsichtlich strenger Kategorisierung etwa: Ackerman, Before the Next Attack, S. 42 ff.; Chesney/Goldsmith, Terrorism and the Convergence of Criminal and Military Detention Models, 60 Stan. L. Rev. (2007-2008), 1079 (1081 ff.); Posner, Not a Suicide Pact: The Constitution in a Time of National Emergency, S. 72 f.; Tushnet, Emergencies and the Idea of Constitutionalism, in: The Constitution in Wartime: Beyond Alarmism and Complacency, S. 39 (45).

477 The White House, The National Security Strategy of the United States of America (2002), (folgend Security Strategy 2002), S. 15, (Onlinequelle).

478 Bush, Graduation Speech at West Point, 01.06.2002, (Onlinequelle).

479 Authorization for Use of Military Force, Public Law 107-40, 115 Stat. 2241: "(...) such acts render it both necessary and appropriate that the United States exercise its rights to self-defense and to protect Unites States citizens both at home and abroad.", (Onlinequelle).

480 Brennan, Program on Law and Security, 16.09.2011, (Onlinequelle), mit Bezugnahme auf Harold Koh; dazu auch Roach, The 9/11 Effect, S. 208 ff., 214 ff.

481 Hamdan v. Rumsfeld, 548 U.S. 557 (630 ff.), 126 S.Ct. 2749 (2795 f.) (2006); krit. etwa O'Connell, Unlawful Killing with Combat Drones: A Case Study of Pakistan, 2004-2009, in: Shooting to Kill: The Law Governing Lethal Force in Context, S. 263 (279 f.).

482 So auch etwa Vlasic, Assassination & Targeted Killing, 43 Geo. J. Int'l L. (2011-2012), 259 (316 ff.); siehe auch Paust, Self-Defense Targetings of Non-State Actors and Permissibility of U.S. Use of Drones in Pakistan, 19 J. Transnat'l L. & Pol'y (2010), 237 (238 f.) mit umfassenden Nachweisen zum Meinungsstand hinsichtlich eines Selbstverteidigungsrechts gegen nicht staatliche Angreifer (ebd., Anm. 3).

Auch seitens der UNO und der NATO wurden die Anschläge vom 11. September als „armed attack" qualifiziert.[483] Die vom UN-Sicherheitsrat verabschiedete Resolution 1373 stellte ein Recht der USA zur Selbstverteidigung ausdrücklich fest.[484] Der Nordatlantikrat entschied am 12. September 2001, dass erstmals seit Geschichte des Bündnisses nach Art. 5 des Nordatlantikvertrags die Voraussetzungen zur kollektiven Selbstverteidigung gegeben seien.[485]

Da die USA somit terroristische Anschläge mittels entführter Zivilflugzeuge als bewaffnete Angriffe im Sinne des Völkerrechts einordnen, ist zunächst zu hinterfragen, ob hiernach der Abschuss einer entführten, auch mit Unbeteiligten besetzten Maschine zulässig ist (A.). Anschließend gilt es festzustellen, ob eine Maßnahme, die bereits völkerrechtlichen Regelungen unterfällt zusätzlich durch das US-amerikanische Verfassungsrecht kontrolliert und beschränkt wird (B.). Sollte dies der Fall sein, ist zu analysieren, ob ein Abschuss den verfassungsrechtlichen Anforderungen genügt (C.).

A. *Zulässigkeit nach völkerrechtlichen Vorgaben*

Eine völkerrechtliche Ermächtigung zum Abschuss könnte aus dem im Anschluss an die Anschläge von 9/11 durch den UN-Sicherheitsrat festgestellten Selbstverteidigungsrecht nach Art. 51 UN-C folgen (I.), soweit der

483 Interessant insoweit, da grundsätzlich ein Selbstverteidigungsrecht von Staaten gegen terroristische Maßnahmen abl. bewertet wurde, etwa Tams, The Use of Force Against Terrorists, in: The Use of Force in International Law, S. 339 (347 f.) m.w.N.

484 S/Res. 1368 (2001), 12.09.2001, (Onlinequelle); S/Res. 1373 (2001), 28.09.2001, (Onlinequelle); dazu etwa Koskenniemi, International Legislation Today: Limits and Possibilities, 23 Wis. Int'l L. J. (2005), 61 (85 f.); Rosand, The Security Council as "Global Legislator", 28 Fordham Int'l L. J. (2004-05), 542 (546 ff.); Szasz, The Security Council Starts Legislating, 96 Am. J. Int'l L. (2002), 901 (902); auch wenn der Wortlaut teils im Sinne des Internationalen Strafrechts gelesen wird, etwa Fassbender, The UN Security Council and International Terrorism, in: Enforcing International Law Norms Against Terrorism, S. 83 (86); zum weiteren Vorgehen der UN: Huang, Counterterrorism and the Rule of Law, in: Civil War and the Rule of Law, S. 261 (266 ff.); Roach, The 9/11 Effect, S. 21 ff.; Ryan, The United Nations, in: The Bush Doctrine and the War on Terrorism, S. 173 (173 ff.); krit. insbesondere, da das Bundesverfassungsgericht dieses in seinem Urteil nicht thematisierte, Resnicoff, Shooting Down Suicide Airplanes, 10 Issues in Aviation Law and Policy (2010-2011), 281 (290).

485 North Atlantic Council, 12.09.2001, (Onlinequelle).

Gewalteinsatz gegen Zivilflugzeuge nicht durch spezielle völkerrechtliche Abkommen (II.) oder die völkergewohnheitsrechtliche Praxis (III.) ausgeschlossen ist.

I. Selbstverteidigungsrecht aus der UN-Charta

Art. 2 Abs. 4 UN-C verbietet die Androhung und Anwendung staatlicher Gewalt. Art. 51 UN-C sieht hiervon eine Ausnahme zur Selbstverteidigung im Falle eines bewaffneten Angriffs vor.[486] Höchst umstritten ist, unter welchen Voraussetzungen ein terroristischer Anschlag als bewaffneter Angriff zu qualifizieren ist.[487] Da jedoch im Fall der Anschläge auf die Zwillingstürme ein Selbstverteidigungsrecht auch durch den UN-Sicherheitsrat und den Nordatlantikrat ausdrücklich anerkannt wurde,[488] soll anhand

486 Dazu etwa Combacau, The Exception of Self-Defense in U.N. Practice, in: The Use of Force in International Law, S. 189 (189 ff.); Dinstein, War, Aggression and Self-Defense, S. 175 ff.; Ipsen, Völkerrecht, § 56 Rn. 3 ff.; Ruys, 'Armed Attack' and Article 51 of the UN Charter, S. 53 ff.

487 Siehe etwa Anderson, Targeted Killing in U.S. Counterterrorism Strategy and Law, Working Paper, 11.05.2009, S. 18 f., (Onlinequelle); Dinstein, War, Armed Attack and Self-Defense, S. 187 ff.; Gross, Thwarting Terrorist Acts by Attacking the Perpetrators or Their Commanders as an Act of Self-Defense, 15 Temp. Int'l & Comp. L. J. (2001), 195 (211 ff.); Reisman, International Legal Responses on Terrorism, 22 Hous. J. Int'l L. (1999), 3 (37); Sofaer, The Sixth Annual Waldemar A. Solf Lecture in International Law: Terrorism, the Law, and the National Defense, 126 Mil. L. Rev. (1989), 89 (94 f.); Wachtel, Targeting Osama Bin Laden, 55 Duke L. J. (2005), 677 (692 ff.). Zur präventiven Selbstverteidigung etwa Sofaer, On the Necessity of Pre-emption, in: The Use of Force in International Law, S. 289 (294 ff.); anerkannt in IGH, Case Concerning Military and Paramilitary Activities in and against Nicaragua (Nicaragua v. United States of America), I.C.J. Reports, 1986, 14 (14 ff.). Allerdings sei der Abschuss als Abfangmaßnahme keine präventive Selbstverteidigung, sondern die Abwehr eines stattfindenden Angriffs, so etwa Bowett, Reprisals Involving Recourse to Armed Force, in: The Use of Force in International Law, S. 219 (221); Canestaro, American Law and Policy of Assassination of Foreign Leaders, 26 B.C. Int'l Comp. L. Rev. (2003), 1 (16 f.); Dinstein, War, Aggression and Self-Defense, S. 182, 191. Zur Bush-Doktrin etwa: Dinstein, War, Aggression and Self-Defense, S. 183 ff.; Graham, Jr., National Self-Defense, International Law, and Weapons of Mass Destruction, 4 Chi. J. Int'l L. (2003), 1 (1 ff., 17); Nolte, Preventive Use of Force and Preventive Killings: Moves into a Different Legal Order, 5 Theoretical Inq. L. (2004), 111 (114 ff.); Williams, The Interception of Civil Aircraft Over the High Seas in the Global War on Terror, 59 A.F.L. Rev. (2007), 73 (81 ff.).

488 Ohne weitere Einschränkungen auch Geiß, Civil-Aircraft as Weapons of Large-Scale Destruction, 27 Mich. J. Int'l L. (2005-2006), 227 (246).

dieses Beispiels untersucht werden, ob Art. 51 UN-C zum Abschuss einer entführten Zivilmaschine ermächtigt.

Grundsätzlich ist ein staatlicher Gewalteinsatz auch zur Selbstverteidigung nur dann erlaubt, wenn er gegen zulässige militärische Ziele gerichtet ist und der militärische Nutzen den durch die Maßnahme herbeigeführten Schaden überwiegt.[489]

1. Die Unterscheidung Kombattant/Nichtkombattant

Das Recht des bewaffneten Konflikts unterteilt Personen in zwei Kategorien: Kombattanten und Nichtkombattanten.[490] In der Kategorie der Kombattanten wird nochmals zwischen privilegierten und unprivilegierten Kombattanten unterschieden.[491] Kann eine Person nicht der Kategorie der Kombattanten zugeordnet werden, ist sie ohne weitere Unterscheidung Nichtkombattant. Die nicht am bewaffneten Konflikt beteiligte Zivilbevölkerung ist der Kategorie der Nichtkombattanten zuzuordnen und auch zivile Objekte stellen keine zulässigen Ziele im bewaffneten Konflikt dar.[492] Insoweit kann die räumliche Nähe von Nichtkombattanten zu zulässigen Zielen zur Unzulässigkeit eines grundsätzlich tauglichen Ziels führen, falls der militärische Nutzen in einem Missverhältnis zum erwarteten Schaden steht.[493] Allerdings kann der Nichtkombattanten-Status für die Zeit aufgehoben sein, in der Nichtkombattanten sich aktiv an feindlichen Handlungen beteiligen.[494] Die Flugzeuginsassen sind folglich nur dann als zulässige militärische Ziele zu qualifizieren, wenn ihnen der Status des Kombattanten zugeordnet werden kann.

---

489 Art. 48, 51 Nr. 2, 4, 5. b) Zusatzprotokoll zu den Genfer Abkommen vom 12. August 1949 über den Schutz der Opfer nicht internationaler bewaffneter Konflikte (folgend Zusatzprotokoll I); siehe auch Ipsen, Völkerrecht, § 56 Rn. 31 ff.

490 Art. 4 A 1. Genfer Abkommen über die Behandlung der Kriegsgefangenen vom 12. August 1949 (folgend III. Genfer Abkommen 1949); Art. 50 Zusatzprotokoll I.

491 Art. 43 Nr. 2, Art. 51 Nr. 3 Zusatzprotokoll I.

492 Art. 48, 51 Nr. 2, 52 Zusatzprotokoll I; Art. 13 Zusatzprotokoll zu den Genfer Abkommen vom 8. Juni 1977 über den Schutz der Opfer nicht internationaler bewaffneter Konflikte (Zusatzprotokoll II).

493 Art. 51 Nr. 5 b) Zusatzprotokoll I.

494 Art. 51 Nr. 3 Zusatzprotokoll I; Art. 13 Nr. 3 Zusatzprotokoll II; vgl. dazu etwa Ipsen, Völkerrecht, § 63 Rn. 16 für den nicht-internationalen Konflikt.

2. Kombattanten-Status der Flugzeuginsassen

Die Genfer Konvention verlangt zur Klassifizierung eines Kombattanten dessen Zugehörigkeit zu einer staatlichen Streitmacht[495] oder zu einer Miliz/Freiwilligenkorps, die über eine verantwortliche Kommandostruktur verfügt, deren Angehörige bestimmte Erkennungsmerkmale sowie ihre Waffen gut sichtbar und offen tragen und ihre Handlungen in Übereinstimmung mit den Gesetzen des bewaffneten Konflikts ausführen.[496]

Weder die unbeteiligten Insassen noch die Flugzeugentführer erfüllen die Kriterien des Kombattanten-Status, da sie keine Angehörigen von Streitkräften sind und ihre Handlungen durch den gezielten Angriff auf Zivilpersonen und zivile Objekte nicht im Einklang mit den Regeln des bewaffneten Konflikts stehen.[497]

Der Nichtkombattanten-Status könnte jedoch für die Zeit suspendiert sein, falls die Insassen durch die unrechtmäßige direkte Teilnahme an Kampfhandlungen zu unprivilegierten Kombattanten würden.[498] Dies wäre jedoch nur anzunehmen, wenn ihr Verhalten eine unmittelbare militärische Bedrohung und einen unentbehrlichen Teil der feindlichen Aktivität darstellte.[499]

495 Art. 4 A Nr. 1 III. Genfer Abkommen von 1949; Art. 43 Zusatzprotokoll I.

496 Art. 4 A Nr. 2 III. Genfer Abkommen von 1949.

497 Bhuta, States of Exception: Regulating Targeted Killing in a 'Global Civil War', in: Human Rights, Intervention, and the Use of Force, S. 243 (265); Dederer, Krieg gegen Terror, JZ 2004, 421 (426, Anm. 73); Dreist, Terroristenbekämpfung als Streitkräfteauftrag, NZWehrr 2004, 89 (98 f.); Burkhard Hirsch, Verfassungsbeschwerde gegen das Gesetz zur Neuregelung von Luftsicherheitsaufgaben, KritV 89 (2006), 3 (15); ders., Zum Verbot des Rettungstotschlags, NJW 2007, 1188 (1189); Lutze, Abwehr terroristischer Angriffe als Verteidigungsaufgabe der Bundeswehr, NZWehrr 2003, 101 (109 ff.); Tomuschat, Der 11. September 2001 und seine rechtlichen Konsequenzen, EuGRZ 2001, 535 (536); Vlasic, Assassination & Targeted Killing, 43 Geo. J. Int'l L. (2011-2012), 259 (321); Wiefelspütz, Das Gewaltverbot und seine Durchbrechungen, ZfP 53 (2006), 143 (151); ders., Verteidigung und Terrorismusbekämpfung durch die Streitkräfte, NZWehrr 2007, 12 (12); krit. Kretzmer, Targeted Killing of Suspected Terrorists, 16 EJIL (2005), 171 (191 ff., 199); offen Chesney, Beyond Conspiracy? Anticipatory Prosecution and the Challenge of Unaffiliated Terrorism, 80 S. Cal. L. Rev. (2007), 425 (437 f.); anders Detter, The Law of War, S. 160, "Illegale Kombattanten", denen nicht der Schutz von Kombattanten zuteilwerde (ebd.).

498 Bhuta, States of Exception: Regulating Targeted Killing in a 'Global Civil War', in: Human Rights, Intervention, and the Use of Force, S. 243 (265); Watkin, Warriors without Rights? Combatants, Unprivileged Belligerents, and the Struggle Over Legitimacy, S. 45 ff., (Onlinequelle).

499 Zu den Voraussetzungen Ipsen, Völkerrecht, § 63 Rn. 24 f.

Das Verhalten der Entführer bedingt eine unmittelbare Bedrohung, indem sie die Verfügungsgewalt über das Flugzeug ausüben und dieses als Waffe kontrolliert zum Absturz bringen wollen. Die unbeteiligten Flugzeuginsassen begründen durch ihre bloße Anwesenheit in einer entführten Maschine keine eigenständige Bedrohung. Ihr Verhalten wird durch die Entführer mindestens in Form von vis compulsiva fremdbestimmt, sodass ein selbstbestimmtes Verhalten, das konstitutiv für den kontrollierten Absturz wäre, fehlt. Auch trägt die Anwesenheit der Unbeteiligten nicht zu einer eigenständigen Gefahrerhöhung bei. Folglich sind die unbeteiligten Flugzeugpassagiere Nichtkombattanten. Obwohl Nichtkombattanten durch das humanitäre Völkerrecht als zulässige Ziele von bewaffneten Angriffen ausscheiden,[500] darf ihre Tötung in Kauf genommen werden,[501] wenn die Maßnahme dem Grundsatz der Proportionalität genügt. Danach muss das Ziel der Maßnahme dem militärischen Vorteil dienen und der durch den Einsatz hervorgerufene Schaden darf nicht außer Verhältnis zum erwarteten militärischen Vorteil stehen.[502]

Ziel des Abschusses ist nicht die Tötung der unbeteiligten Flugzeugpassagiere, sondern die Abwehr des Terroranschlags. Zur Ermittlung der Einhaltung des Proportionalitätserfordernisses ist grundsätzlich auf die Umstände des Einzelfalls abzustellen, beispielsweise den Typ der entführten

500 Art. 51 Nr. 2 Zusatzprotokoll I.

501 Art. 51 Nr. 5 (b) Zusatzprotokoll I. Die Annahme, dass Terroristen weder dem Kombattanten noch dem Nichtkombattanten Status zugeordnet werden, sondern als feindliche Kombattanten nicht durch Regelungen des humanitären Völkerrechts geschützt werden, bedarf insoweit an dieser Stelle keiner weiteren Untersuchung, weiterführend etwa Office of Legal Counsel, U.S. Department of Justice, Memorandum for Alberto R. Gonzales, Counsel to the President, and William J. Haynes II, General Counsel of the Department of Defense, Re: Application of Treaties and Laws to al Qaeda and Taliban Detainees, 22.01.2002, S. 9 ff., (Onlinequelle); „humanitärer Mindestschutz“ nach Lutze, Abwehr terroristischer Angriffe als Verteidigungsaufgabe der Bundeswehr, NZWehrr 2003, 101 (110).

502 Art. 51 Nr. 5 (b) Zusatzprotokoll I; dazu etwa: Best, War & Law Since 1945, S. 326 ff.; Byers, Terrorism, War and International Law, in: War on Terror, S. 47 (57); Dinstein, Collateral Damage and the Principle of Proportionality, in: New Wars, New Laws?, S. 211 (213 ff.); Mandel, How America Gets Away with Murder, S. 46 ff.; Ruys, 'Armed Attack' and Article 51 of the UN Charter, S. 110 ff.; obwohl die USA das Zusatzprotokoll I nicht ratifiziert haben, ist das Proportionalitätsprinzip gewohnheitsrechtlich anerkannt, vgl. Breau, Civilian Casualties and Drone Attacks: Issues in International Humanitarian Law, in: The Liberal Way of War, S. 115 (124).

Maschine, die Anzahl der Insassen, die vorhandene Restmenge Treibstoff und die vermutete Intention der Verwendung.

Bezogen auf die tatsächlichen Anschläge vom 11. September 2001 waren von den Flugzeugentführungen vier Passagiermaschinen betroffen. Insgesamt befanden sich an Bord von American Airlines 11 81 Passagiere (davon fünf Entführer) und elf Crewmitglieder,[503] an Bord von United Airlines 175 56 Passagiere (davon vier Entführer) und neun Crewmitglieder,[504] an Bord von American Airlines 77 58 Passagiere (davon sechs Entführer) und sechs Crewmitglieder[505] und auf dem Flug von United Airlines 93 37 Passagiere (davon vier Entführer) und sieben Crewmitglieder.[506]

American Airlines 11 und United Airlines 175 schlugen in die Zwillingstürme des WTC ein. Hierbei und durch den anschließenden Einsturz starben ca. 2750 Menschen. American Airlines 77 wurde gezielt im Pentagon zum Absturz gebracht und tötete hierdurch 184 Menschen.[507]

Ausgehend von diesen Zahlen steht die Anzahl der betroffenen Flugzeuginsassen von insgesamt 246 (die 19 Entführer ausgenommen) weiteren Opfern von knapp 3000 Menschenleben gegenüber. Ohne dass Langzeitfolgen des Einschlags und der Rettungsaktionen berücksichtigt werden, übersteigt die Opferzahl der am Boden betroffenen Personen die der Flugzeuginsassen um das Zehnfache. Zudem spricht der verhinderte ökonomische Schaden ebenso wie der militärische Vorteil, Terroranschläge erfolgreich verhindert zu haben, dafür, dass der militärische Vorteil den tatsächlichen Nachteil in Form der Tötung aller Flugzeuginsassen überwiegt und ein Abschuss verhältnismäßig wäre.

Aus diesem Grund wäre im Falle von Anschlägen nach dem Abbild von 9/11 anzunehmen, dass ein Abschuss dem Proportionalitätserfordernis genügt. Infolgedessen wäre der Abschuss eines entführten Zivilflugzeugs, das als Waffe zweckentfremdet werden soll, nach Art. 51 UN-C zulässig, auch wenn sich unbeteiligte Passagiere an Bord der Maschine befinden.

503 The 9/11 Commission Report, S. 4, (Onlinequelle).
504 The 9/11 Commission Report, S. 7, (Onlinequelle).
505 The 9/11 Commission Report, S. 8, (Onlinequelle).
506 The 9/11 Commission Report, S. 10, (Onlinequelle).
507 Nach FAQs zum 11. September 2001, (Onlinequelle).

II. Spezielle völkerrechtliche Verträge

Das Recht zur Selbstverteidigung gegen zivile Luftfahrzeuge könnte jedoch durch spezielle völkerrechtliche Abkommen modifiziert oder ausgeschlossen worden sein. Hierfür kommen insbesondere das Chicagoer (1.) und das Tokioter Abkommen (2.) in Betracht.[508]

1. Chicagoer Abkommen

Art. 3bis des Chicagoer Abkommens regelt den staatlichen Verzicht des Waffeneinsatzes gegen zivile Flugzeuge.[509] Obwohl die Vorschrift von vielen Staaten, unter anderem den USA, nicht ratifiziert wurde, erkennen die USA das Verbot der Gewaltanwendung gegen zivile Luftfahrzeuge als völkerrechtliches Gewohnheitsrecht an.[510] Staatliche Rechte und Pflichten aus der UN-Charta werden durch das Chicagoer Abkommen nicht verändert. Das Recht zur Selbstverteidigung nach Art. 51 UN-C wird ausdrücklich anerkannt, da nach Art. 89 des Chicagoer Abkommens die Freiheit der unterzeichnenden Staaten im Verteidigungsfall nicht beschränkt wird.[511]

---

508 Das Haager Übereinkommen, das Montrealer Übereinkommen zur Vereinheitlichung bestimmter Vorschriften über die Beförderung im internationalen Luftverkehr und die Convention on the Suppression of Unlawful Acts Relating to International Civil Aviation (Beijing Convention) haben unabhängig von ihrem Inkrafttreten für die Untersuchung keine Relevanz, da sie sich mit der Strafbarkeit individueller Handlungen an Bord beschäftigen, vgl. weiterführend Atwell, Aviation and International Terrorism, in: Research Handbook on International Law and Terrorism, S. 57 (59 ff., 68 ff.).

509 Art. 3bis (a) Chicagoer Abkommen: „Die Vertragsstaaten anerkennen, daß sich jeder Staat der Anwendung von Waffen gegen im Flug befindliche Zivilluftfahrzeuge enthalten muß und daß im Fall des Ansteuerns das Leben der an Bord und die Sicherheit des Luftfahrzeugs nicht gefährdet werden dürfen. Diese Bestimmung ist nicht so auszulegen, als ändere sie in irgendeiner Weise die in der Charta der Vereinten Nationen niedergelegten Rechte und Pflichten der Staaten." Allgemein zum Chicagoer Abkommen: Diederiks-Verschoor, An Introduction to Air Law, S. 9 ff.; Geiß, Civil-Aircraft as Weapons of Large-Scale Destruction, 27 Mich. J. Int'l L. (2005-2006), 227 (236 ff.); Lutz Horn, Die Anwendung militärischer Gewalt auf zivile Passagierflugzeuge im Friedensvölkerrecht und ihre Rechtsfolgen, S. 105 ff.; Schladebach, Lufthoheit, S. 79 ff.

510 Geiß, Civil-Aircraft as Weapons of Large-Scale Destruction, 27 Mich. J. Int'l L. (2005-2006), 227 (228) m.w.N.

511 Art. 89 Chicagoer-Abkommen: „Im Falle eines Krieges berühren die Bestimmungen dieses Abkommens nicht die Handlungsfreiheit betroffener Vertrags-

Soweit ein Zivilflugzeug die Anforderungen eines bewaffneten Angriffs erfüllt, verbietet Art. 3bis des Chicagoer Abkommens ein gewaltsames staatliches Vorgehen also nicht.[512]

Konkretisierend sieht das San Remo Manual on International Law Applicable to Armed Conflict at Sea vor, dass Zivilflugzeuge den sie schützenden Status durch ihren Standort, ihren Zweck oder Verwendung zur Förderung einer militärischen Maßnahme grundsätzlich selbst dann nicht verlieren, wenn die teilweise oder gänzliche Zerstörung, die Gefangennahme oder die Terminierung des Flugzeugs einen militärischen Vorteil darstellt.[513] Allerdings können Zivilmaschinen auch im Falle des Missbrauchs in Form einer Waffenverwendung, bei der Nutzung als Truppen- oder Munitionstransportmittel oder durch den Transport von Terroristen oder von ihnen kontrollierten Massenvernichtungswaffen zulässige militärische Ziele sein.[514] Ein Zivilflugzeug könne bereits dann zu einem zulässigen militärischen Ziel werden, wenn es Anweisungen sich selbst zu identifizieren, von seiner Flugroute abzuweichen oder für einen Stopp und Durchsuchung auf einen Landeplatz einer kriegsführenden Nation auszuweichen, nicht befolgt.[515] Dies gilt nicht, soweit der potenziell hierdurch hervorgerufene Tod von Unbeteiligten den unmittelbaren, direkten militärischen Vorteil überwiegt.[516]

Unter der Voraussetzung der Ausschöpfung alternativer Abwehrmaßnahmen wird im Umkehrschluss angenommen, ein ziviles Flugzeug könne zur Prävention des Todes einer größeren Personenzahl von Unbeteilig-

staaten, sei es als Kriegführende oder als Neutrale. Der gleiche Grundsatz gilt für den Fall, daß ein Vertragsstaat den nationalen Notstand erklärt und diese Tatsache dem Rat anzeigt.".

512 Etwa Williams, The Interception of Civil Aircraft Over the High Seas in the Global War on Terror, 59 A.F.L. Rev. (2007), 73 (116).

513 Doswald-Beck (Hrsg.), International Institute of Humanitarian Law, San Remo Manual on International Law Applicable to Armed Conflict at Sea, S. 19.

514 Doswald-Beck (Hrsg.), International Institute of Humanitarian Law, San Remo Manual on International Law Applicable to Armed Conflict at Sea, S. 19.

515 Doswald-Beck (Hrsg.), International Institute of Humanitarian Law, San Remo Manual on International Law Applicable to Armed Conflict at Sea, S. 19.

516 Doswald-Beck (Hrsg.), International Institute of Humanitarian Law, San Remo Manual on International Law Applicable to Armed Conflict at Sea, S. 19; dazu auch Geiser, The Fog of Peace: The Use of Weapons Against Aircraft in Flight During Peacetime, 4 J. Int'l Legal Stud. (1998), 187 (214).

ten oder zur Verfolgung eines überwiegenden militärischen Interesses, rechtmäßig angegriffen werden.[517]

Obwohl eine Passagiermaschine ihren zivilen Status durch eine Entführung oder die intendierte Waffenverwendung nicht verliert,[518] ist der Einsatz militärischer Gewalt zulässig, soweit dieser dem Proportionalitätserfordernis genügt. Da sich hinsichtlich des Proportionalitätserfordernisses keine Unterschiede zu einer Prüfung anhand des Maßstabs des Art. 51 UN-C ergeben, ist anzunehmen, dass der Abschuss eines entführten, zur Waffe pervertierten Zivilflugzeugs nicht gegen die Bestimmungen des Chicagoer Abkommens verstößt.

2. Tokioter Abkommen

Das Tokioter Abkommen (Abkommen über strafbare und bestimmte andere an Bord von Luftfahrzeugen begangene Handlungen) vom 14. September 1963 definiert die Entführung eines Flugzeugs als eine unerlaubte Störung, unerlaubte Beschlagnahme oder unberechtigtes Kontrollieren eines Flugzeugs.[519] Im Falle einer unmittelbar bevorstehenden oder gerade stattfindenden Flugzeugentführung sind die Vertragsparteien verpflichtet, alle notwendigen Maßnahmen zu ergreifen, um die Kontrolle des autorisierten Flugzeugführers wiederherzustellen oder zu bewahren.[520] Grundsätzlich ist es Staaten nicht erlaubt, zur Verfolgung einer Straftat ein Zivilflugzeug zu beeinträchtigen. Art. 4 des Tokioter Abkommens sieht hiervon fünf Ausnahmen vor: Wenn die Straftat das Territorium oder die Sicherheit des handelnden Staates verletzt, die Straftat von oder gegen einen Bürger oder Aufenthaltsberechtigten des Staates begangen wurde, die Straftat gegen Normen oder Regulationen der Flugsicherheit des handelnden Staates verstößt oder die Ausübung der Gerichtsbarkeit zur Beachtung einer

517 Williams, The Interception of Civil Aircraft Over the High Seas in the Global War on Terror, 59 A.F.L. Rev. (2007), 73 (118).

518 Art. 3 (b) Chicagoer Abkommen, wonach nur Militär, Zoll- und Flugzeuge im Polizeidienst als Staatsluftfahrzeuge anzusehen sind; auch Geiser, The Fog of Peace: The Use of Weapons Against Aircraft in Flight During Peacetime, 4 J. Int'l Legal Stud. (1998), 187 (214 f.).

519 Art. 11 Tokioter Abkommen; krit. etwa Horlick, The Developing Law of Air Hijacking, 12 Harv. Int'l. L. J. (1971), 33 (38).

520 Art. 11 Tokioter Abkommen.

Verpflichtung aus einer mehrseitigen internationalen Übereinkunft notwendig ist.[521]

Der Abschuss eines entführten Flugzeugs dient vor allem der Verhinderung eines gravierenden Schadens infolge eines erfolgreichen Anschlags. Insoweit dürfte schon fraglich sein, ob der dieser Untersuchung zugrundeliegende Sachverhalt unter den Anwendungsbereich des Tokioter Abkommens fällt. Da jedoch im Fall der Entführung und Zweckentfremdung einer Passagiermaschine auch die Sicherheit des betroffenen Staates durch das massive Schadenspotenzial bedroht ist, wird das Selbstverteidigungsrecht durch das Tokioter Abkommen nicht limitiert.

III. Staatenpraxis

Eine Beschränkung des staatlichen Selbstverteidigungsrechts, soweit es sich auf den Gewalteinsatz gegen zivile Passagiermaschinen bezieht, könnte sich aus völkerrechtlichem Gewohnheitsrecht ergeben. Hierzu soll die Praxis staatlich eingesetzter Gewalt gegen zivile Luftfahrzeuge und insbesondere die US-amerikanische Reaktion hierauf untersucht werden. [522]

1. El AL Flug 402, 27. Juli 1955

Der Flug El AL 402 von London nach Tel Aviv wurde am 27. Juli 1955 nahe der griechisch-bulgarischen Grenze durch bulgarische Kampfflugzeuge abgeschossen. Alle 58 Flugzeuginsassen starben. Bulgarien begründete den Abschuss damit, dass das Flugzeug seine vorgegebene Flugroute verlassen habe und unangekündigt in bulgarischen Luftraum eingedrungen sei.[523]

---

521 Art. 4 Tokioter Abkommen.

522 Alle bekannten Fälle des Gewalteinsatzes gegen zivile Flugzeuge sollen an dieser Stelle gleichwohl nicht aufgearbeitet werden, lediglich solche, die in Zusammenhang mit der Rechtsauffassung der USA stehen. Zu anderen Luftzwischenfällen etwa Foont, Shooting Down Civilian Aircraft, 72 J. Air L. & Com. (2007), 695 (704 ff.); Geiser, The Fog of Peace: The Use of Weapons Against Aircraft in Flight During Peacetime, 4 J. Int'l Legal Stud. (1998), 187 (189 ff.); Hughes, Aerial Intrusions by Civil Airliners and the Use of Force, 45 J. Air L. & Com. (1979-1980), 595 (600 ff.); Morgan, The Downing of Korean Air Lines Flight 007, 11 Yale J. Int'l L. (1985-1986), 231 (235 ff.).

523 Hughes, Aerial Intrusions by Civil Airliners and the Use of Force, J. Air L. & Com. 45 (1979-1980), 595 (603).

Die Abfangjäger hätten das Feuer auf die Maschine eröffnet, nachdem eine Identifizierung nicht möglich gewesen sei.[524] Später räumte Bulgarien ein, die Maschine voreilig abgeschossen zu haben. Es seien nicht alle möglichen Maßnahmen ergriffen worden, das Flugzeug zur Änderung seiner Route zu bringen.[525]

Die USA waren der Ansicht, dass kein Zivilpilot mit einem Abschuss infolge eines unerlaubten Eindringens in fremden Luftraum rechnen müsse, ohne zuvor einen alternativen, sicheren Ausweg erhalten zu haben.[526] Das Völkerrecht verbiete zu Friedenszeiten den Einsatz staatlicher Gewalt, der zu einer unnötigen und rücksichtslosen Gefährdung von Leben anderer Staatsangehöriger und Zerstörung deren Eigentums führe.[527] Die Regierungen seien verpflichtet, die Sicherheit von überfliegenden Flugzeugen zu gewährleisten.[528] Zulässiger Gewalteinsatz gegen ein Zivilflugzeug dürfe erst dann ausgeübt werden, wenn durch ein unerlaubtes Eindringen ein bedeutendes staatliches Sicherheitsinteresse des Staates betroffen werde und andere Maßnahmen erfolglos ausgeschöpft seien.[529] Sollten bedeutende Sicherheitsinteressen betroffen sein, müsse dem Flugzeug zumindest die Möglichkeit gegeben werden, sicher zu landen oder den beschränkten Luftraum zu verlassen.[530]

2. Korean Air Lines Flug 007, 1. September 1983

Am 1. September 1983 wurde eine Boeing 747 auf dem Weg von Anchorage nach Seoul vor der Insel Sachalin von einem sowjetischen Abfangjäger

---

524 Hughes, Aerial Intrusions by Civil Airliners and the Use of Force, J. Air L. & Com. 45 (1979-1980), 595 (603).

525 Hughes, Aerial Intrusions by Civil Airliners and the Use of Force, J. Air L. & Com. 45 (1979-1980), 595 (604).

526 Aerial Incident of July, 1955; United States v. Bulgaria, I.C.J. Pleadings, Memorial of the United States, S. 235 f., 241, (Onlinequelle).

527 Aerial Incident of July, 1955; United States v. Bulgaria, I.C.J. Pleadings, Memorial of the United States, S. 212 ff., 244, (Onlinequelle).

528 Aerial Incident of July, 1955; United States v. Bulgaria, I.C.J. Pleadings, Memorial of the United States, S. 244, (Onlinequelle).

529 Aerial Incident of July, 1955; United States v. Bulgaria, I.C.J. Pleadings, Memorial of the United States, S. 241, (Onlinequelle).

530 Aerial Incident of July, 1955; United States v. Bulgaria, I.C.J. Pleadings, Memorial of the United States, S. 242 f., (Onlinequelle).

abgeschossen. Alle 296 Flugzeuginsassen starben.[531] Die Sowjetunion rechtfertigte den Abschuss mit der räumlichen Nähe des Flugzeugs zu strategisch sensiblen Bereichen. Da die Maschine weder auf Warnungen noch auf Landeaufforderungen reagiert habe, sei angenommen worden, es handele sich um ein amerikanisches Spionageflugzeug.[532] Die Vereinigten Staaten lehnten eine Rechtfertigung des Abschusses ab. Das abgeschossene Flugzeug habe weder einen Spionageflug durchgeführt noch ein dafür typisches Flugverhalten gezeigt.[533] Ferner sei es nicht adäquat gewarnt worden[534] und auch bei Dunkelheit eindeutig von einem RC-135 Spionageflugzeug zu unterscheiden gewesen. Vernünftige Aufklärungsversuche hätten eine klare Identifikation ermöglicht. Aus diesem Grund müsse die Sowjetunion vollumfänglich für den unberechtigten Abschuss haften.[535]

3. Iran Air Flug 655, 3. Juli 1988

Am 3. Juli 1988 schoss das Kriegsschiff US Vincennes den Flug Iran Air 655 von Teheran nach Dubai über dem Persischen Golf mit zwei Boden-Luft-Raketen ab. Alle 290 Flugzeuginsassen verloren ihr Leben. Laut einer Untersuchung der Internationalen Zivilluftfahrtorganisation (ICAO) wurde der Flug in der fälschlichen Annahme abgeschossen, bei Iran Air 655 handele es sich um ein militärisches Flugzeug mit feindseligen Intentionen.[536] Die Vereinigten Staaten lehnten eine rechtliche Verantwortung für den Vorfall ab,[537] gewährten jedoch ex gratia Kompensationen für die be-

531 Morgan, The Downing of Korean Air Lines Flight 007, 11 Yale J. Int'l L. (1985-1986), 231 (239 f.).

532 Morgan, The Downing of Korean Air Lines Flight 007, 11 Yale J. Int'l L. (1985-1986), 231 (240); darauf, dass in der Sowjetunion der Einsatz von Gewalt gegen Eindringlinge in das Territorium erlaubt war, unabhängig davon, ob diese eine Bedrohung darstellten oder nicht, soll im Weiteren nicht eingegangen werden (ebd., 247).

533 Morgan, The Downing of Korean Air Lines Flight 007, 11 Yale J. Int'l L. (1985-1986), 231 (242).

534 Morgan, The Downing of Korean Air Lines Flight 007, 11 Yale J. Int'l L. (1985-1986), 231 (243).

535 Kirkpatrick in: United Nations, Security Council Official Records 2476th Meeting: 12. September 1983, S. 14, (Onlinequelle).

536 I.C.J. Case Concerning the Aerial Incident of July 1988, S. 12 f., 55, (Onlinequelle).

537 I.C.J. Case Concerning the Aerial Incident of July 1988, S. 53, (Onlinequelle).

troffenen Angehörigen.[538] Die ICAO beklagte in einer Resolution vom 7. Dezember 1988 die versehentliche Zerstörung des Flugzeugs und den Tod von 290 Menschen infolge der fälschlichen Identifikation des Flugzeugs.[539]

4. Cessna 152, 24. Mai 2001

Am 24. Mai 2001 drang ein unlizenzierter Flugschüler aus dem Libanon mit einer Cessna 152 in israelischen Luftraum ein.[540] Israelische Helikopter und Kampfflugzeuge verfolgten die Cessna und forderten den Piloten über Funk auf, sich zu identifizieren.[541] Nachdem der Pilot weder auf die Herstellung von Sichtkontakt noch auf abgefeuerte Warnschüsse reagierte und sich stark bewohntem Gebiet näherte, wurde er abgeschossen.[542] Der Abschuss durch das israelische Militär wurde weder durch internationale Medien noch durch die ICAO oder seitens eines ICAO-Mitglieds kritisiert.[543]

5. Schlussfolgerungen

Die Untersuchungen staatlicher Abschüsse ziviler Flugzeuge erlauben Rückschlüsse auf die völkerrechtliche Zulässigkeit eines staatlichen Flug-

538 I.C.J. Case Concerning the Aerial Incident of July 1988, S. 46 f., (Onlinequelle); dazu auch Lowenfeld, Agora: The Downing of Iran Air Flight 655, 83 Am. J. Int'l L. (1989), 318 (321 f.).

539 I.C.J. Case Concerning the Aerial Incident of July 1988, S. 45, (Onlinequelle).

540 CNN.com/World, Israel Shoots Down Light Aircraft, 24.05.2001, (Onlinequelle).

541 US-Today/WOLRD, Israel Shoots Down Lebanese Civilian Plane, 19.06.2001, (Onlinequelle).

542 US-Today/WOLRD, Israel Shoots Down Lebanese Civilian Plane, 19.06.2001, (Onlinequelle).

543 Nach Foont, Shooting Down Civilian Aircraft, 72 J. Air L. & Com. (2007), 695 (715).

zeugabschusses.[544] Sowohl völkergewohnheitsrechtlich[545] als auch völkervertragsrechtlich wird ein staatlicher Gewalteinsatz gegen zivile Flugzeuge bei unberechtigtem Eindringen in fremden Luftraum abgelehnt, ohne jedoch die Zulässigkeit eines Gewalteinsatzes kategorisch auszuschließen.[546] Die Einwendungen der USA belegen etwa im Fall des Abschusses von Korean Air Lines 007 die Annahme eines grundsätzlichen Rechts zum Abschuss eines Flugzeugs, auch wenn dieser für den konkreten Fall als rechtswidrig kritisiert wurde.[547]

Im Fall des unerlaubten Eindringens in nationalen Luftraum müsse der betroffene Staat das Flugzeug zunächst auf die Territorialverletzung hinweisen, ohne das Flugzeug oder die Insassen unverhältnismäßig zu gefährden.[548] Der betroffene Staat dürfe von dem eindringenden Flugzeug verlangen, entweder an eine autorisierte Position zurückzukehren oder sich auf einem den Anforderungen der Maschine genügenden Landeplatz innerhalb des betroffenen Staates einer Untersuchung zu unterziehen.[549] Anschließend könne der betroffene Staat eine Verletzung seiner Territorialgewalt im Rahmen von diplomatischen Beziehungen geltend machen.[550]

Nach den Ausführungen der USA im Fall des Abschusses von Korean Air Lines 007 genügt die Durchführung von Spionageaktivitäten durch ein ziviles Luftfahrzeug nicht, um einen Abschuss zu rechtfertigen, da dieser in keinem Verhältnis zu dem militärischen Nutzen, der durch das Vorbeu-

---

544 So auch Hughes, Aerial Intrusions by Civil Airliners and the Use of Force, 45 J. Air L. & Com. (1979-1980), 595 (619 f.); Huskisson, The Air Bridge Denial Program and the Shootdown of Civil Aircraft under International Law, 56 A.F.L. Rev. (2005), 109 (127 ff.).

545 Geiser, The Fog of Peace: The Use of Weapons Against Aircraft in Flight During Peacetime, 4 J. Int'l Legal Stud. (1998), 187 (193 f.).

546 Hughes, Aerial Intrusions by Civil Airliners and the Use of Force, 45 J. Air L. & Com. (1979-1980), 595 (619 f.); Huskisson, The Air Bridge Denial Program and the Shootdown of Civil Aircraft under International Law, 56 A.F.L. Rev. (2005), 109 (135); vgl. auch Geiser, The Fog of Peace: The Use of Weapons Against Aircraft in Flight During Peacetime, 4 J. Int'l Legal Stud. (1998), 187 (214, 239), für die Abänderung und Aufnahme von Voraussetzungen zum zulässigen Gewalteinsatz gegen zivile Flugzeuge, um die eigene Bevölkerung zu schützen.

547 So auch Morgan, The Downing of Korean Air Lines Flight 007, 11 Yale J. Int'l L. (1985-1986), 231 (248).

548 Hughes, Aerial Intrusions by Civil Airliners and the Use of Force, 45 J. Air L. & Com. (1979-1980), 595 (620).

549 Hughes, Aerial Intrusions by Civil Airliners and the Use of Force, 45 J. Air L. & Com. (1979-1980), 595 (620).

550 Hughes, Aerial Intrusions by Civil Airliners and the Use of Force, 45 J. Air L. & Com. (1979-1980), 595 (620).

gen des potenziellen oder tatsächlichen Schadens einer Spionagehandlung erzielt worden wäre, steht.[551] Nur eine Bedrohung mit Gewalt könne den Gewalteinsatz gegen zivile Flugzeuge rechtfertigen[552] und auch nur soweit die Landung des eindringenden Flugzeugs für die Sicherheit des betroffenen Staates erforderlich ist.[553] Ein Waffeneinsatz dürfe nur erfolgen, soweit dieser verhältnismäßig hinsichtlich der Gefährdung des Staates durch ein unberechtigtes Eindringen ist und soweit alle anderen Mittel zur Beendigung der Störung des Luftraumes erfolglos ausgeschöpft wurden.[554]

Im Falle einer Pervertierung eines Zivilflugzeugs wie am 11. September 2001 ist eine schadlose Herbeiführung einer Landung des entführten Flugzeugs ausgeschlossen. Da ein „Renegade-Flugzeug" eine gravierende Anzahl von Menschenleben, bedeutende ökonomische Güter sowie Interessen der nationalen Sicherheit bedroht, steht ein Abschuss nicht außer Verhältnis des zu bewahrenden Schadens und ist als Ultima Ratio auch völkergewohnheitsrechtlich rechtmäßig.[555]

IV. Ergebnis

Obwohl ein entführtes Zivilflugzeug, das als Waffe gegen Dritte verwendet werden soll, durch die Pervertierungsabsicht nicht seinen Status als Zivilmaschine verliert und die Zivilbevölkerung und auch zivile Einrichtungen völkervertragsrechtlich als zulässige militärische Ziele ausgeschlossen sind, ist die Rechtmäßigkeit eines Abschusses weder völkervertragsrechtlich noch völkergewohnheitsrechtlich ausgeschlossen. Da die Rechtmäßigkeit eines Abschusses einer entführten Passagiermaschine anhand des Maßstabs der Proportionalität ermittelt wird, ist der Abschuss eines „Renegade-Flug-

---

551 Morgan, The Downing of Korean Air Lines Flight 007, 11 Yale J. Int'l L. (1985-1986), 231 (249, Anm. 114).

552 So auch Morgan, The Downing of Korean Air Lines Flight 007, 11 Yale J. Int'l L. (1985-1986), 231 (248, Anm. 109).

553 Hughes, Aerial Intrusions by Civil Airliners and the Use of Force, 45 J. Air L. & Com. (1979-1980), 595 (620).

554 Hughes, Aerial Intrusions by Civil Airliners and the Use of Force, 45 J. Air L. & Com. (1979-1980), 595 (620); weniger strikt Shanor/Hogue, National Security and Military Law, S. 391 f.

555 So im Ergebnis auch Huskisson, The Air Bridge Denial Program and the Shootdown of Civil Aircraft under International Law, 56 A.F.L. Rev. (2005), 109 (136).

zeugs“ aus Perspektive des Völkerrechts rechtmäßig, soweit der verhinderte Schaden den herbeigeführten Schaden überwiegt.

B. Anwendbarkeit von US-amerikanischem Verfassungsrecht

Ob neben völkerrechtlichen Regelungen der Abschuss eines Zivilflugzeugs seitens der Vereinigten Staaten auch anhand verfassungsrechtlicher Bestimmungen kontrolliert werden würde, ist im Folgenden zu klären.

Zum Anwendungsmaßstab des amerikanischen Verfassungsrechts hat der Supreme Court bereits im Urteil Ex Parte Milligan im Jahr 1866 ausgeführt, dass der Kriegszustand verfassungsrechtliche Bestimmungen nicht außer Kraft setze.[556]

Dieser verfassungsrechtliche Kontrollmaßstab wurde auch hinsichtlich der Inhaftierung feindlicher Kombattanten erneut aufgegriffen und bestätigt. In Hamdi v. Bush entschied der Supreme Court zwar, die Authorization for Use of Military Force (AUMF) ermächtige den Präsidenten zur Inhaftierung feindlicher Kombattanten. Dennoch unterliege diese Maßnahme einer sorgfältigen, verfassungsrechtlichen Überprüfung, obwohl Hamdi – anders als der Betroffene in Ex Parte Milligan – auf einem aktiven Schlachtfeld aufgegriffen wurde.[557]

In Rasul v. Bush stellte der Supreme Court klar, vermeintlich feindlichen Kombattanten stehe das verfassungsrechtlich garantierte Recht einer Haftprüfung auch dann zu, wenn diese nicht innerhalb der USA inhaftiert seien.[558] In Rasul hatten die unteren Instanzen eine Haftprüfung mit der Berufung auf die Supreme Court Entscheidung Johnson v. Eisentrager abgelehnt. In Johnson v. Eisentrager hatte der Supreme Court das Recht deutscher Kriegsgefangener, die im 2. Weltkrieg außerhalb der USA inhaftiert und durch ein amerikanisches Militärgericht in China verurteilt wurden, auf Haftprüfung abgelehnt, da der Fall keinen ausreichenden Bezug zu der Rechtsordnung der Vereinigten Staaten aufweise. Ein Recht auf Haftprüfung bestehe in den Fällen, in denen feindliche Nicht-US-Bürger,

---

556 Ex Parte Milligan, 71 U.S. 2 (120 f.), 1866 WL 9434 (U.S.Ind.): “The Constitution of the United States is a law for rulers and people, equally in war and in peace, and covers with the shield of its protection all classes of men, at all times, and under all circumstances.” (ebd.).

557 Hamdi v. Rumsfeld, 542 U.S. 507 (521 f.), 124 S.Ct. 2633 (2642) (2004): “We have long since made clear that a state of war is not a blank check for the President when it comes to the rights of the Nation’s citizens.”, (ebd., (536)).

558 Rasul v. Bush, 542 U.S. 466 (472 f.), 124 S.Ct. 2686 (2691 f.) (2004).

die sich niemals oder nicht dauerhaft in den USA aufgehalten haben, die außerhalb der USA gefangen genommen und inhaftiert würden und die außerhalb der USA durch ein Militärgericht für außerhalb der USA begangener Taten verurteilt würden und ständig außerhalb der USA inhaftiert blieben, nicht.[559]

Die Argumentation spiegelt das grundlegende Problem des persönlichen und sachlichen Anwendungsbereichs der Verfassungszusätze wider. Die Ablehnung der Schutzbereichsöffnung betrifft jedoch nur die Frage, inwieweit sich ein Betroffener im konkreten Fall auf den Schutz einer Verfassungsbestimmung berufen kann. Die Anwendbarkeit der verfassungsrechtlichen Schutznorm ist dieser Frage vorgelagert und wird hierdurch gerade nicht verneint. Somit sind Verfassungsbestimmungen auch im Notstand oder im bewaffneten Konflikt heranzuziehen, um staatliche Maßnahmen zu kontrollieren.[560]

C. *Verfassungsrechtliche Anforderungen*

Die Kontrolle anhand verfassungsrechtlicher Bestimmungen bezieht sich zum einen auf die Frage einer Kompetenz zum Einsatz des Militärs, um ein entführtes Flugzeug abzuschießen (I.) sowie zum anderen auf die Frage, ob ein Abschuss aufgrund weiterer verfassungsrechtlicher Bestimmungen, insbesondere der Verfassungszusätze der Bill of Rights, ausgeschlossen ist (II.).

I. Die Kompetenz zum Abschuss

Am 11. September 2001 wurden Abschussbefehle für die entführten Maschinen sowohl vom damaligen Präsidenten Bush als auch von seinem Vizepräsidenten Cheney erteilt.

Untersucht werden soll zunächst, woraus sich die Befugnis zur Erteilung der Abschussbefehle ableitet.

---

559 Johnson v. Eisentrager, 339 U.S. 763 (765 ff.), 70 S.Ct. 936 (937 ff.) (1950).

560 Zum 'American Exceptionalism' etwa: Kahn, Political Theology: Four New Chapters on the Concept of Sovereignty, S. 10 ff.; Stokes Paulsen, The Constitutional Power to Interpret International Law, 118 Yale L. J. (2009), 1762 (1770 ff.).

In einer öffentlich bekannten gesetzlichen Regelung ist der Abschuss einer entführten Passagiermaschine nicht geregelt. Allerdings könnte sich eine gesetzliche Ermächtigung aus der der Authorization for Use of Military Force (1.) oder einer Direktive des Präsidenten ergeben (2.). Falls nicht, ist fraglich, ob eine Kompetenz aus präsidialen Notfallkompetenzen hergeleitet werden kann (3.).

1. Authorization for Use of Military Force

Nach Artikel I Abschnitt 8 der US-Verfassung besitzt der Kongress die Kompetenz, die zur Wahrnehmung seiner verfassungsrechtlichen Aufgaben notwendigen und zweckdienlichen Gesetze zu erlassen, worunter auch der Erlass eines Gesetzes falle, das den Abschuss entführter Flugzeuge normiere.[561] Eine ausdrückliche gesetzliche Regelung eines Abschusses existierte auch vor dem 11. September 2001 nicht.[562] Nur wenige Tage nach den Anschlägen von 9/11 verabschiedete der Kongress die Authorization for Use of Military Force (AUMF)[563]. Diese ermächtigt den Präsidenten, alle notwendigen und angemessenen militärischen Mittel gegen Nationen, Organisationen oder Personen einzusetzen, die die Anschläge vom 11. September 2001 geplant, autorisiert, begangen, oder bei der Durchführung geholfen haben, um zukünftigen, terroristischen Angriffen auf die Vereinigten Staaten vorzubeugen.[564]

Unklar ist, ob die AUMF den Präsidenten zum Abschuss von „Renegade-Flugzeugen“ zumindest konkludent autorisiert. Ausdrücklich wird ein Abschuss nicht genannt, sondern lediglich abstrakt von „allen notwendi-

---

561 Banks/Raven-Hansen, Targeted Killing and Assassination: The U.S. Legal Framework, 37 U. Rich. L. Rev. (2002-2003), 667 (679).

562 Der Aircraft Sabotage Act of 1984, § 2012, Pub.L. No. 98-473, Stat. 1837, 2187 sowie die Äußerungen mit Bezug zu Flugzeugabschüssen anderer Nationen implizieren, dass davon auszugehen ist, dass Gewalt gegen zivile Luftfahrzeuge, von einigen Ausnahmen abgesehen, als grundsätzlich unzulässig angesehen wird.

563 Authorization for Use of Military Force, 115 Stat. 224 Pub. L. No. 107-40–Sept. 18, 2001, (Onlinequelle).

564 AUMF Abschnitt 2 (a): “That the President is authorized to use all necessary and appropriate force against those nations, organizations, or persons, he determines planned, authorized, committed, or aided the terrorist attacks that occurred on September 11, 2001, or harbored such organizations or persons, in order to prevent any future act of international terrorism against the United States by such nations, organizations or persons.”, (Onlinequelle).

gen und angemessenen Mitteln“ gesprochen. Dass die AUMF erst nach den Anschlägen auf das WTC verabschiedet wurde, steht einem Ermächtigungscharakter grundsätzlich nicht entgegen, da der Kongress auch nachträglich Exekutivhandlungen autorisieren kann.[565]

Allerdings ist der Wortlaut des Abschnitts 2 (a) der AUMF zukunftsgerichtet und bezweckt ausdrücklich die Verfolgung der Drahtzieher und Helfer der Anschläge vom 11. September 2001. Darüber hinaus beschränkt die AUMF den Einsatz von Gewalt auf den Personenkreis derjenigen, die an den Anschlägen mitgewirkt haben oder unterstützend beteiligt waren. Unbeteiligte Flugzeuginsassen werden in dem Entschluss nicht ausdrücklich erwähnt. Eine Ausdehnung des genannten Adressatenkreises ist angesichts eines erforderlichen Förderungsbeitrags nicht möglich. Auch der unmittelbare zeitliche Zusammenhang zwischen dem Erlass der AUMF und den Anschlägen von 9/11 spricht gegen ein redaktionelles Versehen und für die Intention des Kongresses, den Adressatenkreis der AUMF auf die Unterstützer und Ausführer der Anschlagshandlungen zu begrenzen. Der Wortlaut der AUMF ermächtigt den Präsidenten nur zum Einsatz von militärischer Gewalt gegen Personen, die in unterstützendem Zusammenhang mit dem Terroranschlag vom 11. September 2001 stehen. Daher kann die AUMF nicht als konkludente Kongressermächtigung gelesen werden, den Abschuss eines auch mit Unbeteiligten besetzten Zivilflugzeugs zu regeln.

2. Präsidiale Direktiven

Der Präsident kann Akte mit gesetzlicher Bindungswirkung[566] erlassen, ohne dass diese der allgemeinen Bekanntmachung bedürfen. Zum Teil sind sowohl die Inhalte als auch die Bezeichnungen der Direktiven unbekannt.[567] Insoweit kann die Existenz einer Direktive, die den Einsatz von Waffengewalt gegen ein auch mit Unbeteiligten besetztes Flugzeug regelt, nicht ausgeschlossen werden. Die Zulässigkeit einer solchen Regelung bestimmt sich anhand der an sie gestellten verfassungsrechtlichen Anforde-

565 Weiterführend C. I. 2. in diesem Kapitel.
566 Dazu etwa Cooper, By Order of the President, S. 144 ff.
567 Vgl. Federation of American Scientists, Presidential Policy Directives, Barack Obama Administration, (Onlinequelle), mit einem Überblick zu den Direktiven Obamas.

rungen und kann keine darüber hinausgehenden Kompetenzen begründen.[568]

3. Notfallkompetenzen

Hinsichtlich exekutiver Notfallkompetenzen urteilte der Supreme Court in The Brig Amy Warwick (Prize Cases), dass es Aufgabe des Präsidenten sei, zu entscheiden, welche Maßnahmen im Notfall erforderlich seien.[569] In Ex parte Milligan entschied der Gerichtshof, die Verfassung garantiere der Regierung alle Rechte, die notwendig zu ihrem Erhalt seien.[570] Andererseits sei der Notstand jedoch nicht geeignet, verfassungsrechtlich neue Kompetenzen zu generieren oder verfassungsrechtlich garantierte Rechte zu beschränken.[571]

Die bisher ausführlichste Untersuchung[572] präsidialer Notfallkompetenzen erfolgte in Youngstown Sheet & Tube Co. v. Sawyer.[573] Gegenstand der Supreme Court Entscheidung war die Executive Order No. 10340 des

568 Eine juristische Kontrolle dürfte allerdings faktisch ausgeschlossen sein.

569 The Brig Amy Warwick, 67 U.S. 635 (670) (1862): "He must determine what degree of force the crisis demands.".

570 Ex parte Milligan, 71 U.S. 2 (121) (1866): "(...) for the government, within the Constitution, has all the powers granted to it which are necessary to preserve its existence (...)".

571 Wilson v. New, 243 U.S. 332 (348), 37 S.Ct. 298 (302) (1917); Home Building & Loan Ass'n v. Blaisdell, 290 U.S. 398 (425 f.), 54 S.Ct. 231 (235) (1934).

572 Gray Adler, The Steel Seizure Case and Inherent Presidential Power, 19 Const. Comment. (2002), 155 (162).

573 Youngstown Sheet & Tube Co. v. Sawyer, 343 U.S. 579, 72 S.Ct. 863 (1952); dazu etwa Banks, Steel, Sawyer, and the Executive Power, 14 U. Pitt. L. Rev. (1953), 467 (467 ff.); Corwin, Comment: The Steel Seizure Case, 53 Colum. L. Rev. (1953), 53 (53 ff.); Kauper, The Steel Seizure Case, 51 Mich. L. Rev. (1952), 141 (141 ff.); Richberg, The Steel Seizure Cases, 38 Va. L. Rev. (1952), 713 (713 ff.); Wilmerding, Jr., The President and the Law, 67 Pol. Sci. Q. (1952), 321 (321 ff.); aktueller aufgegriffen: Bryant/Tobias, Youngstown Revisited, 29 Hastings Const. L. Q. (2001-2002), 373 (373 ff.); Devins/Fisher, The Steel Seizure Case, 19 Const. Comment. (2002), 63 (63 ff.); Gray Adler, The Steel Seizure Case and Inherent Presidential Power, 19 Const. Comment. (2002), 155 (155 ff.); Katyal/Tribe, Waging War, Deciding Guilt: Trying the Military Tribunals, 111 Yale L. J. (2002), 1259 (1273 ff.); Koh, Setting the World Right, 115 Yale L. J. (2006), 2350 (2354 ff., 2370); Rahdert, Double-Checking Executive Emergency Power, 80 Temp. L. Rev. (2007), 451 (455 ff.); Michael Turner, Fade to Black: The Formalization of Jackson's Youngstown Taxonomy by Hamdan and Medellin, 58 Am. U. L. Rev. (2009), 665 (666 ff.); anders entschieden für den

damaligen Präsidenten Truman. In dieser beauftragte er seinen damaligen Wirtschaftsminister Sawyer sämtliche innerstaatlichen Stahlwerke zu beschlagnahmen, um einen landesweit drohenden Streik abzuwenden, von dem befürchtet wurde, er könne militärische Interessen der USA im Koreakrieg beeinträchtigen.[574] Präsident Truman argumentierte, die Verfassung und die einfachen Gesetze ermächtigten ihn als Präsidenten und Oberbefehlshaber zur Anordnung der Beschlagnahme.[575]

Die Gerichte waren anderer Meinung. David A. Pine, zuständiger Richter in der Erstinstanz, erklärte die Beschlagnahme für unzulässig. In der Verfassung fänden sich keine Anhaltspunkte für unbestimmte, inhärente Exekutivkompetenzen des Präsidenten.[576] Der Supreme Court bestätigte das Urteil mit einer Mehrheit von sechs Richtern.[577] Die hierzu von Richter Jackson abgegebene Stellungnahme gilt bis heute als stärkste und eindrucksvollste Ablehnung inhärenter Exekutivrechte.[578] Jackson entwickelte eine Methode, die anhand von drei Kategorien das Vorhandensein von Exekutivkompetenzen ermittelt:[579]

In der ersten Kategorie sei die Kompetenz des Präsidenten am stärksten, soweit er durch den Kongress zu einer Maßnahme ausdrücklich oder konkludent ermächtigt werde. Der Präsident genieße in dieser Form nicht nur

---

Bereich der Außenpolitik in United States v. Curtiss-Wright Export Corporation, 299 U.S. 304 (318), 57 S.Ct. 216 (220) (1936); dazu etwa Edelson, Presidential Emergency Powers: From the Drafting of the Constitution to the War on Terror, S. 65 ff.; Ramsey, The Constitution's Text in Foreign Affairs, S. 13 ff.; Schlesinger, Jr. The Imperial Presidency, S. 103.

574 Youngstown Sheet and Tube Co. v. Sawyer, United States District Court District of Columbia, 103 Fed. Supp. 569 (571 f.) (1952); ausführlich dazu Marcus, Truman and the Steel Seizure Case: The Limits of Presidential Power, S. 58 ff.

575 Youngstown Sheet and Tube Co. v. Sawyer, United States District Court District of Columbia, 103 Fed. Supp. 569 (571 f.) (1952).

576 Youngstown Sheet and Tube Co. v. Sawyer, United States District Court District of Columbia, 103 Fed. Supp. 569 (573 ff.) (1952).

577 Youngstown Sheet and Tube Co. v. Sawyer, 343 U.S. 579, 72 S.Ct. 863 (1952).

578 Casto, Attorney General Robert Jackson's Brief Encounter with the Notion of Preclusive Presidential Power, 30 Pace L. Rev. (2010), 364 (364): "best judicial opinion"; Edelson, Presidential Emergency Powers: From the Drafting of the Constitution to the War on Terror, S. 105; Gray Adler, The Steel Seizure Case and Inherent Presidential Power, 19 Const. Comment. (2002), 155 (204); Powell, The President as the Commander in Chief, S. 55 ff.; Swaine, The Political Economy of Youngstown, 83 S. Cal. L. Rev. (2010), 263 (266): "one of the Court's all-time greats".

579 Youngstown Sheet and Tube Co. v. Sawyer, 343 U.S. 579 (634 ff.), 72 S.Ct. 863 (869 ff.) (1952), Jackson concurring.

vollständig eigene verfassungsrechtliche Kompetenzen, sondern auch all jene, die vom Kongress delegiert werden könnten und würden. In diesem Fall gelte die Vermutung zugunsten einer Kompetenz des Präsidenten und der Verfassungsmäßigkeit der Maßnahme, es sei denn, dem Kläger gelinge, die Verfassungswidrigkeit nachzuweisen.[580]

In der zweiten Kategorie könne der Präsident sich in Ermangelung einer Ermächtigung oder eines expliziten Verbots durch den Kongress nur auf seine eigenen verfassungsrechtlichen Kompetenzen stützen. In diesem Bereich existiere eine Grauzone, in der sowohl eine Kompetenzüberschneidung zwischen Kongressbefugnissen und Exekutivkompetenzen möglich oder die Zuordnung von Kompetenzen zu einer einzelnen Gewalt nicht eindeutig sei. Die Beurteilung der Maßnahme in der zweiten Kategorie beruhe daher auf tatsächlichen Umständen und Motiven und sei immer anhand des Einzelfalls zu entscheiden.[581]

Die dritte Kategorie erfasse Maßnahmen des Präsidenten, die dem ausdrücklichen oder konkludenten Willen des Kongresses zuwiderliefen. Die Exekutivgewalt sei in dieser Kategorie am schwächsten, da der Präsident sich ausschließlich auf eigene verfassungsrechtliche Kompetenzen berufen könne, die jedoch durch bestehende Kongresskompetenzen beschränkt würden. In diesem Fall könne eine Kompetenz des Präsidenten nur dann angenommen werden, wenn sich diese nicht mit verfassungsrechtlichen Kongresskompetenzen überschneide.[582]

a. Zuordung zu Jacksons erster Kategorie?

Nach dem Jackson-Test unterfällt der Einsatz des Militärs zum Abschuss eines entführten Passagierflugzeugs der ersten Kategorie, wenn der Präsident sich neben eigenen verfassungsrechtlichen Kompetenzen (aa.) auch auf eine ausdrückliche (bb.) oder konkludente (cc.) Ermächtigung durch den Kongress berufen kann. Für den Fall des Fehlens einer ausdrücklichen oder konkludenten Ermächtigung, ist zu fragen, ob der Befehl zum Abschuss gegen ein ausdrückliches gesetzliches Verbot verstößt. Sollte dies

580 Youngstown Sheet and Tube Co. v. Sawyer, 343 U.S. 579 (635 f.), 72 S.Ct. 863 (870 f.) (1952), Jackson concurring.

581 Youngstown Sheet and Tube Co. v. Sawyer, 343 U.S. 579 (637), 72 S.Ct. 863 (871) (1952), Jackson concurring.

582 Youngstown Sheet and Tube Co. v. Sawyer, 343 U.S. 579 (637 f.), 72 S.Ct. 863 (871) (1952), Jackson concurring.

der Fall sein, käme dem Präsidenten eine Kompetenz nur dann zu, wenn ihm eine solche ausdrücklich durch die Verfassung zugewiesen wurde und sich diese nicht mit Kongresskompetenzen überschneidet.

aa. Verfassungsrechtliche Kompetenz

Von administrativer Seite wird vorgetragen, die Commander-in-Chief Klausel aus Art. II der US-Verfassung ermächtige den Präsidenten zum Einsatz militärischer Gewalt, auch wenn der Einsatz zur Abwehr einer terroristischen Bedrohung geschehe.[583] Dabei beinhalte die Befugnis zum Oberbefehl zugleich die Kompetenz zu entscheiden, welche Handlungen diesem unterfielen.[584]

Artikel II Abschnitt 2 der US-Verfassung verknüpft die Oberbefehlsgewalt über das Militär mit der Person des Präsidenten, ohne jedoch den Umfang dieser Kompetenz konkreter zu definieren.[585] Die Verfassung ordnet das Oberbefehls- und Begnadigungsrecht ausdrücklich der Person des amtierenden Präsidenten zu. Im Unterschied hierzu sind die „war powers“ zwischen dem Präsidenten und dem Kongress geteilt. Ersterer hält das militärische Oberbefehlskommando und Letzterer ist befugt, einen Krieg zu erklären sowie die fiskalische Gewalt über militärische Maßnahmen auszuüben.[586] Höchst umstritten ist, ob hieraus die Notwendigkeit einer kongressionalen Ermächtigung des Präsidenten zur Anordnung militärischer

583 Delahunty/Yoo, The President's Constitutional Authority to Conduct Military Operations Against Terrorist Organizations and the Nations that Harbor or Support Them, 25 Harv. J. L. & Pub. Pol'y (2001/02), 487 (517); Memorandum from John Yoo to Timothy Flanigan, (September 25, 2001), in: The Torture Papers: The Road to Abu Ghraib, S. 23 f.; in diese Richtung auch Paulsen, Youngstown Goes to War, 19 Const. Comment. (2002), 215 (239).

584 Luban, On the Commander in Chief Power, 81 S. Cal. L. Rev. (2007/08), 477 (482).

585 Art. II Abschnitt 2 US-Verfassung: "The President shall be Commander in Chief of the Army and Navy of the United States, and of the Militia of the several States, when called into the actual Service of the United States (…)".

586 Art. I Abschnitt 8 US-Verfassung: "The Congress shall have Power To lay and collect Taxes, Duties, Imposts and Excises, to pay the Debts and provide for the common Defence and general Welfare of the United States; but all Duties, Imposts and Excises shall be uniform throughout the United States; (…) To declare War; (…) To raise and support Armies, but no Appropriation of Money to that Use shall be for a longer Term than two Years (…)".

Kampfhandlungen folgt.[587] Die Debatte um die Natur und den Umfang von unilateralen, inhärenten Exekutivkompetenzen geht auf den Austausch zwischen Alexander Hamilton, James Madison und John Jay zurück und wird insbesondere in Bezug auf unilaterale Kompetenzen des Präsidenten im Bereich von Außenpolitik, Initiierung kriegerischer Handlungen und andere Exekutivprivilegien im Bereich der nationalen Sicherheit und Immunität geführt.[588] Eine auf Madison zurückgehende Verfassungsänderung modifizierte das Recht „Krieg zu führen" dahingehend, dem Kongress die Kompetenz „einen Krieg zu erklären" vorzubehalten[589], um den Präsidenten zu befähigen, uneingeschränkt auf unerwartete Angriffe zu reagieren.[590] Daraus wird die Kompetenz des Präsidenten abgeleitet, keine gesetzliche Ermächtigung durch den Kongress zur Landesverteidigung zu benötigen, solange die USA keinen illegalen Angriffskrieg beginnen.[591]

Kernpunkt der akademischen Debatte ist die Frage, wem die Kompetenz zur Initiierung aggressiver Kampfhandlungen zukommt. Da jedoch unstreitig ist, dass der Präsident eine Kompetenz hat, militärische Handlun-

---

587 Dazu Fisher, Unchecked Presidential Wars, 148 U. Pa. L. Rev. (2000), 1637 (1657 ff.) m.w.N.; Powell, The President as the Commander in Chief, S. 210 ff.; Ramsey, The Constitution's Text in Foreign Affairs, S. 218 ff.; Yoo, The Continuation of Politics by Other Means, 84 Cal. L. Rev. (1996), 167 (175 ff.); zusammenfassender Überblick zur Argumentation bei Edelson, Presidential Emergency Powers: From the Drafting of the Constitution to the War on Terror, S. 8 ff.; dazu bereits Pusey, The Way We Go to War, S. 1 ff.

588 Gray Adler, The Steel Seizure Case and Inherent Presidential Power, 19 Const. Comment. (2002), 155 (155) m.w.N. (ebd., Anm. 2, 3, 4); vgl. Kesler/Rossiter (Hrsg.), The Federalist Papers, No. 4: The Same Subject Continued (Jay), S. 13 ff., No. 23: The Necessity of a Government as Energetic as the One Proposed to the Preservation of the Union (Hamilton), S. 120 ff., No. 47: The Particular Structure of the New Government and the Distribution of Power Among its different Parts (Madison), S. 268 ff., No. 70: The Executive Department Further Considered (Hamilton), S. 391 ff.

589 Farrand (Hrsg.), The Records of the Federal Convention of 1787, Vol. II, S. 318, (Onlinequelle); Stokes Paulsen, Youngstown Goes to War, 19 Const. Comment. (2002), 215 (238).

590 Farrand (Hrsg.), The Records of the Federal Convention of 1787, Vol. II, S. 318, (Onlinequelle); Madison, Debates in the Federal Convention of 1787, S. 337, (Onlinequelle); O'Brian, Constitutional Law and Politics, Vol. I, S. 264; Fisher, Presidential War Powers, S. 8 f.

591 So Turner, America Fights Back: The Legal Issues, 11 Cardozo J. Int'l & Comp. L. (2003-2004), 831 (868).

gen zur Abwehr eines Angriffs auf die USA anzuordnen,[592] ist anzunehmen, dass im Falle eines Abschusses zur Abwehr eines bewaffneten Angriffs eine verfassungsrechtliche Kompetenz des Präsidenten zum Einsatz des Militärs besteht.

bb. Ausdrückliche Ermächtigung

Es wurde bereits festgestellt, dass sich eine ausdrückliche Ermächtigung zum Abschuss nicht aus der AUMF selbst ergibt. Soweit eine der Öffentlichkeit unbekannte Präsidiale Direktive einen Abschuss und die Befehlskompetenzen regeln sollte, lässt sich hieraus nicht auf eine Intention des Kongresses zur Regelung einer präsidialen Handlung im Sinne des Jackson-Tests schließen.

cc. Konkludente Ermächtigung

Fraglich ist, ob eine konkludente Ermächtigung durch den Kongress zum Einsatz des Militärs besteht. Grundsätzlich spricht hiergegen, dass nach dem Posse Comitatus Act der inländische Einsatz des Militärs bis auf wenige Ausnahmen ausgeschlossen wird. Daher gilt es zu untersuchen, ob der Einsatz des Militärs zum Abschuss einer entführten und pervertierten Passagiermaschine durch den Posse Comitatus Act ausgeschlossen ist.

aaa. Ausdrückliches Verbot durch den Posse Comitatus Act

Der 1878 erlassene Posse Comitatus Act verbietet jeglichen inländischen Einsatz von Armee und Luftwaffe zur Durchsetzung der Gesetze, wenn nicht eine verfassungsrechtliche oder eine seitens des Kongresses erlassene

---

592 Farrand (Hrsg.), The Records of the Federal Convention of 1787, Vol. II, S. 318, (Onlinequelle); Fisher, Unchecked Presidential Wars, 148 U. Pa. L. Rev. (2000), 1637 (1647); Grimmett, The War Powers Resolution: After Thirty-Six Years, Congressional Research Service, S. 1, (Onlinequelle); Madison, Debates in the Federal Convention of 1787, S. 337, (Onlinequelle); krit. Ligatti, The Legality of American Military Troops Engaging in Domestic Law Enforcement in the Event of a Major Terrorist Attack, 41 New Eng. L. Rev. (2006), 199 (227).

ausdrückliche Ermächtigung existiert.[593] Der Posse Comitatus Act wurde 1981 erweitert, dennoch wird der unmittelbare Einsatz des Militärs, insbesondere um Durchsuchungen und Beschlagnahmen durchzuführen, weiterhin untersagt.[594] Ein Militäreinsatz verstoße regelmäßig dann gegen den Posse Comitatus Act, wenn das Militär aktiv durch zivile Behörden zum Gesetzesvollzug eingesetzt werde, der militärische Einsatz die Aufgaben ziviler Behörden erfülle und durch den Streitkräfteeinsatz Zivilpersonen regelnder, bindender oder verpflichtender militärischer Gewalt ausgesetzt würden.[595] Wurde bereits für einen die Bewegungsfreiheit einschränkenden Absperrring durch das Militär eine regelnde, bindende und verpflichtende Natur angenommen, die dem grundsätzlichen Verbot des Posse Comitatus Acts unterfiel,[596] muss dies erst recht für eine militärische Maßnah-

593 18 U.S.C. § 1385 – Use of Army and Air Force as posse comitatus: "Whoever, except in cases and under circumstances expressly authorized by the Constitution or Act of Congress, willfully uses any part of the Army or the Air Force as a posse comitatus or otherwise to execute the laws shall be fined under this title or imprisoned not more than two years, or both.", (Onlinequelle); dazu etwa Canestaro, Homeland Defense: Another Nail in the Coffin for Posse Comitatus, 12 Wash. U. J. L. & Pol'y (2003), 99 (99 ff.); Cunningham, The Military's Involvement in Law Enforcement, 26 Seattle U. L. Rev. (2003), 699 (702 ff.); Felicetti/Luce, The Posse Comitatus Act, 175 Mil. L. Rev. (2003), 86 (88 ff.); Kealy, Examining the Posse Comitatus Act, 21 Yale L. & Pol'y Rev. (2003), 383 (389 ff.); Sharum, The Politics of Fear and Outsourcing Emergency Powers, 37 Lincoln L. Rev. (2009-2010), 111 (114 ff.).

594 10 U.S.C. § 375 – Restriction on direct participation by military personnel: "The Secretary of Defense shall prescribe such regulations as may be necessary to ensure that any activity (including the provision of any equipment or facility or the assignment or detail of any personnel) under this chapter does not include or permit direct participation by a member of the Army, Navy, Air Force, or Marine Corps in a search, seizure, arrest, or other similar activity unless participation in such activity by such member is otherwise authorized by law.", (Onlinequelle).

595 Hunter, The Law of Emergencies, S. 93.

596 United States v. Banks, United States District Court, D. South Dakota, Western Division, 383 F.Supp. 389 (395) (1974); Bissonette v. Haig, United States Court of Appeals, Eighth Circuit, 776 F.2d 1384 (1388 f.) (1985); Bissonette v. Haig, United States Court of Appeals, Eighth Circuit, 800 F.2d 812 (814 ff.) (1986); aus Beweisgründen offengelassen in United States v. Jaramillo, United States District Court, D. Nebraska, 380 F.Supp. 1375 (1380 f.) (1974); im Umkehrschluss auch aus Laird v. Tatum, 408 U.S. 1 (13 f.), 92 S.Ct. 2318 (2325) (1972), eine Rechtsverletzung durch die bloße Anwesenheit des Militärs verneinend; dazu O'Shaughnessy, The Posse Comitatus Act, 13 Am. Crim. L. Rev. (1975-1976), 713 (726 ff.).

me gelten, die das Leben der betroffenen Flugzeuginsassen beenden würde.

Zum Teil wird jedoch angenommen, der Posse Comitatus Act finde auf den militärischen Einsatz zur Abwehr eines terroristischen Angriffes schon deshalb keine Anwendung, weil die Abwehr einer terroristischen Bedrohung rein militärisch und nicht zur Durchsetzung von Gesetzen erfolge.[597]

Hierfür spricht zunächst auch die von den Vereinigten Staaten vorgenommene Einordnung der 9/11-Anschläge als „acts of war".[598] Allerdings verstoßen die Flugzeugentführer auch gegen mehrere Bundesgesetze.[599] Auch die New Yorker Polizei gab bekannt, im Notfall entführte Flugzeuge eigenständig abzuschießen.[600] Insoweit würde ein Abschuss zumindest auch einen ordnungsrechtlichen Bezug aufweisen.

Befürwortet wird auch, eine militärische Unterstützung der Behörden immer dann anzunehmen, wenn die behördlichen Kapazitäten zur Gefahrenabwehr nicht ausreichten.[601] Fehlen also taugliche polizeiliche Mittel zum Abschuss und das Militär wird unterstützend hinzugezogen, unterfällt die Unterstützungsleistung des Militärs dem Verbot des Posse Comitatus Acts. Der Einsatz kann daher nur dann als zulässig bewertet werden,

---

597 Office of Legal Counsel, U.S. Department of Justice, Memorandum for Alberto R. Gonzales, William J. Haynes II, General Counsel of the Department of Defense, Re: Authority for Use of Military Force to Combat Terrorist Activity Within the United States, 23.10.2001, S. 16, (Onlinequelle), im Widerspruch zur amerikanischen Tradition den inländischen Einsatz des Militärs abzulehnen, vgl. etwa Laird v. Tatum, 408 U.S. 1 (15 f.), 92 S.Ct. 2318 (2326 f.) (1972).

598 So auch Resnicoff, Shooting Down Suicide Airplanes, 10 Issues in Aviation Law and Policy (2010-2011), 281 (295).

599 Doyle, Terrorist Attacks on Commercial Airlines: Federal Criminal Prohibitions, in: Terrorists, Enemy Combatant Detainees and the Judicial System, S. 119 (120 ff.); exemplarische Aufzählung bei Office of Legal Counsel, U.S. Department of Justice, Memorandum for Alberto R. Gonzales, William J. Haynes II, General Counsel of the Department of Defense, Re: Authority for Use of Military Force to Combat Terrorist Activity Within the United States, 23.10.2001, S. 21 f., (Onlinequelle); allgemein zu den unterschiedlichen Qualifizierungsmöglichkeiten bei Demaine/Rosen, Process Danger of Military Involvement in Civil Law Enforcement, 9 N.Y.U. J. Legis. & Publ. Pol'y (2005-2006), 167 (185 ff.).

600 National Post, "NYPD Able to Shoot Down Planes Over City: Police Chief", 26.09.2011, (Onlinequelle); Stevens, "NYPD-Missiles would not have stopped 9/11": Mayor Bloomberg Casts Doubt on Police Chief's Claim That Cops Can Shoot Down Planes over New York, The Daily Mail, 26.09.2011, (Onlinequelle).

601 Klinger/Grossman, Who Should Deal with Foreign Terrorists on U.S. Soil?, 25 Harv. J. L. & Pub. Pol'y (2001/2002), 815 (824, 826 f.).

wenn ein Kongressgesetz oder die Verfassung selbst hierzu eine Befugnis vorhält.

Zunächst ist also zu überprüfen, ob eine delegierte Befugnis durch ein Kongressgesetz vorliegt. Dieses Vorgehen entspricht nicht nur dem einer gerichtlichen Überprüfung, sondern würde zugleich eine Zuordnung der präsidialen Kompetenz zur ersten Kategorie des Jackson-Tests ermöglichen.

Der Homeland Security Act 2002 bestätigte eine Kompetenz des Präsidenten zum inländischen Militäreinsatz in Notfallsituationen ohne gesetzliche Ermächtigung, wenn der Einsatz erforderlich ist, um präsidiale, verfassungsrechtliche Aufgaben zu erfüllen und unmittelbar auf Kriegszustände, Aufstände oder andere ernsthafte Notsituationen zu reagieren.[602]

Gleichermaßen konkretisiert die War Powers Resolution die Befugnis zum Einsatz der amerikanischen Streitkräfte im Rahmen bewaffneter Konflikte oder in Situationen, in denen ein bewaffneter Konflikt wahrscheinlich ist, wenn entweder den Vereinigten Staaten der Krieg erklärt wurde oder eine ausdrückliche gesetzliche Befugnis gegeben ist oder ein nationaler Notfall durch einen Angriff auf die Vereinigten Staaten vorliegt (3).[603]

---

602 6 U.S.C. § 466 (a): "(4) Nevertheless, by its express terms, the Posse Comitatus Act is not a complete barrier to the use of the Armed Forces for a range of domestic purposes, including law enforcement functions, when the use of the Armed forces is authorized by Act of Congress or the President determines that the use of the Armed Forces is required to fulfill the President's obligations under the Constitution to respond promptly in time of war, insurrection, or other serious emergency.", (Onlinequelle).

603 50 U.S.C. § 1541 (c): "The constitutional powers of the President as Commander-in-Chief to introduce United States Armed Forces into hostilities, or into situations where imminent involvement in hostilities is clearly indicated by the circumstances, are exercised only pursuant to (1) a declaration of war, (2) specific statutory authorization, or (3) a national emergency created by attack upon the United States, its territories or possessions, or its armed forces.", (Onlinequelle). Die Verfassungsmäßigkeit der Vorschrift soll im Folgenden nicht näher untersucht werden; weiterführend dazu aber: Bejesky, Precedent Supporting the Constitutionality of Section 5(b) of the War Powers Resolution, 49 Willamette L. Rev. (2012), 1 (2 ff.); Carter, The Constitutionality of the War Powers Resolution, 70 Va. L. Rev. (1984), 101 (104 ff.); Firmage, The War Powers of Congress and Revision of the War Powers Resolution, 17 J. Contemp. L. (1991), 237 (238 ff.); Glennon, Too Far Apart: Repeal the War Powers Resolution, 50 U. Miami L. Rev. (1995), 17 (18 ff.); Haltermann/Lobel/Starr/Ratner/Klimaski, The Fog of War [Powers], 37 Stan. J. Int'l L. (2001), 197 (200 ff.); Henn, Under the Color of Law, S. 29 ff.; Mandel, A License to Kill: America's Balance of War Powers and the Flaws of the War Powers Resolution, 7 Cardozo Pub. L. Pol'y & Ethics (2009), 785 (789 ff.); Office of Legal Counsel, U.S. De-

Weder in der Verfassung noch durch ein Kongressgesetz wird eine Notsituation oder ein Notfall konkreter definiert.[604] Allerdings beschreibt der Congressional Research Service einen Notfall als ein plötzlich eintretendes Ereignis mit unvorhersehbaren Folgen und von nicht absehbarer Dauer, mit einem großen Schadenspotenzial für Leben und Eigentum einer großen Anzahl von Personen, das unmittelbare staatliche Abwehrmaßnahmen erforderlich macht.[605]

Die Verwendung eines entführten Passagierflugzeugs als Waffe ist als ein plötzlich eintretendes Ereignis zu werten, das geeignet ist, einen massiven Personenschaden und gravierende wirtschaftliche Schäden hervorzurufen, sofern nicht sofortige staatliche Maßnahmen eingesetzt werden, um einen Terroranschlag abzuwenden. Daher ermächtigt zumindest auch die Alt. (3) der War Powers Resolution den Präsidenten zum Einsatz des Militärs.

Ferner kommt eine Einsatzbefugnis auch nach dem Insurrection Act in Betracht. Nach 10 U.S.C. § 333 darf der Präsident die militärischen Maßnahmen anordnen, die er für notwendig erachtet, um in einem Bundesland Aufstände, inländische Gewalt oder Verschwörungen, die die Anwendung der Gesetze ausschließen oder behindern, zu unterdrücken.[606] Dabei erlaube der Insurrection Act explizit den inländischen Militäreinsatz auch zur bloßen Verfolgung eines ordnungsrechtlichen Zwecks in Form der Wiederherstellung und Unterstützung der Durchführung und Einhaltung von Gesetzen.[607]

---

partment of Justice, Memorandum for Alberto R. Gonzales, William J. Haynes II, General Counsel of the Department of Defense, Re: Authority for Use of Military Force to Combat Terrorist Activity Within the United States, 23.10.2001, S. 13 f., (Onlinequelle); Rushkoff, A Defense of the War Powers Resolution, 93 Yale L. J. (1984), 1330 (1351 ff.); Turner, The War Powers Resolution at 40, 45 Case Wes. Res. J. Int'l L. (2012), 109 (110 ff.); Yoo, The Continuation of Politics by Other Means, 84 Cal. L. Rev. (1996), 167 (175 ff.).

604 Hunter, The Law of Emergencies, S. 6.

605 Nach Hunter, The Law of Emergencies, S. 6.

606 10 U.S.C. § 333: "The President, by using the militia or the armed forces, or both, or by any other means, shall take such measures as he considers necessary to suppress, in a State, any insurrection, domestic violence, unlawful combination, or conspiracy, if it – (…) (2) opposes or obstructs the execution of the laws of the United States or impedes the course of justice under those laws.", (Onlinequelle).

607 Office of Legal Counsel, U.S. Department of Justice, Memorandum for Alberto R. Gonzales, William J. Haynes II, General Counsel of the Department of Defense, Re: Authority for Use of Military Force to Combat Terrorist Activity Within the United States, 23.10.2001, S. 22, (Onlinequelle).

Zum Teil wird angenommen, die 9/11-Anschläge erfüllten den Tatbestand eines Aufstands im Sinne des Insurrection Acts, da der Zweck der Anschläge darin bestanden habe, sowohl das Regierungs- als auch das Finanzzentrum der USA handlungsunfähig zu machen.[608] Historisch wurde jedoch der Insurrection Act zur Aufrechterhaltung der existierenden Ordnung geschaffen und nicht um terroristische Angriffe abzuwehren.[609] Die amerikanische Regierung hat zudem deutlich gemacht, die terroristischen Attacken als kriegerische Handlungen und nicht als Aufstände zu bewerten.[610] Der Terminus des heimischen Aufstands scheint angesichts einer möglichen Exterritorialität der Urheber eines Terroranschlags auch vom Wortsinn abwegig.[611] Ferner erlaubt der Insurrection Act einen militärischen Einsatz, initiiert durch den Präsidenten ohne vorherige Anrufung durch den Gouverneur des betroffenen Staates nur dann, wenn anderenfalls die existierende Ordnung nicht aufrechterhalten werden kann.[612] Ein solches Schadensausmaß ist auch bei einem Anschlagspotenzial vergleichbar mit dem vom 11. September 2001 nicht zu erwarten. Der Insurrection Act ist folglich nicht als Eingriffsbefugnis einschlägig. Die Einschätzung wird durch die vorgesehenen expliziten Ausnahmen vom Insurrection Act im Falle eines Angriffs mit chemischen, biologischen oder nuklearen Waf-

608 Schmidt/Klinger, Altering the Posse Comitatus Act, 39 Creighton L. Rev. (2005-2006), 667 (676 f.), zumindest in Bezug auf Art. VI Abschnitt 4 US-Verfassung. Beide befürworten dennoch eine Abänderung des Posse Comitatus Acts, da ihrer Meinung nach das vorgesehene Verfahren zu langwierig für eine effektive Abwehr eines mit einem entführten Zivilluftfahrzeugs verübten Terroranschlags wäre; für die Qualifizierung eines Terroranschlags als Aufstand auch Mazzone, The Comandeerer in Chief, 83 Notre Dame L. Rev. (2007/08), 265 (277).

609 Demaine/Rosen, Process Danger of Military Involvement in Civil Law Enforcement, 9 N.Y.U. J. Legis. & Publ. Pol'y (2005-2006), 167 (194).

610 Ackerman, Response: This is Not a War, 113 Yale L. J. (2004), 1871 (1873).

611 So auch Ligatti, The Legality of American Military Troops Engaging in Domestic Law Enforcement in the Event of a Major Terrorist Attack, 41 New Eng. L. Rev. (2006), 199 (212 f.).

612 10 U.S.C. § 331: "Whenever there is an insurrection in any State against its government, the President may, upon the request of its legislature or of its governor if the legislature cannot be convened, call into Federal service such of the militia of the other States, in the number requested by that State, and use such of the armed forces, as he considers necessary to suppress the insurrection.", (Onlinequelle).

fen gestützt.[613] Diese erlauben den Umkehrschluss, alle anderen nicht ausdrücklich geregelten Angriffshandlungen unterfielen dem grundsätzlichen Verbot des Posse Comitatus Acts.[614] Mithin ist der Insurrection Act im Falle eines Terroranschlags nicht geeignet, den inländischen Militäreinsatz im Sinne des Posse Comitatus Acts zu autorisieren.[615]

bbb. Zwischenergebnis

Die War Powers Resolution sowie der Act of Homeland Security 2002 ermächtigen den Präsidenten zum inländischen Militäreinsatz, um plötzliche Angriffe auf die Vereinigten Staaten abzuwehren und stellen eine taugliche Einsatzbefugnis im Sinne des Posse Comitatus Acts dar. Da beide Ermächtigungen als konkludente Kongressermächtigung gelesen werden können, das Militär im Falle eines inländischen Terroranschlags zur Abwehr einzusetzen, ist die Kompetenz des Präsidenten der ersten Kategorie des Jackson-Tests zuzuordnen.[616]

b. Ergebnis

Der Präsident der Vereinigten Staaten ist entscheidungsbefugt, terroristische Anschläge durch den Einsatz militärischer Mittel abzuwehren. Teilt man die Ansicht, eine Entscheidungskompetenz resultiere bereits unmittelbar aus der verfassungsrechtlichen Zuweisung des Oberbefehls, nicht, so folgt zumindest aus den einfachgesetzlichen Regelungen der War Powers Resolution und dem Homeland Security Act 2002 die konkludente Ermächtigung, das Militär zum Abschuss auch im Inland einzusetzen.

---

613 10 U.S.C. § 382 – Emergency situations involving weapons of mass destruction, (Onlinequelle); 18 U.S.C. § 831 – Prohibited transactions involving nuclear materials, (Onlinequelle).

614 Ligatti, The Legality of American Military Troops Engaging in Domestic Law Enforcement in the Event of a Major Terrorist Attack, 41 New Eng. L. Rev. (2006), 199 (212).

615 So auch Demaine/Rosen, Process Danger of Military Involvement in Civil Law Enforcement, 9 N.Y.U. J. Legis. & Publ. Pol'y (2005-2006), 167 (194); Ligatti, The Legality of American Military Troops Engaging in Domestic Law Enforcement in the Event of a Major Terrorist Attack, 41 New Eng. L. Rev. (2006), 199 (212).

616 Eine Entscheidung bzgl. inhärenter präsidialer Kompetenzen kann somit dahinstehen, dazu etwa O'Brian, Constitutional Law and Politics, Vol. I, S. 340 ff.

Unberührt hiervon verbleibt dem Kongress die Möglichkeit ein Gesetz zu erlassen, das den Präsidenten ausdrücklich im Voraus zum Einsatz militärischer Gewalt zum Abschuss entführter Passagiermaschinen ermächtigt, ebenso, wie die Möglichkeit einer nachträglichen gesetzlichen Ratifikation, die die Exekutiventscheidung durch eine weitere Legitimationsquelle ergänzen könnte, soweit keine verfassungsrechtlichen Vorgaben entgegenstehen.[617] Hierfür hat sich der Kongress die aus dem englischen Recht folgende Praxis der nachträglichen Ratifikation von vormals verfassungs- oder rechtswidrigen Handlungen der Exekutive, insbesondere des Präsidenten, zu eigen gemacht.[618] Eine nachträgliche Ermächtigung durch den Kongress hängt davon ab, ob dieser die Umstände eines Notfalls und die Motive der exekutiven Entscheidung teilt.[619] Die Praxis der legislativen Genehmigung wurde vom Supreme Court ausdrücklich bestätigt.[620]

II. Weitere verfassungsrechtliche Bestimmungen

Besteht somit eine Kompetenz des Präsidenten, den Abschuss einer entführten Zivilmaschine anzuordnen, ist weiterhin fraglich, ob der Abschuss einer Maschine mit auch unbeteiligten Flugzeuginsassen verfassungsrechtlich zulässig ist oder, ob ein solcher auch in den USA gegen verfassungsrechtliche Individualrechtsgarantien verstößt. In Betracht kommt ein Verstoß gegen den IV. (1.) und V. (2.) Verfassungszusatz sowie gegen das Verbot der Individualbestrafung aus Art. I Abschnitt 9 der US-Verfassung (3.).

---

617 Raven-Hansen/Banks, Pulling the Purse Strings of the Commander in Chief, 80 Va. L. Rev. (1994), 833 (853).

618 Gray Adler, The Steel Seizure Case and Inherent Presidential Power, 19 Const. Comment. (2002), 155 (174 ff.), mit Nachweisen zur historischen Praxis.

619 Siehe Gray Adler, The Steel Seizure Case and Inherent Presidential Power, 19 Const. Comment. (2002), 155 (177).

620 The Apollon, 22 U.S. 362 (366 f.) (1824): "It may be fit and proper for the government, in the exercise of the high discretion confided to the executive, for great public purposes, to act on a sudden emergency, or to prevent an irreparable mischief, by summary measures which are not found in the text of the laws. Such measures are properly matters of state, and if the responsibility is taken, under justifiable circumstances, the Legislature will doubtless apply to proper indemnity.", (ebd.); The Brig Amy Warwick, 67 U.S. 635 (670 f.) (1862).

1. IV. Verfassungszusatz

Der IV. Verfassungszusatz schützt das Recht auf Sicherheit der Person, der Wohnung, der Urkunden und des Eigentums vor willkürlicher Durchsuchung, Verhaftung und Beschlagnahme. Hausdurchsuchungsbeschlüsse und Haftbefehle dürfen nur bei Vorliegen eines eidlich oder eidesstattlich erhärteten Rechtsgrundes ausgestellt werden und müssen die zu durchsuchende Örtlichkeit und die in Gewahrsam zu nehmenden Personen oder Gegenstände genau bezeichnen.[621]

a. Anwendbarkeit

Zum Teil wird vertreten, der IV. Verfassungszusatz finde im Falle einer nationalen Bedrohung durch Terroristen keine Anwendung, um die Effektivität militärischer Abwehrmaßnahmen nicht zu behindern.[622] Gegen eine Ausnahme aus dem Schutzbereich des IV. Verfassungszusatzes spricht zunächst schon die Möglichkeit der Durchführung eines Abschusses durch die Landespolizei selbst als gefahrenabwehrrechtliche und nicht militärische Maßnahme.[623] Im Übrigen ist aber auch die umfängliche Ausklammerung militärischer Maßnahmen aus dem Schutzbereich verfassungsrechtlicher Garantien nicht nachvollziehbar. Der Supreme Court hat die Kontrolle militärischer Maßnahmen mittels des IV. Verfassungszusatzes

---

621 IV. Verfassungszusatz US-Verfassung: "The right of the people to be secure in their persons, houses, papers, and effects, against unreasonable searches and seizures, shall not be violated, and no Warrants shall issue, but upon probable cause, supported by Oath or affirmation, and particularly describing the place to be searched, and the persons or things to be seized.".

622 Delahunty, The Fourth Amendment Goes to War, 10 Engage: J. Federalist Soc'y Prac. Groups (2009), 107 (112), mit Bezug auf United States v. Green; United States Courts of Appeals, Fifth Circuit 293 F.3d 855 (2002), der eine Verletzung des IV. Verfassungszusatzes mangels Verhältnismäßigkeit der Maßnahme ablehnte, nicht hingegen dessen Anwendbarkeit auf militärische Maßnahmen (ebd., 859); Office of Legal Counsel, U.S. Department of Justice, Memorandum for Alberto R. Gonzales, William J. Haynes II, General Counsel of the Department of Defense, Re: Authority for Use of Military Force to Combat Terrorist Activity Within the United States, 23.10.2001, S. 25, (Onlinequelle).

623 Siehe Anm. 600.

ausdrücklich bestätigt.[624] Die Verfassungsmäßigkeit der Tötung der Flugzeuginsassen ist daher anhand des IV. Verfassungszusatzes zu überprüfen.[625] Für den Fall eines polizeilichen Abschusses gehen die Grundsätze des IV. Verfassungszusatzes im XIV. Verfassungszusatz[626] auf und finden über diesen Anwendung auf Maßnahmen der Bundesstaaten.[627]

Der persönliche Schutzbereich des IV. Verfassungszusatzes beschränkt sich auf US-amerikanische Staatsbürger und Nicht-Staatsbürger, die in einer dauerhaften besonderen Verbindung zu den Vereinigten Staaten stehen.[628] Eine solche wurde angenommen, wenn der Betroffene sich bereits längere Zeit in USA aufhielt oder dort gemeldet war.[629] Für die Flugzeuginsassen, die weder US-amerikanische Staatsbürger sind noch ihren dauerhaften Aufenthaltsort in den Vereinigten Staaten haben, ist der IV. Verfassungszusatz nicht anwendbar.

---

624 Laird v. Tatum, 408 U.S. 1 (15 f.), 92 S.Ct. 2318 (2327) (1972); die hinzugezogene Rechtsprechung auf die sich Yoo/Delahunty bezogen, kam zwar zu einer Ablehnung einer Kontrolle von militärischen Maßnahmen, die infrage stehenden Maßnahmen wurden jedoch im Ausland ausgeführt, sodass hieraus keine Übertragbarkeit auf inländische militärische Maßnahmen folgt, Office of Legal Counsel, U.S. Department of Justice, Memorandum for Alberto R. Gonzales, William J. Haynes II, General Counsel of the Department of Defense, Re: Authority for Use of Military Force to Combat Terrorist Activity Within the United States, 23.10.2001, S. 25, (Onlinequelle).

625 Auch Resnicoff, Shooting Down Suicide Airplanes, 10 Issues in Aviation Law and Policy (2010-2011), 281 (298 f.); wohl auch Dreyfuss, My Fellow Americans, We Are Going to Kill You, 65 Vand. L. Rev. (2012), 249 (279).

626 XIV. Verfassungszusatz Abschnitt 1 US-Verfassung: "All persons born or naturalized in the United States, and subjects to the jurisdiction thereof, are citizens of the United States and of the State wherein they reside. No State shall make or enforce any law which shall abridge the privileges or immunities of citizens of the United States; nor shall any State deprive any person of life, liberty, or property, without due process of law; nor deny any person within its jurisdiction the equal protection of the laws.".

627 Camara v. Municipal Court of the City and County of San Francisco, 387 U.S. 523 (528), 87 S.Ct. 1727 (1730) (1967).

628 United States v. Verdugo-Urquidez, 494 U.S. 259 (271), 110 S.Ct. 1056 (1064) (1990).

629 Yick Wo v. Hopkins, 118 U.S. 356 (369), 6 S.Ct. 1064 (1070) (1886); Wong Wing v. United States, 163 U.S. 228 (237 f.), 16 S.Ct. 977 (981) (1896); Plyler v. Doe, 457 U.S. 202 (209 f.), 102 S.Ct. 2382 (2391 f.) (1982).

b. Voraussetzungen des IV. Verfassungszusatzes

In Ermangelung eines Präzedenzfalls eines Abschusses einer Zivilmaschine im Inland ist auf die rechtliche Bewertung anderer hoheitlich letal wirkender Maßnahmen zurückzugreifen.[630]

Der Einsatz auch tödlich wirkender Polizeigewalt kann eine Beschlagnahme („seizure") im Sinne des IV. Verfassungszusatzes darstellen,[631] wobei zur Feststellung einer Beschlagnahme immer die Umstände des Einzelfalls entscheidend zu berücksichtigen sind.[632] Stellt der Abschuss einer entführten, pervertierten Zivilmaschine eine Beschlagnahme dar (aa.), so ist diese nur dann verfassungskonform, wenn sie dem Erfordernis des „Reasonableness"-Standards genügt (bb.).[633]

aa. Beschlagnahme

Der Supreme Court hat in den Entscheidungen Terry v. Ohio (aaa.), Brower v. County of Inyo (bbb.) und U.S. v. Mendenhall (ccc.) die inhaltlichen Anforderungen an eine verfassungsrechtlich relevante Beschlagnahmehandlung herausgearbeitet,[634] die anschließend auf den Flugzeugabschuss angewendet werden sollen (ddd.).

aaa. Terry v. Ohio

In Terry v. Ohio[635] formulierte der Supreme Court zwei Handlungskategorien, durch die eine Beschlagnahme im Sinne des IV. Verfassungszusatzes

---

630 So auch Resnicoff, Shooting Down Suicide Airplanes, 10 Issues in Aviation Law and Policy (2010-2011), 281 (298 f.).

631 Tennessee v. Garner, 471 U.S. 1 (7), 105 S.Ct. 1694 (1699) (1985); Graham v. Connor, 490 U.S. 386 (386, 395), 109 S.Ct. 1865 (1867, 1871) (1989).

632 Schmerber v. California, 384 U.S. 757 (772), 86 S.Ct. 1826 (1836) (1966); Michigan v. Chesternut, 486 U.S. 567 (573), 108 S.Ct. 1975 (1979 ff.) (1988); Florida v. Bostick, 501 U.S. 429 (436 f.), 111 S.Ct. 2382 (2387) (1991).

633 Allgemein Tennessee v. Garner, 471 U.S. 1 (8), 105 S.Ct. 1694 (1699) (1985): "We must balance the nature and quality of the intrusion on the individual's Fourth Amendment interests against the importance of the governmental interests alleged to justify the intrusion.".

634 So auch Urbonya, "Accidental" Shootings as Fourth Amendment Seizures, 20 Hastings Const. L. Q. (1992/93), 337 (338 ff).

635 Terry v. State of Ohio, 392 U.S. 1, 88 S.Ct. 1868 (1968).

erfolgen könne: Entweder durch den Einsatz körperlicher Gewalt oder als Ausdruck hoheitlicher Autorität, die die Freiheit des Betroffenen einschränke.[636]

bbb. Brower v. County of Inyo

In Brower v. County of Inyo[637] führte der Supreme Court die Unterscheidung zwischen rein zufälligen Folgen und vorsätzlichem Handeln zur Qualifizierung einer Beschlagnahme ein.[638] In dem der Entscheidung zugrundeliegenden Sachverhalt verlor der Betroffene Brower auf der Flucht vor der Polizei sein Leben, als er in eine Straßensperre der Polizei hineinfuhr, die errichtet wurde, um Brower zu stoppen. Der Supreme Court bejahte eine Beschlagnahme und ein vorsätzlich, hoheitliches Handeln, da eine Beschlagnahme nur dann nicht gegeben sei, wenn das Fahrzeug bloß zufällig gestoppt wurde.[639] Der Vorsatz des hoheitlich Handelnden, den Betroffenen aufzuhalten, genüge für eine Beschlagnahme im Sinne des IV. Verfassungszusatzes und müsse nicht zwingend auch den tatsächlich eingetretenen Verletzungserfolg umfassen.[640] Dabei sei das vorsätzliche Handeln anhand objektiver Kriterien zu bestimmen, die sich auf die Maßnahmen zum Stopp des betroffenen Individuums fokussierten.[641]

ccc. United States v. Mendenhall

In United States v. Mendenhall[642] konkretisierte der Supreme Court die in Terry v. Ohio eingeführte Kategorie des Ausdrucks hoheitlicher Autorität. Diese erfülle nur dann die Voraussetzungen einer Beschlagnahme, wenn in der Gesamtschau aller Umstände ein vernünftiger Dritter hätte erkennen müssen, dass ein Entfernen vom Aufenthaltsort nicht erlaubt sei.[643]

---

636 Terry v. State of Ohio, 392 U.S. 1 (19, Anm. 16), 88 S.Ct. 1868 (1878 f.) (1968).
637 Brower v. County of Inyo, 489 U.S. 593, 109 S.Ct. 1378 (1989).
638 Brower v. County of Inyo, 489 U.S. 593, (596 f.), 109 S.Ct. 1378 (1381 f.) (1989).
639 Brower v. County of Inyo, 489 U.S. 593 (597), 109 S.Ct. 1378 (1381) (1989).
640 Brower v. County of Inyo, 489 U.S. 593 (598 f.), 109 S.Ct. 1378 (1382 f.) (1989).
641 Brower v. County of Inyo, 489 U.S. 593 (599), 109 S.Ct. 1378 (1382) (1989).
642 United States v. Mendenhall, 446 U.S. 544, 100 S.Ct. 1870 (1980).
643 United States v. Mendenhall, 446 U.S. 544 (554), 100 S.Ct. 1870 (1877) (1980): "(...) only if, in view of all the circumstances surrounding the incident, a reasonable person would have believed that he was not free to leave (...)".

Der IV. Verfassungszusatz sei nicht berührt, solange der Betroffene vernünftigerweise habe annehmen können, den hoheitlichen Anweisungen nicht Folge leisten zu müssen.[644]

Die getroffene Definition wurde in California v. Hodari D.[645] dahingehend eingeschränkt, dass eine Beschlagnahme nur dann vorliege, wenn der Betroffene die jeweilige Anordnung tatsächlich befolge.[646] Werde jedoch körperliche Gewalt eingesetzt, sei eine Beschlagnahme nach der Terry v. Ohio Definition zu bejahen, soweit die Maßnahme vorsätzlich eingesetzt werde, unabhängig davon, ob der Betroffene sich gefügig verhalte oder nicht.[647]

ddd. Anwendung auf den Abschuss eines Passagierflugzeugs

Für den Fall des Flugzeugabschusses kann die in U.S. v. Mendenhall konkretisierte Kategorie des Ausdrucks hoheitlicher Autorität mangels anderweitiger faktischer Kommunikations- und Handlungsmöglichkeiten nur gegenüber den im Cockpit befindlichen Personen erfolgen. In Anwendung der Einschränkung gemäß der California v. Hodari D. Entscheidung wäre eine Beschlagnahme nur gegeben, falls den hoheitlichen Anweisungen tatsächlich entsprochen würde. Da jedoch im Falle kooperativen Verhaltens ein Abschuss des Flugzeugs schon nicht erforderlich ist, scheidet für den vorliegenden Fall eine Beschlagnahme in Form des Ausdrucks hoheitlicher Autorität aus.

Der Abschuss ist dennoch als Beschlagnahme zu qualifizieren, wenn die in Terry v. Ohio eingeführte Voraussetzung erfüllt ist, also eine körperliche Einwirkung auf die Flugzeuginsassen erfolgt.

Durch die gewaltsame Einwirkung auf das Flugzeug wird dieses zerstört und das Leben aller Flugzeuginsassen beendet. Damit ist die Voraussetzung der körperlich wirkenden Gewalt nach Terry v. Ohio gegeben. Problematisch erscheint allerdings das Vorliegen des in Brower v. County of Inyo eingeführten Kriteriums des vorsätzlichen Einsatzes. Hierzu gilt es zu klären, auf welche Merkmale sich der Vorsatz beziehen muss. Unklar ist,

---

644 United States v. Mendenhall, 446 U.S. 544 (554 f.), 100 S.Ct. 1870 (1877) (1980); krit. etwa LaFave, Pinguitudinous Police, Pachydermatous Prey: Whence Fourth Amendment "Seizures"?, 1991 U. Ill. L. Rev. (1991), 729 (734 ff.).

645 California v. Hodari D., 499 U.S. 621, 111 S.Ct. 1547 (1991).

646 California v. Hodari D., 499 U.S. 621 (626), 111 S.Ct. 1547 (1551) (1991).

647 Urbonya, "Accidental" Shootings as Fourth Amendment Seizures, 20 Hastings Const. L. Q. (1992/93), 337 (347).

ob bereits die vorsätzliche Verwendung des Mittels ohne konkretisierten Vorsatz auf dadurch hervorgerufene Folgen genügt oder, ob ein vorsätzlicher Einsatz nur dann anzunehmen ist, wenn der Vorsatz sowohl hinsichtlich der Verwendung des Mittels als auch hinsichtlich des dadurch hervorgerufenen Erfolges vorliegt.[648] Zur Klärung ist die Rechtsprechung in Bezug auf die Verletzung von unbeteiligten Dritten bei Polizeieinsätzen heranzuziehen.

Im Fall von Landol-Rivera v. Cruz Cosme[649] wurde der in einem Schnellimbiss arbeitende Landol-Rivera Opfer eines nächtlichen bewaffneten Überfalls. Als Täter und Opfer beim Verlassen des Geschäfts auf zwei Polizeibeamte trafen, drohte der Täter, Landol-Rivera zu töten. Anschließend fuhr er mit Landol-Rivera als menschlicher Schutzschild auf seinem Schoß davon. Die Beamten gaben mehrere Schüsse auf das Auto ab, wobei Landol-Rivera am Kiefer getroffen wurde und schwer verletzt überlebte.

Landol-Rivera verklagte die Polizeibeamten wegen der verfassungswidrigen Schussabgabe erstinstanzlich erfolgreich auf Schadensersatz. In zweiter Instanz wurde die Entscheidung aufgehoben, da das Gericht der Ansicht war, dass der Entschluss, auf ein entführtes Fahrzeug zu schießen, wenn der bewaffnete Geiselnehmer gedroht habe, die Geisel zu erschießen, weder rücksichtslos, gefühllos noch gleichgültig gegenüber den Rechten des Betroffenen gewesen sei.[650] Eine Gefährdung von Unbeteiligten durch polizeiliche Maßnahmen sei bei Geiselnahmen unausweichlich. Eine Beschlagnahme sei abzulehnen, da der Schuss des Polizeibeamten nicht mit dem Vorsatz abgegeben wurde, Landol-Rivera, sondern den Geiselnehmer zu stoppen.[651] Die Verletzung des Opfers sei eine versehentliche Nebenfol-

648 Schultz nimmt an, dass der Tod der Passagiere durch den Abschuss nicht absichtlich ("intent") erfolge, da ihr Tod nicht Ziel der staatlichen Maßnahme sei, auch wenn der Tod der Passagiere hierdurch mit an Sicherheit grenzender Wahrscheinlichkeit eintrete, ders., The Necessity Defense Revisited: An Examination Through the Case of Regina v. Dudley & Stephens and President Bush's Order to Shoot Down Hijacked Aircraft in the Wake of September 11, 2001, 3 Rutgers J. L. & Religion (2001-2002), Rn. 36, (Onlinequelle).

649 Landol-Rivera v. Cruz Cosme, United States Court of Appeals, First Circuit, 906 F.2d 791 (791 f.) (1990).

650 Landol-Rivera v. Cruz Cosme, United States Court of Appeals, First Circuit, 906 F.2d 791 (797) (1990).

651 Landol-Rivera v. Cruz Cosme, United States Court of Appeals, First Circuit, 906 F.2d 791 (795) (1990); so auch Medeiros v. O'Connell, United States Court of Appeals, Second Circuit, 150 F.3d 164 (168) (1998).

ge des Waffeneinsatzes und stelle keine vorsätzliche Verwendung des Mittels nach der in Brower v. County of Inyo eingeführten Definition dar.[652]

Ähnlich wurde auch im Fall Ansley v. Heinrich entschieden. Eine Verletzung durch mehrere Polizeikugeln sei dann keine Beschlagnahme, wenn die Schussabgabe nicht mit dem Willen erfolgte, den tatsächlich Getroffenen einzuschränken.[653]

Auch in Rucker v. Hartford County, Md., führte das Berufungsgericht mit Bezug auf Brower v. County of Inyo aus, eine Beschlagnahme scheide aus, wenn die staatliche Handlung zwar auf einen Betroffenen mit körperlicher Gewalt einwirke, dieser jedoch nicht Adressat der Handlung gewesen sei.[654] Der Betroffene, Rucker, wurde bei dem Versuch der Polizei, einen Dritten an der Flucht mit seinem Auto zu hindern, durch Schüsse der Polizei tödlich verwundet.[655]

Das Kernmotiv des Flugzeugabschusses ist das Flugzeug und die Geiselnehmer am Weiterflug zu hindern. Da der Tod der übrigen unbeteiligten Flugzeuginsassen somit nicht bezweckt wird, wäre nach den Wertungen aus Landol-Rivera v. Cruz-Cosme und Ansley v. Heinrich eine Beschlagnahme bezüglich der unbeteiligten Flugzeuginsassen abzulehnen und läge nur hinsichtlich der Entführer vor.

Ähnlich verneinte das Gericht im Fall Al-Aulaqi v. Panetta eine Beschlagnahme bei der Tötung Unbeteiligter durch die Verwendung einer Drohne, die eingesetzt wurde, um einen vermeintlichen Terroristen zu töten. Das Gericht war der Ansicht, eine unbemannte Drohne könne nicht die Voraussetzungen einer vorsätzlichen, hoheitlichen Handlung erfüllen. Im Übrigen seien nicht-intendierte Schäden nicht von der Beschlagnahmedefinition im Sinne des IV. Verfassungszusatzes erfasst.[656]

Andere Entscheidungen verneinten das Vorliegen einer Beschlagnahme bereits dann, wenn der Einsatz körperlicher Gewalt zur Selbstverteidigung

---

652 Landol-Rivera v. Cruz Cosme, United States Court of Appeals, First Circuit, 906 F.2d 791 (795) (1990).

653 Ansley v. Heinrich, United States Court of Appeals, Eleventh Circuit, 925 F.2d 1339 (1344) (1991).

654 Rucker v. Hartford County, Md., United States Court of Appeals, Fourth Circuit, 946 F.2d 278 (281) (1991): "(…) only when one is the intended object of a physical restraint by an agent of the state."; so auch Medeiros v. O'Connell, United States Court of Appeals, Second Circuit, 150 F.3d 164 (168) (1998).

655 Rucker v. Hartford County, Md., United States Court of Appeals, Fourth Circuit, 946 F.2d 278 (280) (1991).

656 Al-Aulaqi v. Panetta, United States District Court, District of Columbia, 35 F.Supp.3d 56 (71 f.) (2014).

erfolgte. In diesen Fällen werde die Maßnahme nicht zur Untersuchung und Sachverhaltsaufklärung im Sinne des IV. Verfassungszusatzes eingesetzt, dessen Anwendung damit nicht eröffnet sei.[657]

Hiernach wäre eine Beschlagnahme sowohl hinsichtlich der unbeteiligten Flugzeuginsassen als auch in Bezug auf die Entführer zu verneinen, da der Zweck des Abschusses die Abwendung des Schadens Dritter ist.

Abweichend von den Sachverhalten in Landol-Rivera v. Cruz-Cosme, Rucker v. Hartford und Ansley v. Heinrich besteht im Fall eines Flugzeugabschusses jedoch sicheres Wissen hinsichtlich der Herbeiführung des Todes aller Flugzeuginsassen und nicht nur sicheres Wissen um eine Gefährdung der Unbeteiligten.[658] Fraglich ist deshalb, ob aufgrund des sicheren Wissens der Herbeiführung des Todes aller Insassen eine vorsätzliche Mittelverwendung und damit eine Beschlagnahme zu bejahen ist oder, ob eine Beschlagnahme im Sinne des IV. Verfassungszusatzes nur dann vorliegt, wenn der tatsächlich eingetretene Erfolg vollumfänglich absichtlich herbeigeführt wurde.

In der Entscheidung California v. Hodari D. konkretisierte der Supreme Court, eine Beschlagnahme durch den Einsatz körperlicher Gewalt sei bereits bei einer bloßen Berührung des Betroffenen gegeben. Nicht entscheidend sei, ob die Person daraufhin verhaftet oder festgehalten werden könne, da zur Beschlagnahme bereits eine einzelne Handlung ausreiche, die nicht zwingend fortbestehen müsse.[659] Eine Beschlagnahme liege vor, wenn der Betroffene durch den Einsatz körperlich wirkender Gewalt sterbe, unabhängig davon, ob diese zur Selbstverteidigung erfolge oder nicht.[660]

Unklar bleibt in der California v. Hodari D. Entscheidung jedoch, ob zur Annahme einer vorsätzlichen Maßnahme im Sinne der in Brower v. County of Inyo formulierten Definition der objektive Wille, einen bestimmten Erfolg herbeizuführen, erforderlich ist oder, ob es genügt, eine

---

657 Estate of Jackson v. City of Rochester, United States District Court, W. D. New York, 705 F.Supp. 779 (786) (1989); anders in Loria v. Town of Irondequoit, United States District Court, W. D. New York, 775 F.Supp. 599 (603) (1990).

658 Dazu die Ausführungen von Mandel, die darauf hindeuten, dass Kollateralschäden, wenn auch vorgesehen, zumindest von militärischer Seite als nicht vorsätzlich bezeichnet werden, ders., How America Gets Away with Murder, S. 49 ff.

659 California v. Hodari D., 499 U.S. 621 (625), 111 S.Ct. 1547 (1550) (1991).

660 California v. Hodari D., 499 U.S. 621 (625), 111 S.Ct. 1547 (1550) (1991); so auch Urbonya, "Accidental" Shootings as Fourth Amendment Seizures, 20 Hastings Const. L. Q. (1992/93), 337 (357).

Maßnahme willentlich einzusetzen.[661] Einigkeit scheint lediglich dahingehend zu bestehen, eine Beschlagnahme abzulehnen, wenn die Maßnahme einen unbeteiligten Dritten trifft, der zufällig vor Ort war, ohne dass der handelnde Beamte von der Anwesenheit des Betroffenen Kenntnis hatte.[662] Diese Unwissenheit besteht jedoch hinsichtlich der Anwesenheit der Flugzeuginsassen nicht.

In Abweichung zu den Entscheidungen Landol-Rivera v. Cruz-Cosme und Ansley v. Heinrich wurde in Keller v. Frink die Definition aus Brower v. County of Inyo dahingehend ausgelegt, dass eine Schussabgabe auf ein fahrendes Auto, mit der Intention, das Auto zu stoppen, eine Beschlagnahme gegenüber jeder im Wagen befindlichen Person darstelle.[663] Da die Intention des Flugzeugabschusses darin besteht, das Flugzeug aufzuhalten wäre nach der Konkretisierung aus Keller v. Frink eine Beschlagnahme im Sinne des IV. Verfassungszusatzes gegenüber allen Flugzeuginsassen anzunehmen.

In Brower v. County of Inyo stellte der Supreme Court zur Annahme einer Beschlagnahme auf den tatsächlich eingetretenen Erfolg ab, soweit die hierzu führende Handlung willentlich erfolgt sei.[664]

Daraus folgt nicht zwingend der Schluss, das Vorliegen einer Beschlagnahme abzulehnen, wenn der eingetretene vorsätzliche Mitteleinsatz nicht nur den intendierten Erfolg erzielt. Eine Beschlagnahme sei zumindest dann anzunehmen, wenn die eingesetzte Maßnahme vorsätzlich angewendet werde und das Aufhalten des Betroffenen bezwecke.[665] Über einen allgemeinen Willen zur Beschränkung der Freiheit des Betroffenen hinaus müsse der Vorsatz aber nicht auf weitere mögliche Folgen durch die Maßnahme konkretisiert sein. Auch sei nicht entscheidend, ob der handelnde Beamte ernstlich darauf gehofft habe, der eingetretene Erfolg werde durch

661 Urbonya, "Accidental" Shootings as Fourth Amendment Seizures, 20 Hastings Const. L. Q. (1992/93), 337 (369).

662 Urbonya, "Accidental" Shootings as Fourth Amendment Seizures, 20 Hastings Const. L. Q. (1992/93), 337 (370) m.w.N.

663 Keller v. Frink, United States District Court, S.D. Indiana, Indianapolis Division, 745 F.Supp. 1428 (1432) (1990); so bereits in Jamieson v. Shaw, United States Court of Appeals, Fifth Circuit, 772 F.2d 1205 (1210) (1985).

664 Brower v. County of Inyo, 489 U.S. 593 (596), 109 S.Ct. 1378 (1381) (1989).

665 Brower v. County of Inyo, 489 U.S. 593 (596), 109 S.Ct. 1378 (1381) (1989): "(...) seizure occurs even when an unintended person or thing is the object of the detention or taking, (...), but the detention or taking itself must be willful.".

die Mittelverwendung tatsächlich ausbleiben.[666] Maßgeblich sei lediglich, ob das eingesetzte Mittel die Handlungen des Täters beendet.[667]

Wenn der Supreme Court in Brower v. County of Inyo darauf hinweist, subjektive Motive der handelnden Beamten hätten keine Relevanz, um das Vorliegen einer Beschlagnahme zu bejahen, dann erscheint es widersprüchlich, gerade diese subjektiven Motive heranzuziehen, um festzustellen, ob ein Betroffener Adressat einer Beschlagnahme wurde.[668] Der Flugzeugabschuss erfolgt mit dem Willen, die betroffene Maschine aufzuhalten. Mit der Zerstörung der gesamten Maschine wird dieser Wille verwirklicht. Zur Feststellung einer tauglichen Beschlagnahmehandlung ist dabei weder die Herbeiführungsabsicht des tatsächlichen Erfolgs in Form des Todes aller Passagiere noch die Motivlage, die über den Abbruch des Fluges hinaus verfolgt wird, zu berücksichtigen. Eine andere Auslegung würde den Schutz unbeteiligter Personen durch eine restriktive Auslegung der Beschlagnahme empfindlich mindern. Zum einen würde das Bestehen eines Schutzanspruches faktisch von den Fähigkeiten des handelnden Beamten abhängen. Zum anderen würde durch die Orientierung an subjektiven statt objektiven Kriterien die Umkehr der Beweislast analog zum V. Verfassungszusatz[669] bewirkt.[670]

Konsequenterweise darf weder die vorsätzliche Herbeiführung des Todes der Passagiere noch das sichere Vorhersehen ihres Todes erforderlich sein, um eine Beschlagnahme im Sinne des IV. Verfassungszusatzes zu bejahen. Daher genügt der Waffeneinsatz mit der Intention, das Flugzeug zu stoppen, um eine Beschlagnahme gegenüber allen im betroffenen Flugzeug befindlichen Personen anzunehmen.

---

666 Brower v. County of Inyo, 489 U.S. 593 (598), 109 S.Ct. 1378 (1382) (1989).

667 Brower v. County of Inyo, 489 U.S. 593 (599), 109 S.Ct. 1378 (1382) (1989).

668 So auch Mesler II, When an Innocent Bystander Who is Injured by a Police Officer can Recover Under § 1983, 25 U. Mem. L. Rev. (1995), 781 (802 f.).

669 Dazu auch C. II. 2. in diesem Kapitel.

670 Für objektive Kriterien etwa Graham v. Connor, 490 U.S. 386 (397 f.), 109 S.Ct. 1865 (1872 f.) (1989).

bb. „Reasonableness“

Nur eine nach objektiven Kriterien angemessene Beschlagnahme ist verfassungskonform.[671] Nicht erforderlich ist hingegen die Verwendung des mildesten Mittels.[672] Der Supreme Court hat die Verfassungsmäßigkeit tödlicher Polizeigewalt einer objektiven Angemessenheitsprüfung unterzogen.[673] Hierzu gilt es, die Gesamtheit der Umstände und die hervorgerufene Beeinträchtigung individueller Interessen mit dem Handlungsinteresse des Staates abzuwägen.[674]

Der Einsatz tödlicher Gewalt im Rahmen der Beschlagnahme stellt den schwerstmöglichen Rechtseingriff gegenüber dem Betroffenen dar.[675] Aus diesem Grund kann nur ein besonders bedeutendes staatliches Interesse

671 Tennessee v. Garner, 471 U.S. 1 (7 f.), 105 S.Ct. 1694 (1699) (1985); Graham v. Connor, 490 U.S. 386 (395 ff.), 109 S.Ct. 1865 (1871 ff.) (1989); Pleasant v. Zamieski, United States Court of Appeals, Sixth Circuit, 895 F.2d 272 (277) (1990); zu abweichenden Standards: Bacigal, Dodging a Bullet, But Opening Old Wounds in Fourth Amendment Jurisprudence, 16 Seton Hall L. Rev. (1986), 597 (619-26); Bradley, Two Models of the Fourth Amendment, 83 Mich. L. Rev. (1985), 1468 (1472 ff.); Clancy, The Fourth Amendment’s Concepts of Reasonableness, 2004 Utah L. Rev. (2004), 977 (991 ff.); Doernberg, ‘The Right of the People’, 58 N.Y.U. L. Rev. (1983), 259 (259 ff.); Dworkin, Fact Style Adjudication and the Fourth Amendment, 48 Ind. L. J. (1973), 329 (364 ff.); Hartman, Foreword: The Burger Court – 1973 Term: Leaving the Sixties Behind Us, 65 J. Crim. L. & Criminology (1974), 437 (446 f.); Posner, Rethinking the Fourth Amendment, 49 Sup. Ct. Rev. (1981), 49 (76 ff.); Slobogin, The World Without a Fourth Amendment, 39 UCLA L. Rev. (1991-1992), 1 (40 ff.) m.w.N.; Tomkovicz, Beyond Secrecy for Secrecy's Sake, 36 Hast. L. J. (1985), 645 (646 ff.); Trevisani, Passenger Standing in Challenging Searches and Seizures, 61 Fla. L. Rev. (2009), 329 (349 ff.).

672 Etwa Illinois v. Lafayette, 462 U.S. 640 (647), 103 S.Ct. 2605 (2610) (1983); Colorado v. Bertine, 479 U.S. 367 (374), 107 S.Ct. 738 (742) (1987); Vernonia School District 47J v. Acton, 515 U.S. 646 (663), 115 S.Ct. 2386 (2396) (1995); Scott v. Henrich, United States Court of Appeals, Ninth Circuit, 39 F.3d 912 (915) (1994); Menuel v. City of Atlanta, United States Court of Appeals Eleventh Circuit, 25 F.3d 990 (996 f.) (1994); Hegarty v. Somerset County, Unites States Court of Appeals, First Circuit, 53 F.3d 1367 (1377) (1995); Forrett v. Richardson, United States Court of Appeals, Ninth Circuit, 112 F.3d 416 (420) (1997).

673 Tennessee v. Garner, 471 U.S. 1 (7 f.), 105 S.Ct. 1694 (1699) (1985).

674 United States v. Place, 462 U.S. 696 (703), 103 S.Ct. 2637 (2642) (1983); Tennessee v. Garner, 471 U.S. 1 (7 f.), 105 S.Ct. 1694 (1699) (1985); Graham v. Connor, 490 U.S. 386 (396), 109 S.Ct. 1865 (1871) (1989).

675 Tennessee v. Garner, 471 U.S. 1 (8), 105 S.Ct. 1694 (1700) (1985).

einen derartigen Eingriff erlauben, wenn das Leben oder die Sicherheit des handelnden Beamten oder eines Dritten gefährdet wird.[676]

Bereits das Fehlen eines Beschlusses indiziert die Unangemessenheit einer Maßnahme.[677] Aufgrund des engen zeitlichen Handlungsspielraums wird in der Regel im Falle eines Abschusses die Erlangung eines Beschlagnahmebeschlusses ausgeschlossen sein. Allerdings hat der Supreme Court Ausnahmen vom Beschlusserfordernis für die Fälle anerkannt,[678] in denen dringende Umstände das vorherige Einholen eines Beschlusses verhindern,[679] die ausgeführte Maßnahme nur unbedeutende Individualrechte einschränkt,[680] besondere staatliche Interessen durch einen vorherigen Beschluss beeinträchtigt werden (und diese nicht der Strafverfolgung dienen)

---

676 Etwa Tennessee v. Garner, 471 U.S. 1 (11 f.), 105 S.Ct. 1694 (1701) (1985); bereits Breithaupt v. Abram, 352 U.S. 432 (435 ff.), 77 S.Ct. 408 (410 ff.) (1957); (abgelehnt bei ungewollter Blutentnahme durch Arzt).

677 McDonald v. United States, 335 U.S. 451 (456), 69 S.Ct. 191 (193) (1948); Katz v. United States, 389 U.S. 347 (357), 88 S.Ct. 507 (514) (1967); Coolidge v. New Hampshire, 403 U.S. 443 (451 f.), 91 S.Ct. 2022 (2032) (1971); Payton v. New York, 445 U.S. 573 (586), 100 S.Ct. 1371 (1380) (1980); Steagald v. United States, 451 U.S. 204 (211 f.), 101 S.Ct. 1642 (1647 f.) (1981); Welsh v. Wisconsin, 466 U.S. 740 (749), 104 S.Ct. 2091 (2097) (1984); Thompson v. Louisiana, 469 U.S. 17 (20), 105 S.Ct. 409 (410) (1984).

678 Johnson v. United States, 333 U.S. 10 (14 f.), 68 S.Ct. 367 (369 f.) (1948); Payton v. New York, 445 U.S. 573 (590), 100 S.Ct. 1371 (1382) (1980); Steagald v. United States, 451 U.S. 204 (211 f.), 101 S.Ct. 1642 (1647 f.) (1981); Michigan v. Clifford, 464 U.S. 287 (294 ff.), 104 S.Ct. 641 (647 f.) (1984); aufzählend etwa Katz v. United States, 389 U.S. 347 (357), 88 S.Ct. 507 (514) (1967).

679 Payton v. New York, 445 U.S. 573 (590), 100 S.Ct. 1371 (1382) (1980); Dorman v. United States, United States Court of Appeals, District of Columbia Circuit, 435 F.2d 385 (391 ff.) (1970); anerkannt jedoch diff. in Welsh v. Wisconsin, 466 U.S. 740 (749), 104 S.Ct. 2091 (2097) (1984); dazu auch LaFave, Search and Seizure, Vol. 3, S. 309 ff. m.w.N.; McInnes, The Evolution of the Fourth Amendment, S. 92 f. Zur "Hot-Pursuit"-Ausnahme: Warden, Md. Penitentiary v. Hayden, 387 U.S. 294 (298), 87 S.Ct. 1642 (1645) (1967); United States v. Santana, 427 U.S. 38 (42 f.), 96 S.Ct. 2406 (2409 f.) (1976); dazu auch LaFave, Search and Seizure, Vol. 3, S. 294 f. m.w.N (ebd., Anm. 139), wobei eine scharfe Trennlinie zwischen beiden Tatbeständen nicht gezogen wird (ebd., 309); McInnes, The Evolution of the Fourth Amendment, S. 91 f.

680 United States v. Santana, 427 U.S. 38 (42), 96 S.Ct. 2406 (2409) (1976); United States v. Place, 462 U.S. 696 (703), 103 S.Ct. 2637 (2642) (1983); dazu auch Slobogin, The World Without a Fourth Amendment, 39 UCLA L. Rev. (1991-1992), 1 (22 f.) m.w.N.

oder bereits andere Mechanismen die staatliche Maßnahme kontrollieren.[681]

Im Falle eines Flugzeugabschusses kommt sowohl die erste als auch die dritte Kategorie als einschlägig in Betracht. Die dritte Kategorie wird grundsätzlich dann herangezogen, wenn das Erfordernis eines Durchsuchungsbeschlusses die Durchführung von Verwaltungsmaßnahmen übermäßig erschweren würde. Der Schutz des IV. Verfassungszusatzes wird insoweit zurückgenommen, da das Hauptmotiv der Durchsuchung/Beschlagnahme nicht die Durchführung und Sicherung der Strafverfolgung ist, sondern die Einhaltung ordnungsrechtlicher Verwaltungsvorschriften.[682]

Da der Flugzeugabschuss weder mit der vorrangigen Intention der Sicherung der Strafverfolgung noch zur Kontrolle ordnungsrechtlicher Verwaltungsvorgänge erfolgt, ist auf die erste Kategorie der Ausnahmetatbestände abzustellen. Dringende Umstände werden insbesondere im Fall einer unmittelbaren Bedrohung für staatliche Akteure und Dritte, einem unmittelbar drohenden Verlust von Beweismaterial oder einer drohenden Flucht eines Verdächtigen angenommen.[683] Zugunsten von Drittinteressen wird das Beschlusserfordernis des/der Betroffenen zurückgestellt.[684] Zwar bezweckt der Flugzeugabschuss nicht die Festnahme eines Verdächtigen oder die Sicherung von Beweismaterial für einen nachfolgenden Strafprozess, dennoch begründen die Rettungsabsicht hinsichtlich einer Vielzahl von Menschenleben durch die Verhinderung eines Terroranschlags sowie die besondere zeitliche Dringlichkeit von Abwehrmaßnahmen, die anderenfalls wirkungslos blieben, eine Ausnahme vom Beschlusserfordernis. Somit ist anzunehmen, dass das Fehlen eines Beschlusses im Fall der Abschussmaßnahme nicht bereits deren Verfassungswidrigkeit begründet.

---

681 Zusammenfassend Slobogin, The World Without a Fourth Amendment, 39 UCLA L. Rev. (1991-1992), 1 (19 f.).

682 Slobogin, The World Without a Fourth Amendment, 39 UCLA L. Rev. (1991-1992), 1 (26).

683 McDonald v. United States, 335 U.S. 451 (454 f.), 69 S.Ct. 191 (193) (1948); Mincey v. Arizona, 437 U.S. 385 (392 f.), 98 S.Ct. 2408 (2413 f.) (1978); United States v. Jeffers, 342 U.S. 48 (51 f.), 72 S.Ct. 93 (95) (1951); Thompson v. Louisiana, 469 U.S. 17 (20 f.), 105 S.Ct. 409 (411 f.) (1984); Minnesota v. Olson, 495 U.S. 91 (100), 110 S.Ct. 1684 (1690) (1990).

684 So auch Slobogin, The World Without a Fourth Amendment, 39 UCLA L. Rev. (1991-1992), 1 (30).

Wird jedoch eine Ausnahme vom Beschlusserfordernis angenommen, so sind die Voraussetzungen zur Erteilung eines Beschlusses inzident in der Prüfung der Angemessenheit heranzuziehen.[685] Die Angemessenheit der Maßnahme wird anhand der Rechtmäßigkeit eines hypothetischen Beschlusses bestimmt.[686] Entscheidend ist, ob die Voraussetzung zur Erteilung eines Beschlusses vorgelegen hätte, also ein hinreichender Tatverdacht bestand.[687] Dieser ist gegeben, wenn der handelnde Beamte annehmen durfte, die Durchsuchungsmaßnahme werde erfolgreich sein oder der Betroffene habe eine Straftat begangen. Anderenfalls müssten weitere Ermittlungsmaßnahmen erfolgen, bevor ein hinreichender Tatverdacht bejaht werden könnte.[688]

Ein hinreichender Tatverdacht gegenüber den Entführern ist nicht in Frage zu stellen. Soweit ein Abschuss im Vorfeld als Maßnahme überhaupt in Betracht kommt, muss den Behörden die Entführung und damit auch das Vorliegen einer Straftat vorab bekannt sein. Ein hinreichender Tatverdacht besteht jedoch nur gegenüber den Entführern nicht gegenüber allen Passagieren, da die Annahme, alle Flugzeuginsassen hätten sich dem terroristischen Anliegen angeschlossen, höchst abwegig ist. Zu klären ist, ob der auf einen bestimmten Personenkreis individualisierte hinreichende Tatverdacht ein Vorgehen nur gegen diesen Personenkreis erlaubt. Sollte dies der Fall sein, sind die Voraussetzungen eines Beschlusses nur im Falle des Handelns gegen die Entführer erfüllt. Im Umkehrschluss würde dann die Unangemessenheit der staatlichen Maßnahme gegenüber den unbeteiligten Passagieren indiziert werden.

Das Erfordernis eines hinreichenden Tatverdachts wurde für die Fälle verneint, in denen die staatlichen Interessen die betroffenen individuellen

685 Terry v. State of Ohio, 392 U.S. 1 (20 ff.), 88 S.Ct. 1868 (1879 ff.) (1968); United States v. Watson, 423 U.S. 411 (417), 96 S.Ct. 820 (825) (1976); krit. dazu Sundby, A Return to Fourth Amendment Basics: Undoing the Mischief of Camara and Terry, 72 Minn. L. Rev. (1988), 383 (401).

686 Wasserstrom, The Incredible Shrinking Fourth Amendment, 21 Am. Crim. L. Rev. (1983-1984), 257 (282) m.w.N.

687 Wong Sun v. United States, 371 U.S. 471 (479), 83 S.Ct. 407 (412 f.) (1963); Warden, Md. Penitentiary v. Hayden, 387 U.S. 294 (298 f.), 87 S.Ct. 1642 (1645) (1967); Unites States v. Watson, 423 U.S. 411 (417), 96 S.Ct. 820 (824) (1976); United States v. Ross, 456 U.S. 798 (809), 102 S.Ct. 2157 (2164 f.) (1982).

688 Wasserstrom, The Incredible Shrinking Fourth Amendment, 21 Am. Crim. L. Rev. (1983-1984), 257 (307), zur Schwierigkeit der Definition eines ausreichenden Tatverdachts (ebd., Anm. 242).

Interessen überwogen.[689] Entscheidend sei das Vorliegen eines besonderen öffentlichen Interesses und der Ausschluss der Willkürlichkeit der Adressatenauswahl.[690] Die Abwägung der betroffenen Interessen im Rahmen der allgemeinen Angemessenheitsprüfung geben somit die Erforderlichkeit eines hypothetischen Beschlusses vor.

Daher sind die betroffenen Individualinteressen mit dem Zweck der Maßnahme ins Verhältnis zu setzen. Das Interesse der Passagiere am Fortbestand ihres Lebens und ihrer Autonomie ist gegen die staatlichen Interessen, Dritte zu schützen, gravierenden wirtschaftlichen Schaden abzuwenden und die nationale Sicherheit durch die Verhinderung eines terroristischen Anschlags zu schützen, abzuwägen.

Der Entzug des Lebens zählt zu den schwerwiegendsten Eingriffen in individuelle Verfassungsgüter. Im Fall des Abschusses besteht jedoch keine Möglichkeit, das Leben der unbeteiligten Flugzeuginsassen zu retten oder durch weniger intensive Maßnahmen die bedrohten Rechtsgüter zu schützen. Da jedoch der Schutz Dritter wie auch die nationale Sicherheit als höchste staatliche Interessen anerkannt sind und die Anzahl der am Boden bedrohten Personen die Anzahl der betroffenen Flugzeuginsassen zahlenmäßig weit überwiegt, erscheint es fernliegend, den Abschuss als übermäßig zu bewerten.[691] Mithin tritt das Interesse der unbeteiligten Flugzeuginsassen zurück, sodass das Fehlen eines Beschlusses nicht zur Unangemessenheit des Abschusses führt.

Da sich der Kontrollmaßstab, also die Abwägungsprüfung im Rahmen der allgemeinen Angemessenheitsprüfung nicht ändert, ist die Abwägung auch in dieser zulasten der Flugzeuginsassen aufzulösen.

---

689 Etwa United States v. Martinez-Fuerte 428 U.S. 543 (557 f.), 96 S.Ct. 3074 (3084 ff.) (1976); New Jersey v. T.L.O, 469 U.S. 325 (341), 105 S.Ct. 733 (742) (1985): "Where a careful balancing of governmental and private interests suggests that the public interest is best served by a Fourth Amendment standard of reasonableness that stops short of probable cause, [the Court has] not hesitated to adopt such a standard."; National Treasury Employees Union v. Von Raab, 489 U.S. 656 (665 f.), 109 S.Ct. 1384 (1390 ff.) (1989); United States v. Knights, 534 U.S. 112 (119 ff.), 122 S.Ct. 587 (592 ff.) (2001).

690 Camara v. Municipal Court of the City and County of San Francisco, 387 U.S. 523 (528), 87 S.Ct. 1727 (1730) (1967).

691 Wohl auch Resnicoff, Shooting Down Suicide Airplanes, 10 Issues in Aviation Law and Policy (2010-2011), 281 (298).

cc. Ergebnis

Ein Abschuss ist weder in Bezug auf die Passagiere noch hinsichtlich der Flugzeugentführer als unangemessen anzusehen. Insoweit liegt eine Verletzung des IV. Verfassungszusatzes nicht vor. Für diejenigen Flugzeuginsassen, die mangels US-Staatsbürgerschaft oder mangels dauerhafter besonderer Verbindung zu den Vereinigten Staaten nicht dem Anwendungsbereich des IV. Verfassungszusatzes unterfallen, ist die Abschussmaßnahme im Rahmen des V. Verfassungszusatzes zu überprüfen.

2. V. Verfassungszusatz

Der V. Verfassungszusatz bestimmt, niemand darf in einem Strafverfahren zur Aussage gegen sich selbst gezwungen oder des Lebens, der Freiheit oder des Eigentums ohne vorheriges ordentliches Gerichtsverfahren nach Recht und Gesetz beraubt werden.[692]

Grundlegendes Prinzip des V. Verfassungszusatzes ist der Schutz der individuellen Freiheit vor willkürlichen staatlichen Handlungen.[693] Der V. Verfassungszusatz beinhaltet zwei eigenständige verfassungsrechtliche Gewährleistungen. Der substanzielle Anspruch schützt vor der Entziehung von Freiheit, Leben und Eigentum ohne vorheriges Verfahren.[694] Ein Entzug ist nur dann zulässig, wenn ein adäquater Grund diesen rechtfertigen kann.[695] Der Anspruch auf ein angemessenes prozedurales Verfahren soll gewährleisten, dass das zum Entzug führende staatliche Verfahren, den Grundsätzen der Fairness gerecht wird.[696]

---

692 V. Verfassungszusatz US-Verfassung: "No person shall be held to answer for a capital, or otherwise infamous crime, unless on a presentment or indictment of a Grand Jury, except in cases arising in the land or naval forces, or in the Militia, when in actual service in time of War or public danger; nor shall any person be subject for the same offense to be twice put in jeopardy of life or limb; nor shall be compelled in any criminal case to be a witness against himself; nor be deprived of life, liberty, or property, without due process of law; nor shall private property be taken for public use without just compensation.".

693 Wolff v. McDonnell, 418 U.S. 539 (558), 94 S.Ct. 2963 (2975 f.) (1974).

694 Zur Kritik an der Gewährung eines angemessenen substanziellen Verfahrens Chemerinsky, Constitutional Law: Principles and Policies, S. 547 f.

695 Chemerinsky, Constitutional Law: Principles and Policies, S. 546.

696 Mathews v. Eldridge, 424 U.S. 319 (332), 96 S.Ct. 893 (901) (1976); United States v. Salerno, 481 U.S. 739 (746), 107 S.Ct. 2097 (2101) (1987); dazu auch Chemerinsky, Constitutional Law: Principles and Policies, S. 545 f.

Für den Fall, dass der V. Verfassungszusatz auf einen Flugzeugabschuss einer auch mit Unbeteiligten besetzten Zivilmaschine anwendbar sein sollte (a.), ist zu untersuchen, ob diese Maßnahme sowohl den verfassungsrechtlichen Anforderungen an ein angemessenes substanzielles (b.) als auch an ein prozedurales Verfahren (c.) genügt.

a. Anwendbarkeit

In United States v. Verdugo-Urquidez lehnte die Mehrheit der Richter eine Anwendung des V. Verfassungszusatzes auf ausländische Personen, deren dauerhafter Aufenthaltsort sich außerhalb der Vereinigten Staaten befand, ab.[697] Allerdings entbinde sowohl das Ziel einer Maßnahme als auch der Ort der Durchführung amerikanische Behörden und deren Handelnde nicht von den Restriktionen der amerikanischen Verfassung.[698] Lediglich eine gerichtliche Kontrolle könnte hierdurch verwehrt sein.[699]

Anders entschied der Supreme Court in Boumediene v. Bush. Das verfassungsrechtlich geschützte Recht auf Haftprüfung sei auch dann nicht ausgeschlossen, wenn der Betroffene nicht US-Amerikaner und nicht auf US-amerikanischem Territorium inhaftiert sei.[700] Insoweit betrifft das Urteil nicht nur die Anwendbarkeit des V. Verfassungszusatzes auf ausländische Staatsbürger, sondern auch die Frage der räumlichen Anwendbarkeit des V. Verfassungszusatzes außerhalb der Vereinigten Staaten. Die Mehrheit der Richter bejahte sowohl die persönliche als auch die territoriale Anwendbarkeit des V. Verfassungszusatzes.[701] Folglich würde im Fall des Abschusses der V. Verfassungszusatz auch nicht US-amerikanische Staatsbürger schützen.

Eine Kontrolle durch den V. Verfassungszusatz findet jedoch dann nicht statt, wenn die angegriffene staatliche Handlung bereits im Rahmen einer spezielleren verfassungsrechtlichen Vorschrift erfasst und untersucht wur-

---

697 United States v. Verdugo-Urquidez, 494 U.S. 259 (269), 110 S.Ct. 1056 (1063) (1990).

698 Banks/Raven-Hansen, Targeted Killing and Assassination: The U.S. Legal Framework, 37 U. Rich. L. Rev. (2002-2003), 667 (677).

699 Banks/Raven-Hansen, Targeted Killing and Assassination: The U.S. Legal Framework, 37 U. Rich. L. Rev. (2002-2003), 667 (676 f.).

700 Boumediene v. Bush, 553 U.S. 723 (732, 771), 128 S.Ct. 2229 (2240, 2262) (2008).

701 Wenn auch diff. Boumediene v. Bush, 553 U.S. 723 (758 ff.), 128 S.Ct. 2229 (2255 ff.) (2008).

de.[702] Alle Vorwürfe, die Polizei habe im Rahmen von Festnahmen, Untersuchungen oder anderen Maßnahmen, die als Durchsuchung oder Beschlagnahme gelten, unverhältnismäßige Gewalt angewandt, unabhängig ob tödlich oder nicht, sind daher unter dem IV. Verfassungszusatz als dem spezielleren Verfassungsrecht zu prüfen und nicht anhand des V. Verfassungszusatzes.[703] Eine Untersuchung anhand des substanziellen Verfahrensanspruchs aus dem V. Verfassungszusatz scheidet somit hinsichtlich Maßnahmen der Polizei, die eine Beschlagnahme im Sinne des IV. Verfassungszusatzes erfüllen und denjenigen Flugzeuginsassen aus, die die US-amerikanische Staatsbürgerschaft besitzen und die als taugliche Adressaten einer Beschlagnahme angesehen wurden.[704] Die Beeinträchtigung der anderen nicht vom IV. Verfassungszusatz erfassten Personen kann hingegen im Rahmen des Anspruchs auf ein angemessenes substanzielles Verfahren nach dem V. Verfassungszusatz überprüft werden.

b. Anspruch auf ein angemessenes substanzielles Verfahren

Zur Feststellung einer Verletzung des Anspruchs auf ein angemessenes substanzielles Verfahren verwendet der Supreme Court zwei unterschiedliche Prüfungsmaßstäbe. Handelt es sich bei dem entzogenen Rechtsgut um ein fundamentales Recht (aa.), so ist die Beeinträchtigung (bb.) anhand des „Strict-Scrutiny“-Maßstabs zu untersuchen (cc.).[705] Hierzu muss die staatli-

702 Graham v. Connor, 490 U.S. 386 (395), 109 S.Ct. 1865 (1871) (1989); United States v. Lanier, 520 U.S. 259 (272), 117 S.Ct. 1219 (1228) (1997); County of Sacramento v. Lewis, 523 U.S. 823 (843), 118 S.Ct. 1708 (1715) (1998).

703 Graham v. Connor, 490 U.S. 386 (395), 109 S.Ct. 1865 (1871) (1989): "(...) provides an explicit textual source of constitutional protection against (...) physical intrusive governmental conduct (...)"; County of Sacramento v. Lewis, 523 U.S. 823 (843 f.), 118 S.Ct. 1708 (1716) (1998); Johnson v. Morel, United States Court of Appeals, Fifth Circuit, 876 F.2d 477 (479) (1989).

704 Allerdings haben die Gerichte Verletzungen Unbeteiligter anhand des V. Verfassungszusatz beurteilt siehe Mesler II, When an Innocent Bystander Who is Injured by a Police Officer can Recover Under § 1983, 25 U. Mem. L. Rev. (1995), 781 (795) m.w.N.

705 Siehe United States v. Virginia, 518 U.S. 515 (567 f.), 116 S.Ct. 2264 (2292) (1996), (Scalia, dissenting); Troxel v. Granville, 530 U.S. 57 (80), 120 S.Ct. 2054 (2068) (2000), (Thomas, concurring); siehe auch Abernathy, Law in the United States, S. 472 f.; Resnicoff, Shooting Down Suicide Airplanes, 10 Issues in Aviation Law and Policy (2010-2011), 281 (296 f.); anders Winkler, Fundamentally Wrong about Fundamental Rights, 23 Const. Comment. (2006), 227 (227 ff.).

che Maßnahme oder das Gesetz einem zwingenden staatlichen Interesse dienen, das mildeste, geeignete Mittel zur Förderung des Interesses und genau bestimmt sein.[706] Wird kein fundamentales Recht entzogen, ist die Maßnahme zulässig, wenn diese vernünftigerweise einem legitimen staatlichen Interesse dient.[707]

aa. Leben als fundamentales Recht

Das Recht, nicht ohne angemessenes Verfahren seines Lebens entzogen zu werden, ist ausdrücklich als Rechtsgut des V. Verfassungszusatzes geschützt und daher ein fundamentales Recht.[708]

bb. Taugliche Beeinträchtigung des verfassungsrechtlichen Rechts

Nicht jede Beeinträchtigung eines geschützten Rechtsguts führt zur Beeinträchtigung im verfassungsrechtlichen Sinn. Entscheidende Kriterien zur

---

706 United States v. Salerno, 481 U.S. 739 (749 ff.), 107 S.Ct. 2097 (2103) (1987); Reno v. Flores, 507 U.S. 292 (302), 113 S.Ct. 1439 (1447) (1993); United States v. Johnson, United States Court of Appeals, District of Columbia Circuit, 40 F.3d 436 (439) (1994); Hutchins v. District of Columbia, United States Court of Appeals, District of Columbia Circuit, 108 F3.d 531 (536) (1999); American Federation of Government Employees AFL-CIO v. United States, United States District Court, District of Columbia, 104 F.Supp. 2d 52 (66) (2000); aktueller Gallagher v. City of Clayton, United States Court of Appeals, Eighth Circuit, 699 F.3d 1013 (1017) (2012); dazu auch Bird, Life on the Line: Pondering the Fate of a Substantive Due Process Challenge to the Death Penalty, 40 Am. Crim. L. Rev. (2003), 1329 (1338).

707 Romer v. Evans, 517 U.S. 620 (631), 116 S.Ct. 1620 (1627) (1996); siehe auch Chemerinsky, Constitutional Law: Principles and Policies, S. 797.

708 Yick Wo v. Hopkins, 118 U.S. 356 (370), 6 S.Ct. 1064 (1071) (1886); Johnsen v. Zerbst, 304 U.S. 458 (462), 58 S.Ct. 1019 (1022) (1938); Roe v. Wade, 410 U.S. 113 (155), 93 S.Ct. 705 (728) (1973); Garner v. Memphis Police Department, United States Court of Appeals, Sixth Circuit, 710 F.2d 240 (246 f.) (1983); dazu Bird, Life on the Line: Pondering the Fate of a Substantive Due Process Challenge to the Death Penalty, 40 Am. Crim. L. Rev. (2003), 1329 (1355 ff.) m.w.N.; Finch, Deadly Force to Arrest, 11 Harv. C.R.-C.L. L. Rev. (1976), 361 (378); zur Ermittlung eines fundamentalen Rechts: Washington v. Glucksberg, 521 U.S. 702 (720 f.), 117 S.Ct. 2258 (2268) (1997); dazu etwa auch Bird, Life on the Line: Pondering the Fate of a Substantive Due Process Challenge to the Death Penalty, 40 Am. Crim. L. Rev. (2003), 1329 (1339 ff.); Morris, The Death of "Life?", 40 Rutgers L. J. (2009), 503 (510, 513 ff.).

Feststellung einer verfassungsrechtlich relevanten Beeinträchtigung sind die Unmittelbarkeit der Einwirkung sowie die Schwere der Rechtsbeschränkung.[709] Unbestrittenermaßen wird eine verfassungsrechtliche Beeinträchtigung jedoch dann angenommen, wenn die Ausübung des betroffenen Rechts verboten oder unmöglich gemacht wird.[710] Da durch den Abschuss unmittelbar die Ausübung und Fortführung des Rechts auf Leben und körperliche Unversehrtheit ausgeschlossen wird, stellt dieser eine verfassungsrechtlich relevante Beeinträchtigung im Sinne des V. Verfassungszusatzes dar.

cc. „Strict-Scrutiny“

Um einen Entzug eines fundamentalen Rechtsguts des V. Verfassungszusatzes zu rechtfertigen, muss die Maßnahme einem bedeutsamen staatlichen Interesse dienen.[711] Darüber hinaus ist das beeinträchtigte Rechtsgut mit dem verfolgten staatlichen Ziel, insbesondere dem Risiko eines fehlerhaften Entzugs und dem staatlichen Interesse an einem effizienten Verwaltungshandeln abzuwägen.[712] Dabei darf die Maßnahme nicht außer Verhältnis zu dem von ihr verfolgten Zweck stehen.[713]

Zur Feststellung, ob ein Entzug verfassungsmäßig erfolgt ist, gilt es zwischen der Maßnahme des ermächtigenden Gesetzes und der unmittelbar zum Entzug führenden Handlung zu unterscheiden. Ein den Entzug re-

709 Zablocki v. Redhail, 434 U.S. 374 (387 f.), 98 S.Ct. 673 (681 f.) (1978); Lyng v. Castillo, 477 U.S. 635 (638), 106 S.Ct. 2727 (2729) (1986).

710 So Chemerinsky, Constitutional Law: Principles and Policies, S. 796.

711 Roe v. Wade, 410 U.S. 113 (155), 93 S.Ct. 705 (728) (1973); Reno v. Flores, 507 U.S. 292 (302), 113 S.Ct. 1439 (1447) (1993); dazu etwa auch Bird, Life on the Line: Pondering the Fate of a Substantive Due Process Challenge to the Death Penalty, 40 Am. Crim. L. Rev. (2003), 1329 (1338).

712 Siehe Youngsberg v. Romeo, 457 U.S. 307 (321), 102 S.Ct. 2453 (2461) (1982); konkret dazu Resnicoff, Shooting Down Suicide Airplanes, 10 Issues in Aviation Law and Policy (2010-2011), 281 (297); auch für den Fall, dass eine Abwägung vorgenommen werden müsste, wird ohne weitere Argumentation angenommen, dass das staatliche Interesse das betroffene Individualrechtsgut im Falle eines Flugzeugabschusses überwiegen würde (ebd.).

713 Dazu etwa Poe v. Ullman, 367 U.S. 497 (542), 81 S.Ct. 1752 (1776) (1961); Youngsberg v. Romeo, 457 U.S. 307 (320 f.), 102 S.Ct. 2453 (2460) (1982); siehe auch Chemerinsky, Constitutional Law: Principles and Policies, S. 541 f., 797; Kreimer, Too Close to the Rack and the Screw, 6 U. Pa. J. Const. L. (2003-2004), 278 (302).

gelndes Gesetz genügt den Anforderungen des V. Verfassungszusatzes nur dann, wenn es restriktiv gefasst ist und der Verfolgung besonderer staatlicher Interessen dient (aaa.).[714] Zudem soll der substanzielle Verfahrensanspruch vor staatlichen Maßnahmen, die das Merkmal „shocks the conscience" erfüllen, schützen. Eine den Entzug herbeiführende staatliche Handlung ist also dann verfassungswidrig, wenn sie dieses Kriterium erfüllt (bbb.).[715]

aaa. Gesetzliche Eingriffsbefugnis

Zwar ist die Existenz einer ausdrücklichen Abschussregelung nicht bekannt, dennoch ist der Kongress grundsätzlich durch die verfassungsrechtliche Erforderlichkeitsklausel befugt, eine gesetzliche Regelung des Abschusses zu erlassen oder den Befehl zum Abschuss oder den Abschuss als solchen nachträglich zu ratifizieren.[716] Ferner könnte auch die Federal Aviation Administration (FAA) oder eine Präsidiale Direktive einen Abschuss bereits reguliert haben, ohne dass dies der Öffentlichkeit bekannt ist.[717] Das Verfahren für den Einsatz militärischer Gewalt gegen ein Zivilflugzeug ist 2014 durch die FAA neu geregelt worden.[718] Die neuen Einsatzregeln im Falle einer Flugzeugentführung sind nicht öffentlich und waren auch auf Nachfrage bei der FAA nicht einzusehen.[719] Deshalb soll folgend die Verfassungsmäßigkeit einer hypothetischen gesetzlichen Ein-

---

714 Zablocki v. Redhail, 434 U.S. 374 (388), 98 S.Ct. 673 (682) (1978).

715 Rochin v. California, 342 U.S. 165 (172 f.), 72 S.Ct. 205 (209 f.) (1952); Breithaupt v. Abram, 352 U.S. 432 (435), 77 S.Ct. 408 (410) (1957); United States v. Salerno, 481 U.S. 739 (746), 107 S.Ct. 2097 (2101) (1987); Collins v. City of Harker Heights, 503 U.S. 115 (128), 112 S.Ct. 1061 (1070) (1992); County of Sacramento v. Lewis, 523 U.S. 833 (846 f.), 118 S.Ct. 1708 (1717) (1998); Bromwell v. Nixon, Supreme Court of Missouri, En Banc., 361 S.W.3d 393 (400) (2012).

716 Art. 1 Abschnitt 8 US-Vefassung: "The Congress shall have Power (…) To make all Laws which shall be necessary and proper for carrying into Execution the foregoing Powers, and all other Powers vested by this Constitution in the Government of the United States, or in any Department or Officer thereof.".

717 Siehe bereits C. I. 2. in diesem Kapitel.

718 FAA, Special Operations: Order JO 7610.4 – Special Operations und Order JO 7110.67 – Special Aircraft Operations by Federal, State Law Enforcement, Military Organizations and Special Activities, (Onlinequelle); zuvor Aeronautical Information Publication, Amendment 1, 22.08.2013, 15.1.3, (Onlinequelle).

719 FAA, Special Operations, (Onlinequelle); Anhang.

griffsbefugnis nach Vorbild des § 14 Abs. 3 LuftSiG überprüft werden. Außer Kraft getretene öffentlich bekannte US-amerikanische Bestimmungen zum Abfangen von Flugzeugen werden dabei ergänzend berücksichtigt.

(1) Regulierender Charakter

Das Interesse der öffentlichen Sicherheit sowie der Schutz bedeutender Individualinteressen sind anerkannte legitime staatliche Ziele,[720] die geeignet sind, individuelle Freiheitsinteressen einzuschränken.[721] Zulässig im Sinne des V. Verfassungszusatzes sind jedoch nur Einschränkungen mit regulierendem und nicht strafendem Charakter.[722] Zur Ermittlung des Charakters der Norm ist auf das gesetzgeberische Motiv abzustellen.[723] Es genügt, wenn das Gesetz zumindest auch einen nicht strafenden Zweck verfolgt, fördert und nicht übermäßig hinsichtlich der Zweckverfolgung erscheint.[724] Die Abschussregelung des § 14 Abs. 3 LuftSiG bezieht sich in ihrem Wortlaut ausschließlich auf bedrohte Dritte, ohne die unbeteiligten Flugzeuginsassen zu nennen. Auch in den gesetzgeberischen Motiven lässt sich ein direkter Bezug zu den Rechten der Flugzeuginsassen nicht ablesen, sondern lediglich die Präventionsabsicht, einen Terroranschlag zu verhindern und am Boden bedrohte Dritte zu retten.[725] Eine strafende Intention ergibt sich mangels Bezugnahme auf die Flugzeuginsassen nicht.

Auch eine Untersuchung der veralteten öffentlich einsehbaren Regelungen der FAA zum Abfangen von Zivilmaschinen zeigt, dass der Schutz der betroffenen Maschine und der Passagiere höchste Priorität besaß. Ein Abschuss selbst war zwar in diesen nicht ausdrücklich vorgesehen, aber ein Abfangen von entführten Maschinen, soweit es möglich war, ein in den Flug der betroffenen Maschine eingreifendes Manöver ohne Gefährdung für die betroffene Maschine durchzuführen. Dabei war der die Maschine

---

720 De Veau v. Braisted, 363 U.S. 144 (155 ff.), 80 S.Ct. 1146 (1152 f.) (1960); Terry v. State of Ohio, 392 U.S. 1 (22), 88 S.Ct. 1868 (1880) (1968); Schall v. Martin, 467 U.S. 253 (264), 104 S.Ct. 2403 (2410) (1984).

721 United States v. Salerno, 481 U.S. 739 (740), 107 S.Ct. 2097 (2097 f.) (1987).

722 Bell v. Wolfish, 441 U.S. 520 (535 f.), 99 S.Ct. 1861 (1872 f.) (1979); United States v. Salerno, 481 U.S. 739 (746 ff.), 107 S.Ct. 2097 (2101 f.) (1987).

723 So United States v. Salerno, 481 U.S. 739 (746), 107 S.Ct. 2097 (2101) (1987).

724 Etwa Kennedy v. Mendoza-Martinez, 371 U.S. 144 (168 ff.), 83 S.Ct. 554 (567 f.) (1963); United States v. Salerno, 481 U.S. 739 (747), 107 S.Ct. 2097 (2101) (1987).

725 BT-Drs. 15/2361, S. 14 ff., 21.

abfangende Pilot verpflichtet, die Sicherheit des betroffenen Flugzeugs während des gesamten Manövers zu berücksichtigen.[726] Auch hieraus folgt keine Intention, durch die Abfang-/Abschussmaßnahme die Entführer zu bestrafen. Gleiches gilt auch für die Hinzuziehung der völkervertragsrechtlichen Regelungen und völkergewohnheitsrechtlichen Praxis der Gewalteinwirkung auf ein Passagierflugzeug, die auch nach Ansicht der USA nur dann erlaubt ist, wenn bedeutsame staatliche Interessen verletzt und geschützt werden sollen, ohne dass hierdurch eine Bestrafung auferlegt und durchgeführt werden soll.[727]

Ein Vergleich mit der Rechtsprechung zur Intention präventiver staatlicher Maßnahmen stützt dieses Ergebnis. So führte der Supreme Court in United States v. Salerno aus, eine Inhaftierung, die nicht als Reaktion auf eine Straftat erfolge, sei keine unzulässige Bestrafung und der V. Verfassungszusatz biete keinen uneingeschränkten Schutz vor Inhaftierung als Regulierungsmaßnahme.[728] Insbesondere während Kriegen oder Aufständen sei ein staatliches Interesse an der Aufrechterhaltung der öffentlichen Ordnung besonders stark und erlaube die Inhaftierung von Personen, die als gefährlich eingestuft würden, ohne gerichtliches Verfahren.[729] Gleiches wurde auch für mental instabile Personen, die eine potenzielle Gefahr für sich oder andere darstellen, angenommen.[730]

Eine Abgrenzung zwischen Prävention und Strafe findet sich auch im Rahmen der Diskussion über die Rechtmäßigkeit gezielter staatlicher Tötungen, in der zwischen staatlichen Tötungen durch Drohnen und staatlichen Exekutionen unterschieden wird. Nur eine Exekution verfolge einen

---

726 Dazu die veraltete FAA-Regulierung zulässiger Maßnahmen gegen entführte Zivilflugzeuge: "(…) interceptor pilot(s) will respond only, if the request can be conducted in a safe manner (…). In all situations, the interceptor pilot will consider safety of flight for all concerned throughout the intercept procedure.", (ebd., 5-6-2).

727 Siehe A. in diesem Kapitel.

728 United States v. Salerno, 481 U.S. 739 (748), 107 S.Ct. 2097 (2102) (1987).

729 Ludecke v. Watkins, 335 U.S. 160 (161 ff.), 68 S.Ct. 1429 (1429 ff.) (1948); Moyer v. Peabody, 212 U.S. 78 (84 f.), 29 S.Ct. 235 (236 f.) (1909); United States v. Salerno, 481 U.S. 739 (748), 107 S.Ct. 2097 (2102) (1987).

730 United States v. Salerno, 481 U.S. 739 (748 f.), 107 S.Ct. 2097 (2102) (1987); vgl. auch Addington v. Texas, 441 U.S. 418, 99 S.Ct. 1804 (1979), im Falle mental instabiler Personen, die eine Gefährdung für die Öffentlichkeit darstellen; Schall v. Martin, 467 U.S. 253 (264), 104 S.Ct. 2403 (2409) (1984), Ingewahrsamnahme von Jugendlichen nach Verbüßung der Haftstrafe bei weiterer Gefährdung der Gemeinschaft.

strafenden Zweck. Andere gezielte Tötungen würden rein militärische Motive verfolgen und daher nicht als Strafe anzusehen sein.[731]

Aus den vorstehenden Beispielen im Kontext bekannter veralteter Abfangregelungen ist zu schließen, dass ein regulierter Abschuss zum Zwecke der nationalen Sicherheit und dem Schutz überwiegender Individualinteressen aufgrund seines Präventionscharakters als nicht strafend im Sinne des V. Verfassungszusatzes und damit zunächst als eine grundsätzlich zulässige Beschränkung anzusehen ist.

(2) Abwägung

Die Interessen, die am Zielort betroffenen Personen zu schützen und einen Milliardenschaden für die Wirtschaft abzuwenden sowie der Schutz der nationalen Sicherheit sind besonders bedeutende staatliche Interessen,[732] die mit den Interessen der Flugzeuginsassen abzuwägen sind.[733] Ein alternatives Mittel anstelle eines Abschusses, das den Schutz der am Boden befindlichen Personen gewährleistet, zugleich aber weniger intensiv in die Rechte der betroffenen Passagiere eingreifen würde, existiert nicht. Folglich wäre ein den Abschuss autorisierendes Gesetz verhältnismäßig,[734] soweit es konkret und ausdrücklich die Voraussetzungen und die Ausführung eines Abschusses regelt.[735]

---

731 Dreyfuss, My Fellow Americans, We Are Going to Kill You, 65 Vand. L. Rev. (2012), 249 (258).

732 Aptheker v. Secretary of State, 378 U.S. 500 (509), 84 S.Ct. 1659 (1665) (1964); Haig v. Agee, 453 U.S. 280 (307), 101 S.Ct. 2766 (2782) (1981): "obvious and unarguable".

733 Die Entführer hätten einen Anspruch aus dem IV. Verfassungszusatz, weshalb die Anwendung des V. Verfassungszusatzes zurücktritt, vgl. dazu C. II. 2. a. in diesem Kapitel.

734 Im Ergebnis auch Resnicoff, Shooting Down Suicide Airplanes, 10 Issues in Aviation Law and Policy (2010-2011), 281 (297).

735 Ebenso Campbell, The Rule of Law, Legal Positivism and States of Emergency, in: Shooting to Kill: Socio-Legal Perspectives on the Use of Lethal Force, S. 3 (12).

bbb. Der Abschuss als Maßnahme

Staatliches Handeln verstößt gegen den V. Verfassungszusatz, soweit es als „conscience shocking" anzusehen ist.[736] Grundsätzlich wird dies durch Maßnahmen, die vorsätzlich eine Individualrechtsverletzung herbeiführen, impliziert.[737] Historisch gesehen bezweckte der Anspruch auf ein angemessenes substanzielles Rechtsverfahren insbesondere den Schutz vor absichtlichem und willkürlichem staatlichen Entzug von Leben, Freiheit oder Eigentum.[738]

Eine Abgrenzung zwischen Maßnahmen, die das Kriterium „shocks the conscience" erfüllen und daher verfassungswidrig sind und verfassungskonformen ist immer von den Umständen des Einzelfalls abhängig.[739] Hierzu sind der Zusammenhang zwischen der tatsächlichen Gewaltanwendung und dem verfolgten Zweck sowie der tatsächlich hervorgerufene Verletzungserfolg und die Motive des Handelnden zu untersuchen.[740] Maßgeblich zur Bestimmung einer Verfassungsrechtsverletzung sei, ob die hoheitliche Gewalt in dem guten Glauben ausgeführt werde, die Ordnung zu erhalten oder wiederherzustellen oder mit dem bösgläubigen und sadistischen Willen, Verletzungen hervorzurufen.[741]

Anhaltspunkte für bösgläubige oder sadistische Motive bestehen im Falle eines Abschusses grundsätzlich nicht. Etwas anderes ist nur anzunehmen, wenn das sichere Wissen hinsichtlich des eintretenden Verletzungserfolgs als Bösgläubigkeit zu werten ist. Der Hinweis auf Bösgläubigkeit

736 Vgl. Anm. 715.

737 County of Sacramento v. Lewis, 523 U.S. 833 (849), 118 S.Ct. 1708 (1718) (1998).

738 Davidson v. New Orleans, 96 U.S. 97 (107) (1877); Ingraham v. Wright, 430 U.S. 651 (674), 97 S.Ct. 1401 (1414) (1977); Daniels v. Williams, 474 U.S. 327 (331), 106 S.Ct. 662 (665) (1986).

739 Rochin v. California, 342 U.S. 165 (171 f.), 72 S.Ct. 205 (209) (1952); County of Sacramento v. Lewis, 523 U.S. 833 (850), 118 S.Ct. 1708 (1718 f.) (1998); Johnson v. Glick, United States Court of Appeals, Second Circuit, 481 F.2d 1028 (1033) (1973).

740 So Johnson v. Glick, United States Court of Appeals, Second Circuit, 481 F.2d 1028 (1033) (1973); Hannula v. City of Lakewood, United States Court of Appeals, Tenth Circuit, 907 F.2d 129 (131 f.) (1990); Bella v. Chamberlain, United States Court of Appeals, Tenth Circuit, 24 F.3d 1251 (1257) (1994).

741 Whitley v. Albers, 475 U.S. 312 (320 f.), 106 S.Ct. 1078 (1084) (1986); Johnson v. Glick, United States Court of Appeals, Second Circuit, 481 F.2d 1028 (1033) (1973); ähnlich bereits Moyer v. Peabody, 212 U.S. 78 (84 f.), 29 S.Ct. 235 (236) (1909).

oder sadistische Motive des Handelnden impliziert jedoch, die Notwendigkeit eines besonders verwerflichen Beweggrundes zur Begründung der Verfassungswidrigkeit.

Im Fall von County of Sacramento v. Lewis untersuchte der Supreme Court die Motive eines handelnden Beamten im Rahmen einer Hochgeschwindigkeitsjagd, bei der der Betroffene verunfallte und verstarb.[742] Der Beamte sei zur Herstellung und Erhaltung der Rechtsordnung verpflichtet, ohne jedoch übermäßige Mittel einsetzen zu dürfen.[743] Dabei müsse ein Polizist innerhalb kürzester Zeit die Pflicht, die Rechtsordnung zu erhalten und das Risiko durch eine Verfolgungsjagd für den Verfolgten, weitere Insassen und unbeteiligte Dritte miteinander abwägen.[744] Da der handelnde Polizist den Betroffenen weder habe terrorisieren noch verletzen oder töten wollen, wurde das Kriterium „shocks the conscience“ verneint.[745] Nur ein über die Festnahmeabsicht hinausgehendes, eigenständiges Motiv erfülle das Kriterium eines willkürlichen Verhaltens und verletze den V. Verfassungszusatz. Bewusste Gleichgültigkeit in Bezug auf ein Rechtsgut sei nicht ausreichend.[746] Das Hervorrufen eines expliziten Verletzungserfolgs müsse Motiv der staatlichen Maßnahme sein, um Bösartigkeit zu bejahen.[747]

Auch im Fall Landol-Rivera v. Cruz Cosme[748] setzte sich das zuständige Gericht mit der Frage auseinander, ob Schüsse auf ein wegfahrendes Auto, in dem sich auch eine Geisel befand, das Kriterium „shocks the conscience“ erfüllten. Festgestellt wurde, dass die Schüsse gegenüber dem Betroffenen weder rücksichtslos, gefühllos noch gleichgültig erfolgt seien, da bei Geiselnahmen eine Gefährdung der Geisel unausweichlich sei.[749] Eine blo-

742 County of Sacramento v. Lewis, 523 U.S. 823 (851 ff.), 118 S.Ct. 1708 (1719 f.) (1998).

743 County of Sacramento v. Lewis, 523 U.S. 823 (853), 118 S.Ct. 1708 (1720) (1998).

744 County of Sacramento v. Lewis, 523 U.S. 823 (853), 118 S.Ct. 1708 (1720) (1998).

745 County of Sacramento v. Lewis, 523 U.S. 823 (854 f.), 118 S.Ct. 1708 (1720 f.) (1998).

746 County of Sacramento v. Lewis, 523 U.S. 823 (854), 118 S.Ct. 1708 (1721) (1998).

747 County of Sacramento v. Lewis, 523 U.S. 823 (855), 118 S.Ct. 1708 (1721) (1998).

748 Landol-Rivera v. Cruz Cosme, United States Court of Appeals, First Circuit, 906 F.2d 791 (1990).

749 Landol-Rivera v. Cruz Cosme, United States Court of Appeals, First Circuit, 906 F.2d 791 (797) (1990).

ße Gefährdung impliziere keine kaltherzige Gleichgültigkeit gegenüber den verfassungsrechtlichen Rechten des Betroffenen. Eine solche Annahme würde nicht nur die Wahrnehmung von Polizeiaufgaben behindern, sondern auch zu Geiselnahmen und strafrechtlichen Handlungen in der Öffentlichkeit ermuntern, um eine polizeiliche Intervention zu erschweren.[750]

Ähnlich wurde auch im Fall Bella v. Chamberlain entschieden, der sich mit der Frage beschäftigte, ob Schüsse auf einen entführten Helikopterpiloten, der gezwungen wurde, mit seinem Helikopter mehrere flüchtige Straftäter zu befördern, als „conscience shocking" anzusehen seien. Das zuständige Gericht führte hierzu aus, die Beamten hätten bei dem Versuch, den Helikopter zur Landung zu zwingen, weder bösartige Motive verfolgt, noch sei die Ausübung potenziell tödlicher Gewalt gegenüber einer Geisel unverhältnismäßig in Anbetracht des verfolgten Interesses, die flüchtigen Straftäter zu stellen.[751] Eine andere Auslegung würde eine effektive Polizeiarbeit zum Schutze Dritter ernstlich gefährden.[752]

Auf den vorliegenden Sachverhalt angewandt, sind bösartige Motive im Falle eines Abschusses nicht ohne weitere Anhaltspunkte anzunehmen. Aus der Analyse verwandter Rechtsprechung folgt, dass der Einsatz einer potenziell tödlichen Maßnahme auch gegen eine Geisel nicht genügt, um das Kriterium „shocks the conscience" zu bejahen, soweit die Maßnahme in einem angemessenen Verhältnis zum verfolgten Zweck steht. Folglich ist ein Abschuss gegenüber den unbeteiligten Insassen keine Ausübung exzessiver Gewalt, die als „conscience shocking" zu qualifizieren ist und be-

---

750 Landol-Rivera v. Cruz Cosme, United States Court of Appeals, First Circuit, 906 F.2d 791 (797) (1990).

751 Bella v. Chamberlain, United States Court of Appeals, Tenth Circuit, 24 F.3d 1251 (1258 f.) (1994).

752 Bella v. Chamberlain, United States Court of Appeals, Tenth Circuit, 24 F.3d 1251 (1259) (1994); anders Fernandez v. Leonard, United States Court of Appeals, First Circuit, 784 F.2d 1209 (1986). Diesem lag der Sachverhalt zugrunde, dass ein FBI-Agent mehrfach auf Fernandez geschossen hatte, der von einem Geiselnehmer als Schutzschild verwendet und mit einer Waffe bedroht wurde. Der FBI-Agent verteidigte sich mit dem Vorbringen, eine Gefahr von sich und seinen Kollegen habe abwenden wollen, indem er mehrfach auf Fernandez schoss. Das Gericht nahm dennoch eine Verletzung des V. Verfassungszusatzes an, da der FBI-Agent willentlich auf Fernandez geschossen hatte, obwohl von diesem offensichtlich keine Gefährdung ausging ("Gunning down a hostage without reason or provocation is conduct that shocks the conscience.", (ebd., 1216)). Besondere Umstände rechtfertigen jedoch auch ein Vorgehen gegen die Geisel, sodass Fernandez v. Leonard nicht auf den vorliegenden Flugzeugabschuss zu übertragen ist.

gründet keinen Verstoß gegen den Anspruch auf ein angemessenes substanzielles Verfahren.

c. Anspruch auf ein angemessenes prozedurales Verfahren

In Betracht kommt weiterhin ein Verstoß gegen den Anspruch der Flugzeuginsassen auf ein angemessenes prozedurales Verfahren. Die Beendigung des Lebens der Flugzeuginsassen wurde im Rahmen des Anspruchs auf ein angemessenes substanzielles Verfahren untersucht. Hingegen überprüft der Anspruch auf ein angemessenes prozedurales Verfahren das zu dieser Entscheidung führende Verfahren.[753]

Der prozedurale Anspruch ist verletzt, wenn der Entzug von Leben, Freiheit oder Eigentum ohne angemessenes Verfahren erfolgt.[754] Grundsätzlich ist es erforderlich, den Betroffenen vor einer Beeinträchtigung durch die staatliche Maßnahme zu informieren und ihm die Möglichkeit zur Anhörung zu geben.[755] Auch im Rahmen des prozeduralen Anspruchs ist immer anhand der Umstände des Einzelfalls über die Angemessenheit eines vorgesehenen Verfahrens zu entscheiden.[756]

Die Verfassungskonformität eines Verfahrens wird anhand des vom Supreme Court in der Entscheidung Mathews v. Eldridge entwickelten Prüfungsmaßstabs bestimmt.[757] Danach sind das private, durch die hoheitliche Maßnahme beeinträchtigte Interesse, das Risiko einer fehlerhaften Beeinträchtigung durch das verwendete Verfahren, die gegebenenfalls vorgesehenen Sicherheitsmechanismen zur Prävention einer fehlerhaften An-

753 Feder, From Parrett to Zinermon: Authorization, Adequacy, and Immunity in a Systemic Analysis of State Procedure, 11 Cardozo L. Rev. (1990), 831 (844); Chemerinsky, Constitutional Law: Principles and Policies, S. 579.

754 Chemerinsky, Constitutional Law: Principles and Policies, S. 548.

755 Etwa Joint Anti-Fascist Refugee Committee v. McGrath, 341 U.S. 123 (162), 71 S.Ct. 624 (643) (1951); Parratt v. Taylor, 451 U.S. 527 (540), 101 S.Ct. 1908 (1915) (1981); Cleveland Board of Education v. Loudermill, 470 U.S. 532 (542), 105 S.Ct. 1487 (1493) (1985).

756 Mathews v. Eldridge, 424 U.S. 319 (332), 96 S.Ct. 893 (901) (1976); Gilbert v. Homar, 520 U.S. 924 (930), 117 S.Ct. 1807 (1811 f.) (1997); San Geronimo Caribe Project, Inc. v. Acevedo-Vila, United States Court of Appeals, First Circuit, 387 F.3d 465 (488) (2012).

757 Mathews v. Eldridge, 424 U.S. 319 (335), 96 S.Ct. 893 (903) (1975).

wendung und die mit der Maßnahme verfolgten staatlichen Interessen zu ermitteln.[758]

Festgestellt wurde bereits, dass im Rahmen des Flugzeugabschusses überragende private und staatliche Interessen miteinander kollidieren.[759] Auch nach Neuregelung der Abfangregelungen durch die FAA ist unklar, wie ausdrücklich und in welcher Form diese neu formuliert wurden. Grundsätzlich liegt der Oberbefehl beim Präsidenten, der den Einsatz des Militärs zum Abschuss autorisieren kann.[760] Nach 9/11 wurde bekannt, dass durch den Präsidenten zwei Militärkommandeure autorisiert wurden, derartige Abschussbefehle in Vertretung für den Präsidenten zu erteilen.[761]

Ein Vergleich mit den veralteten Regelungen zum Abfangen von Zivilmaschinen zeigt eine sehr detaillierte Regulierung des militärischen Vorgehens gegen ein Zivilflugzeug, die insbesondere darauf bedacht war, eine unnötige Gefährdung oder fehlerhafte Sachverhaltsaufklärung auszuschlie-

---

758 Goldberg v. Kelly, 397 U.S. 255 (263 ff.), 90 S.Ct. 1011 (1018 ff.) (1970); Mathews v. Eldridge, 424 U.S. 319 (335), 96 S.Ct. 893 (903) (1975); Gilbert v. Homar, 520 U.S. 924 (931 f.), 117 S.Ct. 1807 (1812) (1997); Wilkinson v. Austin, 545 U.S. 209 (224), 125 S.Ct. 2384 (2395) (2005). Die Frage der Verfassungsmäßigkeit des Verfahrens kann im Vorliegenden auch nicht unbeantwortet bleiben. Der Supreme Court hat die Heilungsmöglichkeiten einer mangelhaften Verfahrensausgestaltung zwar anerkannt, dies jedoch nur in Fällen des Eigentums- und Freiheitsentzugs und gerade nicht für den Entzug des Lebens. Aufgrund der fehlenden Wiederherstellung und Aufhebung der beeinträchtigenden staatlichen Handlung kann diese Rechtsprechung zumindest bisher nicht übertragen werden, vgl. Parratt v. Taylor, 451 U.S. 527 (543), 101 S.Ct. 1908 (1917) (1981); Zinermon v. Burch, 494 U.S. 113 (138 f.), 110 S.Ct. 975 (990) (1990); dazu auch Chemerinsky, Constitutional Law: Principles and Policies, S. 556.

759 Wobei anders als im deutschen Verfassungsrecht eine grundsätzliche staatliche Schutzpflicht, Individuen vor der Verletzung durch Dritte zu schützen, nicht besteht, vgl. DeShaney v. Winnebago County Department of Social Services, 489 U.S. 189 (195 f.), 109 S.Ct. 998 (1002 f.) (1989): "Nothing in the language of the Due Process Clause itself requires the State to protect the life, liberty, and property of its citizens against invasion by private actors. The Clause is phrased as a limitation on the State's power to act, not as a guarantee of certain minimal levels of safety and security." (ebd.). Der Supreme Court hat diesbezüglich jedoch zwei Ausnahmen anerkannt, wenn der Betroffene sich in staatlicher Obhut befindet oder er durch die staatliche Maßnahme Verletzungen durch Dritte ausgesetzt wurde, dazu etwa Cantwell, Constitutional Torts and the Due Process Clause, 4 Temp. Pol. & Civ. Rts. L. Rev. (1994-1995), 317 (343). Im Falle der Entführung als erste Straftat gegenüber den Passagieren durch die Entführer ist letztere Kategorie jedoch nicht anwendbar.

760 C. I. in diesem Kapitel.

761 Schmitt, U.S. Practices How to Down Hijacked Jets, N.Y. Times, 03.10.2003, (Onlinequelle).

ßen.[762] Zum einen war eine intensive Kommunikation und Autorisierungshierarchie zwischen den militärischen und zivilen Stellen (National Military Command Center (NMCC)/North American Aerospace Defense Command (NORAD)/FAA) unter Einbindung des Verteidigungsministeriums vorgesehen, bevor militärische Flugzeuge eingesetzt und Abfangmanöver durchgeführt werden durften.[763] Zum anderen war es den Kampfflugzeugen nur unter größten Sicherheitsvorkehrungen für die betroffene Zivilmaschine erlaubt, sich dieser zu nähern, wobei Manöver und Kommunikation ausdrücklich vorbestimmt waren und die Sicherheit der Zivilmaschine als maßgeblicher Handlungsfaktor zu berücksichtigen war.[764] Nur als äußerstes Mittel sollte Waffengewalt gegen ein ziviles Luftfahrzeug eingesetzt werden.[765] Der fehlerhaften Annahme eines bedrohlichen Luftzwischenfalls sollte durch Sicht- und Funkkontakt vorgebeugt werden.

Allerdings wird im Falle einer Flugzeugentführung mit Waffenverwendungsabsicht eine Anhörung vor Durchführung eines Abschusses gänzlich abwegig sein. Allenfalls dürfte ausreichend Zeit für eine Ankündigung des Abschusses und/oder Warnschüsse bestehen. Fraglich ist, ob das Fehlen einer vorherigen Anhörung und Bekanntgabe zwingend die Verfassungswidrigkeit des Abschusses begründet. Sollte dies der Fall sein, würde ein Abschuss ohne vorherige Anhörung gegen den prozeduralen Verfahrensanspruch des V. Verfassungszusatzes verstoßen.

Aufgrund fehlender einschlägiger Präzedenzfälle ist auch zur Beantwortung dieser Frage die bisherige Rechtsprechung zum Fehlen von Anhörung und Bekanntgabe bei beeinträchtigenden staatlichen Maßnahmen auslegend heranzuziehen.

Im Fall Bi-Metallic Investment Co. v. State Board of Equalization[766] wurde eine gesetzliche Regelung angegriffen, die eine 40-prozentige Steuererhöhung auf jedes zu versteuernde Eigentum vorsah. Der Kläger berief

762 Civil Aviation Safety Act, IS 8.8.1.28, (Onlinequelle), die Maßnahme eines Abschusses vor 9/11 sei nicht geregelt gewesen, sondern nur der Begleitschutz durch militärische Flugzeuge, diese Lücke sei inzwischen allerdings geschlossen worden, Schmitt, U.S. Practices How to Down Hijacked Jets, N.Y. Times, 03.10.2003, (Onlinequelle).

763 The 9/11 Commission Report, S. 14 ff., (Onlinequelle); Protocols for Responding to Hijackings, Rutgers University Law Review, (Onlinequelle).

764 Siehe Wortlaut der FAA Regulierung in Anm. 726.

765 Schmitt, U.S. Practices How to Down Hijacked Jets, N.Y. Times, 03.10.2003, (Onlinequelle).

766 Bi-Metallic Investment Co. v. State Board of Equalization, 239 U.S. 441, 36 S.Ct. 141 (1915).

sich auf einen Verstoß gegen den XIV. Verfassungszusatz (i.V.m. dem V. Verfassungszusatz), da ihm die Regelung das Recht auf ein verfassungsrechtlich garantiertes ordentliches Verfahren nehme.[767] Der Supreme Court war der Ansicht, auch ohne Anhörung könnten allgemeine Gesetze zulässigerweise Individuen oder deren Eigentum, gegebenenfalls bis hin zum Bankrott, beeinträchtigen, ohne dass hierdurch ein Verfassungsverstoß begründet werde. Individuelle Rechte seien nur bezüglich der Einflussnahme der Betroffenen über das ihnen zustehende Wahlrecht geschützt.[768]

Anerkannt ist auch, dass besondere Umstände oder Notsituationen das Erfordernis einer Anhörung vor Entzug des Rechtsguts entfallen lassen.[769] Dies gelte für Situationen, in denen die Durchführung einer Anhörung das Ziel einer Maßnahme zur Regelung eines Notfalls zunichtemache.[770] Notfallsituationen rechtfertigten Maßnahmen, die notwendig seien, um die öffentliche Sicherheit und Gesundheit zu schützen.[771] Auch eine fehlerhafte Anwendung von Notfallmaßnahmen führe nicht zwingend zu deren Verfassungswidrigkeit.[772] Jedes administrative Handeln beinhalte das

767 Chemerinsky, Constitutional Law: Principles and Policies, S. 579.

768 Bi-Metallic Investment Co. v. State Board of Equalization, 239 U.S. 441 (445), 36 S.Ct. 141 (142) (1915).

769 Hodel v. Virginia Surface Mining & Reclamation Ass'n, 452 U.S. 264 (299 f.), 101 S.Ct. 2352 (2372 ff.) (1981); vgl. auch North American Cold Storage Co. v. City of Chicago, 211 U.S. 306 (315 ff.), 29 S.Ct. 101 (104 ff.) (1908); Phillips v. Commissioner of Internal Revenue, 283 U.S. 589 (597), 51 S.Ct. 608 (611) (1931); Yakus v. United States, 321 U.S. 414 (442 f.), 64 S.Ct. 660 (675 f.) (1944); Bowles v. Willingham, 321 U.S. 503 (519 f.), 64 S.Ct. 641 (649 f.) (1944); Fahey v. Mallonee, 332 U.S. 245 (253 f.), 67 S.Ct. 1552 (1556) (1947); Ewing v. Mytinger & Casselberry, Inc., 339 U.S. 594 (599 f.), 70 S.Ct. 870 (872 f.) (1950); Boddie v. Connecticut, 401 U.S. 371 (378 f.), 91 S.Ct. 780 (786) (1971); Calero-Toledo v. Pearson Yacht Leasing Co., 416 U.S. 663 (677 ff.), 94 S.Ct. 2080 (2088 ff.) (1974); dazu etwa Freedman, Summary Actions by Administrative Agencies, 40 U. Chic. L. Rev. (1972), 1 (1 ff.) m.w.N.

770 Fuentes v. Shevin, 407 U.S. 67 (91), 92 S.Ct. 1982 (2000) (1972); Harris v. City of Akron, United States Court of Appeals, Sixth Circuit, 20 F.3d 1396 (1404) (1994); Catanzaro v. Weiden, United States Court of Appeals, Second Circuit 188 F.3d 56 (63) (1999); San Geronimo Caribe Project, Inc. v. Acevedo-Vila, United States Court of Appeals, First Circuit 387 F.3d 465 (487 f.) (2012).

771 Hodel v. Virginia Surface Mining & Reclamation Ass'n, 452 U.S. 264 (301), 101 S.Ct. 2352 (2373) (1981).

772 Ewing v. Mytinger & Casselberry, Inc., 339 U.S. 594 (599), 70 S.Ct. 870 (873) (1950); Hodel v. Virginia Surface Mining & Reclamation Ass'n, 452 U.S. 264 (302 f.), 101 S.Ct. 2352 (2374) (1981).

Risiko fehlerhaft zu sein, Notfallmaßnahmen inbegriffen.[773] Der Anspruch auf ein angemessenes Verfahren verlange jedoch nicht, angehört zu werden, bevor Notfallmaßnahmen zur Anwendung gelangen dürften.[774] Dies gelte insbesondere für staatliche Notfallmaßnahmen, die im Falle eines bewaffneten Konflikts zur Sicherheit der Nation Anwendung fänden.[775] Die prozedurale Verfahrensgarantie des V. Verfassungszusatzes bezwecke gerade nicht, hoheitliche Handlungsgewalt in der Form einzuschränken, eine Ausübung praktisch unmöglich zu machen, sondern ziele darauf ab, vor fehlerhafter und willkürlicher Ausübung zu schützen, ohne jedoch die Effektivität der Polizeiarbeit bzw. militärische Abwehrmöglichkeiten empfindlich zu beschränken.[776]

Konsequenterweise ist auch im Rahmen des Anspruchs auf ein angemessenes prozedurales Verfahren die Kollision der privaten Interessen der Flugzeuginsassen mit den betroffenen staatlichen Sicherheitsinteressen abzuwägen, wobei insbesondere zu berücksichtigen ist, dass die Umstände der Situation ein sofortiges Handeln erforderlich machen, da anderenfalls jede weitere staatliche Handlung obsolet würde. Die besondere Bedeutsamkeit der verfolgten staatlichen Interessen und die Eilbedürftigkeit staatlicher Eingriffsmaßnahmen begründen die ausnahmsweise Entbehrlichkeit einer Anhörung für den zu untersuchenden Sachverhalt, da anderenfalls eine wirksame Wahrnehmung des überragenden staatlichen Interesses der nationalen Sicherheit sowie die Rettung der bedrohten Personen am Bo-

---

773 Hodel v. Virginia Surface Mining & Reclamation Ass'n, 452 U.S. 264 (302), 101 S.Ct. 2352 (2374) (1981).

774 San Geronimo Caribe Project, Inc. v. Acevedo-Vila United States Court of Appeals, First Circuit 387 F.3d 465 (488) (2012).

775 Chae Chan Ping v. United States, 130 U.S. 581 (606), 9 S.Ct. 623 (630) (1889); Stoehr v. Wallace, 255 U.S. 239 (245 f.), 41 S.Ct. 293 (296) (1921); Bowles v. Willingham, 321 U.S. 503 (520 f.), 64 S.Ct. 641 (650 f.) (1944); Joint Anti-Fascist Refugee Committee v. McGrath, 341 U.S. 123 (163), 71 S.Ct. 624 (644) (1951), Frankfurter, concurring: "the greatest of all public interests, that of national security"; Aptheker v. Secretary of State, 378 U.S. 500 (509), 84 S.Ct. 1659 (1665) (1964); Haig v. Agee, 453 U.S. 280 (307), 101 S.Ct. 2766 (2782) (1981); Wayte v. United States, 470 U.S. 598 (611 f.), 105 S.Ct. 1524 (1533) (1985): "Few interests can be more compelling than a nation's need to ensure its own security. (...) Unless a society has the capability and the will to defend itself from the aggressions of others, constitutional protections of any sort have little meaning.".

776 Catanzaro v. Weiden, United States Court of Appeals, Second Circuit 188 F.3d 56 (63) (1999).

den nicht möglich wäre.[777] Insoweit sprechen die Wirksamkeit hoheitlicher Abwehrmaßnahmen und die Unmöglichkeit der Rettung der entführten Flugzeuginsassen für eine Verfassungsmäßigkeit des Abschusses auch ohne vorherige Anhörung.

Auch der Einsatz der Maßnahme gleichermaßen und undifferenziert gegen die Entführer und die Unbeteiligten ändert dieses Ergebnis nicht.[778] Für die Rechtsbeeinträchtigung von erwiesenermaßen Unschuldigen hat der Supreme Court hinsichtlich des Entzugs von Eigentum ohne vorherige Anhörung anerkannt, eine solche sei dann nicht zwingend, wenn die Beschlagnahme unmittelbar notwendig sei, um ein wichtiges staatliches oder öffentliches Interesse zu schützen, ein besonderes Bedürfnis unverzüglichen Handelns bestehe und die Entscheidung zur Beschlagnahme durch einen hierzu befugten Beamten auf Grundlage einer eng umschriebenen Ermächtigung erfolge.[779] Entscheidend sei die Verfolgung eines höchsten staatlichen Interesses, das den Anspruch einer vorherigen Anhörung eines Unschuldigen im konkreten Fall überwiege.

Zwar handelt es sich beim Eigentumsentzug um ein mit dem Leben nicht vergleichbares Rechtsgut, da letzteres Voraussetzung zur Wahrnehmung und Ausübung aller weiteren Rechte ist, dennoch sind beide fundamentale Rechtsgüter im Sinne des V. Verfassungszusatzes. Auch wenn der Eigentumsentzug in seiner Eingriffsintensität nicht mit dem Entzug des Lebens gleichzusetzen ist, folgt aus der überragenden Bedeutung der staatlichen Interessen sowie der Unabänderbarkeit des bevorstehenden Todes der Flugzeuginsassen kein Verstoß gegen die Verfahrensgarantie des V. Verfassungszusatzes.

---

777 Soweit diesem Ergebnis nicht gefolgt würde, führt dies nicht zwingend zur Annahme der Verfassungswidrigkeit. Im Rahmen einer ex-post Anhörung bestünde die Möglichkeit einer Verfahrenskontrolle durch die Nachlassberechtigten, vgl. dafür im Falle gezielter Tötungen: Dehn, Debate, Targeted Killing: The Case of Anwar Al-Aulaqi, 159 U. Pa. L. Rev. PENNumbra (2010), 175 (180); Murphy/Radsan, Due Process and Targeted Killing of Terrorists, 31 Cardozo L. Rev. (2009-2010), 405 (440); zumindest offengelassen in Al-Aulaqi v. Panetta, United States District Court, District of Columbia 35 F.Supp.3d 56 (74) (2014); anerkannt im Fall des Eigentumsentzugs ohne vorherige Anhörung in North American Cold Storage Co. v. City of Chicago, 211 U.S. 306 (316), 29 S.Ct. 101 (104) (1908).

778 Allgemein Finch, Deadly Force to Arrest, 11 Harv. C.R.-C.L. L. Rev. (1976), 361 (386 ff.), der die Supreme Court-Rechtsprechung auf den Lebensentzug für anwendbar erachtet.

779 Fuentes v. Shevin, 407 U.S. 67 (91), 92 S.Ct. 1982 (2000) (1972); Calero-Toledo v. Pearson Yacht Leasing Co., 416 U.S. 663 (678), 94 S.Ct. 2080 (2089) (1974).

Im Ergebnis verletzt der Flugzeugabschuss weder aufgrund des Fehlens einer vorherigen Anhörung noch aufgrund des undifferenzierten Vorgehens auch gegen die unbeteiligten Flugzeuginsassen in verfassungswidriger Weise die Garantien des prozeduralen Verfahrensanspruchs.

Diese Feststellung soll folgend anhand der Rechtsprechung zur Inhaftierung feindlicher Kombattanten (aa.) und der Maßnahme gezielter Tötungen (bb.) überprüft werden.

aa. Die Inhaftierung feindlicher Kombattanten

Personen, die in einem vermeintlichen Zusammenhang oder Unterstützungsverhältnis zu Al-Qaida oder anderen, die USA ablehnenden Terrororganisationen stehen, werden von der US-Regierung als feindliche Kombattanten bezeichnet.[780]

Yaser Hamdi, ein amerikanischer Staatsbürger, wurde 2002 in Afghanistan festgenommen und als „feindlicher Kombattant" auf einem Marinestützpunkt in den Vereinigten Staaten inhaftiert.[781] Das Recht auf Rechtsbeistand wurde ihm verwehrt.[782] Hamdis Vater legte für seinen Sohn Haftbeschwerde mit der Begründung ein, die Inhaftierung verletze die Garantien des V. und XIV. Verfassungszusatzes.[783] In seinem Urteil bestätigte der Supreme Court das verfassungsrechtlich garantierte Recht Hamdis, von

780 10 U.S.C. § 948a: "(7) Unprivileged Enemy Belligerent. – The term "unprivileged enemy belligerent" means an individual (other than a privileged belligerent) who – (A) has engaged in hostilities against the Unites States or coalition partners; (B) has purposefully and materially supported hostilities against the United States or its coalition partners; or (C) was a part of al Qaeda at the time of the alleged offense under this chapter.", (Onlinequelle); dazu auch Danner, Defining Unlawful Enemy Combatants, 43 Tex. Int'l L. J. (2007-2008), 1 (2 ff.); Überblick bei Greenberg/Dratel, The Enemy Combatant Papers: American Justice, the Courts and the War on Terror. Zur Debatte der Inhaftierung feindlicher Kombattanten etwa Bruff, Bad Advice: Bush's Lawyers in the War on Terror, S. 181 ff.; Cooper Blum, The Necessary Evil of Preventive Detention in the War on Terror, S. 27 ff., 165 ff.; Fisher, The Constitution and 9/11, S. 188 ff.; Goldsmith, Long-Term Terrorist Detention and a U.S. National Security Court, in: Legislating the War on Terror, S. 75 (75 ff.); Honigsberg, Our Nation Unhinged, S. 41 ff.; Lutz, Die Behandlung von "illegalen Kämpfern" im US-Amerikanischen Recht und im Völkerrecht, S. 142 ff.

781 Hamdi v. Rumsfeld, 542 U.S. 507 (507), 124 S.Ct. 2633 (2634) (2004).

782 Hamdi v. Rumsfeld, 542 U.S. 507 (508, 511), 124 S.Ct. 2633 (2634, 2636) (2004).

783 Hamdi v. Rumsfeld, 542 U.S. 507 (507), 124 S.Ct. 2633 (2634) (2004).

einem unabhängigen Spruchkörper angehört zu werden und die Gründe für seine Inhaftierung zu erfahren.[784]

Zwar verweisen die Entscheidungsgründe auf eine mögliche verfassungsrechtliche Kompetenz des Präsidenten aus Artikel II Abschnitt 2 der US-Verfassung, Bürger, die als feindliche Kämpfer qualifiziert wurden, gefangen zu nehmen.[785] Die Frage einer verfassungsrechtlichen Kompetenz konnte im vorliegenden Fall jedoch offenbleiben, da nach Ansicht des Supreme Courts bereits die AUMF den Präsidenten hierzu hinreichend ermächtige.[786]

Zur Frage, ob die Inhaftierung Hamdis gegen dessen verfassungsrechtlich garantierten Verfahrensanspruch verstoße, bezog sich der Supreme Court erneut auf den in der Entscheidung Mathews v. Eldridge entwickelten Test.[787] Dabei wurden Hamdis Interesse an der Vermeidung eines langwierigen unrechtmäßigen Freiheitsentzugs sowie sein Interesse an einem angemessenen Verfahren herangezogen[788] und den staatlichen Interessen, eine Rückkehr feindlicher Kombattanten in den bewaffneten Konflikt zu verhindern und die Funktionsfähigkeit des Militärs zu gewährleisten, gegenübergestellt.[789] Der Gerichtshof entschied, Hamdi stehe zumindest ein Auskunftsanspruch bezüglich der Tatsachen zu, die nach Ansicht der Regierung eine Einordnung als feindlicher Kombattant begründeten sowie das Recht, vor einem unabhängigen Entscheidungsgremium die vorgebrachten Beweise zu entkräften.[790] Der bisherige staatliche Entscheidungsprozess sei hierzu ungeeignet, da eine Vernehmung nicht vor einem unabhängigen Entscheidungsgremium stattgefunden habe.[791] Obwohl es möglich sei, amerikanische Bürger als feindliche Kombattanten zu inhaftieren, könne ihnen nicht das Recht vorenthalten werden, den Grund ihrer Inhaftierung zu erfahren.[792] Ohne die Bedeutung der Gewaltenteilung und die Einschätzungsprärogative des Präsidenten im Rahmen militä-

784 Hamdi v. Rumsfeld, 542 U.S. 507 (509, 533), 124 S.Ct. 2633 (2635, 2648) (2004).

785 Hamdi v. Rumsfeld, 542 U.S. 507 (517), 124 S.Ct. 2633 (2639) (2004).

786 Hamdi v. Rumsfeld, 542 U.S. 507 (517), 124 S.Ct. 2633 (2639) (2004).

787 Hamdi v. Rumsfeld, 542 U.S. 507 (529), 124 S.Ct. 2633 (2646) (2004); krit. dazu etwa Lawson/Ferguson/Montero, “Oh Lord, Please Don’t Let Me Be Misunderstood!”: Rediscovering the Mathews v. Eldridge and Penn Central Frameworks, 81 Notre Dame L. Rev. (2005), 1 (4 f.); Murphy/Radsan, Due Process and Targeted Killing of Terrorists, 31 Cardozo L. Rev. (2009-2010), 405 (426).

788 Hamdi v. Rumsfeld, 542 U.S. 507 (529 f.), 124 S.Ct. 2633 (2646) (2004).

789 Hamdi v. Rumsfeld, 542 U.S. 507 (531 f.), 124 S.Ct. 2633 (2647 f.) (2004).

790 Hamdi v. Rumsfeld, 542 U.S. 507 (533), 124 S.Ct. 2633 (2648) (2004).

791 Hamdi v. Rumsfeld, 542 U.S. 507 (533, 537), 124 S.Ct. 2633 (2648, 2651) (2004).

792 Hamdi v. Rumsfeld, 542 U.S. 507 (533), 124 S.Ct. 2633 (2648) (2004).

rischer Maßnahmen und der Außenpolitik anzuzweifeln, überwiege das Rechtsschutzinteresse Hamdis die staatlichen Interessen, da eine verfahrensrechtliche Kontrolle der Inhaftierung weder besondere staatliche Interessen bedrohe noch die Kriegsführungsbefugnis der Regierung unmittelbar beeinflusse.[793]

In Boumediene v. Bush klagte der bosnische Staatsbürger Boumediene gegen seine Inhaftierung in Guantanamo, da der Military Commissions Act of 2006 und der Detainee Treatment Act of 2005 ihm das verfassungsrechtlich geschützte Recht auf Haftprüfung versagten.[794] Zu klären war daher nicht nur die Anwendbarkeit des V. Verfassungszusatzes auf nicht US-amerikanische Staatsbürger, sondern auch dessen Anwendbarkeit außerhalb der Grenzen der Vereinigten Staaten.

Der Supreme Court bejahte sowohl die persönliche als auch die territoriale Anwendbarkeit des V. Verfassungszusatzes.[795] Obwohl das Urteil eine Einschränkung gerichtlicher Kontrolle bei Maßnahmen der nationalen Sicherheit einräumt,[796] setzte der Supreme Court in Boumediene v. Bush erneut den in Mathews v. Eldridge entwickelten Abwägungstest ein, der zugunsten einer verfahrensrechtlichen Kontrolle entschieden wurde.[797]

bb. Übertragbarkeit auf gezielte Tötungen

Obgleich der Supreme Court einen Fall gezielter Tötungen bisher nicht entschieden hat, scheinen die verfahrensrechtlichen Vorgaben zur Inhaftierung feindlicher Kombattanten zumindest bedingt auf die Maßnahme der gezielten Tötungen übertragbar zu sein.[798]

---

793 Hamdi v. Rumsfeld, 542 U.S. 507 (533), 124 S.Ct. 2633 (2648) (2004): "War power does not remove constitutional limitations safeguarding essential liberties (…)", (ebd., 536).

794 Boumediene v. Bush, 553 U.S. 723 (732), 128 S.Ct. 2229 (2240) (2008).

795 Boumediene v. Bush, 553 U.S. 723 (765, 771), 128 S.Ct. 2229 (2259, 2262) (2008).

796 Boumediene v. Bush, 553 U.S. 723 (769 f.), 128 S.Ct. 2229 (2261 f.) (2008).

797 Boumediene v. Bush, 553 U.S. 723 (781 ff., 792), 128 S.Ct. 2229 (2268 ff., 2274) (2008).

798 In diese Richtung auch McKelvey, Due Process Rights and the Targeted Killing of Suspected Terrorists, 44 Vand. J. Transnat'l L. (2011), 1353 (1371 ff.); Murphy/Radsan, Due Process and Targeted Killing of Terrorist, 31 Cardozo L. Rev. (2009-2010), 405 (410); vgl. auch Dreyfuss, My Fellow Americans, We Are Going to Kill You, 65 Vand. L. Rev. (2012), 249 (275), mit Bezug auf das Urteil Hamdi v. Rumsfeld, das die Kriterien zur Feststellung der Rechtmäßigkeit eines

Eine gezielte Tötung wird grundsätzlich als außergerichtliche, vorbestimmte hoheitliche Tötung eines Individuums, das sich nicht in Untersuchungshaft befindet, definiert.[799] Zum Teil werden gezielte staatliche Tötungen als außerrechtliche, rechtswidrige Maßnahmen bewertet.[800] Andere wiederum qualifizieren diese als rechtmäßige staatliche Handlung im Rahmen des bewaffneten Konflikts.[801] Die US-Regierung stützt die Rechtmäßigkeit gezielter Tötungen, auch von US-Bürgern, insbesondere auf das

---

Freiheitsentzuges auch auf den Entzug des Lebens übertragen werden könnten. Justice Thomas kommt in seinem Minderheitenvotum zum gleichen Ergebnis, lehnt aber gerade aus diesem Grund das Mehrheitsvotum ab, weil er die verfahrensrechtlichen Bestimmungen nicht auf gezielte Tötungen anwendbar hält, siehe Hamdi v. Rumsfeld, 542 U.S. 507 (597 f.), 124 S.Ct. 2633 (2684) (2004), Thomas dissenting.

799 Anderson, Targeted Killing in U.S. Counterterrorism Strategy and Law, in: Legislating the War on Terror, S. 346 (356); Murphy/Radsan, Due Process and Targeted Killing of Terrorists, 31 Cardozo L. Rev. (2009-2010), 405 (405); auf das Kriterium außergerichtlich verzichtend: Foreman, Comments: When Targeted Killing is not Permissible, 15 U. Pa. J. Const. L. (2012-2013), 921 (923); Melzer, Targeted Killing in International Law, S. 5; genauso Vlasic, Assassination & Targeted Killing, 43 Geo. J. Int'l L. (2011-2012), 259 (268 ff.).

800 Dazu etwa Heller, Let's Call Killing al-Awlaki What It Is – Murder, Opinio Juris, 08.04.2010, (Onlinequelle), auf die strafrechtliche Bewertung im Falle einer nicht-kriegsrechtlichen Maßnahme abstellend; ähnlich restriktiv etwa Anderson, Targeted Killing in U.S. Counterterrorism Strategy and Law, Working Paper, 11.05.2009, S. 16, (Onlinequelle); Murphy/Radsan, Due Process and Targeted Killing of Terrorists, 31 Cardozo L. Rev. (2009-2010), 405 (407) m.w.N., die sich jedoch auf die israelische Position beziehen; Osiel, The End of Reciprocity, S. 407 m.w.N.

801 Etwa Banks/Raven-Hansen, Targeted Killing and Assassination: The U.S. Legal Framework, 37 U. Rich. L. Rev. (2002-2003), 667 (749); Wiebe, Assassination in Domestic and International Law, 11 Tulsa J. Comp. Int'l L. (2003-2004), 363 (394 ff., 401); mit dem Hinweis, dass gezielte Tötungen von US-Amerikanern unter keinen Umständen zulässig sein sollten Foreman, Comments: When Targeted Killing is not Permissible, 15 U. Pa. J. Const. L. (2012-2013), 921 (923, 954); die Berücksichtigung von Staatsbürgerschaft ausdrücklich abl.: Guiora, Targeted Killing as Active Self-Defense, 36 Case W. Res. J. Int'l L. (2004), 319 (331 ff.), aus israelischer Sicht; Paust, Self Defense Targetings of Non-State Actors and Permissibility of U.S. Use of Drones in Pakistan, 19 J. Transnat'l L. & Pol'y (2010), 237 (261 ff.); Radsan/Murphy, Measure Twice, Shoot Once, 2011 U. Ill. L. Rev. (2011), 1201 (1202, 1238 ff.); Solis, Targeted Killing and the Law of Armed Conflict, 60 Naval War Coll. Rev. (2007), 127 (134 ff.), rechtmäßig, soweit das Ziel unmittelbar an feindlichen Handlungen teilgenommen hat und der Drohneneinsatz militärisch autorisiert wurde.

Memorandum of Law von W. Hays Parks.[802] Das Memorandum unterscheidet zwischen den durch die Executive Order 12333 verbotenen staatlichen Tötungen und zulässigen gezielten Tötungen von Individuen, die eine direkte Bedrohung für die USA darstellen. Sowohl Parks als auch der damalige Rechtsberater des Innenministeriums Abraham D. Sofaer teilten die Ansicht, das Verbot staatlicher Tötungen dürfe auf gezielte Tötungen feindlicher Kombattanten in Kriegszeiten oder von Individuen zur Selbstverteidigung keine Anwendung finden. Zu einer gezielten Tötung ermächtige insbesondere Art. 51 UN-C sowie Völkergewohnheitsrecht.[803]

Auch unter Präsident Obama wird die Maßnahme der gezielten Tötungen durch Drohnen weiterhin angewendet.[804] Im Jahr 2010 verklagte Nasser al-Aulaqi den Präsidenten wegen des Befehls zur Tötung seines Sohnes

---

802 Parks, Memorandum of Law, Executive Order 12333 and Assassination, 1989 Army Law. (1989), 4 (4 ff.).

803 Nach Blum/Heymann, Law and Policy of Targeted Killing, 1 Harv. Nat'l Sec. J. (2010), 145 (155); zum Einsatz von gezielten Tötungen etwa auch: Anderson, Targeted Killing in U.S. Counterterrorism Strategy and Law, in: Legislating the War on Terror, S. 346 (373 ff.); Chesney, Who May Be Killed, 13 Y.B. Int'l Hum. L. (2010), 3 (15 ff.); W. Fisher, Targeted Killing, Norms, and International Law, 45 Colum. J. Transnat'l L. (2007), 711 (714 ff.); Kretzmer, Targeted Killing of Suspected Terrorists, 16 EJIL (2005), 171 (175 ff.), Vorschlag, das Recht des bewaffneten Konflikts durch Normen des humanitären Völkerrechts zu ergänzen; Melzer, Targeted Killing in International Law, S. 442 ff.; Murphy/Radsan, Due-Process and Targeted Killing of Terrorists, 31 Cardozo L. Rev. (2009), 405 (405 ff., 437 ff.), für eine Anwendung des prozeduraler Verfahrensanspruch auch auf Nicht-Amerikaner im Ausland; dies., Measure Twice, Shoot Once, 101 Univ. Ill. L. Rev. (2011), 1201 (1207 f.); Murphy, The International Legality of US Military Cross-Border Operations from Afghanistan into Pakistan, 85 Int'l L. Stud. Serv. US Naval War Col. (2009), 109 (116, 123 f.); O'Connell, The Choice of Law Against Terrorism, 4 J. Nat'l Security L. & Pol'y (2010), 343 (355 ff.), für die Anwendung des Strafrechts im Falle des Konflikts mit Al-Qaida; dies., Unlawful Killing with Combat Drones: A Case Study of Pakistan, 2004-2009, in: Shooting to Kill: The Law Governing Lethal Force in Context, S. 263 (279 ff., 290) von der Illegalität der CIA Drohnentötungen in Pakistan ausgehend.

804 Dazu Koh, The Obama Administration and International Law, Address at the Annual Meeting of the American Society of International Law, 25.03.2010, (Onlinequelle); dazu auch Elsea, Memorandum: Legal Issues Related to the Lethal Targeting of U.S. Citizens Suspected of Terrorist Activities, in: Lethal Targeting of U.S. Citizens Suspected of Terrorism, S. 1 (14 ff.); Pakistan: 2009: 53; 2010: 118; 2011: 70; 2012: 48. Es wird vermutet, dass bis September 2013 durch Drohneneinsätze zwischen 2065 und 3613 Menschen ihr Leben verloren haben, davon 258-427 Zivilisten. Jemen/Somalia: bis August 2013: 54 -103, nach Murphy/Radsan, Notice and an Opportunity to Be Heard Before the President Kills You, 48 Wake Forest L. Rev. (2013), 829 (836 f.) m.w.N; Hochrechnungen etwa auch

Anwar al-Aulaqi. Anwar al-Aulaqi war US-Amerikaner und hielt sich 2010 im Jemen auf.[805] Nach Ansicht Nasser al-Aulaqis verstoße der Tötungsbefehl gegen die Verfassung und verwehre seinem Sohn das verfassungsrechtlich garantierte Recht auf ein angemessenes Verfahren.[806] Außerhalb eines bewaffneten Konflikts dürfe vorsätzliche letale Gewalt nicht ohne vorheriges Verfahren eingesetzt werden. Die Geheimhaltung der Kriterien zur Auswahl eines tauglichen Zieles verletze den Verfahrensanspruch des V. Verfassungszusatzes.[807] Nur in den außergewöhnlichsten Situationen, als Ultima Ratio zum Schutz gegen konkrete, spezifische und unmittelbar bevorstehende Bedrohungen des Lebens oder besonders schwere Verletzungen, könne eine gezielte Tötung zulässig sein.[808]

Das Gericht enthielt sich einer Bewertung der Rechtmäßigkeit des Befehls einer gezielten Tötung und den verfassungsrechtlichen Verfahrensvorgaben, indem es die Klage bereits aus verfahrensrechtlichen Gründen, unter anderem mangels Prozessführungsbefugnis von Nasser al-Aulaqi, als unzulässig verwarf.[809]

Nachdem Anwar al-Aulaqi sowie sein 16-jähriger Sohn Abdulrahman, der auch US-amerikanischer Staatsbürger war, durch einen Drohneneinsatz getötet wurden, erhob Nasser al-Aulaqi erneut Klage gegen die US-Re-

---

bei Breau, Civilian Casualties and Drone Attacks: Issues in International Humanitarian Law, in: The Liberal Way of War, S. 115 (117).

805 Al-Aulaqi v. Obama, United States District Court, District of Columbia 727 F.Supp.2d 1 (8) (2010).

806 Al-Aulaqi v. Obama, United States District Court, District of Columbia 727 F.Supp.2d 1 (12) (2010); Al-Aulaqi v. Obama, United States District Court, District of Columbia Complaint for Declaratory and Injunctive Relief (Violation of constitutional rights and international law – targeted killing), S. 10 f., (Onlinequelle).

807 Al-Aulaqi v. Obama, United States District Court, District of Columbia 727 F.Supp.2d 1 (1, 8, 12) (2010); Al-Aulaqi v. Obama, United States District Court, District of Columbia Complaint for Declaratory and Injunctive Relief (Violation of constitutional rights and international law – targeted killing), S. 10, (Onlinequelle).

808 Al-Aulaqi v. Obama, United States District Court, District of Columbia 727 F.Supp.2d 1 (8, 12) (2010); Al-Aulaqi v. Obama, United States District Court, District of Columbia Complaint for Declaratory and Injunctive Relief (Violation of constitutional rights and international law – targeted killing), S. 2, (Onlinequelle).

809 Al-Aulaqi v. Obama, United States District Court, District of Columbia 727 F.Supp.2d 1 (16 ff., 44 ff., 52) (2010).

gierung.[810] Eine Verletzung des prozeduralen Verfahrensanspruchs wurde hinsichtlich Abdulrahman verneint, da dieser nicht Ziel des Drohnenangriffs gewesen sei, sondern lediglich als unbeteiligter Dritter getötet wurde.[811] Der Anspruch an die hoheitliche Handlung, die Maßnahme sorgfältiger auszuführen und Dritte dabei nicht zu verletzen, begründe wegen bloßer Fahrlässigkeit keine Verletzung der verfassungsrechtlichen Verfahrensgarantien.[812] Hingegen wurde die vorgebrachte Verletzung des substanziellen und prozeduralen Verfahrensanspruchs im Falle der Tötung Anwar al-Aulaqis als nachvollziehbar bestätigt,[813] obgleich sich das Gericht Ausführungen zu den verfassungsrechtlichen Anforderungen einer Verfahrensausgestaltung enthielt. Ein Entschädigungsanspruch der Erben wurde zudem verneint, um zukünftige Maßnahmen zugunsten der nationalen Sicherheit nicht zu erschweren.[814]

cc. Fazit

Es ginge zu weit, Boumediene v. Bush dahingehend auszulegen, außenpolitische Exekutivmaßnahmen grundsätzlich einer umfassenden gerichtlichen Kontrolle zu unterwerfen.[815] Indes sind auch außenpolitische Entscheidungen oder solche mit Belang für die nationale Sicherheit nicht von vornherein von einer Überprüfung durch den V. Verfassungszusatz ausgenommen.[816] Ähnlich lassen sich auch die Ausführungen in Al-Aulaqi v. Panetta als Versuch einer Einhegung der Maßnahme der gezielten Tötung durch verfassungsrechtlich geforderte prozedurale Standards lesen.

---

810 Al-Aulaqi v. Panetta, United States District Court, District of Columbia 35 F.Supp.3d 56 (2014).

811 Al-Aulaqi v. Panetta, United States District Court, District of Columbia 35 F.Supp.3d 56 (72) (2014).

812 Al-Aulaqi v. Panetta, United States District Court, District of Columbia 35 F.Supp.3d 56 (73) (2014).

813 Al-Aulaqi v. Panetta, United States District Court, District of Columbia 35 F.Supp. 3d 56 (74) (2014).

814 Al-Aulaqi v. Panetta, United States District Court, District of Columbia 35 F.Supp. 3d 56 (78 ff.) (2014).

815 Murphy/Radsan, Due Process and Targeted Killing of Terrorists, 31 Cardozo L. Rev. (2009-2010), 405 (436).

816 Murphy/Radsan, Due Process and Targeted Killing of Terrorists, 31 Cardozo L. Rev. (2009-2010), 405 (437); krit. Hamad v. Gates, United States Court of Appeals, Ninth Circuit 732 F.3d 990 (1005) (2013).

Am 23. Mai 2013 veröffentlichte das Weiße Haus eine Presidential Policy Directive, die auch Voraussetzungen für die Anwendung und Durchführung gezielter Tötungen festlegt.[817] Danach ist der Einsatz tödlicher Gewalt zulässig, wenn mit hoher Gewissheit anzunehmen ist, dass sich das Ziel am Operationsort aufhält, mit hoher Gewissheit keine Zivilisten gefährdet werden, eine Gefangennahme zum Operationszeitpunkt nicht möglich ist, staatliche Stellen am Operationsort die Bedrohung für die USA nicht effektiv verhindern können oder wollen und der Bedrohung nicht effektiv auf andere Weise begegnet werden kann.[818]

Dennoch dürften die Vorgaben der Presidential Policy Directive nur bedingt Rückschlüsse auf die Rechtswidrigkeit der Abschussmaßnahme zulassen. Obwohl die Direktive einen Waffeneinsatz nur vorsieht, soweit eine Gefährdung von Zivilisten mit hoher Gewissheit ausgeschlossen wurde, folgt doch insbesondere aus Al-Aulaqi v. Panetta, dass eine Beeinträchtigung oder gar Tötung von Zivilisten, die nicht intendierte Ziele der Maßnahme waren, nicht zwingend als verfassungswidrig zu bewerten ist. Das Gegenteil scheint der Fall. Der verfassungsrechtliche Schutzmaßstab wird für Nebenfolgen zurückgenommen. Unbeteiligte, die Opfer einer Drohnentötung wurden, jedoch nicht intendiertes Ziel waren, werden aus dem verfassungsrechtlichen Schutzbereich faktisch ausgeklammert. Zwar handelt es sich bei Al-Aulaqi v. Panetta um ein nicht höchstrichterliches Urteil, sodass abzuwarten bleibt, inwieweit die Rechtsprechung durch den Supreme Court bestätigt wird, nichtsdestotrotz kann Al-Aulaqi v. Panetta als richtungsweisend dahingehend verstanden werden, dass die Anwesenheit von Unbeteiligten Maßnahmen des bewaffneten Konflikts auch aus Perspektive der Bill of Rights nicht ausschließt oder entgegensteht.

Als Konsequenz ist auch nach der Rechtsprechung zu gezielten Tötungen sowie zur Inhaftierung von feindlichen Kombattanten das Ergebnis der Verfassungsmäßigkeit des Abschusses im Rahmen eines angemessenen prozeduralen Verfahrensanspruchs aufrechtzuerhalten.

---

817 The White House, Fact Sheet: U.S. Policy Standards and Procedures for the Use of Force in Counterterrorism Operations Outside the Unites States and Areas of Active Hostilities, 23.05.2013, (Onlinequelle).

818 The White House, Fact Sheet: U.S. Policy Standards and Procedures for the Use of Force in Counterterrorism Operations Outside the Unites States and Areas of Active Hostilities, 23.05.2013, (Onlinequelle).

3. Das Verbot der Einzelfallbestrafung, Artikel I Abschnitt 9 US-Verfassung

Weiterhin wäre ein zum Abschuss ermächtigendes Gesetz verfassungswidrig, sollte es gegen das aus Art. I Abschnitt 9 US-Verfassung folgende Verbot legislativer Individualbestrafung verstoßen.[819] Art. I Abschnitt 9 der US-Verfassung verbietet den Ersatz eines vorgesehenen Gerichtsverfahrens durch ein Gesetz, das das Recht auf ein faires Verfahren verletzt und zugleich die Rolle der Rechtsprechung übernimmt.[820] Dies ist der Fall, wenn das Gesetz eine Bestrafung als Sanktion nur einer bestimmten Person bzw. einem bestimmten Personenkreis auferlegt.[821]

In Selective Service System v. Minnesota Public Interest Research Group verwendete der Supreme Court drei Definitionsmerkmale zur Qualifizierung unzulässiger Bestrafung durch ein Gesetz. Eine Beeinträchtigung sei als Strafe anzusehen, wenn die Sanktion dem historischen Verständnis von Strafe entspreche, nach Art und Schwere der auferlegten Beeinträchtigung keinem über die Strafe hinausgehenden Zweck diene und die eindeutige Intention der Bestrafung aus den gesetzgeberischen Motiven hervorgehe.[822]

Im historischen Strafverständnis werden insbesondere die traditionellen Sanktionen in Form von Bußgeld, Haft und Tötung als Strafe angesehen.[823] Grundsätzlich unterfällt also die Tötung der Flugzeuginsassen durch den Abschuss dem historischen Strafverständnis. Allerdings werden mit dem Abschuss vornehmlich Interessen der nationalen Sicherheit, der

---

819 Art. I Abschnitt 9 der US-Verfassung: "No Bill of Attainder or ex post facto Law shall be passed.".

820 Cummings v. The State of Missouri, 71 U.S. 277 (287 f.) (1866); United States v. Brown, 381 U.S. 437 (444), 85 S.Ct. 1707 (1712) (1965); Chemerinsky, Constitutional Law: Principles and Policies S. 479.

821 United States v. Lovett, 328 U.S. 303 (315), 66 S.Ct. 1073 (1079) (1946); dazu auch Chemerinsky, Constitutional Law: Principles and Policies, S. 479; krit. bereits Griffith, Notes - Beyond Process: A Substantive Rationale for the Bill of Attainder Clause, 70 Va. L. Rev. (1984), 475 (483 ff.).

822 Selective Service System v. Minnesota Public Interest Research Group, 468 U.S. 841 (852), 104 S.Ct. 3348 (3355) (1984); Hamad v. Gates, United States Court of Appeals, Ninth Circuit 732 F.3d 990 (1004) (2013); krit. Dick, The Substance of Punishment Under the Bill of Attainder Clause, 63 Stan. L. Rev. (2011), 1177 (1179 ff.).

823 So Hamad v. Gates, United States Court of Appeals, Ninth Circuit 732 F.3d 990 (1004) (2013); siehe auch Chemerinsky, Constitutional Law: Principles and Policies, S. 480.

Schutz von Leben und körperlicher Integrität der am Boden befindlichen Personen, von Eigentum sowie die Sicherung der heimischen und globalen Finanzstabilität verfolgt. Ein zum Abschuss ermächtigendes Gesetz hat mithin keine sanktionierende, sondern eine präventive Funktion.

Der Supreme Court stellte fest, grundsätzlich könne jede Form des Rechtsentzugs als Bestrafung verstanden werden.[824] Zur Feststellung der Verfassungswidrigkeit sei dennoch zwingend erforderlich, eindeutige Beweise für eine bestrafende Intention zu finden.[825] Eine solche lässt sich aber auch hinsichtlich der Entführer nicht feststellen. Denn der Abschuss erfolgt zur Verhinderung des Einschlags und dem daraus resultierenden Schaden. Die Tötung aller Flugzeuginsassen ist vorhersehbare Nebenfolge aber nicht Motiv und verfolgtes Ziel der Maßnahme. Ein Sanktionscharakter und eine Bestrafungsintention lassen sich hieraus nicht ableiten. Daher scheidet mangels feststellbarer, ausschließlicher Bestrafungsabsicht ein Verstoß gegen das Verbot legislativer Einzelfallbestrafung aus.

4. Ergebnis

Abweichend von den in der deutschen Rechtsordnung geführten, unterschiedlichsten Diskursen, die prominent die Verfassungsmäßigkeit eines Abschusses im Widerspruch zur bundesverfassungsrechtlichen Rechtsprechung annehmen, zeigte sich in der US-amerikanischen Verfassungsordnung, Rechtswissenschaft und auch Öffentlichkeit ein gegenteiliges Bild. Trotz Bekanntgabe der Abschussbefehle vom 11. September 2001 durch den Präsidenten und Vizepräsidenten wurde weder deren Rechtmäßigkeit noch die Frage einer vermeintlich existierenden oder gar das Fehlen einer gesetzlichen Abschussermächtigung kritisch hinterfragt und rechtlich untersucht.

Dabei bestätigte die im Rahmen des dritten Kapitels durchgeführte Untersuchung der verfassungsrechtlichen Zulässigkeit eines Abschusses die Ausgangsthese der Verfassungsmäßigkeit eines Abschusses einer auch mit unbeteiligten Passagieren besetzten, entführten Zivilmaschine, wenn der Abschuss der Verhinderung einer Waffenverwendung des Flugzeugs dient.

Ganz anders als im deutschen Meinungsfeld zeigte sich hinsichtlich der Frage der Verfassungskonformität des Abschusses eine einhellige rechtswissenschaftliche Meinung, nach der ein tatsächliches, konkretes Hinter-

---

824 Cummings v. The State of Missouri, 71 U.S. 277 (320) (1866).

825 Flemming v. Nestor, 363 U.S. 603 (617 ff.), 80 S.Ct. 1367 (1376 f.) (1960).

fragen der Verfassungsmäßigkeit eines Abschusses zumindest aus US-amerikanischer Sicht geradezu absurd erschien.

Deutlich wurde im Verlauf dieses Kapitels, dass diese nach deutschem Verständnis wohl überraschende Einigkeit und Kritikmüdigkeit durch das amerikanische System subjektiver verfassungsrechtlicher Schutzgarantien bedingt wurde. Es fehlte anders als im deutschen Grundgesetz an einer absoluten Rechtsgarantie zum Schutze des Individuums. Individuelle Rechtsgüter aus der Bill of Rights hielten alle eine Schranke zugunsten besonderer staatlicher Interessen vor. Im Rahmen einer grundsätzlichen Abwägungspraxis wurden staatliche Interessen privaten gegenübergestellt. Dabei versuchten die Gerichte der Bedeutung der betroffenen Rechtsgüter anhand einer grundsätzlichen, austarierenden Abwägung staatlicher Interessen und subjektiver Rechte gerecht zu werden, ohne jedoch ein Primat individueller Garantien vorzuhalten oder zu diktieren.

4. Kapitel Genealogische Analyse

Die dogmatischen Unterschiede zwischen Deutschland und den USA sowie die stark divergierenden Meinungen in der deutschen rechtswissenschaftlichen Diskussion lassen sich nicht mit einem bloßen Verweis auf die unterschiedlichen Normregime und dem absoluten Charakter von Art. 1 Abs. 1 GG begründen. Die im zweiten Kapitel aufgeworfenen Widersprüche in der deutschen Rechtswissenschaft spielen sich exakt im Einzugsbereich von Art. 1 Abs. 1 GG ab und dürften konsequenterweise nicht derartige Friktionen aufweisen.

Zur Klärung dieser Querstände werden die kulturwissenschaftlich orientierten Theorien von Paul W. Kahn und Ulrich Haltern vom Bedeutungskonzept der Souveränität im Recht herangezogen. Angelpunkte ihrer Untersuchung sind die Feststellung der Kongruenz der Bedeutungsdimensionen von Souveränität und christlichem Glauben und die Neuverortung von hoheitlicher Souveränität durch die Ablösung absoluter Monarchien. Haltern führt dies fort, indem er die Entwicklung des Verständnisses von Souveränität in Deutschland an die protestantische Reformation des christlichen Glaubens anlehnt (A.). Die erkannten rechtlichen Friktionen werden im Rahmen des geschaffenen Kontexts von Recht und Souveränität eingeordnet und hinterfragt (B.). Das Kapitel endet mit einer zusammenfassenden Schlussbetrachtung (C.) und einem Ausblick hinsichtlich weiterer Forschungsansätze (D.).

A. *Souveränität als Bedeutungsfundament im Recht*

Ausgehend von Kahns Verständnis der Imagination von Souveränität in den Vereinigten Staaten in Form eines modernen Souveränitätsverständnisses (I.) wird das von Haltern anknüpfende Konzept postmoderner/protestantischer Souveränität für die deutsche Rechtsordnung dargestellt (II.).

I. Moderne Souveränität als Glaubenskonstrukt

Sowohl Haltern als auch Kahn nehmen an, Liberalismus als politische Theorie sei nicht ausreichend, die Praxis staatlicher Gewalt gegenüber den eigenen Bürgern vollumfänglich zu erfassen.[826] Eine rein an Marktinteressen und bloßen Vernunftsentscheidungen orientierte politische Theorie bilde die Bedeutung von Souveränität nicht vollständig ab.[827] Jede Form letaler staatlicher Gewalt erscheine als individuelle Fehlentscheidung, die nicht in ein liberalistisches Staatsverständnis eingepasst werden könne.[828] Zur Erfassung dieser Leerstelle sei das Politische anhand einer dreipoligen Matrix zu untersuchen und Souveränität anhand der Kategorien Vernunft, Interesse und Wille zu verstehen.[829] Der Verzicht auf die Kategorie des Willens führe zu einem Ungleichgewicht und könne das Konzept von Souveränität nicht vollständig ausloten.[830] Die Willenskategorie ergänze liberale Theorien und schließe die Verständnislücke von staatlicher Gewalt als individuelle, irrationale Pathologie.[831] Ein Rückgriff auf die Kategorie des Willens schließe die Rule of Law nicht aus.[832] Vielmehr existierten Souveränität und Rule of Law nebeneinander und reziprok.[833]

---

826 Haltern, Europarecht und das Politische, S. 59; Erklärungsnotstand des Liberalismus, in: Rechtswissenschaft als Kulturwissenschaft?, S. 145 (151 ff.); Kahn, Putting Liberalism in Its Place, S. 61.

827 Haltern, Erklärungsnotstand des Liberalismus, in: Rechtswissenschaft als Kulturwissenschaft?, S. 145 (152 ff.); Kahn, Sacred Violence, S. 112.

828 Haltern, Erklärungsnotstand des Liberalismus, in: Rechtswissenschaft als Kulturwissenschaft?, S. 145 (163); Kahn, Putting Liberalism in Its Place, S. 61 ff.

829 Haltern, Europarecht und das Politische, S. 55 ff.; Kahn, Putting Liberalism in Its Place, S. 103, 143.

830 Haltern, Europarecht und das Politische, S. 59; ders., Erklärungsnotstand des Liberalismus, in: Rechtswissenschaft als Kulturwissenschaft?, S. 145 (153, 164); Kahn, Putting Liberalism in Its Place, S. 103, 152.

831 Kahn, Putting Liberalism in Its Place, S. 237.

832 Haltern, Was bedeutet Souveränität, S. 45; Kahn, Putting Liberalism in Its Place, S. 20.

833 Kahn, Putting Liberalism in Its Place, S. 20; widersprechend etwa Hillgruber, Souveränität – Verteidigung eines Rechtsbegriffes, JZ 2002, 1072 (1073), der annimmt, dass Souveränität eine rechtlich geordnete Macht sei, welche in einem gewaltengeteilten Staat aufgrund der funktionalen Verteilung auf unterschiedliche Staatsorgane nicht mehr existiere (ebd., 1173) und dennoch bemerkt, dass das souveräne Recht des Volkes, über seine Verfassung zu entscheiden, außerhalb des verfassungsrechtlichen Regelungsbereiches stehe (ebd., 1174).

Die Verfassung sei Ausdruck des modernen Volkssouveräns, der die Macht habe, diese als Rechtsordnung zu bewahren oder zu erneuern.[834] Moderne Souveränität zeige sich unmittelbar in den gewaltsamen Akten, die der Ordnungsbildung vorausgingen und keinesfalls einer abschließenden rechtlichen Bewertung zugänglich seien.[835] Wann immer die staatliche Existenz gefährdet sei und verteidigt werden müsse, übersteige die politische Gewalt die Möglichkeiten der Rechtsordnung.[836] Zwischen der Verpflichtung zur Einhaltung der Rule of Law und politischer Souveränität offenbare sich ein Spannungsfeld, das liberale Ordnungen durchziehe.[837] Sowohl der Anspruch des Rechts als auch die souveräne Forderung individueller Opfer seien absolut.[838] Die moderne Rechtsordnung fokussiere sich auf das Individuum und dessen subjektive Rechte, die sowohl gegen private Dritte als auch gegen den Staat im Gegenzug für die Überlassung des Gewaltmonopols durchzusetzen seien.[839] Kriegs- und Ausnahmezustand seien weder als Gefährdung des Individuums noch als Gefährdung des freien Marktes vollständig zu erfassen, sondern bedeuteten eine Existenzgefährdung des Souveräns.[840] Das Recht bestehe nicht frei von souveräner Gewalt.[841] Vielmehr finde es sich in einer Sphäre, die durch das Ritual opfernder Gewalt erschaffen und aufrechterhalten werde.[842]

1. Christlicher Glaube und souveräner Staatskörper

Obwohl die Säkularisierung aus der Zerstörungswelle der Glaubenskriege hervorgegangen sei, habe sie nicht sämtliche Residuen christlichen Glaubens aus dem Staatsverständnis getilgt.[843] Angelehnt an die theologische Verkörperungstheorie der zwei Körper Jesu Christi existiere der staatliche Körper entsprechend einerseits im körperlichen Leib des Monarchen und

834 Kahn, Sacred Violence, S. 87.
835 Kahn, Sacred Violence, S. 87.
836 Kahn, Sacred Violence, S. 87.
837 Kahn, Sacred Violence, S. 155.
838 Kahn, Sacred Violence, S. 155.
839 Kahn, Sacred Violence, S. 149 f.
840 Kahn, Sacred Violence, S. 150.
841 Kahn, Sacred Violence, S. 129.
842 Kahn, Sacred Violence, S. 129.
843 Haltern, Unsere protestantische Menschenwürde, in: Menschenwürde in der säkularen Verfassungsordnung, S. 93 (95 ff.); ders., Was bedeutet Souveränität, S. 29 ff.

andererseits im unendlichen souveränen Staatskörper.[844] Im modernen Staat sei der monarchische Körper durch den des Volkssouveräns ersetzt worden, der durch eine politische Handlung in Erscheinung trete und den Staat begründe.[845] Die revolutionäre Veränderung der Moderne sei nicht eine abschließende Säkularisierung des Staates, sondern eine Re-Lokalisierung des Souveräns im Kollektiv der Bürger statt im Leib des Monarchen. Anstelle einer Neukonzeptionierung sei eine bloße Neuverortung vollzogen worden.[846] So wie der Monarch den Willen seiner Nation verkörperte, finde sich dieser Wille nunmehr in den nationalstaatlichen Ordnungen in der Gesamtheit der Staatsbürger.[847] Die Bedeutung von Souveränität verlaufe also auch im modernen Staat parallel zur Glaubensstruktur des christlichen Glaubens.[848]

Das Kollektiv übe fortan das souveräne Vorrecht gegenüber dem Einzelnen aus, dessen Tod oder dessen Tötungshandlung zugunsten der Gemeinschaft einzufordern.[849] Diesem Anspruch gerecht zu werden, bedeute mehr als die bloße Anerkennung einer souveränen Macht.[850] Durch sein individuelles Opfer werde das Individuum Teil des Souveräns und vom profanen Irdischen ins heilige Unendliche transzendiert.[851] Das Konzept des Heiligen, das das Irdische und Ordinäre in die Bedeutung des Transzendentalen überführe, bilde die gemeinsame Schnittmenge christlichen Glaubens und staatlicher Souveränität, unabhängig davon, ob das Heilige durch den Monarchen oder das Volk verkörpert werde.[852] Das Ritual des Opfers, als der an den christlichen Glauben angelehnte Transsubstantiationsakt, schaffe eine Verbindung zwischen profaner Gegenwart und heiliger Gemeinschaft und markiere das Fundament der souveränen Ord-

---

844 Haltern, Was bedeutet Souveränität, S. 37; Kahn, Putting Liberalism in Its Place, S. 151.

845 Haltern, Was bedeutet Souveränität, S. 39.

846 Haltern, Unsere protestantische Menschenwürde, in: Menschenwürde in der säkularen Verfassungsordnung, S. 93 (103); Kahn, Putting Liberalism in Its Place, S. 151; ders., Sacred Violence, S. 34; dazu auch Kantorowicz, Mysterien des Staates, in: Götter in Uniform, S. 263 (265).

847 Kahn, Putting Liberalism in Its Place, S. 152.

848 Haltern, Was bedeutet Souveränität, S. 29 f.; Kahn, Putting Liberalism in Its Place, S. 152.

849 Kahn, Sacred Violence, S. 34, 79, 132.

850 Kahn, Sacred Violence, S. 79, 111 f., 132.

851 Haltern, Was bedeutet Souveränität, S. 30 f., 40; Kahn, Sacred Violence, S. 79, 132, 144; krit. Blum, Public Executions: Understanding the "Cruel and Unusual Punishments" Clause, 19 Hastings Const. L. Q. (1991-1992), 413 (455).

852 Haltern, Was bedeutet Souveränität, S. 30 f.

nung.[853] Das Opfer sei als die Widmung des Selbst und die Teilhabe am Heiligen zu verstehen.[854] An die Stelle des den Staat besiegenden christlichen Märtyrertods trete der Märtyrertod als Sieg über einen unwahren Souverän.[855]

Vergleichbar mit anderen Glaubenssystemen erfolge die Transzendierung durch die Trennung von Quelle und Erscheinung.[856] Die Verfassung konserviere die unmittelbare Erscheinung des Volkssouveräns und überführe diese in die Gegenwart.[857] Sie diene der Mediatisierung der volkssouveränen Präsenz, ohne diese jedoch vollumfänglich zu erfassen[858] und vermittle den Blick auf den Souverän und die verbliebenen Spuren von Souveränität im alltäglichen Leben.[859] Die Anerkennung der Verfassung als geschriebenes Wort des Volkssouveräns sei keine Frage des Rechts, sondern eine des Glaubens im Rahmen der politischen Ordnung als Ausdruck politischer Identität.[860] Die Darbietung finaler Garantien durch den Staat korrespondiere mit dessen Anspruch auf fundamentale Opfer.[861] Die Anerkennung dieser Ansprüche als rechtmäßig, erschaffe das Individuum erfolgreich, gleich identitätsstiftend, als Mitglied des Gemeinwesens.[862] Sowohl die Verfassung als auch das einfache Recht würden durch das Verständnis des Lesers von Recht als Ausdrucksform des souveränen Willens vorgeformt.[863] Zentraler Anknüpfungspunkt sei dabei die Lesart der inves-

853 Haltern, Was bedeutet Souveränität, S. 49; Kahn, Sacred Violence, S. 79, 132, 144.
854 Kahn, Sacred Violence, S. 132.
855 Kahn, Sacred Violence, S. 23, wobei dieser durch die Umdeutung nicht seine Bedeutung verliert.
856 Haltern, Was bedeutet Souveränität, S. 36.
857 Haltern, Europarecht und das Politische, S. 96; ders., Was bedeutet Souveränität, S. 41 f.; Kahn, Putting Liberalism in Its Place, S. 161; ders., Political Theology: Four New Chapters on the Concept of Sovereignty, S. 10; siehe etwa auch Levinson, Constitutional Faith, S. 11; krit. zur zeitlichen Bedeutung Möllers, Staat als Argument, S. XXV.
858 Haltern, Was bedeutet Souveränität, S. 42; Kahn, Putting Liberalism in Its Place, S. 161.
859 Haltern, Was bedeutet Souveränität, S. 41; Kahn, Sacred Violence, S. 112.
860 Haltern, Was bedeutet Souveränität, S. 42 f.
861 Haltern, Was bedeutet Souveränität, S. 47; Kahn, Putting Liberalism in Its Place, S. 90.
862 Haltern, Was bedeutet Souveränität, S. 47; interessant insoweit, dass Kahn die Teilhabe durch jeden Bürger mit der Entwicklung des protestantischen Glaubens vergleicht, ders., Sacred Violence, S. 34.
863 Haltern, Was bedeutet Souveränität, S. 42 f.

tierten Körper als Opfer und Teilhabende.[864] Verliere sich diese Bedeutung, verliere sich auch das Vorrecht der souveränen Ordnung, letztbedeutende Opfer einzufordern.[865] Der autoritative Charakter der Verfassung verfalle,[866] mit der Konsequenz, dass die ursprüngliche Opferhandlung als unsinniger Selbstmord oder strafrechtlich zu verfolgender Totschlag erscheine.[867]

Die Annahme, im Recht verbleibe kein Raum für das Politische und Grundlage des Rechts sei einzig die Vernunft, ignoriere die andauernde Bedeutung des Opfers und des Heiligen im modernen Staat.[868] Nicht einmal die Rule of Law beruhe allein auf Vernunft.[869] Im modernen Staat werde Souveränität nicht vollumfänglich durch das Recht ersetzt.[870] Die Idee vom Sozialvertrag verbanne souveräne, außerrechtliche Gewalt zurück in das Naturrecht.[871] Doch die Spannung zwischen dem Verständnis von vorstaatlicher Gewalt und politischer Praxis könne zwangsläufig problematisch werden.[872] Zwischen der Verpflichtung zur Einhaltung der Rule of Law und politischer Souveränität entstehe ein Spannungsfeld.[873] Beide Seiten erheben absolute Ansprüche; der universelle Anspruch des Rechts und die souveräne Forderung des Opfers.[874] Der Versuch, das opfernde Ritual einem rechtlichen Verfahren zu unterwerfen, zeige die unbedingte Entschlossenheit, nicht rationale Entscheidungen als bloße Anomalien innerhalb der rechtlichen Ordnung zu deuten.[875]

2. Der Ausdruck moderner Souveränität/USA

Das moderne amerikanische Staatsverständnis lokalisiere Souveränität in der Gesamtheit seiner Bürger.[876] Die souveräne Bedeutung bestehe unver-

864 Haltern, Europarecht und das Politische, S. 95.
865 Kahn, Sacred Violence, S. 113.
866 Haltern, Europarecht und das Politische, S. 102; ders., Was bedeutet Souveränität, S. 43.
867 Kahn, Sacred Violence, S. 31, 44 f., 122.
868 Kahn, Sacred Violence, S. 122.
869 Kahn, Sacred Violence, S. 122.
870 Kahn, Sacred Violence, S. 129.
871 Kahn, Sacred Violence, S. 129.
872 Kahn, Sacred Violence, S. 129.
873 Kahn, Sacred Violence, S. 155.
874 Kahn, Sacred Violence, S. 155.
875 Kahn, Sacred Violence, S. 129.
876 Kahn, Sacred Violence, S. 34.

ändert als mystische und heilige Einheit fort und fordere Ehrfurcht und Opfer, die wiederum das Individuum an der Gemeinschaft teilhaben lassen.[877] Durch die Teilhabe der Bürger am souveränen Körper könne ein Angriff auf die Teilhabenden einen direkten Angriff auf die politische Ordnung bedeuten.[878] Das Konzept moderner Souveränität zeige sich insbesondere in der Unterscheidung zwischen Freund und Feind[879] (a.) und der Imagination des Opfers[880] (b.).

a. Freund-/Feind-Differenzierung

Nach Kahn seien Bürger diejenigen, die gemeinsam an dem Ritual des Opfers teilnähmen und in der Gemeinschaft des Volkssouveräns stünden.[881] Als Feinde würden hingegen die Individuen definiert, gegenüber denen der Staat seinen Bürgern ein politisches Opfer abverlangen dürfe.[882] Voraussetzung für die Erkennung eines Feindes sei die Wahrnehmung einer existenziellen Bedrohung des politischen Kollektivs.[883] Diese sei durch den bloßen Straftäter ausgeschlossen, der nur als pathologisch individuell Handelnder gedacht werde und nicht fähig scheine, eine Imagination zu repräsentieren.[884] Soweit kriminelle Handlungen und staatliche Bestrafung nicht mehr als Wettbewerbsort politischer Bedeutungen dienten, antworte das Recht auf jedweden gewaltsamen Akt, unabhängig des tatsächlichen Motivs, mit der Klassifizierung einer Straftat.[885] Terror werde zu einer bloßen Abfolge krimineller Handlungen.[886] Die Rechtsordnung beschränke den Maßnahmenkatalog auch gegen politisch motivierte Handlungen auf Maßnahmen der Strafverfolgung.[887] Erst der Bedeutungswandel von der

877 Kahn, Sacred Violence, S. 34, 53, 79; in die Richtung auch Scholz, Einleitung: Theodizee und Thanatologie, in: Der Tod der Gemeinschaft, S. 12 (18).
878 Haltern, Was bedeutet Souveränität, S. 85; Kahn, Sacred Violence, S. 34 f.
879 Kahn, Sacred Violence, S. 79.
880 Kahn, Sacred Violence, S. 79.
881 Kahn, Sacred Violence, S. 79.
882 Kahn, Sacred Violence, S. 79.
883 Zum Auseinanderfallen von Wirklichkeit und Wahrnehmung schon etwa Epiktet: „Es sind nicht die Dinge, die uns beunruhigen, sondern die Meinungen, die wir von Dingen haben.", zit. nach Schulze, Die Sprache der (Un-) Sicherheit, S. 11.
884 Kahn, Sacred Violence, S. 38 f., 127 f.
885 Kahn, Sacred Violence, S. 127.
886 Kahn, Sacred Violence, S. 127.
887 Kahn, Sacred Violence, S. 128.

privaten Tat zum politischen Akt neutralisiere das liberale Gleichheitsverständnis im Recht, indem bestimmte soziale Gruppen oder Merkmale als Bedrohung erkannt und gebrandmarkt würden.[888] Hierdurch öffne sich der Zugriff auf die politische Imagination des Opfers; der Anspruch des Volkssouveräns gegenüber seinen Bürgern, zu töten und getötet zu werden.[889] Die Tötung eines kongruent erkannten Feindes werde als Ausdruck souveräner Macht verstanden.[890] Die Wahrnehmung einer Straftat als feindliche Handlung überführe die Imagination vom Täter als privates Individuum zum politischen Feind.[891] Das moderne Souveränitätsverständnis halte folglich die Kapazität zur Wahrnehmung und Identifikation feindlicher Handlungen vor.[892]

Der Souverän sei nicht erst, wenn eine tatsächliche Bedrohung existiere, sondern wann immer ein Ereignis als Bedrohung wahrgenommen werde, bedroht.[893] Das Ausmaß der Bedrohung bestimme sich allein im Rahmen der Imagination, gleichermaßen wie sich das Bedrohungsrisiko für einen religiösen Glauben innerhalb dieser Bedeutungsdimension bemesse.[894]

b. Die Imagination des Opfers

Das moderne Souveränitätsverständnis zeige sich auch durch die Lesart des Opfers: Das staatliche Vorrecht, legitim auf das Leben seiner Bürger zuzugreifen.[895] Die Bedeutung staatlicher Gewalt werde nicht bloß als zulässig erkannt, sondern als Notwendigkeit bewertet.[896] Die Opferhandlung in Form der Zerstörung des lebenden Körpers generiere die Teilhabe des Individuums an der Bedeutung des unendlichen Souveräns.[897] Verschwinde die Bedeutungszuschreibung staatlicher Gewalt als Opfer- und Teilhaberitual, löse sich zugleich das Vertrauen in die Zulässigkeit derartiger Maßnahmen auf, mit der Konsequenz, dass diese als überholt und als ein Hindernis auf dem Weg zu einer zeitgemäßen, globalen Rechtsordnung ange-

---

888 Kahn, Putting Liberalism in Its Place, S. 236 ff.; ders., Sacred Violence, S. 79.
889 Kahn, Sacred Violence, S. 156.
890 Kahn, Sacred Violence, S. 156.
891 Kahn, Sacred Violence, S. 156.
892 Kahn, Putting Liberalism in Its Place, S. 233 ff.; ders., Sacred Violence, S. 154 ff.
893 Kahn, Sacred Violence, S. 150.
894 Kahn, Sacred Violence, S. 150.
895 Kahn, Sacred Violence, S. 35, 122.
896 Kahn, Sacred Violence, S. 144.
897 Kahn, Sacred Violence, S. 132, 144.

sehen würden.[898] Je enger die Bedeutungsverknüpfung von staatlicher Gewalt und Opfer sei, desto stärker sei das Konzept moderner Souveränität.[899] Erlösche der Glaube an den Volkssouverän, verliere sich die Imagination des Opfers und der staatliche Zugriff werde als Mord und willkürlicher Machtmissbrauch wahrgenommen.[900]

II. Protestantische Souveränität/Deutschland

Ausgehend von dem modernen Souveränitätsverständnis habe sich laut Haltern in Deutschland die Imagination des Politischen vergleichbar mit der Entwicklung des christlich-protestantischen Glaubens von der Verkörperungs- und Transsubstantiationstheorie abgewandt.[901]

Im Rahmen der Reformation des christlichen Glaubens seien der religiöse Glaube und die Kirche individualisiert worden.[902] Der biblische Text selbst sei zur Religion geworden.[903] Die individuelle Interpretation besetze den Mittelpunkt der religiösen Imagination.[904] Der „wahre" Glaube und die „wahre" Kirche seien pluralisiert und von jedem individuell bestimmbar geworden.[905] Teilhabe werde nicht mehr durch das Ritual der Wandlung generiert.[906] Stattdessen werde das Heilige als bloße Repräsentation gedacht und erscheine ausschließlich transzendental, gleichsam abgeschnitten und entrückt.[907]

In der deutschen Erfahrung des politischen Exzesses während des Dritten Reiches hätten sich Quelle und Erscheinung in der Person Hitlers, der den Volkssouverän und dessen Willen nicht bloß repräsentiert habe, sondern als der leibhaftig gewordene Volkswille (Volksgeist) wahrgenommen

898 Kahn, Sacred Violence, S. 44 f., 122 f.
899 Kahn, Sacred Violence, S. 44 f.
900 Kahn, Sacred Violence, S. 31, 122 f.; deshalb sei es viel einfacher ein kollektives Wir-Gefühl durch eine ganzheitliche vollumfassende Bedrohung zu erzeugen, dazu auch Elias, Die Gesellschaft der Individuen, S. 305.
901 Haltern, Was bedeutet Souveränität, S. 62 ff.
902 Haltern, Was bedeutet Souveränität, S. 53 f.
903 Haltern, Was bedeutet Souveränität, S. 65; vgl. auch Levinson, Constitutional Faith, S. 18.
904 Haltern, Was bedeutet Souveränität, S. 54.
905 Haltern, Was bedeutet Souveränität, S. 53 f.
906 Haltern, Was bedeutet Souveränität, S. 52.
907 Haltern, Was bedeutet Souveränität, S. 52 ff.

worden sei, vereinigt.[908] Carl Schmitt, konsequenter Vertreter der „Offenbarungstheologie“[909], führte dazu aus:

> „Der Führer schützt das Recht vor dem schlimmsten Mißbrauch, wenn er im Augenblick der Gefahr kraft seines Führertums als oberster Gerichtsherr unmittelbar Recht schafft. (…) Der wahre Führer ist immer auch Richter. Aus dem Führertum fließt das Richtertum. Wer beides voneinander trennen oder gar entgegensetzen will, macht den Richter entweder zum Gegenführer oder zum Werkzeug eines Gegenführers und sucht den Staat mit Hilfe der Justiz aus den Angeln zu heben.“[910]

Die politische Erfahrung des Nationalsozialismus habe nach Haltern gezeigt, dass im Zeitpunkt der Vereinigung, der Manifestation des Souveräns, das Recht schweige.[911] Es werde erst durch die souveräne Verkörperung neu geschaffen.[912] Durch das Recht wirke die souveräne Gestalt in die Zukunft, während das Recht selbst seinen autoritativen Charakter aus dem imaginierten Verweis auf den ausgedrückten Volkswillen beziehe.[913]

Nach dem Niedergang der unmittelbaren Verkörperung des Souveräns im nationalsozialistischen Regime sei nach Haltern eine „Imagination, die den souveränen Willen als Quelle von Letztbedeutung ins Zentrum des Politischen rückt“, ausgeschlossen gewesen.[914] Stattdessen erstarkte die liberalistische Matrix, die zwischen Kategorien von Marktinteressen und Vernunft ein souveränes Willenselement gänzlich zu verdrängen suche.[915]

Parallel zur Reformation verlaufend sei Glaube privatisiert, die politische Imagination reformiert[916] und der Volkswille zum rationalen Abstimmungsverfahren geworden.[917] Die Verfassung allein stehe im Zentrum des

908 Haltern, Was bedeutet Souveränität, S. 60.

909 Meier, Die Lehre Carl Schmitts. Vier Kapitel zur Unterscheidung Politischer Theologie und Politischer Philosophie, S. 131.

910 Schmitt, Der Führer schützt das Recht, Deutsche Juristen-Zeitung 1934, 946 (946 f.).

911 Haltern, Europarecht und das Politische, S. 93; ders., Was bedeutet Souveränität, S. 59.

912 Haltern, Was bedeutet Souveränität, S. 58 f.

913 Haltern, Europarecht und das Politische, S. 19, 92.

914 Haltern, Unsere protestantische Menschenwürde, in: Menschenwürde in der säkularen Verfassungsordnung, S. 93 (112); ders., Was bedeutet Souveränität, S. 62.

915 Haltern, Was bedeutet Souveränität, S. 63.

916 Haltern, Was bedeutet Souveränität, S. 62 f.

917 Haltern, Was bedeutet Souveränität, S. 64.

neuen deutschen Staates.[918] Sie bilde ausschließliches Fundament des neuen Gemeinwesens.[919] Ein Zugang zum Heiligen, zum Transzendenten, durch ein Ritual des Opfers sei aufgehoben worden, das Individuum bleibe Individuum und privat.[920] Unvermittelter Zugang zur Gemeinschaft werde nicht mehr mediatisiert, sondern nur individuell über den Text der Verfassung selbst generiert.[921] Das Recht sei nicht länger vergangenheitsbezogenes Bindeglied zum Moment der Erscheinung des Souveräns.[922] Es weise nur noch zukunftsorientiert auf die Ausdehnung eines globalen Marktes und individueller Rechte.[923]

Dennoch führe die Verbannung transsubstituierender Symbolik und Ritualmethode nicht zum Erlöschen jeglicher „Heiligkeit".[924] Das Heilige verberge sich nur nicht mehr hinter dem Text, also in darüberhinausgehenden Riten oder Symbolen, sondern finde sich unmittelbar eingeschlossen im Text, in der Verfassung selbst.[925]

„Die Würde des Menschen ist unantastbar."

Art. 1 Abs. 1 GG als verfassungsrechtlicher Höchstwert durchdringe alle grundgesetzlichen Bestimmungen und besetze die Leerstelle des Heiligen mit dem Individuum anstelle der Gemeinschaft.[926]

B. Spiegelung

Ausgehend von den zwei dargestellten Theoriepolen moderner und protestantischer Souveränität sollen die gefundenen Querstände der dogmatischen Analyse gespiegelt werden. Die Spiegelung anhand dieser Souveränitätstheorien verfolgt zwei Ziele: Erstens die Analyse der sich gegensätzlich

918 Haltern, Was bedeutet Souveränität, S. 65.
919 Haltern, Was bedeutet Souveränität, S. 65.
920 Haltern, Was bedeutet Souveränität, S. 62.
921 Haltern, Unsere protestantische Menschenwürde, in: Menschenwürde in der säkularen Verfassungsordnung, S. 93 (116); ders., Was bedeutet Souveränität, S. 65.
922 Haltern, Was bedeutet Souveränität, S. 63.
923 Haltern, Unsere protestantische Menschenwürde, in: Menschenwürde in der säkularen Verfassungsordnung, S. 93 (122 f.); auch Kahn, Sacred Violence, S. 123.
924 Haltern, Was bedeutet Souveränität, S. 65.
925 Haltern, Was bedeutet Souveränität, S. 65 f.
926 Haltern, Was bedeutet Souveränität, S. 65 f.; in diese Richtung mit Verweis auf Durkheim wohl auch Poscher, Menschenwürde als Tabu, in: Rückkehr der Folter, S. 75 (81).

gegenüberstehenden, normativ verfassungsrechtlichen Bewertungen des Abschusses einer entführten Passagiermaschine in den Vereinigten Staaten und in Deutschland und zweitens die Untersuchung der widersprüchlichen und dennoch stark verbreiteten deutschen rechtswissenschaftlichen Reaktion der Legitimierung eines Abschusses im Widerspruch zur bundesverfassungsgerichtlichen Rechtsprechung im Urteil zum LuftSiG, um hierdurch die Fundamente dieser rechtwissenschaftlichen Diskussion aufzudecken. Zurückgegriffen wird dazu auf die Merkmale moderner Souveränität in Form der Kategorie der Feindbildwahrnehmung des Terroristen (I.) sowie der Imagination des Opfers (II.).

I. Terrorist als Feind

Die Einordnung eines Anschlags mittels eines entführten Zivilflugzeugs als bewaffneter Angriff und nicht als Straftat und somit als eine Handlung, die dem Normregime des bewaffneten Konflikts unterfällt, greift die originäre Unterscheidung zwischen Freund und Feind auf[927] und erlaubt in der modernen politischen Imagination den Rückgriff auf den souveränen Opferanspruch.[928] Die Bewertung der terroristischen Handlung als Straftat erfordert im modernen Souveränitätsverständnis die Ablehnung einer existenziellen Bedrohung der politischen Gemeinschaft.[929] Weniger entscheidend ist dabei das tatsächliche oder vermeintliche Bedrohungspotenzial, vielmehr kommt es darauf an, ob die Tat geeignet ist, die Bedeutung der Infragestellung der souveränen Gemeinschaft zu transportieren.[930]

Im postmodernen Souveränitätsverständnis fehlt die Bedeutungszuschreibung eines politischen Feindes, da die Dimension der souveränen Gemeinschaft durch die des Individuums abgelöst wurde. Mit Aufgabe der politischen Bedeutungsebene von Gemeinschaft entfällt auch die Kapazität zur Wahrnehmung einer Kollektivbedrohung. Im Ergebnis verbleibt die

927 So auch Kahn, Sacred Violence, S. 79, 156; krit. deshalb zum Rückgriff auf das Kriegsparadigma Bullard, The Battle of Ideas: Political Warfare versus Psychological Operations, in: Terrorism and Homeland Security, S. 137 (ebd.).

928 Kahn, Sacred Violence, S. 156; krit. wegen der damit einhergehenden Anerkennungswirkung Andréani, „War on Terror“ A Questionable Concept, in: Justifying War?, S. 117 (119).

929 Vgl. Kahn, Sacred Violence, S. 128.

930 Kahn, Sacred Violence, S. 128; siehe auch Haltern, Unbedingtheit der Satire, NZZ, 09.01.2015, (Onlinequelle).

postmoderne Imagination daher in der individuellen Sphäre einer Tat verhaftet und nimmt eine rein strafrechtliche Sanktionierung vor.

Im Umkehrschluss folgt daraus nicht der Ausschluss der Wahrnehmung einer strafrechtlichen Handlung als terroristischer Akt. Die Lesart des terroristischen Motivs ist der postmodernen Ordnung nicht verschlossen. Der Sinngehalt von Terrorismus ist nur grundsätzlich auf das Individuum beschränkt. Entscheidend fehlt es damit an der Kapazität der Imagination aufgrund des terroristischen Aktes dem Täter die Bedeutung des politischen Feindes zuzuschreiben.

Um zu hinterfragen, inwieweit eine politische Reaktion auf eine terroristische Tat die Bedeutungsaufladung der individuellen Handlung als feindlicher Akt vorhält, sollen beispielhaft vergangene terroristische Anschläge sowohl in den USA (1.) als auch in Deutschland (2.) betrachtet werden. Für die Vereinigten Staaten wird auf den Bombenanschlag in Oklahoma City, 9/11 und den Bombenanschlag auf den Boston-Marathon[931] sowie für Deutschland auf die Taten der Roten Armee Fraktion (RAF) und des Nationalsozialistischen Untergrunds (NSU) Bezug genommen.

931 Dabei handelt es sich nicht um die einzigen Anschläge auf US-Boden, siehe dazu McCann, Terrorism on American Soil; Roach, The 9/11 Effect, S. 167 ff.; Ruschmann, The War on Terror, S. 13 ff. Entscheidend ist jedoch, dass im Falle McVeighs die Tat als Straftat, die Anschläge von 9/11 als bewaffneter Angriff bewertet wurden und die Bewertung des Anschlags auf den Boston-Marathon zwischen diesen beiden Positionen oszilliert. Bereits auf den Bombenanschlag in einer deutschen Diskothek, der zum Tod von drei Personen führte, die Entführung der Achille Lauro und die Bombenanschläge auf die US-Botschaften in Kenia und Tansania reagierten die Vereinigten Staaten mit militärischen Mitteln, dazu: Byers, Terrorism, War and International Law, in: War on Terror, S. 47 (49); ders., War Laws, S. 61 ff.; Fields, The Evolution of U.S. Counter-Terrorist Policy, in: Legal Responses to International Terrorism, S. 279 (285); Roach, The 9/11 Effect, S. 169; Waisberg, War on Terror and the New International Order, S. 129 ff.; zu nicht-militärischen Maßnahmen Litzau, Combating Terrorism: The Consequences of Moving From Law Enforcement to War, in: New Wars, New Laws?, S. 31 (34 f.); zu militärischen Maßnahmen anderer Staaten in Reaktion auf Terrorismus Tams, The Use of Force Against Terrorists, in: The Use of Force in International Law, S. 339 (359 f.).

1. Der Terrorist als Feind in den USA?

Am 19. April 1995[932] zündete der US-amerikanische Kriegsveteran Timothy James McVeigh einen Sprengsatz vor dem Alfred P. Murrah Federal Building in Oklahoma City.[933] Bei dem Anschlag verloren 168 Menschen ihr Leben, über 800 weitere wurden verletzt und es entstand ein Sachschaden von schätzungsweise über 652 Millionen US-Dollar.[934] Bis zu den Anschlägen auf die New Yorker Zwillingstürme war das Oklahoma City-Attentat das schwerste auf US-amerikanischem Boden.[935] Obwohl McVeigh aus vermeintlich politischen, regierungsfeindlichen Motiven handelte, wurde er nicht als Terrorist und nicht wegen Hochverrats[936] angeklagt, sondern als bloßer Massenmörder betrachtet[937] und 2001 hingerichtet.[938] Der damalige Präsident Clinton bezeichnete den Anschlag als „Gewaltakt", „falsch" und „schockierendes Verhalten", ohne jedoch einen Bezug zu einer überindividuellen, politischen Bedeutung herzustellen.[939]

Ganz anders stellte sich die politische Reaktion der USA auf die Anschläge vom 11. September 2001 dar, die von insgesamt 19 der islamistischen Terrororganisation Al-Qaida angehörenden Flugzeugentführern begangen wurden, von denen 15 die saudi-arabische, jeweils einer die ägyptische und einer die libanesische Staatsbürgerschaft hatten und zwei von ihnen Staatsbürger der Vereinigten Arabischen Emirate waren.[940]

932 220. Jahrestag Battle of Lexington and Concord, 2. Jahrestag des Waco-Angriffs. McVeigh trug ein T-Shirt mit der Abbildung Abraham Lincolns und der Aufschrift "Sic Semper Tyrannis", die Worte, die John Walker Booth gerufen haben soll, nachdem er Abraham Lincoln erschossen hatte, nach Martinez, Terrorist Attacks on American Soil, S. 293.

933 Hamm, Apocalypse in Oklahoma, S. 43 f., 239; McCann, Terrorism on American Soil, S. 215.

934 Die Opferzahl überstieg die der getöteten amerikanischen Soldaten in der Operation Desert Storm, so Martinez, Terrorist Attacks on American Soil, S. 295.

935 Martinez, Terrorist Attacks on American Soil, S. 276; McCann, Terrorism on American Soil, S. 220.

936 Zu dieser Strategie in Bezug auf innerstaatlichen Terrorismus: Etter Sr., Prosecuting Domestic Terrorists in the American Court System, 8 J. Inst. Just. Int'l Stud. (2008), 99 (115 ff.); Shields, American Terrorism Trials, S. 11 ff.

937 Kahn, Sacred Violence, S. 128.

938 Wikipedia, Timothy McVeigh, (Onlinequelle).

939 Hamm, Apokalypse in Oklahoma, S. 211 ff.

940 Wikipedia, Hijackers in the September 11 attacks, (Onlinequelle); USA Today, Official: 15 of 19 Sept. 11 hijackers were Saudi, 06.02.2002, (Onlinequelle).

Das amerikanische Echo auf den Anschlag griff unmittelbar und bisher einmalig[941] auf die Freund-/Feind-Differenzierung zurück. Der damalige Präsident Bush führte am Abend der Anschläge in einer landesweit übertragenen Rede aus:

> „America and our friends and allies join with all those who want peace and security in the world, and we stand together to win the war against terrorism. (...) America has stood down enemies before, and we will do so this time."[942]

Und auch noch Jahre später hieß es:

> „The terrorists and their supporters declared war on the United States. And war is what they got."[943]

Sprachlich wird eindeutig zwischen Freunden und Feinden unterschieden, auf kriegsrechtliche Terminologie zurückgegriffen und verdeutlicht, dass zwar Gerechtigkeit das Ziel, der Weg dorthin jedoch nicht über Strafprozesse, sondern durch den Einsatz militärischer Mittel zu erreichen sei. Die gleiche Rhetorik findet sich etwa auch in der kurz nach 9/11 vom Kongress verabschiedeten AUMF wieder und wird auch in den folgenden Jahren aufgegriffen.[944]

Ambivalent waren hingegen die Reaktionen auf den Boston Marathon-Anschlag, der am 15. April 2013 von Dschochar Zarnajew und seinem Bruder Tamerlan verübt wurde und bei dem drei Menschen getötet und 264 verletzt wurden. Präsident Obama nannte den Anschlag einen terroristischen Akt, der immer vorliege, wenn Unschuldige mit Bomben ge-

---

941 Dazu El-Ayouty (Hrsg.), Perspectives on 9/11; Foner (Hrsg.), Wounded City; Graff, The Threat Matrix, S. 307 ff.; allg. Griffin, The New Pearl Harbor Revisited; Henshall/Morgan, 9.11 Revealed; Martinez, Terrorist Attacks on American Soil, S. 361 ff.

942 Bush, Address to the Nation on the Terrorist Attacks, 11.09.2001, (Onlinequelle).

943 Bush, Address to the Nation, 02.05.2003, BBC News, 02.05.2003, (Onlinequelle).

944 Bush, Address to the Nation, 11.09.2006: "Since that day, America and her allies have taken the offensive in a war unlike any we have fought before. (...) The war against this enemy is more than a military conflict.", nach The Washington Post, Text of President Bush's Address to the Nation, 11.09.2006, (Onlinequelle).

tötet würden.[945] Mitglieder des Repräsentantenhauses forderten nach Dschochar Zarnajews Verhaftung, diesen als „feindlichen Kombattanten" zu behandeln.[946] Ihn also der gleichen Kategorie zuzuordnen, in die auch vermeintliche Unterstützer Al-Qaidas eingeordnet werden. Tatsächlich verurteilt wurde Zarnajew hingegen unter anderem wegen der Verwendung einer Massenvernichtungswaffe mit tödlichen Folgen sowie der Zerstörung von Eigentum durch die Verwendung von Explosivmitteln.[947]

Nach der bundesgesetzlichen Definition einer terroristischen Tat in 22 U.S.C. 2656f bedarf es zur terroristischen Tat eines politischen Motivs.[948] Dieses führt jedoch nicht zwangsläufig zum Ausschluss eines strafrechtlichen Prozesses. Erst die Identifikation eines feindlichen Motivs erlaubt die Reaktivierung des Kriegsparadigmas im Falle individueller Handlungen. Die Qualifizierung einer strafrechtlich relevanten Handlung als ein terroristischer, feindlicher Akt ist hingegen weder zwingend noch trennscharf abzugrenzen.

Entscheidend ist die Bedeutungsbestimmung des Täters als „falschen" Imaginationsrepräsentanten. Eine solche Bedeutungszuschreibung wird jedoch durch das wahrnehmende Subjekt selbst bestimmt.[949] Nicht jeder strafrechtliche Akt, ob nun mit terroristischem Hintergrund oder nicht, beinhaltet die Kapazität der feindlichen Bedeutungsaufladung. Fehlt diese, wird die Bedeutung des Straftäters mit der des (psychisch) Kranken gleichgestellt.[950] Aufgrund seines individuellen Krankheitszustandes scheint

---

945 Landler, Obama Calls Blasts an 'Act of Terrorism', The New York Times, 16.04.2013, (Onlinequelle); BBC News, Boston Bombings: Obama condemns 'act of terrorism', 16.04.2013, (Onlinequelle).

946 Halper, Lawmakers: Treat Suspect as 'Enemy Combatant', The Weekly Standard, 20.04.2013, (Onlinequelle).

947 18 U.S.C. § 2332a – Use of a Weapon of Mass Destruction and Conspiracy; 18 U.S.C. § 2332f – Bombing of a Place of Public Use and Conspiracy; 18 U.S.C. § 844 (i) & (n) – Malicious Destruction of Property and Conspiracy, nach The New York Times, Indictment against Dzhokhar Tsarnaev, (Onlinequelle).

948 22 U.S.C. § 2656f (d): "(2) the term "terrorism" means premeditated, politically motivated violence perpetrated against noncombatant targets by subnational groups or clandestine agents", (Onlinequelle).

949 So etwa Hülsse/Spencer, The Metaphor of Terror, 39 Security Dialogue (2008), 571 (576).

950 Imaginativ nicht strafrechtlich; eine Gleichstellung erfolgt auch im Falle der Bewertung einer terroristischen Tat, für die zumindest zum Teil die Begehung durch einen nicht voll zurechnungsfähigen Täter abgelehnt wird, vgl. Sidhu, Spatial Terrorism, 41 Fordham Urban L. J. (2013), 79 (124); zu einem möglichen Zusammenhang zwischen Selbstmordattentaten und Terrorismus etwa Kix, The truth about suicide bombers, 05.12.2010, (Onlinequelle).

auch der Kranke nicht fähig, eine konkurrierende Imagination zu repräsentieren. Das Fehlen der Repräsentationsfunktion begründet mithin den Ausschluss einer Bedrohung für die bestehende Gemeinschaft und der Zugriff auf das Ritual des Opfers seitens des Staates ist versperrt.

Die Bedeutung der Repräsentationswirkung wird auch in einem Memorandum des amerikanischen Justizministeriums aus dem Jahr 2001 deutlich. In diesem wird klar zwischen Angriffen durch entführte Zivilflugzeuge als Teil eines bewaffneten Angriffs und als eigenständige Tat unterschieden.[951] In Abhängigkeit dieser Unterscheidung erfolgt eine Differenzierung zwischen den anwendbaren Rechtsregimen, wobei solche Angriffe, die der ersten Kategorie zugeordnet werden können, dazu führen sollen, dass individuelle Verfassungsbestimmungen nicht zur vollen Anwendung gelangen.[952]

McVeigh und Dschochar Zarnajew wurden beide nicht wegen einer terroristischen Tat angeklagt, obwohl die Forderung einiger Abgeordneter, Zarnajew als feindlichen Kombattanten zu behandeln, eine zumindest begrenzte Kapazität ihn als Feind zu qualifizieren, andeutet, auch wenn sich diese Bedeutungsbestimmung nicht bis in das Strafverfahren durchgesetzt hat. Obgleich sich die Bedeutungsaufladung zum Feindbild zumindest anteilig anhand des Zerstörungsausmaßes der einzelnen verbrecherischen Handlung bestimmt, weisen die divergierenden Klassifizierungen einer strafrechtlichen Handlung als feindlicher Akt auf die Bedeutsamkeit der Imagination von Staatsbürgerschaft für die Identifizierung eines Feindbildes hin.

So zielte das durch das FBI kurz nach 9/11 gegründete Programm PENTTBOM zwar darauf ab, Drahtzieher der Anschläge vom 11. September 2001 zu finden und künftige terroristische Bedrohungen für die Vereinigten Staaten zu identifizieren, tatsächlich überprüft wurden hierzu jedoch ausschließlich sich in den Vereinigten Staaten aufhaltende Muslime, die nicht die US-amerikanische Staatsbürgerschaft besaßen.[953]

---

951 Office of Legal Counsel, U.S. Department of Justice, Memorandum for Alberto R. Gonzales, William J. Haynes II, General Counsel of the Department of Defense, Re: Authority for Use of Military Force to Combat Terrorist Activity Within the United States, 23.10.2001, S. 35, (Onlinequelle).

952 Office of Legal Counsel, U.S. Department of Justice, Memorandum for Alberto R. Gonzales, William J. Haynes II, General Counsel of the Department of Defense, Re: Authority for Use of Military Force to Combat Terrorist Activity Within the United States, 23.10.2001, S. 35 f., (Onlinequelle).

953 Honigsberg, Our Nation Unhinged, S. 65.

Die rechtliche Einordnung von Staatsbürgerschaft wird durch die politische Imagination überlagert, die nicht zwingend deckungsgleich ist. Wurden vor den Anschlägen von 9/11 rassistisch motivierte Straftaten von der amerikanischen Öffentlichkeit noch auf das Schärfste verurteilt, findet sich im Nachgang ein gewandeltes Verständnis. Nicht nur nehmen Straftaten gegen Amerikaner mit vermeintlich arabischem oder muslimischem Hintergrund zu,[954] sie werden sogar bis zu einem gewissen Grad durch eine Aufladung dieser Taten mit dem Motiv der ausgedrückten Liebe zur Nation beschwichtigt und legitimiert.[955] Tatsächlich sind die Opfer solcher „Hate Crimes“ in der Regel geborene oder eingebürgerte Amerikaner, die gezielt ausgesucht werden, da sie vermeintlich der „Wir“-Identität der „wahren“ Staatsbürgerschaftsimagination nicht entsprechen.[956] Entscheidendes Kriterium zur Einbeziehung des Einzelnen ist die Anerkennung als Teil der staatsbürgerlichen Identität. Exkludiert werden diejenigen, denen nicht zubilligt wird, die Nation zu repräsentieren.[957]

Eine Bezugnahme auf die Imagination von Staatsbürgerschaft hilft auch die teils widersprüchliche Behandlung und Klassifizierung von Dschochar Zarnajew im Vergleich zu McVeigh oder anderen feindlichen Kombattanten zu verstehen. McVeigh als in den USA geborener, christlicher Staatsbürger wurde vollumfänglich von jeder Feindbildkategorie ausgeschlossen. Bei Zarnajew, einem muslimischen Einwanderer, der erst 2012 die amerikanische Staatsbürgerschaft erhielt, wurde teils eine feindliche Gesinnung unterstellt.[958] Eine ähnliche Kategorisierung der Feindbildimagination anhand durch Geburt erlangter Staatsbürgerschaft in Kombination mit

954 Human Rights Watch, United States: “We are not the Enemy” Hate Crimes Against Arabs, Muslims, and Those Perceived to be Arab or Muslim after September 11, November 2002, Vol. 14, No. 6, S. 15, (Onlinequelle).

955 Volpp, The Citizen and the Terrorist, 49 UCLA L. Rev. (2001-2001), 1575 (1590).

956 Volpp, The Citizen and the Terrorist, 49 UCLA L. Rev. (2001-2001), 1575 (1592).

957 So auch Volpp, The Citizen and the Terrorist, 49 UCLA L. Rev. (2001-2001), 1575 (1592).

958 Eine ähnliche Differenzierung anhand der Imagination von Staatsbürgerschaft lässt sich auch in den staatlichen Reaktionen nach dem Angriff der Japaner auf Pearl Harbour erkennen. Diese orientierten sich nicht an Staatsbürgerschaft, sondern an Herkunft und somit immer auch an der Repräsentationsfunktion, siehe Saito, Beyond the Citizen/Alien Dichotomy, 14 Temp. Pol. & Civ. Rts. L. Rev. (2004-2005), 389 (390), abstellend auf die National Security Strategy of the United States of America (2002). Vgl. die Maßnahmen der US-Regierung, die vordergründig an Nicht-Staatsbürger adressiert war etwa der Militärbefehl vom 13. November 2001 über Festnahme, Behandlung und Verfahren bestimmter

der ausgeübten Konfession findet sich auch in den Maßnahmen gegen US-Amerikaner, die als vermeintlich feindliche Kombattanten aufgegriffen wurden, wieder.[959] Hamdi, der sowohl die US-amerikanische als auch die saudi-arabische Staatsbürgerschaft besaß, wurde 2001 gemeinsam mit dem US-Amerikaner John Walker Lindh, der im Alter von 16 Jahren zum islamischen Glauben konvertiert war, in Afghanistan verhaftet. Die US-Regierung unterstellte beiden, gemeinsam mit den Taliban gegen die Amerikaner zu kämpfen. Anders als Hamdi wurde Lindh jedoch bereits 2002 vor einem US-amerikanischen Strafgericht angeklagt. Im Gegenzug gegen ein Geständnis ließ die Anklage die schwersten Anklagepunkte (wegen der Verschwörung, Amerikaner zu töten und der Unterstützung Al-Qaidas) fallen und beschränkte sich auf die Vorwürfe des Verstoßes gegen ein Wirtschaftsembargo und das Beisichführen von Waffen.[960] Hamdi hingegen wurde drei Jahre als feindlicher Kombattant auf einem Navy Stütz-

---

Nicht-Staatsbürger im Krieg gegen Terrorismus; oder die Behandlung von illegalen Einwanderern, Budhrani, Regardless of my Status, I am a Human Being, 14 U. Pa. J. Const. L. (2011-2012), 781 (781 ff.). Dass der Fremde nicht zwangsläufig aus einem anderen Staat stammen muss, zeigt die Behandlung der indianischen Ureinwohner, Saito, Asserting Plenary Power Over the "Other", 20 Yale L. & Pol'y Rev. (2002), 427 (437 ff.); allerdings haben die Vereinigten Staaten auch die Unabhängigkeit der Indianer-Stämme anerkannt; dazu Wiessner, American Indian Treaties and Modern International Law, 7 St. Thomas L. Rev. (1995), 567 (591); krit. Saito, Asserting Plenary Power Over the "Other": Indians, Immigrants, Colonial Subjects, and Why U.S. Jurisprudence Needs to Incorporate International Law, 20 Yale L. & Pol'y Rev. (2002), 427 (438 f.); oder die Internierung von fast 120.000 japanisch-stämmigen US-Amerikanern im 2. Weltkrieg aufgrund Roosevelts Executive Order 9066, deren Rechtmäßigkeit vom Supreme Court festgestellt wurde: Hirabayashi v. United States, 320 U.S. 81 (104 f.), 63 S.Ct. 1375 (1387) (1943), feststellend, dass der Hausarrest aller Amerikaner japanischer Abstammung nicht den V. Verfassungszusatz verletze, die Einräumung der Entscheidungskompetenz durch das Militär keine verfassungswidrige Delegation von Kongresskompetenzen sei; Yasui v. United States, 320 U.S. 115 (117), 63 S.Ct. 1392 (1393) (1943), feststellend, dass der auferlegte Hausarrest nicht verfassungswidrig sei; Korematsu v. United States, 323 U.S. 214 (218 ff.), 65 S.Ct. 193 (195 ff.) (1944), feststellend, dass die Evakuierung der Westküste von japanisch-stämmigen US-Amerikanern verfassungsmäßig gewesen sei.

959 Vgl. aber dazu das FBI-Programm PENTTBOM, das vorsah, dass arabische oder muslimische Nicht-US-Bürger festgenommen und solange festgehalten werden sollten, bis ihre Nichtgefährlichkeit bewiesen sei. PENNTTBOM adressierte ausdrücklich nur ausländische Staatsbürger, um im Rahmen der Beschneidung von Rechten des V. Verfassungszusatzes kein großes Aufsehen zu erregen, nach Honigsberg, Our Nation Unhinged, S. 63 ff.

960 Cole, Enemy Aliens, S. 1.

punkt in Norfolk in Isolationshaft ohne rechtlichen Beistand festgehalten.[961] Erst nachdem er seinen Verzicht auf die US-amerikanische Staatsbürgerschaft erklärt und Saudi-Arabien seiner Ausweisung zugestimmt hatte, wurde er entlassen und ausgewiesen.[962]

Neben dem Kriterium der genuinen Staatsbürgerschaft wirkt sich also auch die Konfessionszugehörigkeit der Betroffenen maßgeblich auf die Klassifizierung als feindlicher Terrorist aus. Daraus ergibt sich die Frage, warum gerade der islamische Glaube zur Konkretisierung eines Feindbildes herangezogen wird. Die Berücksichtigung der dem modernen Souveränitätsverständnis zugrundeliegenden Unterscheidung zwischen Freund und Feind trägt auch zur Klärung dieser Frage entscheidend bei. Feind ist nur derjenige, der als Bedrohung des Souveräns gedacht wird. Eine Bedrohung des Souveräns wird jedoch nur durch Existenzansprüche eines anderen „falschen" Souveräns möglich, der die existierende Ordnung überkommen will. Soweit eine Trennung von Kirche und Staat zu einer Wahrnehmung eines religiösen Glaubens als lediglich privater Glaube führt, birgt dieser nicht mehr eine Bedrohung der staatlichen Ordnung in Form eines Konkurrenzanspruchs. Islamischer Fundamentalismus weist jedoch eine besondere Verknüpfung zwischen staatlicher Gewalt und religiösem Glauben auf, die anmutet, als würden beide in sich zusammenfallen und ineinander aufgehen.[963] Das Recht der Scharia ersetzt die Rule of Law. Nationen sollen aufgelöst und in einem islamischen Kalifat vereinigt werden.[964] Al-Qaida und die Taliban stehen dem Wahhabismus zumindest nahe. Aktuell verfolgen insbesondere die Anhänger des Islamischen Staates auf Grundlage des Wahhabismus und der Scharia die Errichtung eines islamischen Gottesstaates und die Beseitigung westlicher Demokratien.[965] Führt ein religiöser Glaube zu einem staatlichen Anspruch, ist der moderne Souverän bedroht.[966] Der mögliche Anspruch eines „fremden" Souveräns wird

961 Dazu bereits C. II. 2. c. aa. im 3. Kapitel.

962 Saito, Beyond the Citizen/Alien Dichotomy, 14 Temp. Pol. & Civ. Rts. L. Rev. (2004-2005), 389 (403 ff.).

963 Elshtain, Just War Against Terror, S. 37.

964 June, Gemini: Terrorism and Homeland Security, in: Terrorism and Homeland Security, S. 1 (14 f.).

965 In Bezug zu Al Qaida June, Gemini: Terrorism and Homeland Security, in: Terrorism and Homeland Security, S. 1 (15, 18).

966 Dass auch US-Bürger vor Militärgerichten angeklagt wurden und Nicht-US-Bürger vor Strafgerichten als bloße Inkongruenz des Systems bewertend, McCormack/Luma, Understanding the Law of Terrorism, S. 274 f.

undifferenziert in die islamische Konfessionszugehörigkeit hineingelesen und zur Legitimation einer Feindbildkategorisierung benutzt.

In Abhängigkeit der jeweiligen Bedrohungskonstellation lässt sich für die USA feststellen, dass die politische Imagination die Kapazität einer Feindwahrnehmung vorhält, die es erlaubt, Straftaten als feindliche Akte zu bewerten.

2. Der Terrorist als Feind in Deutschland?

Die RAF wurde 1970 durch die deutschstämmigen Andreas Baader, Gudrun Ensslin, Horst Mahler und Ulrike Meinhof gegründet und gilt bis heute als die gefährlichste terroristische Vereinigung der deutschen Nachkriegszeit.[967] In drei Generationen war es bis zur Auflösung der RAF am 20. April 1998 ihr erklärtes Ziel, Deutschland in ihrem Sinne sozialistisch zu verändern.[968] Bis 1993 töteten die Mitglieder der RAF mindestens 34 Menschen und hielten mehr als 100 Personen gefangen.[969] Obwohl der deutsche Staat auf die Anschlagsserien mittels massiver Sicherheitsbestimmungen reagierte und persönliche Freiheitsrechte einschränkte,[970] wurde

967 Pflieger, Die Rote-Armee-Fraktion, S. 11.

968 Erste Generation: Napalm-Bombardierung Südvietnams durch die USA, westliche Konsumgesellschaft und das gewaltsame staatliche Vorgehen gegen Demonstrierende, Pflieger, Die Rote-Armee-Fraktion, S. 15 ff. Zweite Generation: Gefangenenbefreiung, Mordanschlag auf Generalbundesanwalt Siegfried Buback, Bestrafungsaktion gegen die Strafverfolgungsbehörden (ebd., 41 ff.). Dritte Generation: Sprengstoff- und Brandanschläge, Lenkung militanter Gruppen gegen den „militärisch-industriellen Komplex“, zur Erreichung besserer Haftbedingungen der Inhaftierten (ebd., 207 ff); zur dritten Generation auch Straßner, Die dritte Generation der „Roten Armee Fraktion“, S. 78 ff.

969 Prantl, Der Terrorist als Gesetzgeber, S. 59; Pflieger, Die Rote-Armee-Fraktion, S. 11, 17 ff.

970 Kunath, RAF, S. 39: 3. Fassung des BKA-Gesetzes vom 29.06.1973; Verabschiedung des 14. Strafrechtsänderungsgesetzes, damit Änderungen und Neueinfügungen in § 88a StGB (Verfassungsfeindliche Befürwortung von Straftaten) und § 130a StGB (Anleitung zu Straftaten), aber auch § 126 StGB (Störung des öffentlichen Friedens durch Androhung von Straftaten, § 140 StGB (Belohnung und Billigung von Straftaten), § 111 Abs. 2 StGB (Öffentliche Aufforderung zu Straftaten, die den Gemeinschaftsfrieden verletzen) und § 86 Abs. 3 StGB (Sozialadäquanz-Klausel vom 16. Januar 1976); vgl. auch Kontaktsperregesetz vom 02.10.1977; Steigerung des BKA-Jahresetats von 54,8 Millionen D-Mark 1971 auf 290 Millionen D-Mark 1981; zu den staatlichen Reaktionen im Einzelnen, (ebd., S. 40 ff.).

die öffentliche Anerkennung einer politischen Dimension der RAF vermieden.[971] Auch wenn eine Anklage der RAF-Mitglieder nach § 81 StGB wegen Hochverrats in Betracht gezogen wurde,[972] der sowohl die Verfolgung eines Personenkollektivs als auch im Vergleich zu § 129 StGB ein höheres Strafmaß nicht unter zehn Jahren vorsieht, wurde dieser nicht in die Anklage miteinbezogen, da § 129 StGB, anders als § 81 StGB, die Motive zur Vereinigungsbildung unberücksichtigt lässt.[973]

Auch hinsichtlich der Anschläge durch den NSU in Deutschland wurde eine politische Dimensionierung der Anschläge vermieden. Soweit ermittelt, bestand der NSU im Kern aus den aus Jena stammenden Uwe Mundlos, Uwe Böhnhardt und Beate Zschäpe[974] und wird insbesondere für eine von 2000 – 2006 dauernde Mordserie an Kleinunternehmern mit Migrationshintergrund in verschiedenen deutschen Großstädten sowie für mehrere Sprengstoffanschläge und Raubüberfälle verantwortlich gemacht.[975] Politisch und öffentlich wurde die Aufklärung der NSU-Taten zwar aufgrund schwerer Ermittlungsfehler intensiv diskutiert und erreichte hierdurch einen hohen Grad an politischer Relevanz und öffentlicher Aufmerksamkeit. Die staatliche Reaktion knüpfte dennoch trotz der Anerkennung eines politischen Motivs und der Anklage von Beate Zschäpe[976] auch wegen der Gründung und Mitgliedschaft in einer terroristischen Vereinigung an die Verbrecher-/Strafverfolgungskategorie an. Der damalige Generalbundesanwalt Harald Range führte etwa in Bezug zu den NSU-Taten aus:

---

971 Bakker Schut, Stammheim, S. 49; Mehlich, Der Verteidiger in den Strafprozessen gegen die Rote Armee Fraktion, S. 78 f.; Tolmein, Vom Deutschen Herbst zum 11. September, S. 73; zur Nachzeichnung der Motivsuche durch die staatlichen Akteure und deren Verortung im Privaten auch Diewald-Kerkmann, Erklärungsmuster von Strafverfolgungsbehörden, in: Terrorismus in der Bundesrepublik, S. 217 (217 ff., 240); und zur Konnexität von Terrorismus und krimineller Energie im konkreten Fall Diewald-Kerkmann, Frauen, Terrorismus und Justiz, S. 142 ff.

972 Kunath, RAF, S. 49.

973 § 129 Abs. 1 StGB: „Mit Freiheitsstrafe bis zu fünf Jahren oder mit Geldstrafe wird bestraft, wer eine Vereinigung gründet oder sich an einer Vereinigung als Mitglied beteiligt, deren Zweck oder Tätigkeit auf die Begehung von Straftaten gerichtet ist (…).“.

974 Zum Werdegang etwa Baumgärtner/Böttcher, Das Zwickauer Terror Trio, S. 23 ff.; Fuchs/Goetz, Die Zelle, S. 15 ff.

975 Jüttner, Der Nationalsozialistische Untergrund, in: Blut und Ehre, S. 61 (61 ff.); Röpke/Speit, Einleitung, in: Blut und Ehre, S. 9 ff.

976 Mundlos und Böhnhart begingen 2011 vor ihrer Verhaftung Suizid.

„Es war ein fremdenfeindliches, ja rassistisches Ziel, nämlich eine Verunsicherung unserer vielen ausländischen Mitbürgerinnen und Mitbürger durch ihre verbrecherischen Taten insbesondere eben die Morde an ausländischen Mitbürgern verteilt über das ganze Bundesgebiet.“[977]

In Deutschland wurde eine politische Dimensionierung der einzelnen Straftat und eine damit verbundene überindividuelle Bedeutungsausweitung vermieden. Eine solche Reaktion entspricht intuitiv einer postmodernen Handlungsweise, die jeden überindividuellen Zweck und Rahmen umgeht und eine staatliche Kontextualisierung, die eine überindividuelle Bedeutungsdimension generiert, ausschließt. Unabhängig vom Handlungsmotiv des Täters erscheint auch ein terroristischer Akt als Straftat, als individuelle Pathologie, mit der Konsequenz, dass staatliche Maßnahmen rein täterbezogen in Form eines Strafprozesses und des Strafvollzugs Anwendung finden, die immer auch die Resozialisierung und die Wiedereingliederung des Individuums in die gesellschaftliche Ordnung bezwecken.[978] Eine Bedrohung des Volkssouveräns durch die individuelle Handlung wird verneint, da diese nicht als Repräsentationsakt eines „fremden“ Souveräns gelesen wird. In Form der Entpolitisierung individuellen Handelns spiegelt sich ein genuin postmodernes Souveränitätsverständnis wider. Art. 1 Abs. 1 GG begründet durch die Neuverortung von Souveränität in der Unantastbarkeit persönlicher, individueller Würde einen Ausschluss jeglicher Klassifizierung und Differenzierung von Straftaten und schließt damit positivrechtlich eine Feindbildwahrnehmung aus.

Diese Bedeutungszuschreibung findet sich auch im Urteil zum LuftSiG wieder. Selbst der hypothetische Fall einer Flugzeugentführung mit der Absicht, das Flugzeug als Waffe gegen die größtmögliche Anzahl von Personen zu verwenden, aktiviert nicht den Zugang zu außerhalb des Rechts

977 Generalbundesanwalt Harald Range in: ARD Tagesthemen vom 08.11.2012, 22.15 Uhr, (Onlinequelle); widersprüchlich insoweit zur Aussage „Die NSU-Morde sind unser 11. September.“, FAZ vom 25.03.2012, (Onlinequelle), dennoch wird trotz dieses Rückschlusses kein Bezug zu einer politischen Bedrohung gezogen.

978 Einfachgesetzlich gefasst durch § 46 Abs. 1 Satz 2 StGB; dazu: BVerfG, Beschluss des Ersten Senats vom 19. Oktober 1971 - 1 BvR 387/65 -, BVerfGE 32, 98 (109); BVerfG, Urteil vom 5. Juni 1973 - 1 BvR 536/72 -, (= BVerfGE 35, 202 (235 f.)); BVerfG, Beschluss vom 27. November 1973 - 2 BvL 12/72 und 3/73 -, (= BVerfGE 36, 174 (188)); 45, 187 (253 f., 258); Streng, in: Kindhäuser/Neumann/Paeffgen, StGB, § 46 Rn. 33 ff.; Miebach/Maier, in: Mü-Ko/StGB, § 46 Rn. 26; Kinzig, in: Schönke/Schröder, StGB, Vorbem §§ 38 ff. Rn. 7.

stehenden Maßnahmen. Die Gleichstellung eines terroristischen Attentäters mit dem Straftäter und dem Unzurechnungsfähigen drückt die gänzliche Entpolitisierung des individuellen Aktes aus. Art. 1 Abs. 1 GG differenziert nicht zwischen Motiven oder Handlungen, sondern verwirklicht eine grundlegende, nicht diskriminierende rechtliche Inklusion aller Individuen. Ein derartiges Verständnis versperrt zumindest gegenwärtig in Deutschland einen Rückgriff auf die Imagination des Feindes. Auch § 14 Abs. 3 LuftSiG drückte zumindest in der Gleichgültigkeit hinsichtlich einzelner Handlungsmotive ein postmodernes Souveränitätsverständnis aus.

Dieser Wertung wurde auch nicht durch das Urteil zum LuftSiG widersprochen, in dem das Gericht einen Waffeneinsatz gegen ein nur mit dem Störer besetztes Flugzeug für verfassungskonform erklärte. Ausgedrückt wird in der Zulässigkeit des Abschusses des Störers nicht eine Exklusion des Täters aus dem Schutzbereich von Art. 1 Abs. 1 GG und weiteren grundrechtlichen Gewährleistungen, sondern die Zurechnung der staatlichen Reaktion als vorbestimmt durch das Täterverhalten selbst und somit als Ausdruck souveräner, individueller Entscheidungsgewalt.

Im Widerspruch hierzu greift die Kategorie des Feindstrafrechts das auf Carl Schmitt zurückgehende und dem modernen Souveränitätsverständnis zuzuordnende Prinzip der Freund-/Feind–Differenzierung unmittelbar auf. Gespeist wird diese Konsequenz durch die Annahme, eine vermeintliche Nicht-Resozialisierbarkeit erlaube die Qualifikation des Täters nicht nur als Straftäter, sondern auch als Zugehöriger eines fremden Souveräns. Das Feindstrafrecht liest den Täter nicht als fehlgeleitetes Individuum, sondern dessen Handlung als Angriff auf die existierende Ordnung. Diese Zuordnung oder Qualifikation erlaubt den Rückgriff auf das Talionsprinzip, denn der Handelnde wird nicht mehr individuell, sondern staatlich existenziell wahrgenommen.

Eine ähnliche Bewertung findet sich auch in den Vorschlägen einer Neuformulierung oder Umdeutung des Verteidigungsfalls, die annehmen, die Erfassung des Abschusses als Verteidigungsfall setze die von Art. 1 Abs. 1 GG gegebenen Restriktionen außer Kraft.[979] Dem Verteidigungsfall wird die Bedeutung der Bedrohung des Souveräns zugeschrieben.

---

979 Siehe C. IV. 1. im 2. Kapitel.

3. Caveat: Faktizität und Zeit

Entgegen der zunächst getroffenen Zuordnung staatlicher Kontermaßnahmen im Kontext der deutschen Erfahrung von Terrorismus nach dem Zweiten Weltkrieg zu einem postmodernen Staatsverständnis, übersieht eine solche die faktische Dimension hoheitlicher Maßnahmen,[980] die einer rein postmodernen Zuordnung widersprechen.

Im Stammheimer Verfahren stellte beispielsweise Ulrike Meinhofs Verteidiger, Axel Azzola, den Antrag, die Angeklagte nach dem Recht der Genfer Konventionen zu behandeln.[981] Der im Ergebnis nicht überraschend abgelehnte Antrag zielte auf eine Anerkennung der politischen Dimension des RAF-Terrors ab, hätte jedoch zugleich eine äußere Kontrollinstanz hinsichtlich der Haftbedingungen von Meinhof bedeutet. Gleiches wurde auch für die Inhaftierung feindlicher Kombattanten gefordert, um für diese zumindest ein Mindestmaß an erträglichen Haftbedingungen zu erzielen.

Vergleichbare Parallelen zu der Behandlung inhaftierter feindlicher Kombattanten wiesen auch die Haftbedingungen der RAF-Mitglieder auf.[982] Gerichtlich autorisiert wurden insbesondere Maßnahmen in Form strenger Einzelhaft,[983] Fesselung der Hände auf dem Rücken, wenn sich der Inhaftierte außerhalb der Zelle aufhielt, Fesselung auch während der Bewegstunde,[984] Dauerbeleuchtung in der Zelle bei Tag und Nacht, Anstaltskleidung statt privater Kleidung und Entzug der Anstaltskleidung zur

---

980 Anders Seifert, Plädoyer gegen die Ächtung des politischen Gegners, in: Folter in der BRD, Kursbuch 32 (1973), S. 129 (131), der die Kriminalisierung als Schritt zur Feindbildung begreift.

981 Tolmein, Vom Deutschen Herbst zum 11. September, S. 70, der eine Verbesserung und eine Überprüfbarkeit der Haftbedingungen bedeutet hätte (ebd., 74). Im Fall der „feindlichen Kombattanten" etwa Taft, IV, The Law of Armed Conflict After 9/11, 28 Yale J. Int'l L. (2003), 319 (320 ff.); Yoo/Ho, The Status of Terrorists, 44 Virginia J. Int'l L. (2003), 207 (215 ff.).

982 Tolmein, Feindstrafrecht und Krieg, S. 3, (Onlinequelle); genauer zu der Situation in Camp 6, Amnesty International, USA: Cruel and Inhuman: Conditions of Isolation for Detainees at Guantánamo Bay, 05.04.2007, S. 4 ff., (Onlinequelle); Überblick über die „verschärften Befragungstechniken" etwa bei Steiger, Das völkerrechtliche Folterverbot und der „Krieg gegen den Terror", S. 56 ff. m.w.N.

983 Einzelne Beschlüsse abgedruckt bei Eschen/Lang/Laubscher/Riemann, Folter in der BRD in: Folter in der BRD, Kursbuch 32 (1973), S. 11 (18 ff.).

984 Etwa im Fall von Manfred Grashof: Eschen/Lang/Laubscher/Riemann, Folter in der BRD in: Folter in der BRD, Kursbuch 32 (1973), S. 11 (40 f.).

Nachtzeit,[985] Ergänzung der räumlichen Einzelhaft durch akustische[986] und externe Isolierung,[987] besondere Beobachtung auch während der Nachtzeit,[988] Untersuchungshaft als Beugehaft,[989] lege artis-widrige Zwangsnarkotisierung[990] und Zwangsernährung,[991] Wasserentzug über mehrere Tage,[992] Vorenthaltung notwendiger medizinscher Behandlung,[993] geringe Frischluftzufuhr,[994] sowie die Vorenthaltung rechtlichen Beistands.[995]

Hinsichtlich dieser Maßnahmen gegen die RAF-Täter mag die staatliche Reaktion privat, bezogen auf das Individuum selbst, erfolgt sein und ober-

---

985 Haftbedingungen für die am 22.10.1971 wegen des Verdachts der Mitgliedschaft in einer kriminellen Vereinigung und des verbotenen Waffenbesitzes festgenommenen Margit Schiller, vgl. Bakker Schut, Stammheim, S. 54.

986 Eschen/Lang/Laubscher/Riemann, Folter in der BRD in: Folter in der BRD, Kursbuch 32 (1973), S. 11 (38 ff.).

987 Ulrike Meinof war in der Zeit von 16.06.1972 – 09.02.1973 in einem akustisch abgeschirmten Teil der psychiatrischen Frauenabteilung des Gefängnisses Köln-Ossendorf inhaftiert, vgl. Bakker Schut, Stammheim, S. 57, 59 f.; Ronald Augustin auch visuell isoliert durch eine fünf Millimeter dicke Plexiglasverstärkung des Zellenfensters, (ebd., S. 108).

988 Etwa bei Margit Schiller und Heinrich Jansen, Eschen/Lang/Laubscher/Riemann, Folter in der BRD in: Folter in der BRD, Kursbuch 32 (1973), S. 11 (23).

989 Aufrechterhaltung der Untersuchungshaft, da die Inhaftierte bisher die Aussage verweigert hatte, vgl. BGH, Beschluss des Bundesgerichtshofes vom 10. Dezember 1971, 1 BJs 6/71 BGs 732/71, abgedruckt in Eschen/Lang/Laubscher/Riemann, Folter in der BRD in: Folter in der BRD, Kursbuch 32 (1973), S. 11 (67).

990 Zum Fall Carmen Roll: Eschen/Lang/Laubscher/Riemann, Folter in der BRD in: Folter in der BRD, Kursbuch 32 (1973), S. 11 (83 ff.).

991 Zwangsernährung von Holger Meins mittels eines 12 Millimeter dicken Plastikschlauches durch den Mund sowie erheblich verminderter Kalorienanzahl, nach Bakker Schut, Stammheim, S. 117 ff.; von Andreas Baader, siehe Eschen/Lang/Laubscher/Riemann, Folter in der BRD in: Folter in der BRD, Kursbuch 32 (1973), S. 11 (95 ff.).

992 Auch bei Andreas Baader, siehe Eschen/Lang/Laubscher/Riemann, Folter in der BRD in: Folter in der BRD, Kursbuch 32 (1973), S. 11 (96 ff.).

993 Im Fall von Katharina Hammerschmidt, vgl. Bakker Schut, Stammheim, S. 88; Diewald-Kerkmann, Frauen, Terrorismus und Justiz, S. 196 ff.

994 Im Fall Klaus Jünschke in der Justizvollzugsanstalt Zweibrücken, siehe Eschen/Lang/Laubscher/Riemann, Folter in der BRD in: Folter in der BRD, Kursbuch 32 (1973), S. 11 (44 ff.).

995 Durchsuchungsbefehl, Verteidigerausschlüsse, Beschlagnahmte Verteidigerpost abgedruckt bei Eschen/Lang/Laubscher/Riemann, Folter in der BRD in: Folter in der BRD, Kursbuch 32 (1973), S. 11 (68 ff.).

flächlich strafprozessualen/-rechtlichen Sanktionsmechanismen entsprochen haben. Faktisch offenbarte sich jedoch im Augenblick eines politischen Angriffs ein Rückgriff auf Maßnahmen, die wenig kompatibel mit Art. 1 Abs. 1 GG, aber geeignet schienen, politische Widersacher zu brechen. Diese Exklusion von Beschuldigten und Straftätern aus dem üblichen Maßregelvollzug und ihre Aussetzung gegenüber staatlichen Organen definiert den politischen Feind, auch wenn dieser nicht als solcher bezeichnet oder anerkannt wird.

Warum also der Bruch zwischen Erklärtem und Faktischem in Deutschland? Die Tabuisierung des Politischen durch die Absolutheit individueller Würde findet ihr Gegenstück in der Aktivierung der Ausnahme, die in Abhängigkeit der jeweils wahrgenommenen Bedrohung einer souveränen Gemeinschaft erfolgt und damit tatsächlich ein modernes Souveränitätsverständnis ausdrückt.[996]

Einer möglichen Abhängigkeit rechtlicher Inhalte von den faktischen Gegebenheiten scheint sich auch das Bundesverfassungsgericht im Urteil zum LuftSiG bewusst zu sein. Enthält das Urteil zum LuftSiG grundsätzlich ein deutliches Bekenntnis zugunsten einer postmodernen Lesart von Art. 1 Abs. 1 GG durch den Ausschluss einer staatlich legitimierten Tötung Unbeteiligter, können die Ausführungen zur Wandelbarkeit der getroffenen Wertung zunächst verwundern.

> „Dabei braucht der Senat nicht zu entscheiden, ob und gegebenenfalls unter welchen Umständen dem Grundgesetz über die mit der Notstandsverfassung geschaffenen Schutzmechanismen hinaus eine (…) solidarische Einstandspflicht entnommen werden kann. Denn im Anwendungsbereich des § 14 Abs. 3 LuftSiG geht es nicht um die Abwehr von Angriffen die auf die Beseitigung des Gemeinwesens und die Vernichtung der staatlichen Rechts- und Freiheitsordnung gerichtet sind.“[997]

Warum klammert das Gericht ausdrücklich die Sachlage einer gemeinschaftlichen Existenzbedrohung aus, wenn diese vom Regelungsbereich des § 14 Abs. 3 LuftSiG grundlegend nicht erfasst werden sollte und wieso wird die Möglichkeit einer solidarischen Einstandspflicht angesprochen,

996 Vgl. zur Reaktion der USA Posner/Vermeule, Terror in the Balance, S. 225 f., 228 ff. zum amerikanischen Bürgerkrieg, 1./2. Weltkrieg; für den 1. Weltkrieg im Ergebnis ähnlich Brinkley, World War I and the Crisis of Democracy, in: Security v. Liberty, S. 27 (39 f.).

997 BVerfGE 115, 118 (159).

wenn eine solche den Regelungsbereich von Art. 1 Abs. 1 GG nicht berührt?

Aus der Perspektive eines modernen Souveränitätsverständnisses scheint das Urteil zum LuftSiG hiermit die Möglichkeit einer zukünftigen Einschränkung/Neu-Definition/Ausnahme von Art. 1 Abs. 1 GG für den Fall des Eintretens einer imaginierten Existenzbedrohung der politischen Gemeinschaft zumindest vorzuhalten, auch wenn eine solche gerade nicht durch eine Pervertierung eines Zivilflugzeugs erreicht sein soll.

Im Vergleich hierzu zeigt sich in den USA eine Entwicklung, die die Rechtmäßigkeit staatlicher Maßnahmen gegen vermeintliche Terroristen und feindliche Kombattanten mit zeitlich wachsendem Abstand zu den Anschlägen vom 11. September 2001 stärker hinterfragt. Außerrechtliche Maßnahmen, die nicht dem Strafrecht oder Gefahrenabwehrrecht zuzuordnen sind, werden als willkürlicher, exzessiver Machtmissbrauch und nicht mehr als Verteidigung der politischen Gemeinschaft gelesen. Die zunehmend kritische Bewertung vermeintlich kriegerischer staatlicher Maßnahmen wie die Inhaftierung feindlicher Kombattanten, Folter oder die Tötung von nicht in Gewahrsam befindlichen Personen im Ausland ist nicht nur mit den erst nachträglich für die Öffentlichkeit einsehbaren Informationen zu begründen,[998] sondern vielmehr auch auf den Rückgang einer imaginierten Bedrohung zurückzuführen. Je größer der zeitliche Abstand zu den traumatischen Ereignissen des 11. Septembers wird, desto geringer scheint ein Bedrohungspotenzial in der amerikanischen Öffentlichkeit wahrgenommen zu werden, mit der Konsequenz, dass die Kapazität zur Feindbildwahrnehmung sinkt.

Stellte die politische und auch öffentliche Reaktion auf die Anschläge von 9/11 eine Renaissance der nicht reformierten politischen Imagination dar,[999] ist diese in ihrer Intensität rückläufig. Waren unmittelbar nach den Anschlägen auf die New Yorker Zwillingstürme über 70 Prozent der amerikanischen Bevölkerung für eine kriegerische Intervention im Irak und in

998 Etwa Chivers, The Secret Casualties of Iraq's Abandoned Chemical Weapons, The New York Times, 14.10.2014, (Onlinequelle); Kessler, George W. Bush's claims on weapons found and not found, in Iraq, The Washington Post, 13.11.2014, (Onlinequelle).

999 Kahn, Putting Liberalism in Its Place, S. 287; ders., Sacred Violence, S. 53.

Afghanistan, findet sich inzwischen in Öffentlichkeit, Presse[1000] und Rechtswissenschaft[1001] ein wesentlich kritischeres Meinungsbild.[1002]

Schwindet die Wahrnehmung einer imaginierten Bedrohung, verringert sich gleichermaßen die Legitimationsgrundlage für das Paradigma kriegerischer Maßnahmen. Dementsprechend kündigte Präsident Obama in seiner Rede an die Nation 2014 an, künftig auf kriegerische Eingriffe und Maßnahmen gegenüber anderen Staaten zur Terrorintervention verzichten und stattdessen verstärkt auf diplomatische Methoden zurückgreifen zu wollen.[1003]

Auch die stärker ausgeübte Kontrolle durch die Gerichte verdeutlicht eine Reintegration der Kontrolle staatlicher Reaktionen auf vermeintliche Feinde. Die Handlungsausnahme politischer Gewalt wird reintegriert. Zumindest werden die Weichen gestellt, Handlungen, die bisher einer gerichtlichen Kontrolle entzogen wurden, der Rule of Law zu unterstellen. Enthielten sich die Gerichte einer rechtlichen Überprüfung der Inhaftierung feindlicher Kombattanten in zeitlich näherem Kontext zu den An-

1000 Etwa Ackerman, Insides Obama's drone panopticon: a secret machine with no accountability, The Guardian, 25.04.2015, (Onlinequelle); Blake, Obama-led drone strikes kill innocents 90% of the time: report, The Washington Post, 15.10.2015, (Onlinequelle); Eland, Unauthorized Government Killing by Drones, Bombs, or Other Means Is Still Murder, 04.04.2015, (Onlinequelle); Hastings, The Rise of the Killer Drones: How America Goes to War in Secret, The Rolling Stone, 16.04.2012, (Onlinequelle); Junod, The Lethal Presidency of Barack Obama, Esquire, August 2012, (Onlinequelle); Mayer, The Predator War, The New Yorker, 26.10.2009, (Onlinequelle), m.w.N.; Smith, We are sleepwalking into the Drone Age, unaware of the consequences, The Guardian, 02.06.2012, (Onlinequelle).

1001 Etwa International Human Rights and Conflict Resolution Clinic (Stanford Law School) and Global Justice Clinic (N.Y.U. School of Law), Living under Drones: Death, Injury, and Trauma to Civilians from US Drone Practices in Pakistan, September 2012, (Onlinequelle); O'Connell, Unlawful Killing with Combat Drones: A Case Study of Pakistan, 2004-2009, in: Shooting to Kill: The Law Governing Lethal Force in Context, S. 263 (264). Allein die Existenz der Diskussion zeigt einen gravierenden Unterschied zur Frage der Rechtmäßigkeit des Abschusses einer entführten Zivilmaschine.

1002 Konkrete Zahlen bei Kessler Ferzan, Defending Imminence: From Battered Women to Iraq, 46 Arizona L. Rev. (2004), 213 (213, Anm. 1).

1003 The White House, President Barack Obama's State of the Union Address, 28.01.2014, (Onlinequelle): "So, even as we aggressively pursue terrorist networks – through more targeted efforts and by building the capacity of our foreign partners – America must move off a permanent war footing."; bereits früher Burkeman, Obama Administration Says Goodbye to 'War on Terror', The Guardian, 25.03.2009, (Onlinequelle).

schlägen vom 11. September, sind in den aktuelleren Supreme Court Entscheidungen in den Fällen von Hamdi und Boumediene deutliche Ansätze zu erkennen, Anti-Terrormaßnahmen, die zunächst keiner rechtlichen Kontrolle unterworfen wurden, positivrechtlich einzugliedern, auszuformen und zu kontrollieren.[1004] Eine vergleichbare Entwicklung lässt sich in der Rechtsprechung zu feindlichen Tötungen ablesen: Wurde 2011 die Klage Nasser al-Aulaqis gegen die Erfassung seines Sohnes auf einer vermeintlichen Drohnen-Tötungsliste mangels Prozessführungsbefugnis abgelehnt und der Sachverhalt als politische Frage für nicht justiziabel erklärt, wurde drei Jahre später in Al-Aulaqi v. Panetta zumindest eine gerichtliche Kontrolle gezielter Tötungen auch aus Gründen der nationalen Sicherheit nicht mehr grundsätzlich ausgeschlossen.[1005]

4. Ergebnis

Art. 1 Abs. 1 GG schließt die Wahrnehmung einer individuellen Tat als feindlich grundsätzlich aus. Dem entspricht die öffentliche Einordnung von Straftaten mit terroristischem Hintergrund in Deutschland. Allerdings offenbarte sich in der individuellen Behandlung von Straftätern mit terroristischer Motivlage eine faktische Dimension, die eine Feindwahrnehmung implizierte. Diese Faktizität im Falle einer staatlichen Existenzbedrohung klang auch im Urteil zum LuftSiG an, in dem das Bundesverfassungsgericht ausdrücklich eine existenzielle Bedrohung des Gemeinwesens als Entscheidungsgrundlage ausklammerte.

Anders zeigte sich die Bedeutungszuschreibung von terroristischen Taten in den USA. Eine eindeutige Zuordnung des Straftäters zur Kategorie des Feindes war zwar im Einzelfall umstritten, dennoch abstrakt präsent und ließ sich nach den Umständen des Einzelfalls aktivieren, wobei die Aktualität des imaginierten Bedrohungspotenzials sowie die Erfassung des Betroffenen im Rahmen der staatsbürgerlichen Imagination maßgebliche Relevanz aufwies.

1004 Zuvor etwa Hamdi v. Rumsfeld, United States Court of Appeals, Fourth Circuit, 316 F.3d 450 (459 ff.) (2003); Al Odah v. United States, United States Court of Appeals D.C. Circuit 321 F.3d 1134 (1140) (2003); Rasul v. Bush, United States District Court, District of Columbia, 215 F. Supp. 2d 55 (56 ff.) (2002).

1005 Al-Aulaqi v. Panetta, United States District Court, District of Columbia, 35 F. Supp. 3d 56 (69 f.) (2014).

II. Die Imagination des Opfers

Die Bedeutung des modernen Staates schöpft sich weiterhin aus der imaginierten Teilhabe am Kollektiv durch das Ritual des Opfers, die Praxis der Bereitschaft, sein eigenes Leben hinzugeben oder andere Leben zu nehmen.[1006]

Anders besetzt das Grundgesetz den Höchstwert der Verfassung mit dem unantastbaren Würdeanspruch des Individuums.[1007] Die Imagination der Teilhabe an einer Gemeinschaft des Volkssouveräns durch den Opferritus ist getilgt. Das Individuum selbst verkörpert den Höchstwert der Verfassung und des Staates verbunden mit dem Ausschluss einer Höherwertigkeit staatlicher Interessen der politischen Gemeinschaft. Die Imagination des Opfers als Teilhaberitual deutet immer auf ein den Verlust überwiegendes, hinausgehendes Interesse hin. Ein solches ist jedoch in Bezug auf die individuelle Bedeutung des Einzelnen – vorgegeben durch Art. 1 Abs. 1 GG – in der deutschen Verfassung ausgeschlossen. Zwangsläufig folgt daraus die Unhaltbarkeit der Wahrnehmung einer staatlichen Tötung als gemeinschaftsbedeutendes Ereignis.[1008] Ungeachtet dessen erlaubt auch die deutsche Rechtsordnung Handlungen, die den Tod eines Menschen durch staatliche Hand herbeiführen. Nicht zwingend ist hierfür auf den Einsatz von Soldaten im bewaffneten Konflikt zurückzugreifen, denn wie gezeigt wurde, normieren viele Landespolizeigesetze den finalen Rettungsschuss, der den Einsatz auch tödlich wirkender Gewalt gegen bestimmte Störer zulässt.[1009] Indes ist nicht die staatliche Tötung Ausdruck eines modernen politischen Verständnisses, sondern die Imagination der Transzendierung des individuellen Todes als Teilhabe.

Hiervon ausgehend soll auf die Frage der Bedeutung einer individuellen Einwilligung (1.) sowie die Gewichtung von gemeinschaftlichen, souveränen Werten (2.) in der rechtswissenschaftlichen Diskussion eingegangen werden, um daran anknüpfend die Auswirkungen auf die Lesart strafrechtlicher Rechtfertigungsgründe (3.) und das Urteil zum LuftSiG (4.) zu spiegeln.

1006 Siehe Kahn, Sacred Violence, S. 35, 53, 79.
1007 Haltern, Was bedeutet Souveränität, S. 65 f.
1008 Haltern, Was bedeutet Souveränität, S. 62.
1009 Siehe Quellen in Anm. 249.

1. Die Frage der Einwilligung

Die Lesart einer legitimen, gemeinschaftsstiftenden Opfergabe wird in der deutschen Rechtsordnung positivrechtlich durch Art. 1 Abs. 1 GG ausgeschlossen. Anders als jedoch den Tod durch einen Bezug auf ein staatliches Interesse oder einen über das Individuum hinausgehenden Sinn zu legitimieren, ist eine staatlich herbeigeführte Tötung nur aufgrund eines souveränen Aktes des Betroffenen zu rechtfertigen. Die Konsequenz des Todes wird als autonome Entscheidung nur mit Individualbezug und nicht als Hingabe zugunsten der Gemeinschaft verstanden. Soweit ein nicht rein individuelles Motiv Grund der Tötung ist, ist diese infolge der damit einhergehenden Instrumentalisierung und Objektivierung des Betroffenen verfassungswidrig.[1010]

Die Fokussierung auf die persönliche Entscheidung des Betroffenen bestätigt ein postmodernes Souveränitätsverständnis und validiert die Höchstwertigkeit individueller Autonomie. Dieses Verständnis wird auch in der in Deutschland geführten Diskussion über die Frage der Zulässigkeit eines Abschusses aufgrund einer hypothetischen Einwilligung der betroffenen Flugzeuginsassen widergespiegelt.

Obwohl das Bundesverfassungsgericht eine tatsächliche Kompensation der Würdewidrigkeit des Abschusses im Urteil zum LuftSiG durch eine Einwilligung abgelehnt hat, widerspricht dies einer postmodernen/protestantischen Einordnung nicht. Das Vorliegen einer Einwilligung wurde lediglich mangels ihrer konkreten Feststellbarkeit zum Zeitpunkt des Abschusses als Fiktion verworfen.[1011] Nicht zwingend folgt daraus per se die Unzulässigkeit einer Einwilligung zur Rechtfertigung staatlicher Eingriffe. Zwar überlagerte in anderen gerichtlichen Entscheidungen zur Frage der individuellen Disposition des Würdeanspruchs wie im Fall der Peep-

1010 Vgl. etwa auch die Regelungen zur Organspende § 3 Abs. 1 Nr. 1, 2 i.V.m. § 8 Abs. 1 Nr. 1 c) TPG.

1011 BVerfGE 115, 118 (157).

Show[1012], des Zwergenweitwurfs[1013] oder bei Laserdrome-Spielen[1014] die objektive Schutzpflichtdimension aus Art. 1 Abs. 1 GG eine individuelle Disposition. Jedoch wird ein objektiv-rechtlicher Überschuss nicht zwingend aus Art. 1 Abs. 1 GG vorgegeben, der individuelle Autonomie und nicht die objektiv-rechtlichen Vorgaben eines kollektiven Würdeverständnisses schützt. Im Übrigen erscheint es widersinnig, gerade aufgrund einer subjektiven Entscheidung des Störers im Falle des finalen Rettungsschusses einen Eingriff in den durch Art. 1 Abs. 1 GG geschützten Würdeachtungsanspruch zu verneinen, hingegen für die oben genannten Fälle, die einen weit weniger intensiven Eingriff in andere Grundrechtsgewährleistungen bedeuten und zugleich eine horizontale Rechtsbeziehung zwischen Bürger und Bürger gestalten, das Privatrechtsverhältnis durch eine strengere objektiv-rechtliche Auslegung des Achtungsanspruchs zu mediatisieren.

Konsequenterweise findet sich in den USA eine vergleichbare Einwilligungsdiskussion nicht. Das Gegenteil ist der Fall. Vereinzelte Untersuchungen gelangen zwar abstrakt zu dem Ergebnis, dass unter bestimmten Umständen eine Einwilligung in den eigenen Tod die einzig rationale Entscheidung sei.[1015] Mit einem Verweis auf den kantianischen Grundsatz des Verbots der Selbstverletzung wird diese Ansicht allerdings massiv kritisiert und verworfen.[1016]

Die Ablehnung einer Einwilligungslösung begründet im modernen Souveränitätsverständnis aber nicht die Unzulässigkeit des Abschusses. Vielmehr wird der individuellen Einwilligung keine Legitimationswirkung zugeschrieben. Die Bedrohung der gemeinschaftlichen Existenz legitimiert den Eingriff. Ein darüber hinausgehender oder zusätzlicher Legiti-

---

1012 BVerwGE 64, 274 (278 f.); erneut mit anderer Begründung aber dennoch an der Unbeachtlichkeit der Freiwilligkeit festhaltend BVerwG, Urteil vom 30. Januar 1990 - 1 C 26/87 -, (= BVerwGE 84, 314 (317 f.)); krit. etwa Höfling, Menschenwürde und gute Sitten, NJW 1983, 1582 (1582 ff.); von Olshausen, Menschenwürde im Grundgesetz, NJW 1983, 2221 (2221 f.); weitere krit. Stimmen in Anm. 227.

1013 VG Neustadt (Weinstraße), Beschluss vom 21. Mai 1992 - 7 L 1271/92.NW -, (= NVwZ 1993, 98 (99)).

1014 BVerwG, Vorlagebeschluss vom 24. Oktober 2001 - 6 C 3/01 -, (= BVerwGE 115, 189 (202)).

1015 Cohan, Homicide by Necessity, 10 Chap. L. Rev. (2006-2007), 119 (155).

1016 Cohan, Homicide by Necessity, 10 Chap. L. Rev. (2006-2007), 119 (158 f.); hinsichtlich einer rechtfertigenden rechtlichen oder moralischen Wirkung ohne öffentlich-rechtlichen Bezug wird die Frage der Bedeutung der Einwilligung dennoch diskutiert: Rakowski, Taking and Saving Lives, 93 Colum. L. Rev. (1993), 1063 (1107 ff.) m.w.N.

mationsgrund existiert nicht und ist auch nicht erforderlich. Erneut offenbart sich an dieser Stelle das christliche Prinzip der Bedeutungszuführung des Endlichen durch seine Überführung ins Heilige. In der symbolischen Struktur des Opfers erlangt das Leben selbst nur dann eine positive Bedeutung, wenn und insoweit es das Heilige aufnehmen kann.[1017] Zugang zum Heiligen wird erst durch eine Aufgabe im Gegenzug zur Wiederbefüllung erlangt.[1018] Dabei ist für die symbolische Deutung des Opfers weder die Einwilligung noch die Freiwilligkeit der Hingabe Voraussetzung. Der individuelle Wille des Betroffenen wird in dieser Lesart nicht berücksichtigt.[1019] Aufgabe erfordert nicht willentlichen Verzicht oder tatsächlich freiwillige Widmung, sondern bloßen Verlust. Folglich ist die fehlende Relevanz der Einwilligung in eine das Individuum verletzende Handlung Ausdruck eines modernen Souveränitätsverständnisses, das den individuellen Tod in eine gemeinschaftliche Bedeutsamkeit transzendiert.

Damit klärt sich auch ein anfängliches Erstaunen über die Ursache einer fehlenden Rechtmäßigkeitsdiskussion in den Vereinigten Staaten auf, dass Abschussbefehle existierten und nicht untersucht wurden, für die keine ausdrückliche Ermächtigungsgrundlage gefunden werden konnte bzw. eine solche möglicherweise nicht öffentlich existierte und eine solche Praxis weder öffentlich oder seitens der Rechtswissenschaft kritisiert noch einer gerichtlichen Kontrolle unterworfen wurde. Hat bereits die individuelle Einwilligung für die Legitimation einer staatlichen Maßnahme keine Bedeutung, kann das Fehlen einer Kontrolle oder von Kritik nicht überraschen.

Zunächst ließe sich zwar denken, ein Überwiegen exekutiver Kompetenzen entspräche einem starken modernen Souveränitätsverständnis und ein zurückgenommener gerichtlicher Kontrollmaßstab fügte sich in dieses Bild ein. Allerdings übersieht diese oberflächlich vielleicht naheliegende Einordnung die grundsätzlichen Unterschiede im Aufbau der Gewaltenteilung im deutschen und US-amerikanischen Verfassungsgefüge. Denn eine fehlende Einwilligungsdiskussion spiegelt zwar ein modernes staatliches Souveränitätsverständnis wider, der nach deutschem Verständnis empfundene Mangel an Kontrolle und Kritik beruht jedoch maßgeblich auf der deutschen politischen Erfahrung des Dritten Reiches und ignoriert die Entwicklung der US-amerikanischen Verfassungstradition, deren Funda-

1017 Kahn, Sacred Violence, S. 29.
1018 Kahn, Sacred Violence, S. 29.
1019 So auch Kahn, Sacred Violence, S. 28 f.

ment eine gänzlich andere Entstehungsgeschichte ist als die des deutschen Grundgesetzes.

Hintergrund der Schaffung exklusiver Kompetenzräume, die auch juristische Kontrollleerstellen erlauben,[1020] ist nicht die Privilegierung einer einzelnen Gewalt oder die Schaffung einer übermächtigen Exekutive als Ausdruck eines modernen Souveräns. Eine derartige Auslegung entspricht gerade nicht dem US-amerikanischen Verständnis einer politischen Gemeinschaft und missversteht die Entstehungsgeschichte der amerikanischen Verfassung gänzlich. Die Entstehungsgeschichte der US-amerikanischen Verfassung war durch die Befreiung von der englischen Krone und von der Herrschaft durch eine absolute Monarchie geprägt. Ihr Ziel war nicht die Begründung absoluter Exekutivrechte, sondern die Schaffung einer Gewaltenteilung, die den zugeteilten Kompetenzbereich einer jeden Gewalt ausdrücklich respektiert. Hierzu führte etwa Abraham Lincoln aus:

> "The provision of the Constitution giving the war-making powers to Congress was dictated, as I understand it, by the following reasons: kings had always been involving and impoverishing their people in wars, pretending generally, if not always, that the good of the people was the object. This our convention understood to be the most oppressive of all kingly oppressions, and they resolved to so frame the Constitution that no one man should hold the power of bringing this oppression upon us."[1021]

Wird dem Volk die maßgebliche Entscheidungskompetenz, repräsentiert durch den Kongress, zugewiesen und unitarischen, nicht unmittelbar demokratisch legitimierten Entscheidungen mit Misstrauen begegnet, liegt die Kritik an verfassungsgerichtlicher Kontrolle auf der Hand.[1022] Das historisch begründete Problem der „counter-majoritarian difficulty" wird in den Vereinigten Staaten durch das Fehlen einer ausdrücklichen verfassungsrechtlichen Mandatierung des Supreme Courts zur bindenden Ver-

1020 Krit. vor dem Hintergrund terroristischer Bedrohungen etwa Haubenreich, Sometimes You Have to Go Backwards to Go Forwards, 8 Conn. Pub. Int. L. J. (2008), 1 (3 f.).

1021 Lincoln, Letter to William H. Herndon, 15.02.1848, (Onlinequelle).

1022 Eingängig "And so the nagging question cannot be ignored: How and whence do nine lawyers, holding lifetime appointments, devise or derive principles which they are prepared to impose without recourse on democratic society?", Bickel, The Least Dangerous Branch, S. 235, allgemein zur counter-majoritarian difficulty (ebd., S. 16 ff.).

fassungsauslegung weiter verstärkt.[1023] Erst in der Entscheidung Marbury v. Madison[1024] nahm der Supreme Court an, da es Gerichten obliege, Gesetze auszulegen und die Verfassung selbst gesetzlicher Natur sei, der Judikative die Kompetenz zukomme, eine bindende Verfassungsauslegung zu praktizieren.[1025]

In Deutschland hat das Problem der nicht mehrheitlichen Verfassungskontrolle wenig Relevanz. Das Bundesverfassungsgericht war/ist vielmehr auch als minderheitenschützende Institution angelegt.[1026] Grund für die Mandatierung der Richter des Bundesverfassungsgerichts als Hüter der Verfassung ist das seit den Erfahrungen des Dritten Reiches empfundene Misstrauen gegenüber dem Politischen und Politikern im Allgemeinen, das die richterliche Verfassungsauslegung legitimiert.[1027] Auf dieser Grundlage wird Verfassungsrichtern größtmöglicher Einfluss und Macht zugeschrieben.[1028]

1023 Bickel, The Least Dangerous Branch, S. 1. Dies wird als ein Grund dafür angesehen, warum in Deutschland die Aufhebung von Gesetzgebungsakten durch die rechtsprechende Gewalt als nicht problematisch angesehen wird, vgl. etwa Jestaedt, Phänomen Bundesverfassungsgericht. Was das Gericht zu dem macht, was es ist, in: Das entgrenzte Gericht, S. 77 (102); Möllers, Legalität, Legitimität und Legitimation des Bundesverfassungsgerichts, in: ebd., S. 281 (283); Rosenfeld, Constitutional Adjudication in Europa and the United States, 2 Int'l J. Const. L. (2004), 633 (638).

1024 Marbury v. Madison, 1 Cranch 137, 5 U.S. 137 (1803).

1025 Marbury v. Madison, 1 Cranch 137, 5 U.S. 137 (172 ff., 178) (1803); krit. etwa Bork, The Tempting of America: The Political Seduction of the Law, S. 146 f.; nicht überraschend insoweit der Vorschlag, eine Kompetenz für den Kongress zu schaffen, welche diesen ermächtigt, Supreme Court Entscheidungen zu überstimmen, ders., Slouching Towards Gomorrah: Modern Liberalism and American Decline, S. 117 f.; daraus ergibt sich auch der vorrangige Prüfungsmaßstab des einfachen Rechts, siehe Resnicoff, Shooting Down Suicide Airplanes, 10 Issues in Aviation Law and Policy (2010-2011), 281 (294).

1026 Möllers, Legalität, Legitimität und Legitimation des Bundesverfassungsgerichts, in: Das entgrenzte Gericht, S. 281 (341), der insbesondere darauf hinweist, dass diese Aufgabe nicht zwingend einen Widerspruch zur demokratischen Ordnung bedeutet (ebd., 342).

1027 Siehe Haltern, Verfassungsgerichtsbarkeit, Demokratie und Mißtrauen, S. 24; Rosenfeld, Constitutional Adjudication in Europe and the United States, 2 Int'l J. Const. L. (2004), 633 (641, 665).

1028 Rosenfeld, Constitutional Adjudication in Europe and the United States, 2 Int'l J. Const. L. (2004), 633 (641). Dies ist nicht unproblematisch, insbesondere die zunehmende Verbindung von verfassungsrechtlichen Prinzipien im Alltag bringt eine Konstitutionalisierung des Politischen und umgekehrt eine Politisierung der Verfassung mit sich, die nicht unkritisch zu bewerten ist, vgl. etwa zur Verschränkung im finanzverfassungsrechtlichen Bereich Haltern, Die

Nicht nur die traumatischen politischen Erfahrungen, sondern auch die im Vergleich zu den USA geringeren Anforderungen an eine Verfassungsänderung, erhöhen die Legitimationskraft verfassungsgerichtlicher Entscheidungen in Deutschland.[1029] Überdies verstärkt die Ernennung von Bundesverfassungsrichtern durch eine 2/3 Mehrheit des Bundestages deren Legitimationskraft, während in den Vereinigten Staaten eine einfache Mehrheit des Senats genügt und der Präsident in den Sommerpausen vakante Stellen – wenn auch nur vorläufig – ohne Zustimmung des Senates besetzen kann.[1030]

Das US-amerikanische Verfassungsverständnis zeichnet sich somit durch eine starke Anbindung an den politischen Willen aus und ist geprägt durch einen natürlichen Argwohn gegenüber Handlungen, die eine Umgehung oder Verringerung der Repräsentationslinien bedingen. Umgekehrt findet sich im deutschen Verfassungsverständnis ein historisch begründetes Misstrauen nicht nur gegenüber starken, ausschließlichen Exekutivkompetenzen, sondern auch gegenüber Entscheidungen des repräsentierten Volkes selbst und dessen Repräsentanten.[1031] Beide Prägungen sind historische Konsequenzen der jeweilig gewachsenen Verfassungsentwicklung. Typisch dürfte für ein modernes Souveränitätsverständnis die Verortung des politischen Vertrauens maßgeblich in der Repräsentation des souveränen Willens sein, wohingegen ein postmodernes Souveränitätsverständnis diesem nicht zwingend grundlegenden Wert zuschreibt.[1032] Hieraus folgt jedoch nicht, dass die eine oder die andere Ausgestaltung von Verfassungsgerichtsbarkeit zwingende Voraussetzung eines modernen oder postmodernen Souveränitätsverständnisses ist.

---

künftige Ausgestaltung der bundesstaatlichen Finanzordnung, VVDStRL 73 (2014), S. 103 (124 f. m.w.N.).

1029 So auch Rosenfeld, Constitutional Adjudication in Europe and the United States, 2 Int'l J. Const. L. (2004), 633 (665), siehe auch Möllers, Legalität, Legitimität und Legitimation des Bundesverfassungsgerichts, in: Das entgrenzte Gericht, S. 281 (331), der zudem auf das legitimitätsstiftende Merkmal des noch jungen Alters der deutschen Verfassung verweist. Seit der Verabschiedung der Bill of Rights gab es nur 17 Verfassungsänderungen, wovon vier unmittelbar Entscheidungen des Supreme Courts revidierten, vgl. Breyer, Active Liberty, S. 7.

1030 Rosenfeld, Constitutional Adjudication in Europe and the United States, 2 Int'l J. Const. L. (2004), 633 (665 f.).

1031 Siehe auch Haltern, Verfassungsgerichtsbarkeit, Demokratie und Mißtrauen, S. 24.

1032 Dies meint nicht die Bedeutungslosigkeit demokratischer Enscheidungsprozesse.

Überraschen kann vor diesem Hintergrund dennoch nicht mehr, dass in Deutschland zunächst eine gesetzliche Eingriffsbefugnis zum Abschuss geschaffen und diese aufgrund einer verfassungsgerichtlichen Kontrolle verworfen wurde, obwohl die Abschussmaßnahme weder vor der Schaffung der gesetzlichen Ermächtigungsgrundlage noch danach zum Einsatz gekommen ist. Kommt hierin doch ein klares Misstrauen gegenüber parlamentarischen Entscheidungen zum Ausdruck, das zu einer verfassungsprozessualen Auskleidung in Gestalt weitreichender bundesverfassungsgerichtlicher Kontrollkompetenzen führt.[1033]

2. Die Letztbedeutung des Staates

Im Falle der Nichtabwägbarkeit von Leben aufgrund des unantastbaren Würdeanspruchs drängt eine rationalisierende[1034] Betrachtungsweise auf die Rettung zumindest der Personen, deren Rettung überhaupt noch möglich scheint. Dem widersteht das Absolutheitsdogma von Art. 1 Abs. 1 GG, das zwar nicht ein Verbot staatlich ausgeführter Tötungen vorschreibt, jedoch jede staatliche Tötung dann verbietet, wenn diese gegen Art. 1 Abs. 1 GG verstößt. Zwischen Art. 1 Abs. 1 GG und Art. 2 Abs. 2 Satz 3 GG bricht die verbliebene Restsäkularität der rationalisierten Rechtsordnung hervor.

Als Schranken-Schranke untersagt Art. 1 Abs. 1 GG jede Art von qualifizierenden und quantifizierenden Abwägungskriterien und entzieht damit faktisch einer Abwägung, mit Ausnahme der individuellen Zurechenbarkeit staatlicher Gegenmaßnahmen, jegliche Differenzierungsgrundlage. Insoweit ist die Annahme, die deutsche Rechtsordnung bleibe in Dilemma-Situationen stumm, nicht zutreffend. Sie antwortet nur individuell und

---

1033 Ganz anders die Überprüfungskompetenz des Supreme Courts, welche durch von diesem selbst entwickelter Ausnahmen, Entscheidungen des Kongresses und des Präsidenten beschränkt wird. Beispielhaft sei nur auf die „Political-Question-Doktrin" verwiesen. Dazu etwa Scharpf, Judicial Review and the Political Question: A Functional Analysis, 75 Yale L. J. (1966), 517 (517 ff.); Firmage, The War Powers and the Political Question Doctrine, 49 U. Colo. L. Rev. (1977-1978), 65 (65 ff.); Barkow, More Supreme Than Court?, 102 Colum. L. Rev. (2002), 237 (239 ff.); konkret mit Bezug zu Al-Aulaqi v. Obama Offill-Klein, Targeted Killings: Al-Aulaqi v. Obama and the Misuse of the Political Question Doctrine, 19 U.C. Davis J. Int'l L. & Pol'y (2013), 207 (209 ff.).

1034 Zur Irrationalität absoluter Werte schon Weber, Wirtschaft und Gesellschaft, S. 13.

verbietet einen Vorrang oder eine Aufladung individueller Rechte mit überindividuellen Interessen.

Falsch wäre anzunehmen, ein – wie vom Bundesverwaltungsgericht festgestellter – objektiv-rechtlicher Überschuss des Achtungsanspruchs überlagere individuelle und erlaube den Einbezug gemeiner Interessen. Es bleibt bei der Höchstwertigkeit individueller Würde. Der Staat tritt lediglich als Überwachungsgarant hinzu, um eine individuelle Ausübung in Kongruenz mit einem objektiv definierten Schutzbereich sicherzustellen.[1035] Die Ergänzung durch eine objektiv-rechtliche Komponente des Achtungsanspruchs bedeutet also eine Beschränkung individueller Autonomie, ohne hierdurch gemeinschaftliche Interessen miteinzubeziehen.

Die Argumentation zugunsten einer ausnahmsweisen Außerkraftsetzung/Einschränkung des Schutzbereichs von Art. 1 Abs. 1 GG, ob nun infolge einer Auflösung staatlicher Schutzpflichten oder einer Aufopferungspflicht, bildet eine Bündelung von Motivlagen zur Rechtfertigung der Ausnahme ab. Soweit angenommen wird, eine Aufopferungspflicht bestehe für den Fall der Bewahrung der staatlichen Gemeinschaft, klingen darin Anzeichen eines Teilhabeverständnisses an, das sich durch die Gegenseitigkeit staatlicher Gewährleistungen und individuellem Opfer generiert.

Anders ist hingegen eine Rechtfertigung des Abschusses mittels vermeintlich überwiegender mehrheitlich individueller Interessen zu bewerten,[1036] in der kein Kollektivbezug aufscheint, sondern lediglich eine Abwägung anhand von Zahlenverhältnissen vorgenommen wird. Fehlt eine Anknüpfung an das Kollektiv, bedeutet eine rein zahlenmäßige Abwägung die durchgängige Rationalisierung individueller Interessen. Durch diese Rationalisierung wird das Tabu der Unantastbarkeit aufgelöst und die Erhabenheit eines absoluten Würdeanspruchs eingeebnet, mit der Konsequenz einer vollständigen Auslöschung unantastbarer Werte.

In den Vereinigten Staaten wird hingegen die Höchstwertigkeit von Kollektivinteressen unmittelbar in die Verfassungsgüterabwägung eingeführt und ist in den verfassungsrechtlichen Individualgewährleistungen bereits vorgesehen. Unzweifelhaft wird ein nationales Interesse an Sicherheit und Funktionalität der Polizei- und Ordnungsbehörden als überwiegend anerkannt und damit als geeignet, Individualinteressen aufzuwiegen.[1037]

1035 Siehe bereits C. II. 2. d. bb. im 2. Kapitel.
1036 Dazu bereits C. II. 2. b., III. 3. a. bb. im 2. Kapitel.
1037 Siehe insbesondere Rechtsprechungsnachweise in C. II. 2. c. im 3. Kapitel.

3. Konsequenz: Rechtfertigungsdogmatik – mit zweierlei Maß

Normhierarchisch schlägt sich die verfassungsrechtliche Rechtfertigungsfrage parallel in der strafrechtlichen Rechtfertigungsdogmatik nieder. Eine Lesart der strafrechtlichen Rechtfertigungs- und Entschuldigungsgründe, soweit diese auf staatliches Handeln angewendet werden,[1038] zugunsten eines außerhalb des Individuum selbst liegenden Zwecks missachtet den absoluten Geltungsanspruch von Art. 1 Abs. 1 GG und verkehrt normhierarchische Vorgaben ins Gegenteil. Die Erhabenheit des Individuums darf nur Selbstzweck aber nicht Mittel werden. Eine Rechtfertigung einer staatlichen Achtungsverletzung – ob nun auf verfassungsrechtlicher oder strafrechtlicher Ebene – zugunsten staatlicher oder mehrheitlicher Interessen verbietet sich. Der Zweck der Handlung muss immer individuell bestimmbar sein. Daher stellt der Versuch der Entindividualisierung strafrechtlicher Rechtfertigungsgründe und individueller, verfassungsrechtlicher Schutzbestimmungen eine Rückbesinnung auf ein modernes Souveränitätsverständnis dar, das staatliche Interessen individuellen überordnet.[1039]

Es überrascht daher nicht, dass ein Kollektivbezug in Gestalt des Kriteriums des geringeren Übels auch in der amerikanischen strafrechtlichen Rechtfertigungsdogmatik zu finden ist, in der das Individuum weiterhin unentwegt mit Kollektivinteressen konkurriert.[1040]

Maßgeblicher Präzedenzfall in der US-amerikanischen Rechtsprechung zur Frage der strafrechtlichen Rechtfertigung der erzwungenen Aufopferung einiger Menschenleben zur Rettung einer größeren Gruppe ist

---

1038 Dazu Anm. 281 sowie die abl. Ansichten in Anm. 282.

1039 Entsprechend wurde auch der Notstand während des Dritten Reiches auf Grundlage des Kriteriums des geringeren Übels verstanden. Vgl. Frick auf dem Deutschen Juristentag 1933: „Recht sei, was dem deutschen Volke nützt, Unrecht ist, was ihm schadet.“, zit. nach Maurach, Kritik der Notstandslehre, S. 70; aber schon zuvor, vgl. von Weber, Das Notstandsproblem und seine Lösung in den deutschen Strafrechtsgesetzentwürfen von 1919 und 1925, S. 26: „In jenem Falle hat man das ersatzlose Opfer des ohnehin verlorenen Gutes als rechtmäßig angesehen, in diesem das Opfer des kleineren Gutes unter Verteilung des Schadens gutgeheißen.“, „Die Rechtsordnung verlangt nicht, daß in der Gefahrgemeinschaft der Mensch tatenlos zuschaue, wie alle gefährdeten Güter untergehen; sie billigt die Handlung, die möglichst viel rettet. Dieser Grundsatz muß auch für die Fälle, in denen Leben gegen Leben steht, gelten (...).“, (ebd., S. 30).

1040 Dazu Kahn, Sacred Violence, S. 40; dies wird auch als Begründung herangezogen, warum die US-amerikanische Strafpraxis in ihrer Intensität die der kontinentaleuropäischen übertrifft (ebd.).

United States v. Holmes.[1041] Im Fall des Untergangs der William Brown auf der Überfahrt von Liverpool nach Philadelphia 1841 hatte das Gericht zu entscheiden, ob sich der Seemann Holmes des Totschlags auf Hoher See strafbar gemacht hatte, indem er, um einen vermeintlich drohenden Untergang eines Rettungsbootes zu verhindern, insgesamt sechzehn männliche Passagiere über Bord warf.[1042] Die Verteidigung trug vor, Holmes habe einige Passagiere über Bord werfen müssen, um die übrigen Bootsinsassen zu retten.[1043] Der drohende Untergang habe alle Insassen in einen Naturzustand zurückversetzt, durch den Holmes nicht länger als Crewmitglied und Seemann anzusehen gewesen sei, sondern nur noch als ein ertrinkender Mann. Eine besondere Pflicht zur Rettung der Passagiere habe damit nicht mehr bestanden.[1044]

Der zuständige Richter Baldwin führte dazu aus, grundsätzlich könne jemand das Leben eines anderen nehmen, um zu überleben, soweit dem Getöteten keine Pflichten oder Obliegenheiten geschuldet würden.[1045] Das Strafrecht regle nur normale Lebensumstände und würde insoweit hierzu keine Vorgaben machen. Voraussetzungen für den rechtfertigenden Notstand seien das unmittelbare Bevorstehen der Gefahr, die erfolglose Ausschöpfung aller Handlungsalternativen zur Rettung des eigenen und fremden Lebens und die Rettung des eigenen Lebens nur durch die Tötung eines anderen.[1046] Der drohende Untergang entbinde die Crewmitglieder im konkreten Fall nicht von ihren Pflichten gegenüber den Passagieren. Schon gar nicht sei es der Besatzung erlaubt, Passagiere über Bord zu werfen.[1047] Mangels hinreichender Beweise für das Bevorstehen des unmittelbaren Untergangs zu dem Zeitpunkt, als die Crewmitglieder die Passagiere über Bord warfen, wurde Holmes zu weiteren sechs Monaten Haft und

1041 United States v. Holmes, 1 Wall.Jr.C.C. 1, 26 F.Cas 360 (1842); vgl. für das englische Recht The Queen v. Dudley and Stephens, 14 Q.B.D. 273 (184) (Mignonette-Fall).

1042 United States v. Holmes, 1 Wall.Jr.C.C. 1, 26 F.Cas 360 (1842).

1043 United States v. Holmes, 1 Wall.Jr.C.C. 1, 26 F.Cas 360 (364) (1842).

1044 United States v. Holmes, 1 Wall.Jr.C.C. 1, 26 F.Cas 360 (366) (1842).

1045 United States v. Holmes, 1 Wall.Jr.C.C. 1, 26 F.Cas 360 (366) (1842).

1046 United States v. Holmes, 1 Wall.Jr.C.C. 1, 26 F.Cas 360 (366) (1842); wohl angelehnt an die Aussagen von Daniel Webster im Caroline-Fall. Webster nahm an, dass das Kriegsrecht vorweggenommene Selbstverteidigung als Rechtfertigungsgrund anerkenne, wenn die Gefahr unmittelbar und überwältigend bevorsteht und keine weiteren Möglichkeiten zur Abwehr bestehen, nach Cohan, Homicide by Necessity, 10 Chap. L. Rev. (2006-2007), 119 (149).

1047 United States v. Holmes, 1 Wall.Jr.C.C. 1, 26 F.Cas 360 (366 f.) (1842).

einer Geldstrafe von 20,- US-Dollar verurteilt.[1048] Im Falle des Vorliegens einer tatsächlich tödlichen Bedrohung hätten alle Schiffsinsassen gleichberechtigt behandelt werden müssen. Das Losverfahren sei eine geeignete Maßnahme, um die Personen auszuwählen, die ihr Leben opfern müssten.[1049] Vor dem vermeintlichen Untergang hätte ausreichend Zeit bestanden, das Losverfahren anzuwenden. Vorausgesetzt, das Losverfahren wäre durchgeführt worden und der Untergang hätte unmittelbar bevorgestanden, wäre die Auswahl und Durchführung des Losentscheids rechtlich nach Ansicht des Gerichts nicht zu beanstanden gewesen.[1050]

Obwohl Holmes verurteilt wurde, ist in der richterlichen Argumentation die Annahme der Möglichkeit einer Rechtfertigung der Opferung des Lebens einiger zur Rettung des eigenen Lebens und zugunsten der Rettung Dritter deutlich erkennbar.[1051]

Als Beleg für die Einbeziehung von Kollektivinteressen und für eine Rechtfertigung aufgrund des geringeren Übels lässt sich auch die Musterregelung des Notstands im Model Penal Code (MPC) heranziehen. Der MPC definiert Notstand (Necessity) als eine Handlung, die der Handelnde für notwendig erachtet, um eine Bedrohung oder einen Schaden von sich oder einem anderen abzuwenden, wenn der drohende Schaden größer ist als der zur Verhinderung herbeigeführte.[1052] Der rechtfertigende Notstand basiert auf dem Grundgedanken der Unzulässigkeit von Strafe für Hand-

---

1048 United States v. Holmes, 1 Wall.Jr.C.C. 1, 26 F.Cas 360 (369) (1842); krit. dazu Cohan, Homicide by Necessity, 10 Chap. L. Rev. (2006-2007), 119 (149); die ersten 14 Männer wurden über Bord geworfen, da Holmes davon ausging, das Boot sei überladen. Später wurden zwei weitere Männer über Bord geworfen, die sich versteckt hatten, obwohl die Gefahr des Kenterns zu diesem Zeitpunkt nicht mehr bestand (ebd., 149 f.).

1049 United States v. Holmes, 1 Wall.Jr.C.C. 1, 26 F.Cas 360 (367) (1842).

1050 United States v. Holmes, 1 Wall.Jr.C.C. 1, 26 F.Cas 360 (367) (1842); dazu Cohan, Homicide by Necessity, 10 Chap. L. Rev. (2006-2007), 119 (155); wenn sich keiner freiwillig opfere, sollten alle sterben, Cahn, The Moral Decision: Right and Wrong in the Light of American Law, S. 71.

1051 Vgl. dazu auch State v. Thibault, 621 A.2d 418 (Me. 1993), in dem die Necessity Defense mangels Beweisen für das Vorliegen einer unmittelbaren Gefahr nicht angewendet wurde.

1052 § 3.02 Model Penal Code: "Conduct that the actor believes to be necessary to avoid a harm or evil to himself or to another is justifiable, provided that the harm or evil sought to be avoided by such conduct is greater than that sought to be prevented by the law defining the offense charged.". Allerdings hat der MPC keine Gesetzeskraft, sondern dient als Beispielregelung für die Strafgesetzgebung der Bundesländer, wovon die einzelnen Bundesländer abweichen konnten und auch restiktivere Regelungen schaffen konnten; dazu Cohan, Holungen, die sich im Ergebnis positiv für die Gemeinschaft auswirken oder einen größeren Schaden als den verursachten abwenden.[1053] Voraussetzungen zur Anwendung sind die Entscheidung des Handelnden zugunsten des geringer schädigenden Ereignisses, das unmittelbare Bevorstehen des Schadenseintritts, die Annahme, der Schaden würde durch die Handlung ursächlich abgewendet werden und das Fehlen rechtmäßiger Handlungsalternativen zur Abwendung des Schadens.[1054]

Der MPC geht von einer grundsätzlichen Anwendbarkeit des Notstands auch auf Tötungsdelikte aus.[1055] Insbesondere soll eine Anwendung auch im Falle einer Saldierung von Menschenleben möglich sein.[1056] In der Kommentierung zum MPC wird als Anwendungsfall beispielhaft auf die Herbeiführung eines kontrollierten Dammbruchs verwiesen, der mit an Sicherheit grenzender Wahrscheinlichkeit ein naheliegendes Dorf überschwemmen und alle dort lebenden Dorfbewohner töten werde. Die kontrollierte Überschwemmung sei dennoch als zulässig zu bewerten, wenn hierdurch die Überflutung einer ganzen Stadt verhindert werde.[1057] Zwar sei jedes Leben gleichwertig, doch das numerische Überwiegen der Anzahl geretteter Leben erlaube die Herbeiführung des Todes weniger.[1058]

micide by Necessity, 10 Chap. L. Rev. (2006-2007), 119 (137); Kadish/Schulhofer/Streiker/Barkow, Criminal Law and its Processes, S. 901 ff.; Rakowski, Taking and Saving Lives, 93 Colum. L. Rev. (1993), 1063 (1151).

1053 Cohan, Homicide by Necessity, 10 Chap. L. Rev. (2006-2007), 119 (124).

1054 Cohan, Homicide by Necessity, 10 Chap. L. Rev. (2006-2007), 119 (125); der Handelnde zusätzlich Rettungswillen besaß: LaFave, Principles of Criminal Law, S. 418 ff., insbesondere anwendbar im Fall von asymmetrischen Rettungschancen, welche im Fall der Verwendung eines Flugzeugs als Waffe vorliegen würden (ebd., 420); weitere Voraussetzung des Fehlens einer ausdrücklichen Regelung zugunsten der beeinträchtigten Rechtsgüter: Commonwealth v. Brugmann, Appeals Court of Massachusetts, Franklin 13 Mass.App.Ct., 373, 433 N.E.2d 457 (461) (1982); Missouri v. Diener, Missouri Court of Appeals, Eastern District, Division One, 706 S.W.2d 582 (585) (1986); Nicht-Zurechenbarkeit der Bedrohung aufgrund vorangegangenem fahrlässigen oder rücksichtslosen Verhalten: United States v. Agard, United States Court of Appeals, Second Circuit, 605 F2d 665 (667) (1979).

1055 Model Penal Code, § 3.02, S. 14 f.

1056 LaFave, Principles of Criminal Law, S. 415; Thorburn, The Constitution of Criminal Law, 5 Crim. L. & Phil. (2011), 259 (261).

1057 Model Penal Code, § 3.02, S. 14 f.

1058 Model Penal Code, § 3.02, S. 14; dazu auch LaFave, Criminal Law, S. 560 f.; krit. Heberling, Justification: The Impact of the Model Penal Code on Statutory Reform, 75 Colum. L. Rev. (1975), 914 (922 f.).

John Alan Cohan untersuchte die Anwendung des Notstands auf den Fall des Abschusses einer entführten Zivilmaschine und gelangte, vergleichbar mit einem Teil der deutschen Rechtswissenschaft, zu dem Ergebnis, dass eine Abwägung des Lebens der Flugzeuginsassen mit den Leben der bedrohten Personen am Boden mangels tatsächlicher Rettungschancen der Flugzeuginsassen nicht stattfinde.[1059] Der Abschuss greife auch nicht in die Rechte der betroffenen Flugzeuginsassen ein, da ihnen diese bereits durch die Entführer genommen worden seien.[1060] Auch Cohan vergleicht den Fall des Abschusses mit dem Bergsteiger-Fall. In beiden Fällen würden lediglich die noch zu verwirklichenden Lebenschancen der Opfer wahrgenommen.[1061] Anders als im Trolley-Fall, in dem ein außer Kontrolle geratener Waggon, der auf eine größere Gruppe Personen zusteuerte, aktiv auf ein anderes Gleis umgeleitet würde, auf dem sich nur eine Person befand, würde im Fall des Flugzeugabschusses keine Auswahlentscheidung bezüglich der zu opfernden Personen getroffen.[1062]

Das Zurücktreten individueller Rechte entspricht einer modernen politischen Imagination, die von der fortdauernden Existenz des Volkssouveräns als absoluten Wert ausgeht. Individuelle Ansprüche messen sich in dieser Imagination des Politischen weiterhin mit dem von souveräner Heiligkeit des Kollektivs.[1063] Der Einzelne wird nicht bedeutungslos, aber das größere Interesse – wenn auch nur quantitativ – erlaubt einen Eingriff in das als geringerwertig bewertete Interesse und verdeutlicht hierdurch ein modernes Souveränitätsverständnis, das eben nicht absolute individuelle Rechte einräumt, sondern eine Leerstelle für das Kollektiv als Höchstwert vorhält.

Mit vergleichbarer Argumentation wird auch die Anwendung staatlicher Folter von Verdächtigen in besonderen Bedrohungslagen etwa im

---

1059 Cohan, Homicide by Necessity, 10 Chap. L. Rev. (2006-2007), 119 (179 f.); im Ergebnis auch Schultz, The Necessity Defense Revisited: An Examination Through the Case of Regina v. Dudley & Stephens and President Bush's Order to Shoot Down Hijacked Aircraft in the Wake of September 11, 2001, 3 Rutgers J. L. & Religion (2001-2002), Rn. 32 ff., (Onlinequelle).

1060 Cohan, Homicide by Necessity, 10 Chap. L. Rev. (2006-2007), 119 (180).

1061 Cohan, Homicide by Necessity, 10 Chap. L. Rev. (2006-2007), 119 (180); interessant insoweit, dass nach der Kommentierung des MPC auch der Trolley-Fall, bei dem tatsächlich eine Auswahlentscheidung getroffen wird, bei einem Überwiegen der geretteten Rechtsgüter dem rechtfertigenden Notstand unterfiele.

1062 Cohan, Homicide by Necessity, 10 Chap. L. Rev. (2006-2007), 119 (180, Anm. 211).

1063 Siehe Kahn, Sacred Violence, S. 40.

Falle einer möglichen Zündung einer schmutzigen Bombe in einer Großstadt erörtert.[1064] Anders als im Fall des staatlichen Abschusses findet sich auch in den USA eine rechtswissenschaftliche Diskussion bezüglich der Rechtmäßigkeit staatlicher Folter.[1065] Gesetzlich verbieten 18 U.S.C. §§ 2340-2340A in Umsetzung der Internationalen Konvention gegen Folter und andere grausame und unmenschliche Behandlung oder Strafe staatliche Folter. Gesetzlich verbotene Folter ist danach:

> "(…) an act committed by a person acting under the color of law specifically intended to inflict severe physical or mental pain or suffering (other than pain or suffering incidental to lawful sanctions) upon another person within his custody or physical control."[1066]

Diskutiert wurde insbesondere im Rahmen der Folter-Memoranden (Torture Memos)[1067] des amerikanischen Justizministeriums, dass als Folter nur Maßnahmen zu verstehen seien, die ein Schadensausmaß vergleichbar mit Tod, Organversagen oder schwerer Körperverletzung erreichten.[1068] Geringe Schäden, die nur grausam, unmenschlich oder herabwürdigend seien, würden weder von der UN-Antifolterkonvention noch von 18

1064 Vgl. für die deutsche Diskussion die Quellen in Anm. 104.

1065 Krit. etwa Brennan, Torture of Guantánamo Detainees with the Complicity of Medical Health Personnel, 45 U.S.F. L. Rev. (2010-2011), 1005 (1006 ff.); Cole, Introductory Commentary, in: The Torture Memos, S. 1 (7 ff.); Giballa, Saving the Law from the Office of Legal Counsel, 22 Geo. J. Legal Ethics (2009), 845 (849 ff.); Paust, Executive Plans and Authorizations to Violate International Law Concerning Treatment and Interrogation of Detainees, 43 Colum. J. Transnat'l L. (2004-2005), 811 (811 ff.): "Not since the Nazi era have so many lawyers been so clearly involved in international crimes concerning the treatment and interrogation of persons detained during war."; Scharf, The Torture Lawyer, 20 Duke J. Com. & Int'l L. (2009-2010), 389 (389 ff.); Turner, What Went Wrong? Torture and the Office of Legal Counsel in the Bush Administration, 32 Campbell L. Rev. (2009-2010), 529 (533 ff.).

1066 18 U.S.C. § 2340 (1).

1067 In Cole (Hrsg.), The Torture Memos, S. 41 ff.; 106 ff., 128 ff., 152 ff.

1068 Office of Legal Counsel, U.S. Department of Justice, Memorandum for Alberto R. Gonzales, Counsel to the President, Re: Standards of Conduct for Interrogation under 18 U.S.C. §§ 2340-2340A, 01.08.2002, folgend Torture Memo, S. 1, (Onlinequelle); wobei diese nicht zur Aufhebung des Folterverbots führen. Nicht außer Acht gelassen werden darf jedoch die Direktive des Generalbundesanwalts, wonach eine restriktive Auslegung von Folter weiterhin möglich ist, nach Roach, The 9/11 Effect, S. 221; dazu etwa Henn, Under the Color of Law, S. 135 ff.; Luban, Liberalism, Torture, and the Ticking Bomb, 91 Va. L. Rev. (2005), 1425 (1456 ff.).

U.S.C. § 2340A verboten.[1069] Begründet wurde dieses Ergebnis mit dem Wortlaut von 18 U.S.C. § 2340, nach dem eine Folterhandlung nur unter Strafe steht, wenn diese durch eine Person in Ausübung einer staatlichen Funktion mit der Absicht begangen wird, einer anderen Person besonderen physischen oder psychischen Schmerz oder Leiden zuzufügen. Fehle diese spezifische Absicht, besonderen Schmerz oder Leiden hervorzurufen, genüge ein allgemeiner Vorsatz nicht, um die Handlung als strafbare Folter zu qualifizieren.[1070] Selbst wenn jedoch die Maßnahme gegen 18 U.S.C. § 2340A verstoße, so sei dieser als verfassungswidrig einzustufen, da die Norm anderenfalls verfassungswidrig die Ausübung des Kriegsführungsrechts als Kernkompetenz des Präsidenten beschränke.[1071] Da der Präsident im Rahmen des Kriegsführungsrechts umfängliches Ermessen genieße,[1072] müsse das Recht – § 2340A inbegriffen – verfassungsmäßig ausgelegt werden, um jedwede Kompetenzbeschneidung auszuschließen.[1073]

Im Übrigen wurde auch vertreten, dass Folter als eine Form der Selbstverteidigung der staatlichen Ordnung zulässig sei.[1074]

Obwohl auch in den Vereinigten Staaten eine Diskussion über die Zulässigkeit von staatlicher Folter zu finden ist, darf nicht übersehen werden, dass die Folterdiskussion in den USA zwar Parallelen zur deutschen Diskussion um die Rechtmäßigkeit eines Flugzeugabschusses und staatlicher Folter[1075] aufweist, bei einer ungefilterten Analogie jedoch grundsätzliche

1069 Torture Memo, S. 1, (Onlinequelle).

1070 Torture Memo, S. 4 f., (Onlinequelle).

1071 Torture Memo, S. 31 ff., 38 f., (Onlinequelle).

1072 Torture Memo, S. 33, (Onlinequelle).

1073 Torture Memo, S. 34, (Onlinequelle).

1074 Memorandum from John Yoo to William J. Haynes II, Gen. Counsel of the Dep't of Def., on Military Interrogation of Alien Unlawful Combatants Held Outside the United States (March 14, 2003), zit. nach Allhoff, Torture Warrants, Self-Defense, and Necessity, 11 Cardozo Pub. L. Pol'y & Ethics J. (2012-2013), 421 (436 f.).

1075 So auch Adam, Gefahrabwendungsfolter und Menschenwürde im Lichte des Unabwägbarkeitsdogmas des Art. 1 Abs. 1 GG, S. 125 f.; Schlink, An der Grenze des Rechts, Der Spiegel 3/2005, S. 34 ff., (Onlinequelle); diskutiert anhand der Ticking-Time-Bombs, entbrannte eine individuell orientierte Diskussion der Einschränkbarkeit von Art. 104 GG i.V.m. Art. 1 Abs. 1 GG nach dem Bekanntwerden der Folterandrohung im Fall der Entführung Jakob von Metzlars, vgl. LG Frankfurt a.M., Urteil vom 20. Dezember 2004 - 5/27 KLs 7570 Js 203814/03 (4/04), -, (= LG Frankfurt a.M., NJW 2005, 692 (629 ff.)); krit. dazu etwa Adam, Gefahrabwendungsfolter und Menschenwürde im Lichte des Unabwägbarkeitsdogmas des Art. 1 Abs. 1 GG, S. 145; vgl. auch entsprechende Literatur in Anm. 104.

Unterschiede im politischen Verständnis der jeweiligen Rechtsordnung missachtet würden.

Kahn ist insoweit zuzustimmen, dass die Bedeutung von Folter im modernen Souveränitätsverständnis eng mit dem Verständnis der Straftat verknüpft ist. Werde der Straftäter nicht als Feind, sondern lediglich als privates Individuum verstanden, enthalte die Straftat an sich kein Bedrohungsmoment für die souveräne Ordnung.[1076] Folter als staatliche Reaktion bedürfe es nicht, soweit die Straftat als individuelle Pathologie verstanden werde, die den Bereich des Privaten nicht verlasse.[1077] Hierdurch verliere auch Folter zur Erzwingung eines Geständnisses seine Bedeutung als öffentliche Anerkennung des „wahren" Souveräns. Folter als Wahrheitsprüfung der Imagination des Gefolterten werde unnötig.[1078] Das Geständnis sei als Schritt zur Rehabilitation des Individuums gleichermaßen privat wie die Straftat.[1079] Nicht das Schafott, sondern der Ort des bewaffneten Konflikts werde Schauplatz konfligierender Imaginationen.[1080] Daraus folgt, dass die Lesart des terroristischen Aktes die Wahrnehmung und Klassifizierung von staatlichen Maßnahmen als Folter oder als Kriegshandlung zur Abwehr eines Feindes vorgibt. Die Unterscheidung zwischen Folter und zulässiger Kriegshandlung hängt von der Überzeugung ab, ob der Konflikt tatsächlich ein kriegerischer/staatlicher oder ein individueller/privater ist.[1081] Letzterer eröffnet nur den Zugang zum Gefahrenabwehr-/Strafrecht. Für Folter ist positivrechtlich weder im Gefahrenabwehrrecht noch im Strafverfolgungsrecht Raum, da die Bedeutung der begangenen Tat die private, individuelle Bedeutungsdimension nicht verlässt. Im bewaffneten Konflikt verliert sich das Individuum in der Verkörperung des Feindbildes.

Die Frage staatlicher Reaktionsmöglichkeiten in Fällen „tickender Zeitbomben", denen auch die Pervertierung einer entführten Passagiermaschine zugeordnet wird, sowie im Rahmen der Behandlung feindlicher Kombattanten ist nicht immanent auf die Beantwortung durch die innerstaatliche Rechtsordnung beschränkt. Ungleich zu der deutschen Folter- und Abschussdiskussion, in der zur Rechtfertigung zunächst auch mehrheitlich überwiegende, individuelle Interessen herangezogen werden, betrifft das

---

1076 Kahn, Sacred Violence, S. 23, 39.
1077 Kahn, Sacred Violence, S. 23, 39.
1078 Kahn, Sacred Violence, S. 38 f.
1079 Kahn, Sacred Violence, S. 23.
1080 Kahn, Sacred Violence, S. 39, 128 f.
1081 Kahn, Sacred Violence, S. 127 f.

Diskussionsfeld hinsichtlich der besonderen Bedrohungslagen in den Vereinigten Staaten eine Dimension, in der die Gefährdung der Existenz der politischen Gemeinschaft imaginiert wird.[1082] Ist diese Dimension berührt, eröffnet sich ein vollständig neues Maßnahmenspektrum, nicht nur gegen den Handelnden als Feind, sondern gerade auch gegen Unbeteiligte, auf die zugunsten der Gemeinschaft zurückgegriffen werden darf.

Die Frage, wann eine politische Dimension berührt wird, also eine Bedrohung der politischen Gemeinschaft vorgestellt wird, ist nicht klar definiert und Kern der Debatte, wann und unter welchen Umständen Folter zulässig sein kann. Deshalb wird in den USA auch die Rechtmäßigkeit des Drohneneinsatzes gegen Individuen, die nicht in Gewahrsam genommen werden können, so kontrovers diskutiert.[1083] Nicht etwa, weil deren Tötung zwingend unzulässig ist, sondern weil die Schwierigkeit besteht, deren Tötung zu rechtfertigen, wenn sie nicht im Rahmen des bewaffneten Konfliktes ausgeführt wird und sich dementsprechend unterschiedliche Rechtfertigungsmaßstäbe eröffnen.

Ein modernes Souveränitätsverständnis erfordert die allgemeine Zulässigkeit von staatlichen Foltermaßnahmen gegenüber dem Individuum nicht. Durch die Privatisierung der Straftat wird die lediglich individuelle Straftat nicht mehr als Herausforderung eines fremden, gleichsam „unwahren" Souveräns identifiziert. Faktisch wird jedoch im Rahmen einer erkannten Bedrohung jede vermeintlich notwendige Maßnahme zum Schutz der politischen Ordnung zugelassen werden und auch stattfinden und zwar unabhängig ihres rechtlichen Verbotes.[1084]

Für die deutsche Frage der Rechtmäßigkeit staatlicher Folter ergibt sich ein zweigeteiltes Bild. Die Einräumung von Rettungsfolter zur Rettung eines Individuums[1085] bedeutet nicht eine Hinwendung zu einem modernen Souveränitätsverständnis, sondern grundsätzlich die grenzenlose Zurechnung jeder staatlichen Handlung infolge der vorangegangenen Tat des Täters. Hierin selbst ist noch keine politische Dimension der staatlichen Handlung angelegt. Erst die Rechtfertigung zugunsten des Schutzes von

1082 Eingängig dazu auch die Antwort von Dershowitz auf die Frage, ob Folter im Fall der Entführung Jakob von Metzlars in Betracht gekommen wäre: „Das Argument für so ein außergewöhnliches Mittel wie die Folter ist nicht besonders stark, wenn es nur um eine Person geht.", in Kleine-Brockhoff, Wenn die Bombe tickt, Die Zeit vom 15.12.2005 Nr. 51, (Onlinequelle).

1083 Siehe Quellen in Anm. 1000, 1001.

1084 Haltern, Erklärungsnotstand des Liberalismus, in: Rechtswissenschaft als Kulturwissenschaft?, S. 145 (165).

1085 Dazu die abweichenden Ansichten in Anm. 104.

Kollektivinteressen bedeutet eine Abkehr von individuellen Interessen und eine Hinwendung zur Höchstwertigkeit staatlicher Gemeinschaftsinteressen als Merkmal eines starken modernen Souveränitätsverständnisses. Insoweit lassen sich die Meinungen, die sich für die Maßnahme der individuellen Rettungsfolter einsetzen, nicht als Ausdruck eines modernen Souveränitätsverständnisses lesen. Anderes gilt hingegen für diejenigen Ansichten, die sich für eine Anwendung von Folter zur Rettung kollektiver Gemeinschaftsinteressen oder der staatlichen Gemeinschaft aussprechen. Diese spiegeln ebenso wie die Meinungsgruppe, die einen Abschuss einer entführten Zivilmaschine zur Rettung von Kollektivinteressen oder dem Bestand des Staates verfassungsrechtlich oder strafrechtlich rechtfertigen möchte, durch die Abwertung und Gleichmachung individueller Rechte ein modernes Souveränitätsverständnis wider.

Soweit Folter die Erzwingung eines Geständnisses im Rahmen des Strafprozesses betrifft, hat die Maßnahme selbst auch im modernen Souveränitätsverständnis keine politische Relevanz. Konsequenterweise löst die Privatisierung der Straftat den Bezug von Folter im Strafprozess auf. Die Ablehnung der Zulässigkeit von Folter in diesem stellt mithin keine Abwendung vom modernen Souveränitätsverständnis dar. Etwas anderes gilt dann, wenn auch im Falle imaginierter Bedrohungsszenarien für die staatliche Gemeinschaft bestimmte individuelle Werte für absolut unantastbar erklärt und einem staatlichen Zugriff entzogen werden. Denn gerade diese Transzendierung individueller Werte löst den Konflikt widerstreitender Interessen zugunsten des Individuums. Die Ausnahme wird also durch individuelle Werte konkretisiert und kehrt damit die Grundsätze moderner Souveränität um.

4. Caveat: Die Frage der Unentschiedenheit und ihre Bedeutung

Ist die Konkurrenz individueller Rechte mit staatlichen Kollektivinteressen Ausdruck eines modernen Souveränitätsverständnisses, stellt sich davon ausgehend die Frage, was die bundesverfassungsgerichtlich geschaffene Leerstelle für den Fall eines kriegerischen Luftzwischenfalls oder einer Existenzgefährdung der Gemeinschaft bedeutet. Aus welchem Grund könnte das Bundesverfassungsgericht Ausführungen zum Abschuss im Falle einer Existenzbedrohung der Gemeinschaft für nicht erforderlich gehalten haben, wenn auf das Schadenspotenzial der Beeinträchtigung Dritter bei der Feststellung eines Eingriffs in Art. 1 Abs. 1 GG gerade nicht abzustellen ist?[1086] Sicherlich liegt dem Anwendungsbereich der kompetenzrechtlichen Grundlage von Art. 35 GG anders als im Fall von Art. 87a GG der nicht-kriegerische Einsatz der Bundeswehr zugrunde. Fraglich ist jedoch, welche Relevanz die Kompetenznorm auf das Ergebnis der materiell rechtlichen Verfassungswidrigkeit hat. Kann die Auslegung des Schutzbereiches eine andere sein, wenn die Anzahl der bedrohten Personen ansteigt oder ein bestimmtes Bedrohungspotenzial erreicht ist? Definiert sich menschliche Würde anders, wenn über die Bedrohung von Menschenleben hinaus der Bestand der gesamten Gemeinschaftsordnung bedroht ist?

Positivrechtlich sind diese Fragen nur mit nein zu beantworten. Die Definition des Schutzbereichs von Art. 1 Abs. 1 GG hängt nicht von Rechtsgütern und Positionen Dritter ab. Dies gilt auch dann, wenn durch die unterlassene Maßnahme Dritte beeinträchtigt werden können. Die Frage, ob eine Verletzung von Art. 1 Abs. 1 GG vorliegt, wird unabhängig von möglichen Folgen für Dritte beantwortet.[1087] Wenn jedoch Konsequenz und Drittbezug irrelevant sind, warum sollten dann bestimmte – noch ungenannte, vielleicht auch ungekannte – Bedrohungssituationen, ob nun für eine bestimmte Personenanzahl oder bestimmte staatliche Interessen, einem anderen Anwendungsmaßstab unterliegen?

Grundsätzlich ließe sich vertreten, die Ausführungen seien nur der Vollständigkeit halber aufgenommen worden, um § 14 Abs. 3 LuftSiG deutlich dem Gefahrenabwehrrecht zu unterstellen. Allerdings knüpft daran unmittelbar die Frage an, warum eine Zuordnung als kriegerischer Luftzwischenfall und eine Anwendung nicht-gefahrenabwehrrechtlicher Maßnahmen Relevanz für die festgestellte Verfassungsrechtsverletzung haben sollte.

Positivrechtlich ist auch diese Frage erneut mit nein zu beantworten. Art. 1 Abs. 1 GG bildet die Schranken-Schranke für jedes einfache Recht und unterscheidet nicht zu welchem Zweck ein Gesetz erlassen wurde. Auch der Verfassungsnotstand ist nicht geeignet, Art. 79 Abs. 3 GG i.V.m. Art. 1 Abs. 1 GG in seinem Anwendungsbereich einzuschränken.[1088]

Die bundesverfassungsgerichtliche Argumentation scheint zumindest die Möglichkeit zu implizieren, bestimmte Bedrohungslagen erlaubten

---

1086 Fragend auch Schmidt-Radefeldt, Inlandseinsätze der Bundeswehr auf dem Prüfstein der Wehrverfassung, UBWV 2008, 269 (275).

1087 Ebenso Jahn, Das Strafrecht des Staatsnotstandes, S. 223.

1088 Und verfolgt gerade durch diese restriktive positivrechtliche Ausdifferenzierung staatliches Notwehrhandeln einzuschränken, Möllers, Staat als Argument, S. 265.

oder rechtfertigten eine abweichende rechtliche Bewertung eines Abschusses. Anderenfalls ist zum einen der Hinweis auf andere, nicht zu entscheidende Sachverhalte überflüssig, zum anderen aber wäre die Überzeugungskraft des Urteils zum LuftSiG ohne eine explizite Ausklammerung besonderer Bedrohungslagen wesentlich klarer artikuliert worden.

Die Einbeziehung des Bedrohungspotenzials und eine mögliche Differenzierung in Art. 1 Abs. 1 GG lässt, gespiegelt an der Theorie eines modernen Souveränitätsverständnisses, ein Verständnis für souveräne politische Gewalt erkennen, das sich eine Reaktivierung des Opfers zumindest vorbehält. Vor dem Hintergrund des Normregimes des bewaffneten Konflikts offenbart sich in der Auslassung ein Bruch mit der zwingenden, umfassenden positivrechtlichen Wirkung von Art. 1 Abs. 1 GG.

Eine strenge Anwendung der Ausführungen zu dem von Art. 1 Abs. 1 GG geschützten Würdekern führt in der Konsequenz zu der Ablehnung der Zulässigkeit staatlicher Maßnahmen, die zur Tötung unbeteiligter Personen führen, unabhängig davon, wie groß tatsächlich der militärische Nutzen der Maßnahme wäre.[1089] Schließlich müsste ein rein militärischer Nutzen irrelevant sein, sobald der Schutzbereich von Art. 1 Abs. 1 GG berührt würde; also immer im Falle der Tötung eines Menschen zugunsten eines überindividuellen Zwecks. Nach dem Urteil zum LuftSiG ist dies der Fall, soweit einem Individuum die staatliche Reaktion nicht als selbstbestimmt zugerechnet werden kann. Die bloße Staatsangehörigkeit oder gar der tatsächliche Aufenthaltsort begründen gerade kein taugliches Zurechnungskriterium.[1090] Jeder militärische Vorteil wäre damit obsolet. Konsequenterweise dürfte das Proportionalitätserfordernis im Rahmen von Handlungen des bewaffneten Konflikts irrelevant sein. Derlei weitreichende Konsequenzen erscheinen unwahrscheinlich. Weder wurde eine konkrete Verknüpfung zu den Regeln des humanitären Völkerrechts hergestellt, noch dürfte die Intention des Gerichts darin bestanden haben, deutsche Streitkräfte im internationalen Handlungsfeld praktisch einsatzunfähig zu machen.

Sollte sich der Schutzbereich von Art. 1 Abs. 1 GG jedoch nicht auch auf bewaffnete Konflikte erstrecken, ist unklar, auf welcher rechtlichen Grund-

---

1089 So auch Zimmermann/Geiß, Die Tötung unbeteiligter Zivilisten, Der Staat 46 (2007), 377 (388).

1090 BVerfGE 115, 118 (158 f.); entsprechend auch Art. 48 Zusatzprotokoll I.

lage eine solche Differenzierung basiert und wie diese vor dem Hintergrund von Art. 79 Abs. 3 GG zu rechtfertigen ist.[1091]

Unter Berücksichtigung der Imagination eines modernen Souveränitätsverständnisses mutet die Ausklammerung des bewaffneten Konflikts und der Existenzbedrohung der Gemeinschaft als die Ausnahme an, die es erlaubt, den Wert des Kollektivs an höchster Stelle anzusiedeln. Schlüssig lässt sich dies mit der Gewährleistungsfunktion des Staates begründen, die im Falle dessen Untergangs verloren ginge. Nicht übersehen werden darf hierbei jedoch die faktische Möglichkeit der Lesart des individuellen Opfers des Einzelnen zugunsten des Bestands der politischen Ordnung und die damit verbundene Umkehr zugunsten der Höchstwertigkeit der Gemeinschaft anstelle des Individuums.

Vor dem Hintergrund der rechtswissenschaftlichen Debatte zum Flugzeugabschuss und der Rechtfertigung von staatlichen Foltermaßnahmen in besonderen Bedrohungslagen hat die Interpretation der deutschen Rechtsordnung das moderne Souveränitätsverständnis nicht vollständig hinter sich gelassen. In Abhängigkeit des imaginierten Bedrohungspotenzials bzw. der Bedeutungszuschreibung eines solchen für die Existenz einer gemeinschaftlichen Ordnung ließen sich Argumentationsansätze erkennen, die einer positivrechtlichen, grundgesetzlichen Einpassung widersprachen, aber aus der Perspektive moderner Souveränität als notwendige Ausnahme erschienen.

C. Schlussbetrachtung

Die vorliegende Untersuchung zeigte, dass in Deutschland die Diskussion zur Verfassungsmäßigkeit eines hoheitlichen Abschusses einer entführten Passagiermaschine, in der sich auch unbeteiligte Flugzeuginsassen befinden, tief gespalten ist und sich vielfach in einem fundamentalen Widerspruch zur bundesverfassungsgerichtlichen Rechtsprechung positioniert. Dabei fand sich die schier unüberschaubare rechtswissenschaftliche Diskussion geprägt durch eine grundlegende Uneinigkeit hinsichtlich des „richtigen“ verfassungsrechtlichen Ergebnisses und der dahinführenden rechtlich korrekten Herleitung. Es zeigte sich, dass der Großteil der vertretenen Ansichten verfassungsrechtlich nicht haltbar war, sodass es im Ergebnis aus Perspektive des deutschen Grundgesetzes – wie vom Bundesver-

1091 So auch Zimmermann/Geiß, Die Tötung unbeteiligter Zivilisten, Der Staat 46 (2007), 377 (387).

fassungsgericht ausgeurteilt – bei der Verfassungswidrigkeit eines Abschusses einer mit Pervertierungsabsicht entführten Passagiermaschine bleibt.

Umgekehrt stellte sich das Bild in den USA dar. Die Zulässigkeit eines staatlichen Abschusses schien so unzweifelhaft gegeben, dass eine rechtliche grundlegende Analyse der Verfassungskonformität eines Abschusses trotz der Anschläge vom 11. September 2001 bisher fehlte. Die vorliegende Arbeit hatte somit zunächst im Rahmen der Analyse des US-amerikanischen Verfassungsrechts die Aufgabe, diese Leerstelle aufzuarbeiten, wobei insbesondere ein Verstoß gegen den IV. und V. Verfassungszusatz in Betracht kam. Im Ergebnis hat sich bestätigt, dass ein staatlicher Abschuss nach US-amerikanischem Verfassungsrecht weder formell noch materiell verfassungsrechtlich ausgeschlossen ist.

Ausgehend von dieser Polarität konnte durch die Anwendung und Spiegelung der gefundenen unterschiedlichen Verfassungswertungen mit den von Kahn und Haltern entwickelten Theorien von moderner und protestantischer Souveränität für die US-amerikanische Verfassungsrechtsordnung eine tiefe Prägung durch ein modernes Souveränitätsverständnis abgebildet werden, das durch den Anspruch der Höchstrangigkeit staatlicher Interessen und das Verständnis von individuellem Opfer und staatlichem Feind geprägt ist. In staatlichen und öffentlichen Reaktionen ließ sich eine Kapazität zur Feindbildgenerierung in Abhängigkeit der Umstände des Einzelfalls und der Aktualität der wahrgenommenen Bedrohung ablesen, wobei die Imagination von natürlicher Staatsangehörigkeit und die Konfessionszugehörigkeit als maßgebliche Faktoren identifiziert wurden.

Abweichend hiervon stellte sich das deutsche Verfassungsrechtsverständnis vor dem Hintergrund der Erfahrungen des Dritten Reiches dar. Anstelle des kollektiven Souveräns positionierte das deutsche Grundgesetz den unantastbaren, individuellen Wert menschlicher Würde unabdingbar in Art. 1 Abs. 1 GG i.V.m. Art. 79 Abs. 3 GG.

Vor dem Spiegel dieser Dichotomie generierte die deutliche, grundlegende Absage des Bundesverfassungsgerichts an eine Opferung von Unbeteiligten eine protestantische Lesart, die das Individuum als Höchstwert konstituiert, der auch nicht durch terroristische Bedrohungen invalidiert wird.

Im Unterschied hierzu wies die deutsche rechtswissenschaftliche Diskussion über die Verfassungsmäßigkeit des § 14 Abs. 3 LuftSiG eine starke Tendenz im Sinne eines modernen Souveränitätsverständnisses auf, das sich erstens durch die Lesart des Terroristen als politischen Feind, dessen individuelle Straftat als politischer Angriff auf die staatliche Ordnung begriffen wurde, und zweitens in der Negierung absoluter, individueller

Rechte im Falle einer identifizierten, existenziellen Bedrohung der staatlichen Ordnung ausdrückte. Das Vorliegen eines existenziellen Bedrohungsrisikos begründete ein Erstarken kollektiver Interessen auf Grundlage der staatlichen Gewährleistungsfunktion und legitimierte die Einschränkung individueller Rechtsgarantien, entweder auf Grundlage einer Relativierung des individuellen Rechts selbst, die schlussendlich eine qualitative oder quantitative Abwägung individueller, grundsätzlich absoluter Rechte erlaubt oder durch die Verneinung der Absolutheit des individuellen Rechtsguts im Rahmen einer Kollision mit staatlichen Interessen. Drittens war die deutsche Diskussion durch die Möglichkeit, den individuellen Verlust als Opfer zugunsten des Kollektivs zu begreifen, gekennzeichnet. Die Flugzeuginsassen wurden als Opfer im Sinne von „victims“ der terroristischen Straftat wahrgenommen, ihr Tod hingegen als Opfer im Wortverständnis des „sacrifice“ zugunsten des Kollektivs gerechtfertigt.

Das Urteil zum LuftSiG bestätigte ein postmodernes Verständnis von der individuellen Höchstwertigkeit menschlicher Würde. Art. 1 Abs. 1 GG untersagt grundsätzlich jegliche Form von Feindbildwahrnehmung und entspricht darin einem postmodernen Staatsverständnis.

Die Ausklammerung bewaffneter Konflikte und existenzieller staatlicher Bedrohungssituationen aus dem Wirkungsradius der Entscheidung waren vor dem Hintergrund einer vollumfänglichen Schutzwirkung von Art. 1 Abs. 1 GG nicht verständlich. Im Rahmen eines modernen Souveränitätsverständnisses war ein Eingriff in individuelle Rechtsgüter zum Schutze des Kollektivs und zugunsten der Existenzsicherung der staatlichen Ordnung jedoch möglich.

Die Spiegelung der Rechtsquerstände vor dem modernen und dem protestantischen Souveränitätsverständnis deckte eine weitere Bedeutungsebene in der Diskussion um § 14 Abs. 3 LuftSiG auf und verhalf die grundsätzlichen Bedeutungsfundamente und die Existenz der teils massiv divergierenden Meinungen in der rechtswissenschaftlichen Diskussion im Nachgang zum Urteil zum LuftSiG zu erklären.

Die politische Dimension der Entscheidung zum LuftSiG führte zu einer Aufladung der rechtswissenschaftlichen Diskussion mit Bedeutungen des Politischen, die letztlich die Kapazität barg, das Ergebnis der Entscheidung zum LuftSiG anzugreifen.

Es zeigte sich daher, dass sich die Grenze des protestantisch Souveränen faktisch am Ort des gedachten Endes staatlicher Existenz findet.

D. Ausblick

Wünschenswert wäre es, die Bedeutungsfundamente auch in anderen verfassungsrechtlichen Friktionen zu hinterfragen. Dies gilt insbesondere für die auch in dieser Arbeit erwähnte Diskussion der Rettungsfolter und hinsichtlich der Frage der Anwendbarkeit von Art. 1 Abs. 1 GG in bewaffneten Konflikten nach dem Urteil zum LuftSiG. Für die Problematik von Rettungsfolter, deren Verfassungswidrigkeit in Deutschland nicht in Frage zu stellen ist, wird angenommen, dass sich die Grundlagen der deutschen Diskussion zum LuftSiG analog in die Rettungsfolterdiskussion einführen lassen. Die Frage der Wandelbarkeit des Achtungsanspruchs vor einem Kriegsparadigma wurde durch das Bundesverfassungsgericht selbst zur Diskussion gestellt.

Ebenso wünschenswert wäre es, der Frage, in welcher Form die Umstände der Verfassungsgebung auf das heutige Verfassungsverständnis fortwirken, einen weiteren wissenschaftlichen Raum zu geben und diesen entsprechend auch in dogmatischen Analysen zu berücksichtigen.

Literaturverzeichnis

Abernathy, Charles F., Law in the United States, St. Paul, MN 2006
(zit.: Abernathy, Law in the United States, S.)

Ackerman, Bruce, Response: This is Not a War, 113 Yale L. J. (2004), S. 1871 – 1907
(zit.: Ackerman, Response: This is Not a War, 113 Yale L. J. (2004), 1871 (Fundseite))

Ackerman, Bruce, Before the Next Attack: Preserving Civil Liberties in an Age of Terrorism, New Haven, CT 2006
(zit.: Ackerman, Before the Next Attack, S.)

Adam, Christian, Gefahrabwendungsfolter und Menschenwürde im Lichte des Unabwägbarkeitsdogmas des Art. 1 Abs. 1 GG, Diss. Frankfurt a.M. 2008
(zit.: Adam, Gefahrabwendungsfolter und Menschenwürde im Lichte des Unabwägbarkeitsdogmas des Art. 1 Abs. 1 GG, S.)

Adams, Maurice/Griffiths, John, Against 'Comparative Method', in: Adams/Bomhoff (Hrsg.), Practice and Theory in Comparative Law, Cambridge 2012, S. 279 – 301
(zit.: Adams/Griffiths, Against 'Comparative Method', in: Practice and Theory in Comparative Law, S. 279 (Fundseite))

Albrecht, Peter-Alexis, „Krieg gegen den Terror“ – Konsequenzen für ein rechtsstaatliches Strafrecht, ZStW 117 (2005), 852 – 864
(zit.: Albrecht, Krieg gegen den Terror, ZStW 117 (2006), 852 (Fundseite))

Allhoff, Fritz, Torture Warrants, Self-Defense, and Necessity, 11 Cardozo Pub. L. Pol'y & Ethics J. (2012-2013), S. 421 – 447
(zit.: Allhoff, Torture Warrants, Self-Defense, and Necessity, 11 Cardozo Pub. L. Pol'y & Ethics J. (2012-2013), 421 (Fundseite))

Amelung, Knut, Erweitern allgemeine Rechtfertigungsgründe, insbesondere § 34 StGB, hoheitliche Eingriffsbefugnisse des Staates?, NJW 1977, S. 833 – 840
(zit.: Amelung, Erweitern allgemeine Rechtfertigungsgründe, insbesondere § 34 StGB, hoheitliche Eingriffsbefugnisse des Staates?, NJW 1977, 833 (Fundseite))

American Law Institute (Hrsg.), Model Penal Code and Commentaries, Part. I: General Provisions §§ 3.01 to 5.07, Philadelphia, PA 1985
(zit.: Model Penal Code, §, S.)

Andréani, Gilles, "War on Terror" A Questionable Concept, in: Andréani/Hassner, Justifying War?: From Humanitarian Intervention to Counterterrorism, New York, NY 2008, S. 117 – 130
(zit.: Andréani, "War on Terror" A Questionable Concept, in: Justifying War?, S. 117 (Fundseite))

Antoine, Jörg, Aktive Sterbehilfe in der Grundrechtsordnung, Diss. Berlin 2004
(zit.: Antoine, Aktive Sterbehilfe in der Grundrechtsordnung, S.)

Archangelskij, Alexander, Das Problem des Lebensnotstandes am Beispiel des Abschusses eines von Terroristen entführten Flugzeuges, Diss. Berlin 2005
(zit.: Archangelskij, Das Problem des Lebensnotstandes am Beispiel des Abschusses eines von Terroristen entführten Flugzeuges, S.)

Atwell, Julie, Aviation and International Terrorism, in: Saul (Hrsg.), Research Handbook on International Law and Terrorism, Cheltenham 2014, S. 57 – 73
(zit.: Atwell, Aviation and International Terrorism, in: Research Handbook on International Law and Terrorism, S. 57 (Fundseite))

Bacigal, Ronald J., Dodging a Bullet, But Opening Old Wounds in Fourth Amendment Jurisprudence, 16 Seton Hall L. Rev. (1986), S. 597 – 629
(zit.: Bacigal, Dodging a Bullet, But Opening Old Wounds in Fourth Amendment Jurisprudence, 16 Seton Hall Law Rev. (1986), 597 (Fundseite))

Baer, Susanne, Verfassungsvergleichung und reflexive Methode: Interkulturelle und intersubjektive Kompetenz, ZaöRV 64 (2004), S. 735 – 758
(zit.: Baer, Verfassungsvergleichung und reflexive Methode: Interkulturelle und intersubjektive Kompetenz, ZaöRV 64 (2004), 735 (Fundseite))

Bakker Schut, Pieter H., Stammheim: Der Prozess gegen die Rote Armee Fraktion, Kiel 1986
(zit.: Bakker Schut, Stammheim, S.)

Baldus, Manfred, Streitkräfteeinsatz zur Gefahrenabwehr im Luftraum – Sind die neuen luftsicherheitsgesetzlichen Befugnisse der Bundeswehr kompetenz- und grundrechtswidrig?, NVwZ 2004, S. 1278 – 1285
(zit.: Baldus, Streitkräfteeinsatz zur Gefahrenabwehr im Luftraum, NVwZ 2004, 1278 (Fundseite))

Baldus, Manfred, Gefahrenabwehr in Ausnahmelagen – Das Luftsicherheitsgesetz auf dem Prüfstand, NVwZ 2006, S. 532 – 535
(zit.: Baldus, Gefahrenabwehr in Ausnahmelagen, NVwZ 2006, 532 (Fundseite))

Baldus, Manfred, Braucht Deutschland eine neue Wehrverfassung?, NZWehrr 2007, S. 133 – 138
(zit.: Baldus, Braucht Deutschland eine neue Wehrverfassung?, NZWehrr 2007, 133 (Fundseite))

Banks, Robert F., Steel, Sawyer, and the Executive Power, 14 U. Pitt. L. Rev. (1953), S. 467 – 537
(zit.: Banks, Steel, Sawyer, and the Executive Power, 14 U. Pitt. L. Rev. (1953), 467 (Fundseite))

Banks, William C./Raven-Hansen, Peter, Targeted Killing and Assassination: The U.S. Legal Framework, 37 U. Rich. L. Rev. (2002-2003), S. 667 – 748
(zit.: Banks/Raven-Hansen, Targeted Killing and Assassination: The U.S. Legal Framework, 37 U. Rich. L. Rev. (2002-2003), 667 (Fundseite))

Barkow, Rachel E., More Supreme Than Court? The Fall of the Political Question Doctrine and the Rise of Judicial Supremacy, 102 Colum. L. Rev. (2002), S. 237 – 336
(zit.: Barkow, More Supreme Than Court?, 102 Colum. L. Rev. (2002), 237 (Fundseite))

Baumann, Jürgen/Weber, Ulrich/Mitsch, Wolfgang/Eisele, , Strafrecht Allgemeiner Teil, 12. Aufl., Bielefeld 2016
(zit.: Baumann/Weber/Mitsch/Eisele, Strafrecht AT, § Rn.)

Baumann, Karsten, Das Grundrecht auf Leben unter Quantifizierungsvorbehalt? – Zur Terrorismusbekämpfung durch „finalen Rettungsabschuß" –, DÖV 2004, S. 853 – 861
(zit.: Baumann, Das Grundrecht auf Leben unter Quantifizierungsvorbehalt, DÖV 2004, 853 (Fundseite))

Baumgärtner, Maik/Böttcher, Marcus, Das Zwickauer Terror Trio, Berlin 2012
(zit.: Baumgärtner/Böttcher, Das Zwickauer Terror Trio, S.)

Beestermöller, Gerhard, Das Luftsicherheitsgesetz als Krisenindikator, Die neue Ordnung, 2006, S. 296 – 317
(zit.: Beestermöller, Das Luftsicherheitsgesetz als Krisenindikator, Die neue Ordnung 2006, 296 (Fundseite))

Bejesky, Robert, Precedent Supporting the Constitutionality of Section 5(B) of the War Powers Resolution, 49 Willamette L. Rev. (2012), S. 1 – 32
(zit.: Bejesky, Precedent Supporting the Constitutionality of Section 5(b) of the War Powers Resolution, 49 Willamette L. Rev. (2012), 1 (Fundseite))

von Bernstorff, Jochen, Pflichtenkollision und Menschenwürdegarantie. Zum Vorrang staatlicher Achtungspflichten im Normbereich von Art. 1 GG, Der Staat 47 (2008), S. 21 – 39
(zit.: von Bernstorff, Pflichtenkollision und Menschenwürdegarantie, Der Staat 47 (2008), 21 (Fundseite))

Bernsmann, Klaus, Zum Handeln von Hoheitsträgern aus der Sicht des „entschuldigenden Notstandes" (§ 35 StGB), in: Schwind (Hrsg.), Festschrift für Günter Blau zum 70. Geburtstag am 18. Dezember 1985, Berlin 1985, S. 23 – 49
(zit.: Bernsmann, Zum Handeln von Hoheitsträgern aus der Sicht des „entschuldigenden Notstandes" (§ 35 StGB), in: FS Blau, S. 23 (Fundseite))

Best, Goeffrey, War & Law Since 1945, Oxford 1994 (Nachdruck 2002)
(zit.: Best, War & Law Since 1945, S.)

Beutler, Björn, Strafbarkeit der Folter zu Vernehmungszwecken, Diss. Frankfurt a.M. 2006
(zit.: Beutler, Strafbarkeit der Folter zu Vernehmungszwecken, S.)

Bhuta, Nehal, States of Exception: Regulating Targeted Killing in a 'Global Civil War', in: Alston/MacDonald (Hrsg.), Human Rights, Intervention, and the Use of Force, Oxford 2008, S. 243 – 274
(zit.: Bhuta, States of Exception: Regulating Targeted Killing in a 'Global Civil War', in: Human Rights, Intervention, and the Use of Force, S. 243 (Fundseite))

Bickel, Alexander M., The Least Dangerous Branch, 2. Aufl., New Haven, CT 1986
(zit.: Bickel, The Least Dangerous Branch, S.)

Bird, Daniel J., Life on the Line: Pondering the Fate of a Substantive Due Process Challenge to the Death Penalty, 40 Am. Crim. L. Rev. (2003), S. 1329 – 1386
(zit.: Bird, Life on the Line: Pondering the Fate of a Substantive Due Process Challenge to the Death Penalty, 40 Am. Crim. L. Rev. (2003), 1329 (Fundseite))

Bleckmann, Albert, Staatsrecht II – Die Grundrechte, 4. Aufl., Köln 1997
(zit.: Bleckmann, Staatsrecht II, S.)

Blum, Gabriella/Heymann, Philip, Law and Policy of Targeted Killing, 1 Harv. Nat'l Sec. J. (2010), S. 145 – 170
(zit.: Blum/Heymann, Law and Policy of Targeted Killing, 1 Harv. Nat'l Sec. J. (2010), 145 (Fundseite))

Blum, Steven A., Public Executions: Understanding the "Cruel and Unusual Punishments" Clause, 19 Hastings Const. L. Q. (1991-1992), S. 413 – 455
(zit.: Blum, Public Executions: Understanding the "Cruel and Unusual Punishments" Clause, 19 Hastings Const. L. Q. (1991-1992), 413 (Fundseite)

Blumenwitz, Dieter, Einsatzmöglichkeiten der Bundeswehr im Kampf gegen den Terrorismus, ZRP 2002, S. 102 – 106
(zit.: Blumenwitz, Einsatzmöglichkeiten der Bundeswehr im Kampf gegen den Terrorismus, ZRP 2002, 102 (Fundseite))

Böckenförde, Ernst-Wolfgang, Der verdrängte Ausnahmezustand, NJW 1978, S. 1881 – 1890
(zit.: Böckenförde, Der verdrängte Ausnahmezustand, NJW 1978, 1881 (Fundseite))

Böckenförde, Ernst-Wolfgang, Die Würde des Menschen war unantastbar, in: ders., Recht, Staat, Freiheit, Erweiterte Auflage Frankfurt a.M. 2006
(zit.: Böckenförde, Die Würde des Menschen war unantastbar, in: Recht, Staat und Freiheit, S.)

Böhrenz, Gunter/Siefken, Peter, Niedersächsisches Gesetz über die öffentliche Sicherheit und Ordnung (Nds. SOG), aktualisierte 9. Aufl., Hannover 2016
(zit.: Böhrenz/Siefken, Nds. SOG, § Rn.)

Bork, Robert H., The Tempting of America: The Political Seduction of the Law, New York, NY 1990
(zit.: Bork, The Tempting of America: The Political Seduction of the Law, S.)

Bork, Robert H., Slouching Towards Gomorrah: Modern Liberalism and American Decline, New York, NY 1996
(zit.: Bork, Slouching Towards Gomorrah: Modern Liberalism and American Decline, S.)

Bowett, Derek, Reprisals Involving Recourse to Armed Force, in: Gazzini/Tsagourias (Hrsg.), The Use of Force in International Law, Farnham 2012, S. 219 – 254
(zit.: Bowett, Reprisals Involving Recourse to Armed Force, in: The Use of Force in International Law, S. 219 (Fundseite))

Bradley, Craig M., Two Models of the Fourth Amendment, 83 Mich. L. Rev. 1985), S. 1468 – 1501
(zit.: Bradley, Two Models of the Fourth Amendment, 83 Mich. L. Rev. (1985), 1468 (Fundseite))

Breau, Susan, Civilian Casualties and Drone Attacks: Issues in International Humanitarian Law, in: Barnidge, Jr. (Hrsg.), The Liberal Way of War: Legal Perspectives, Farnham 2013, S. 115 – 138
(zit.: Breau, Civilian Casualties and Drone Attacks: Issues in International Humanitarian Law, in: The Liberal Way of War, S. 115 (Fundseite))

Brennan, David, Torture of Guantánamo Detainees with the Complicity of Medical Health Personnel: The Case for Accountability and Providing a Forum for Redress for These International Wrongs, 45 U.S.F. L. Rev. (2010-2011), S. 1005 – 1072
(zit.: Brennan, Torture of Guantánamo Detainees with the Complicity of Medical Health Personnel, 45 U.S.F. L. Rev. (2010-2011), 1005 (Fundseite))

Breyer, Stephen, Active Liberty, Oxford 2008
(zit.: Breyer, Active Liberty, S.)

Brinkley, Alan, World War I and the Crisis of Democracy, in: Farber (Hrsg.), Security v. Liberty: Conflicts between Civil Liberties and National Security in American History, New York, NY 2008, S. 27 – 41
(zit.: Brinkley, World War I and the Crisis of Democracy, in: Security v. Liberty, S. 27 (Fundseite))

Bruff, Harold H., Bad Advice: Bush's Lawyers in the War on Terror, Lawrence, KS 2009
(zit.: Bruff, Bad Advice: Bush's Lawyers in the War on Terror, S.)

Brugger, Winfried, Vom unbedingten Verbot der Folter zum bedingten Recht auf Folter?, JZ 2000, S. 165 – 173
(zit.: Brugger, Vom unbedingten Verbot der Folter zum bedingten Recht auf Folter?, JZ 2000, 165 (Fundseite))

Brugger, Winfried, Das andere Auge. Folter als zweitschlechteste Lösung, in: Nitschke (Hrsg.), Rettungsfolter im modernen Rechtsstaat? Eine Verortung, Bochum 2005, S. 107 – 117
(zit.: Brugger, Das andere Auge. Folter als zweitschlechteste Lösung, in: Rettungsfolter im modernen Rechtsstaat, S. 107 (Fundseite))

Bryant, Christopher/Tobias, Carl, Youngstown Revisited, 29 Hastings Const. L. Q. (2001-2002), S. 373 – 438
(zit.: Bryant/Tobias, Youngstown Revisited, 29 Hastings Const. L. Q. (2001-2002), 373 (Fundseite))

Budhrani, Anshu, Regardless of my Status, I am a Human Being: Immigrant Detainees and Recourse to the Alien Tort Statute, 14 U. Pa. J. Const. L. (2011-2012), 781 – 811
(zit.: Budhrani, Regardless of my Status, I am a Human Being, 14 U. Pa. J. Const. L. (2011-2012), 781 (Fundseite))

Bullard, Monte R., The Battle of Ideas: Political Warfare versus Psychological Operations, in: June (Hrsg.), Terrorism and Homeland Security: Perspectives, Thoughts, and Opinions, Boca Raton, FL 2011, S. 137 – 161
(zit.: Bullard, The Battle of Ideas: Political Warfare versus Psychological Operations, in: Terrorism and Homeland Security, S. 137 (Fundseite))

Burkiczak, Christian M., Das Luftsicherheitsgesetz vor dem Bundesverfassungsgericht, NZWehrr 2006, S: 89 – 103
(zit.: Burkiczak, Das Luftsicherheitsgesetz vor dem Bundesverfassungsgericht, NZWehrr 2006, 89 (Fundseite))

Byers, Michael, Terrorism, War and International Law, in: Miller (Hrsg.) War on Terror, Manchester 2009, S. 47 – 73
(zit.: Byers, Terrorism, War and International Law, in: War on Terror, S. 47 (Fundseite))

Byers, Michael, War Laws: International Law and Armed Conflict, London 2005
(zit.: Byers, War Laws, S.)

Cahn, Edmond, The Moral Decision: Right and Wrong in the Light of American Law, Bloomington, IN 1955, Nachdruck 1981 (1993)
(zit.: Cahn, The Moral Decision: Right and Wrong in the Light of American Law, S.)

Campbell, Tom, The Rule of Law, Legal Positivism and States of Emergency, in: Bronitt/Gani/Hufnagel (Hrsg.), Shooting to Kill: Socio-Legal Perspectives on the Use of Lethal Force, Oxford 2012, S. 3 – 17
(zit.: Campbell, The Rule of Law, Legal Positivism and States of Emergency, in: Shooting to Kill: Socio-Legal Perspectives on the Use of Lethal Force, S. 3 (Fundseite))

Canestaro, Nathan, American Law and Policy of Assassination of Foreign Leaders: The Practicality of Maintaining the Status Quo, 26 B.C. Int'l Comp. L. Rev. (2003), S. 1 – 34
(zit.: Canestaro, American Law and Policy of Assassination of Foreign Leaders, 26 B.C. Int'l Comp. L. Rev. (2003), 1 (Fundseite))

Canestaro, Nathan, Homeland Defense: Another Nail in the Coffin for Posse Comitatus, 12 Wash. U. J. L. & Pol'y (2003), S. 99 – 143
(zit.: Canestaro, Homeland Defense: Another Nail in the Coffin for Posse Comitatus, 12 Wash. U. J. L. & Pol'y (2003), 99 (Fundseite))

Cantwell, Michael K., Constitutional Torts and the Due Process Clause, 4 Temp. Pol. & Civ. Rts. L. Rev. (1994-1995), S. 317 – 344
(zit.: Cantwell, Constitutional Torts and the Due Process Clause, 4 Temp. Pol. & Civ. Rts. L. Rev. (1994-1995), 317 (Fundseite))

Carter, Stephan L., The Constitutionality of the War Powers Resolution, 70 Va. L. Rev. (1984), S. 101 – 134
(zit.: Carter, The Constitutionality of the War Powers Resolution, 70 Va. L. Rev. (1984), 101 (Fundseite))

Casto, William R., Attorney General Robert Jackson's Brief Encounter with the Notion of Preclusive Presidential Power, 30 Pace L. Rev. (2010), S. 364 – 395
(zit.: Casto, Attorney General Robert Jackson's Brief Encounter with the Notion of Preclusive Presidential Power, 30 Pace L. Rev. (2010), 364 (Fundseite))

Chemerinsky, Erwin, Constitutional Law: Principles and Policies, 3. Aufl., New York, NY 2007
(zit.: Chemerinsky, Constitutional Law: Principles and Policies, S.)

Chesney, Robert M., Beyond Conspiracy? Anticipatory Prosecution and the Challenge of Unaffiliated Terrorism, 80 S. Cal. L. Rev. (2007), S. 425 – 499
(zit.: Chesney, Beyond Conspiracy? Anticipatory Prosecution and the Challenge of Unaffiliated Terrorism, 80 S. Cal. L. Rev. (2007), 425 (Fundseite))

Chesney, Robert M./Goldsmith, Jack, Terrorism and the Convergence of Criminal and Military Detention Models, 60 Stan. L. Rev. (2007-2008), S. 1079 – 1134
(zit.: Chesney/Goldsmith, Terrorism and the Convergence of Criminal and Military Detention Models, 60 Stan. L. Rev. (2007-2008), 1079 (Fundseite))

Chesney, Robert, Who May Be Killed? Anwar al-Awlaki as a Case Study in the International Legal Regulation of Lethal Force, 13 Y.B. Int'l Hum. L. (2010), S. 3 – 60
(zit.: Chesney, Who May Be Killed, 13 Y.B. Int'l Hum. L. (2010), 3 (Fundseite))

Cirener, Gabriele/Radtke, Henning/ Rissing-van Saan, Ruth/Rönnau/Thomas/ Schluckebier, Wilhelm, Leipziger Kommentar StGB, Band 3: §§ 32-37, 13. Aufl. Berlin/Boston 2019
(zit.: Bearbeiter, in: Leipziger-Kommentar, StGB, § Rn.)

Clancy, Thomas K., The Fourth Amendment's Concepts of Reasonableness, 2004 Utah L. Rev. (2004), S. 977 – 1044
(zit.: Clancy, The Fourth Amendment's Concepts of Reasonableness, 2004 Utah L. Rev. (2004), 977 (Fundseite))

Cohan, John Alan, Homicide by Necessity, 10 Chap. L. Rev. (2006-2007), S. 119 – 186
(zit.: Cohan, Homicide by Necessity, 10 Chap. L. Rev. (2006-2007), 119 (Fundseite))

Cole, David, Enemy Aliens: Double Standards and Constitutional Freedoms in the War on Terrorism, New York, NY 2003
(zit.: Cole, Enemy Aliens, S.)

Cole, David, Introductory Commentary: Torture Law, in: Cole (Hrsg.), The Torture Memos, New York, NY 2009, S. 1 – 40
(zit.: Cole, Introductory Commentary, in: The Torture Memos, S. 1 (Fundseite))

Combacau, Jean, The Exception of Self-Defense in U.N. Practice, in: Gazzini/ Tsagourias (Hrsg.), The Use of Force in International Law, Farnham 2012, S. 189 – 218
(zit.: Combacau, The Exception of Self-Defense in U.N. Practice, in: The Use of Force in International Law, S. 189 (Fundseite))

Cooper Blum, Stephanie, The Necessary Evil of Preventive Detention in the War on Terror: A Plan for a more Moderate and Sustainable Solution, Amherst, NY 2008
(zit.: Cooper Blum, The Necessary Evil of Preventive Detention in the War on Terror, S.)

Cooper, Phillip J., By Order of the President: The Use and Abuse of Executive Direct Action, Lawrence, KS 2002
(zit.: Cooper, By Order of the President, S.)

Corwin, Edward S., Comment: The Steel Seizure Case: A Judicial Brick Without a Straw, 53 Colum. L. Rev. (1953), S. 53 – 66
(zit.: Corwin, Comment: The Steel Seizure Case, 53 Colum. L. Rev. (1953), 53 (Fundseite))

Cunningham, Michael T., The Military's Involvement in Law Enforcement: The Threat is not What You Think, 26 Seattle U. L. Rev. (2003), S. 699 – 718
(zit.: Cunningham, The Military's Involvement in Law Enforcement, 26 Seattle U. L. Rev. (2003), 699 (Fundseite))

Danner, Allison M., Defining Unlawful Enemy Combatants: A Centripetal Story, 43 Tex. Int'l L. J. (2007-2008), S. 1 – 14
(zit.: Danner, Defining Unlawful Enemy Combatants, 43 Tex. Int'l L. J. (2007-2008), 1 (Fundseite))

Dederer, Hans-Georg, Krieg gegen Terror, JZ 2004, S. 421 – 431
(zit.: Dederer, Krieg gegen Terror, JZ 2004, 421 (Fundseite))

Dehn, John C., Debate, Targeted Killing: The Case of Anwar Al-Aulaqi, 159 U. Pa. L. Rev. PENNumbra (2010), S. 175 – 201
(zit.: Dehn, Debate, Targeted Killing: The Case of Anwar Al-Aulaqi, 159 U. Pa. L. Rev. PENNumbra (2010), 175 (Fundseite))

Delahunty, Robert J./Yoo, John C., The President's Constitutional Authority to Conduct Military Operations Against Terrorist Organizations and the Nations that Harbor or Support Them, 25 Harv. J. L. & Pub. Pol'y (2001/02), S. 487 – 517
(zit.: Delahunty/Yoo, The President's Constitutional Authority to Conduct Military Operations Against Terrorist Organizations and the Nations that Harbor or Support Them, 25 Harv. J. L. & Pub. Pol'y (2001/02), 487 (Fundseite))

Delahunty, Robert J., The Fourth Amendment Goes to War, 10 Engage: J. Federalist Soc'y Prac. Groups (2009), S. 107 – 112
(zit.: Delahunty, The Fourth Amendment Goes to War, 10 Engage: J. Federalist Soc'y Prac. Groups (2009), 107 (Fundseite))

Delonge, Franz-Benno, Die Interessenabwägung nach § 34 StGB und ihr Verhältnis zu den übrigen strafrechtlichen Rechtfertigungsgründen, Diss. München 1988
(zit.: Delonge, Die Interessenabwägung nach § 34 StGB und ihr Verhältnis zu den übrigen strafrechtlichen Rechtfertigungsgründen, S.)

Demaine, Linda J./Rosen, Brian, Process Danger of Military Involvement in Civil Law Enforcement: Rectifying the Posse Comitatus Act, 9 N. Y. U. J. Legis. & Publ. Pol'y (2005-2006), S. 167 – 249
(zit.: Demaine/Rosen, Process Danger of Military Involvement in Civil Law Enforcement, 9 N.Y.U. J. Legis. & Publ. Pol'y (2005-2006), 167 (Fundseite))

Depenheuer, Otto, Das Bürgeropfer im Rechtsstaat, in: ders. u.a. (Hrsg.), Staat im Wort Festschrift für Josef Isensee, Heidelberg 2007, S. 43 – 60
(zit.: Depenheuer, Das Bürgeropfer im Rechtsstaat, in: Staat im Wort, S. 43 (Fundseite))

Dershowitz, Alan M. Why Terrorism Works, New Haven, CT 2002
(zit.: Dershowitz, Why Terrorism Works, S.)

Detter, Ingrid, The Law of War, 3. Aufl., Farnham 2013
(zit.: Detter, The Law of War, S.)

Devins, Neal/Fisher, Louis, The Steel Seizure Case: One of A Kind?, 19 Const. Comment (2002), S. 63 – 86
(zit.: Devins/Fisher, The Steel Seizure Case, 19 Const. Comment. (2002), 63 (Fundseite))

Dick, Anthony, The Substance of Punishment Under the Bill of Attainder Clause, 63 Stan. L. Rev. (2011), S. 1177 – 1211
(zit.: Dick, The Substance of Punishment Under the Bill of Attainder Clause, 63 Stan. L. Rev. (2011), 1177 (Fundseite))

Diederiks-Verschoor, I. H. Philepina, An Introduction to Air Law, 5. Aufl., Deventer 1993
(zit.: Diederiks-Verschoor, An Introduction to Air Law, S.)

Diewald-Kerkmann, Gisela, >>Verführt<< - >>abhängig<< - >>fanatisch<<: Erklärungsmuster von Strafverfolgungsbehörden und Gerichten für den Weg in die Illegalität – Das Beispiel der RAF und der Bewegung 2. Juni (1971-1973), in: Weinhauer/Requate/ Haupt (Hrsg.), Terrorismus in der Bundesrepublik, Frankfurt a.M. 2006, S. 217 – 243
(zit.: Diewald-Kerkmann, Erklärungsmuster von Strafverfolgungsbehörden, in: Terrorismus in der Bundesrepublik, S. 217 (Fundseite))

Diewald-Kerkmann, Gisela, Frauen, Terrorismus und Justiz – Prozesse gegen weibliche Mitglieder der RAF und der Bewegung 2. Juni, Düsseldorf 2009
(zit.: Diewald-Kerkmann, Frauen, Terrorismus und Justiz, S.))

Dinstein, Yoram, Collateral Damage and the Principle of Proportionality, in: Whippman/Evangelista (Hrsg.), New Wars, New Laws? Applying the Laws of War in Twenty-First Century Conflicts, Ardsley, NY 2005, S. 211 – 224
(zit.: Dinstein, Collateral Damage and the Principle of Proportionality, in: New Wars, New Laws?, S. 211 (Fundseite))

Dinstein, Yoram, War, Aggression and Self-Defense, 4. Aufl., Cambridge 2005
(zit.: Dinstein, War, Aggression and Self-Defense, S.)

Doernberg, Donald L., 'The Right of the People': Reconciling Collective and Individual Interests under the Fourth Amendment, 58 N.Y.U. L. Rev. (1983), S. 259 – 298
(zit.: Doernberg, 'The Right of the People', 58 N.Y.U. L. Rev. (1983), 259 (Fundseite))

Dölling, Dieter/Duttge, Gunnar/König, Stefan/Rössner, Dieter (Hrsg.), Gesamtes Strafrecht Handkommentar, 4. Aufl., Baden-Baden 2017
(zit.: Bearbeiter, in: Dölling/Duttge/König/Rössner, Gesamtes Strafrecht, § Rn.)

Doswald-Beck, Louise (Hrsg.), International Institute of Humanitarian Law, San Remo Manual on International Law Applicable to Armed Conflict at Sea, Online-Ausgabe 2010
(zit.: Doswald-Beck (Hrsg.), International Institute of Humanitarian Law, San Remo Manual on International Law Applicable to Armed Conflict at Sea, S.)

Doyle, Charles, Terrorist Attacks on Commercial Airlines: Federal Criminal Prohibitions, in: Sun/Maipag (Hrsg.), Terrorists, Enemy Combatant Detainees and the Judicial System, New York, NY 2011, S. 119 – 135
(zit.: Doyle, Terrorist Attacks on Commercial Airlines: Federal Criminal Prohibitions, in: Terrorists, Enemy Combatant Detainees and the Judicial System, S. 119 (Fundseite))

Dreier, Horst, Grenzen des Tötungsverbotes – Teil 1, JZ 2007, S. 261 – 270
(zit.: Dreier, Grenzen des Tötungsverbots – Teil 1, JZ 2007, 261 (Fundseite))

Dreier, Horst (Hrsg.), Grundgesetz Kommentar, Band I Artikel 1 – 19, 3. Aufl., Tübingen 2013
(zit.: Bearbeiter, in: Dreier, GG, Art. Rn.)

Dreist, Peter, Terroristenbekämpfung als Streitkräfteauftrag – zu den verfassungsrechtlichen Grenzen polizeilichen Handelns der Bundeswehr im Innern, NZWehrr 2004, S. 89 – 114
(zit.: Dreist, Terroristenbekämpfung als Streitkräfteauftrag, NZWehrr 2004, 89 (Fundseite))

Dreist, Peter, Einsatz der Bundeswehr im Innern – Das Luftsicherheitsgesetz als Anlass zum verfassungsrechtlichen Nachdenken, in: Blaschke u.a. (Hrsg.), Sicherheit statt Freiheit?, Berlin 2005, S. 77 – 103
(zit.: Dreist, Einsatz der Bundeswehr im Innern, in: Sicherheit statt Freiheit?, S. 77 (Fundseite))

Dreist, Peter, Bundeswehreinsatz als Wahrnehmung materieller Polizeiaufgaben?, UBWV 2006, 93 – 104
(zit.: Dreist, Bundeswehreinsatz als Wahrnehmung materieller Polizeiaufgaben, UBWV 2006, 93 (Fundseite))

Dreyfuss, Mike, My Fellow Americans, We Are Going to Kill You: The Legality of Targeting and Killing U.S. Citizens Abroad, 65 Vand. L. Rev. (2012), S. 249 – 292
(zit.: Dreyfuss, My Fellow Americans, We Are Going to Kill You, 65 Vand. L. Rev. (2012), 249 (Fundseite))

Droege, Michael, Die Zweifel des Bundespräsidenten – Das Luftsicherheitsgesetz und die überforderte Verfassung, NZWehrr 2005, S. 199 – 211
(zit.: Droege, Die Zweifel des Bundespräsidenten, NZWehrr 2005, 199 (Fundseite))

Dürig, Günter, Der Grundrechtssatz von der Menschenwürde; AöR 81 (1956), S. 117 – 157
(zit.: Dürig, Der Grundrechtssatz von der Menschenwürde; AöR 81 (1956), 117 (Fundseite))

Düx, Heinz, Meinungen zur „Folterdiskussion“, ZRP 2003, S. 180
(zit.: Düx, Meinungen zur „Folterdiskussion“, ZRP 2003, 180 (180))

Dworkin, Roger B., Fact Style Adjudication and the Fourth Amendment: The Limits of Lawyering, 48 Ind. L. J. (1972-1973), S. 329 – 368
(zit.: Dworkin, Fact Style Adjudication and the Fourth Amendment, 48 Ind. L. J. (1973), 329 (Fundseite))

Edelson, Chris, Presidential Emergency Powers: From the Drafting of the Constitution to the War on Terror, Madison, WI 2013
(zit.: Edelson, Presidential Emergency Powers: From the Drafting of the Constitution to the War on Terror, S.))

El-Ayouty, Yassin (Hrsg.), Perspectives on 9/11, Westport, CT 2004
(zit.: El-Ayouty (Hrsg.), Perspectives on 9/11)

Elias, Norbert, Die Gesellschaft der Individuen, 3. Aufl., Frankfurt a.M. 1996
(zit.: Elias, Die Gesellschaft der Individuen, S.)

Elsea, Jennifer K., Memorandum: Legal Issues Related to the Lethal Targeting of U.S. Citizens Suspected of Terrorist Activities, in: Howard (Hrsg.), Lethal Targeting of U.S. Citizens Suspected of Terrorism: Legal Issues and Positions of the Obama Administration, New York, NY 2013, S. 1 – 35
(zit.: Elsea, Memorandum: Legal Issues Related to the Lethal Targeting of U.S. Citizens Suspected of Terrorist Activities, in: Lethal Targeting of U.S. Citizens Suspected of Terrorism, S. 1 (Fundseite))

Elshtain, Jean Bethke, Just War Against Terror: The Burden of American Power in a Violent World, New York, NY 2003
(zit.: Elshtain, Just War Against Terror, S.))

Enders, Christoph, Der Staat in Not -Terrorismusbekämpfung an den Grenzen des Rechtsstaats-, DÖV 2007, S. 1039 – 1046
(zit.: Enders, Der Staat in Not, DÖV 2007, 1039 (Fundseite))

Enders, Christoph, Die normative Unantastbarkeit der Menschenwürde, in: Gröschner/Lembcke (Hrsg.), Das Dogma der Unantastbarkeit, Tübingen 2009, S. 69 – 92
(zit.: Enders, Die normative Unantastbarkeit der Menschenwürde, in: Das Dogma der Unantastbarkeit, S. 69 (Fundseite))

Epping, Volker/Hillgruber, Christian (Hrsg.), Beck'scher Online-Kommentar Grundgesetz, 42. Edition, Stand: 01.12.2019
(zit.: Bearbeiter, in: Beck-OK/GG, Art. Rn.)

Epping, Volker, Grundrechte, 8. Aufl., Berlin 2019
(zit.: Epping, Grundrechte, Rn.)

Erb, Volker, Notwehr als Menschenrecht – Zugleich eine Kritik der Entscheidung des LG Frankfurt am Main im „Fall Daschner", NStZ 2005, S. 593 – 602
(zit.: Erb, Notwehr als Menschenrecht, NStZ 2005, 593 (Fundseite))

Erb, Volker, Der rechtfertigende Notstand, JuS 2010, S. 108 – 113
(zit.: Erb, Der rechtfertigende Notstand, JuS 2010, 108 (Fundseite))

Erbguth, Wilfried/Mann, Thomas/Schubert, Mathias, Besonderes Verwaltungsrecht, 12. Aufl., Heidelberg 2015
(zit.: Erbguth/Mann/Schubert, Besonderes Verwaltungsrecht, § Rn.)

Eschen, Klaus/Lang, Jörg/Laubscher, Jürgen/Riemann, Johannes, Folter in der BRD in: Enzensberger/Michel (Hrsg.), Folter in der BRD: Zur Situation der Politischen Gefangenen, Kursbuch 32 (1973), S. 11 – 117
(zit.: Eschen/Lang/Laubscher/Riemann, Folter in der BRD, in: Folter in der BRD, Kursbuch 32 (1973), S. 11 (Fundseite))

Etter Sr., Gregg W., Prosecuting Domestic Terrorists in the American Court System: A Study of Three Cases, 8 J. Inst. Just. Int'l Stud. (2008), S. 99 – 118
(zit.: Etter Sr., Prosecuting Domestic Terrorists in the American Court System, 8 J. Inst. Just. Int'l Stud. (2008), 99 (Fundseite))

Fassbender, Bardo, The UN Security Council and International Terrorism, in: Bianchi (Hrsg.), Enforcing International Law Norms Against Terrorism, Oxford 2004, S. 83 – 102
(zit.: Fassbender, The UN Security Council and International Terrorism, in: Enforcing International Law Norms Against Terrorism, S. 83 (Fundseite))

Fechner, Frank, Grenzen polizeilicher Notwehr, Diss. Frankfurt a.M. 1991
(zit.: Fechner, Grenzen polizeilicher Notwehr, S.)

Feder, Daniel S., From Parrett to Zinermon: Authorization, Adequacy, and Immunity in a Systemic Analysis of State Procedure, 11 Cardozo L. Rev. (1990), S. 831 – 872
(zit.: Feder, From Parrett to Zinermon: Authorization, Adequacy, and Immunity in a Systemic Analysis of State Procedure, 11 Cardozo L. Rev. (1990), 831 (Fundseite))

Fehn, Karsten/Brauns, Miriam, Bundeswehr und innere Sicherheit – Eine Analyse der rechtlichen Möglichkeiten und Grenzen polizeilicher Aufgabenwahrnehmung durch die Streitkräfte, insbesondere bei zu Terrorzwecken entführten Passagierflugzeugen, Frankfurt a.M. 2003
(zit.: Fehn/Brauns, Bundeswehr und innere Sicherheit, S.)

Felicetti, Gary/Luce, John, The Posse Comitatus Act: Setting the Record Straight on 124 Years of Mischief and Misunderstanding Before any More Damage is Done, 175 Mil. L. Rev. (2003), S. 86 – 183
(zit.: Felicetti/Luce, The Posse Comitatus Act, 175 Mil. L. Rev. (2003), 86 (Fundseite))

Fiebig, Jan-Peter, Der Einsatz der Bundeswehr im Innern: verfassungsrechtliche Zulässigkeit von innerstaatlichen Verwendungen der Streitkräfte bei Großveranstaltungen und terroristischen Bedrohungen, Diss. Berlin 2004
(zit.: Fiebig, Der Einsatz der Bundeswehr im Innern, S.)

Fields, Louis, The Evolution of U.S. Counter-Terrorist Policy, in: Bassiouni (Hrsg.), Legal Responses to International Terrorism, Dordrecht 1988, S. 279 – 288
(zit.: Fields, The Evolution of U.S. Counter-Terrorist Policy, in: Legal Responses to International Terrorism, S. 279 (Fundseite))

Finch, Jr., Floyd R., Deadly Force to Arrest: Triggering Constitutional Review; 11 Harv. C.R.-C.L. L. Rev. (1976), S. 361 – 389
(zit.: Finch, Deadly Force to Arrest, 11 Harv. C.R.-C.L. L. Rev. (1976), 361 (Fundseite))

Firmage, Edwin B., The War Powers and the Political Question Doctrine, 49 U. Colo. L. Rev. (1977-1978), S. 65 – 101
(zit.: Firmage, The War Powers and the Political Question Doctrine, 49 U. Colo. L. Rev. (1977-1978), 65 (Fundseite))

Firmage, Edwin B., The War Powers of Congress and Revision of the War Powers Resolution, 17 J. Contemp. L. (1991), S. 237 – 265
(zit.: Firmage, The War Powers of Congress and Revision of the War Powers Resolution, 17 J. Contemp. L. (1991), 237 (Fundseite))

Fischer, Mattias G., Terrorismusbekämpfung durch die Bundeswehr im Innern Deutschlands, JZ 2004, S. 376 – 384
(zit.: Mattias Fischer, Terrorismusbekämpfung durch die Bundeswehr im Innern Deutschlands, JZ 2004, 376 (Fundseite))

Fischer, Thomas, Strafgesetzbuch mit Nebengesetzen, 67. Aufl., München 2020
(zit.: Fischer, StGB, § Rn.)

Fischinger, Philipp S., Der Grundrechtsverzicht, JuS 2007, S. 808 – 813
(zit.: Fischinger, Der Grundrechtsverzicht, JuS 2007, 808 (Fundseite))

Fisher, Louis, Unchecked Presidential Wars, 148 U. Pa. L. Rev. (2000), S. 1637 – 1672
(zit.: Fisher, Unchecked Presidential Wars, 148 U. Pa. L. Rev. (2000), 1637 (Fundseite))

Fisher, Louis, Presidential War Powers, 2. Aufl., Lawrence, KS 2004
(zit.: Fisher, Presidential War Powers, S.)

Fisher, Louis, The Constitution and 9/11: Recurring Threats to America's Freedoms, Lawrence, KS 2008
(zit.: Fisher, The Constitution and 9/11, S.)

Fisher, W. Jason, Targeted Killing, Norms, and International Law, 45 Colum. J. Transnat'l L. (2007), S. 711 – 758
(zit.: W. Fisher, Targeted Killing, Norms, and International Law, 45 Colum. J. Transnat'l L. (2007), 711 (Fundseite))

Foner, Nancy (Hrsg.), Wounded City: The Social Impact of 9/11, New York, NY 2005
(zit.: Foner (Hrsg.), Wounded City)

Foont, Brian E., Shooting Down Civilian Aircraft: Is There an International Law?, 72 J. Air L. & Com. (2007), S. 695 – 726
(zit.: Foont, Shooting Down Civilian Aircraft, 72 J. Air L. & Com. (2007), 695 (Fundseite))

Foreman, Melanie J., Comments: When Targeted Killing is not Permissible: An Evaluation of Targeted Killing under the Laws of War and Morality, 15 U. Pa. J. Const. L. (2012-2013), S. 921 – 960
(zit.: Foreman, Comments: When Targeted Killing is not Permissible, 15 U. Pa. J. Const. L. (2012-2013), 921 (Fundseite))

Franz, Einiko Benno, Der Bundeswehreinsatz im Innern und die Tötung Unschuldiger im Kreuzfeuer von Menschenwürde und Recht auf Leben, Der Staat 45 (2006), S. 501 – 546
(zit.: Franz, Der Bundeswehreinsatz im Innern und die Tötung Unschuldiger im Kreuzfeuer von Menschenwürde und Recht auf Leben, Der Staat 45 (2006), 501 (Fundseite))

Franz, Einiko B./Günther, Thomas, Tötungshandlungen beim Bundeswehreinsatz im Innern, VBl.BW 2006, S. 340 – 347
(zit.: Franz/Günther, Tötungshandlungen beim Bundeswehreinsatz im Innern, VBl.BW 2006, 340 (Fundseite))

Freedman, James O., Summary Actions by Administrative Agencies, 40 U. Chic. L. Rev. (1972), S. 1 – 65
(zit.: Freedman, Summary Actions by Administrative Agencies, 40 U. Chic. L. Rev. (1972), 1 (Fundseite))

Freund, Georg/Rostalski, Frauke, Strafrecht Allgemeiner Teil, 3. Aufl., Berlin 2019
(zit.: Freund/Rostalski, Strafrecht AT, § Rn.)

Friauf, Karl Heinrich/Höfling, Wolfram, (Hrsg.), Berliner Kommentar zum Grundgesetz, Band 1 Art. 1-15, Ergänzungslieferung 3/19, Berlin November 2019
(zit.: Bearbeiter, in: Berliner Kommentar GG, Art. Rn.)

Frister, Helmut, Strafrecht Allgemeiner Teil, 8. Aufl., München 2018
(zit.: Frister, Strafrecht AT, Kap. Rn.)

Fuchs, Christian/Goetz, John, Die Zelle – Rechter Terror in Deutschland, Hamburg 2012
(zit.: Fuchs/Goetz, Die Zelle, S.)

Funke, Andreas, Die Verfassung im Staatsnotstand – Insbesondere zum „geltungstheoretischen" Argument für ein ungeschriebenes Notrecht des Staates im Ausnahmezustand, in: Zwierlein (Hrsg.), Sicherheit und Krise, Schöningh Paderborn 2012, S. 141 – 161
(zit.: Funke, Die Verfassung im Staatsnotstand, in: Sicherheit und Krise, S. 141 (Fundseite))

Gauder, Janina, Das abverlangte Lebensopfer: Das Lebensrecht deutscher Soldaten und Zivilisten im Zeitalter der Terrorismusbekämpfung, Diss. Baden-Baden 2010
(zit.: Gauder, Das abverlangte Lebensopfer S.)

Geiser, Eric Edward, The Fog of Peace: The Use of Weapons Against Aircraft in Flight During Peacetime, 4 J. Int'l Legal Stud. (1998), S. 187 – 240
(zit.: Geiser, The Fog of Peace: The Use of Weapons Against Aircraft in Flight During Peacetime, 4 J. Int'l Legal Stud. (1998), 187 (Fundseite))

Geiß, Robin, Civil-Aircraft as Weapons of Large-Scale Destruction: Countermeasures, Article 3bis of the Chicago Convention, and the newly adopted German "Luftsicherheitsgesetz", 27 Mich. J. Int'l L. (2005-2006), S. 227 – 256
(zit.: Geiß, Civil-Aircraft as Weapons of Large-Scale Destruction, 27 Mich. J. Int'l L. (2005-2006), 227 (Fundseite))

Giemulla, Elmar, Zum Abschuss von Zivilluftfahrzeugen als Maßnahme der Terrorbekämpfung, 54 ZLW (2005), S. 32 – 49
(zit.: Giemulla, Zum Abschuss von Zivilluftfahrzeugen als Maßnahme der Terrorbekämpfung, 54 ZLW (2005), 32 (Fundseite))

Giballa, Steven, Saving the Law from the Office of Legal Counsel, 22 Geo. J. Legal Ethics (2009), S. 845 – 861
(zit.: Giballa, Saving the Law from the Office of Legal Counsel, 22 Geo. J. Legal Ethics (2009), 845 (Fundseite))

Glennon, Michael J., Too Far Apart: Repeal the War Powers Resolution, 50 U. Miami L. Rev. (1995), S. 17 – 31
(zit.: Glennon, Too Far Apart: Repeal the War Powers Resolution, 50 U. Miami L. Rev. (1995), 17 (Fundseite))

Göbel, Alfred A., Die Einwilligung im Strafrecht als Ausprägung des Selbstbestimmungsrechts, Diss. Frankfurt a.M. 1992
(zit.: Göbel, Die Einwilligung im Strafrecht als Ausprägung des Selbstbestimmungsrechts, S.)

Goldsmith, Jack, Long-Term Terrorist Detention and a U.S. National Security Court, in: Wittes (Hrsg.), Legislating the War on Terror: An Agenda for Reform, Washington, D.C. 2009, S. 75 – 97
(zit.: Goldsmith, Long-Term Terrorist Detention and a U.S. National Security Court, in: Legislating the War on Terror, S. 75 (Fundseite))

Gössel, Karl Heinz, Widerrede zum Feindstrafrecht – Über Menschen, Individuen und Rechtspersonen, in: Hoyer/Müller/Pawlik/Wolter (Hrsg.), Festschrift für Friedrich-Christian Schroeder zum 70. Geburtstag, Heidelberg 2006, S. 33 – 50
(zit.: Gössel, Widerrede zum Feindstrafrecht, in: FS Schroeder, S. 33 (Fundseite))

Gössel, Karl Heinz, Enthält das deutsche Recht ausnahmslos geltende, >>absolute<< Folterverbote?, in: Dannecker u.a. (Hrsg.), Festschrift für Harro Otto zum 70. Geburtstag am 1. April 2007, Köln 2007, S. 41 – 62
(zit.: Gössel, Enthält das deutsche Recht ausnahmslos geltende, >>absolute<< Folterverbote?, in: FS Otto, S. 41 (Fundseite))

Götz, Heinrich, Das Urteil gegen Daschner im Lichte der Werteordnung des Grundgesetzes, NJW 2005, S. 953 – 957
(zit.: Götz, Das Urteil gegen Daschner im Lichte der Werteordnung des Grundgesetzes, NJW 2005, 953 (Fundseite))

Graff, Garrett M., The Threat Matrix: The FBI at War in the Age of Terror, New York, NY 2011
(zit.: Graff, The Threat Matrix, S.)

Graham, Jr., Thomas, National Self-Defense, International Law, and Weapons of Mass Destruction, 4 Chi. J. Int'l L. (2003), S. 1 – 17
(zit.: Graham, Jr., National Self-Defense, International Law, and Weapons of Mass Destruction, 4 Chi. J. Int'l L. (2003), 1 (Fundseite))

Gramm, Christof, Bundeswehr als Luftpolizei: Aufgabenzuwachs ohne Verfassungsänderung?, NZWehrr 2003, S. 89 – 101
(zit.: Gramm, Bundeswehr als Luftpolizei, NZWehrr 2003, 89 (Fundseite))

Gramm, Christof, Der wehrlose Verfassungsstaat? – Urteilsanmerkung zur Entscheidung des BVerfG zum LuftSiG vom 15. Februar 2006 – 1 BvR 357/05, DVBl. 2006, S. 653 – 661
(zit.: Gramm, Der wehrlose Verfassungsstaat?, DVBl. 2006, 653 (Fundseite))

Gramm, Christof, Wie weit darf der Staat bei >besonders schweren Unglücksfällen< gehen?, UBWV 2007, S. 121 – 127
(zit.: Gramm, Wie weit darf der Staat bei >besonders schweren Unglücksfällen< gehen?, UBWV 2007, 121 (Fundseite))

Graulich, Kurt, Das Polizeihandeln, in: Lisken/Denninger (Hrsg.), Handbuch des Polizeirechts, 6. Aufl., München 2018, S. 319 – 642
(zit.: Graulich, Das Polizeihandeln, in: Handbuch des Polizeirechts, S. 319 (Fundseite))

Gray Adler, David, The Steel Seizure Case and Inherent Presidential Power, 19 Const. Comment. (2002), S. 155 – 213
(zit.: Gray Adler, The Steel Seizure Case and Inherent Presidential Power, 19 Const. Comment. (2002), 155 (Fundseite))

Greenberg, Karen J./Dratel Joshua (Hrsg.), The Torture Papers: The Road to Abu Ghraib, New York, NY 2005
(zit.: Memorandum, in: The Torture Papers: The Road to Abu Ghraib, S.)

Greenberg, Karen J./Dratel, Joshua (Hrsg.), The Enemy Combatant Papers: American Justice, the Courts and the War on Terror, New York, NY 2008
(zit.: Greenberg/Dratel, The Enemy Combatant Papers: American Justice, the Courts and the War on Terror)

Griffin, David Ray, The New Pearl Harbor Revisited, Northampton, MA 2008
(zit.: Griffin, The New Pearl Harbor Revisited)

Griffith, Thomas B., Notes – Beyond Process: A Substantive Rationale for the Bill of Attainder Clause, 70 Va. L. Rev. (1984), S. 475 – 506
(zit.: Griffith, Notes - Beyond Process: A Substantive Rationale for the Bill of Attainder Clause, 70 Va. L. Rev. (1984), 475 (Fundseite))

Gromes, Maximilian, Präventionsfolter – ein rechtsgebietsübergreifendes Problem, Diss. Berlin 2007
(zit.: Gromes, Präventionsfolter, S.)

Gropp, Walter, Strafrecht Allgemeiner Teil, 4. Aufl., Berlin 2015
(zit.: Gropp, Strafrecht AT, § Rn.)

Gropp, Walter, Der Radartechniker-Fall – ein durch Menschen ausgelöster Defensivnotstand?, GA 2006, S. 284 – 288
(zit.: Gropp, Der Radartechniker-Fall, GA 2006, 284 (Fundseite))

Gross, Emanuel, Thwarting Terrorist Acts by Attacking the Perpetrators or Their Commanders as an Act of Self-Defense: Human Rights Versus the State's Duty to Protect its Citizens, 15 Temp. Int'l & Comp. L. J. (2001), S. 195 – 246
(zit.: Gross, Thwarting Terrorist Acts by Attacking the Perpetrators or Their Commanders as an Act of Self-Defense, 15 Temp. Int'l & Comp. L. J. (2001), 195 (Fundseite))

Guiora, Amos, Targeted Killing as Active Self-Defense, 36 Case W. Res. J. Int'l L. (2004), S. 319 – 334
(zit.: Guiora, Targeted Killing as Active Self-Defense, 36 Case W. Res. J. Int'l L. (2004), 319 (Fundseite)

Günther, Hans-Ludwig, Defensivnotstand und Tötungsrecht, in: Böse/Sternberg-Lieben (Hrsg.), Grundlagen des Straf- und Strafverfahrensrechts Festschrift für Knut Amelung zum 70. Geburtstag, Berlin 2009, S. 147 – 157
(zit.: Günther, Defensivnotstand und Tötungsrecht, in: FS Amelung, S. 147 (Fundseite))

Gusy, Christoph, Polizei- und Ordnungsrecht, 10. Aufl., Tübingen 2017
(zit.: Gusy, Polizei- und Ordnungsrecht, § Rn.)

Habermehl, Kai, Polizei- und Ordnungsrecht, 2. Aufl., Baden-Baden 1993
(zit.: Habermehl, Polizei- und Ordnungsrecht, S.)

Hain, Karl-E., Konkretisierung der Menschenwürde durch Abwägung?, Der Staat 45 (2006), S. 189 – 214
(zit.: Hain, Konkretisierung der Menschenwürde durch Abwägung?, Der Staat 45 (2006), 189 (Fundseite))

Haltermann, H. Lee/Lobel, Jules/Starr, Joel E./Ratner, Michael/Klimaski, James, The Fog of War [Powers], 37 Stan. J. Int'l L. (2001), S. 197 – 204
(zit.: Haltermann/Lobel/Starr/Ratner/Klimaski, The Fog of War [Powers], 37 Stan. J. Int'l L. (2001), 197 (Fundseite))

Haltern, Ulrich R., Verfassungsgerichtsbarkeit, Demokratie und Mißtrauen: Das Bundesverfassungsgericht in einer Verfassungstheorie zwischen Populismus und Progressivismus, Diss. Berlin 1998
(zit.: Haltern, Verfassungsgerichtsbarkeit, Demokratie und Mißtrauen, S.)

Haltern, Ulrich, Europarecht und das Politische, Tübingen 2005
(zit.: Haltern, Europarecht und das Politische, S.)

Haltern, Ulrich, Unsere protestantische Menschenwürde, in: Bahr/Heinig (Hrsg.), Menschenwürde in der säkularen Verfassungsordnung, Tübingen 2006, S. 93 – 124
(zit.: Haltern, Unsere protestantische Menschenwürde, in: Menschenwürde in der säkularen Verfassungsordnung, S. 93 (Fundseite))

Haltern, Ulrich, Erklärungsnotstand des Liberalismus: Warum Rechtswissenschaft keine Wissenschaft der Politik ist, in: Seen/Puskás (Hrsg.), Rechtswissenschaft als Kulturwissenschaft?, ARSP Beiheft Nr. 115 (2007), Stuttgart 2007, S. 145 – 166
(zit.: Haltern, Erklärungsnotstand des Liberalismus, in: Rechtswissenschaft als Kulturwissenschaft, S. 145 (Fundseite))

Haltern, Ulrich, Was bedeutet Souveränität, Tübingen 2007
(zit.: Haltern, Was bedeutet Souveränität, S.)

Haltern, Ulrich, Notwendigkeit und Umrisse einer Kulturtheorie des Rechts, in: Dreier/Hilgendorf (Hrsg.), Kulturelle Identität als Grund und Grenze des Rechts, ARSP Beiheft Nr. 113, Stuttgart 2008, S. 193 – 221
(zit.: Haltern, Notwendigkeit und Umrisse einer Kulturtheorie des Rechts, in: Kulturelle Identität als Grund und Grenze des Rechts, S. 193 (Fundseite))

Haltern, Ulrich, Obamas politischer Körper, Berlin 2009
(zit.: Haltern, Obamas politischer Körper, S.)

Haltern, Ulrich, Recht und soziale Imagination, in: Gephart (Hrsg.), Rechtsanalyse als Kulturforschung, Frankfurt a.M. 2012, S. 89 – 102
(zit.: Haltern, Recht und soziale Imagination, in: Rechtsanalyse als Kulturforschung, S. 89 (Fundseite))

Haltern, Ulrich, Die künftige Ausgestaltung der bundesstaatlichen Finanzordnung, VVDStRL 73, Berlin/Boston, MA 2014, S. 103 – 151
(zit.: Haltern, Die künftige Ausgestaltung der bundesstaatlichen Finanzordnung, VVDStRL 73 (2014), S. 103 (Fundseite))

Hamm, Mark S., Apocalypse in Oklahoma: Waco and Ruby Ridge Revenged, Boston, MA 1997
(zit.: Hamm, Apocalypse in Oklahoma, S.)

Hamm, Rainer, Schluss der Debatte über Ausnahmen vom Folterverbot!, NJW 2003, S. 946 – 947
(zit.: Rainer Hamm, Schluss der Debatte über Ausnahmen vom Folterverbot, NJW 2003, 946 (Fundseite))

Hartleb, Torsten, Der neue § 14 III LuftSiG und das Grundrecht auf Leben, NJW 2005, S. 1397 – 1401
(zit.: Hartleb, Der neue § 14 III LuftSiG und das Grundrecht auf Leben, NJW 2005, 1397 (Fundseite))

Hartman, Marshall J., Foreword: The Burger Court – 1973 Term: Leaving the Sixties Behind Us, 65 J. Crim. L. & Criminology (1974), S. 437 – 447
(zit.: Hartman, Foreword: The Burger Court – 1973 Term: Leaving the Sixties Behind Us, 65 J. Crim. L. & Criminology (1974), 437 (Fundseite))

Hase, Friedhelm, Das Luftsicherheitsgesetz: Abschuss von Flugzeugen als „Hilfe bei einem Unglücksfall"?, DÖV 2006, S. 213 – 218
(zit.: Hase, Das Luftsicherheitsgesetz, DÖV 2006, 213 (Fundseite))

Haubenreich, Sheerin N. S., Sometimes You Have to Go Backwards to Go Forwards: Judicial Review and the New National Security Exception, 8 Conn. Pub. Int. L. J. (2008), S. 1 – 40
(zit.: Haubenreich, Sometimes You Have to Go Backwards to Go Forwards, 8 Conn. Pub. Int. L. J. (2008), 1 (Fundseite))

Haurand, Günter/Vahle, Jürgen, Rechtliche Aspekte der Gefahrenabwehr in Entführungsfällen, NVwZ 2003, S. 513 – 521
(zit.: Haurand/Vahle, Rechtliche Aspekte der Gefahrenabwehr in Entführungsfällen, NVwZ 2003, 513 (Fundseite))

Häußler, Ulf, Air Policing and Counter-Renegade Action: Options beyond the German Aviation Security Act, 48 Mil. L. & L. War Rev. (2009), S. 7 – 80
(zit.: Häußler, Air Policing and Counter-Renegade Action, 48 Mil. L. & L. War Rev. (2009), 7 (Fundseite))

Heberling, Peter D. W., Justification: The Impact of the Model Penal Code on Statutory Reform, 75 Colum. L. Rev. (1975), S. 914 – 962
(zit.: Heberling, Justification: The Impact of the Model Penal Code on Statutory Reform, 75 Colum. L. Rev. (1975), 914 (Fundseite))

Hecker, Wolfgang, Relativierung des Folterverbots in der BRD?, KJ 36 (2003), S. 210 – 218
(zit.: Hecker, Relativierung des Folterverbots in der BRD?, KJ 36 (2003), 210 (Fundseite))

Hecker, Wolfgang, Die Entscheidung des Bundesverfassungsgerichts zum Luftsicherheitsgesetz, KJ 39 (2006), S. 179 – 194
(zit.: Hecker, Die Entscheidung des Bundesverfassungsgerichts zum Luftsicherheitsgesetz, KJ 39 (2006), 179 (Fundseite))

von Heintschel-Heinegg, Bernd (Hrsg.), Beck'scher Online-Kommentar Strafgesetzbuch, 45. Edition, Stand: 01.11.2019
(zit.: Bearbeiter, in: Beck-OK/StGB, § Rn.)

Henn, Martin, Under the Color of Law: The Bush Administration's Subversion of U.S. Constitutional and International Law in the War on Terror, Lanham, MD 2010
(zit.: Henn, Under the Color of Law, S.)

Henshall, Ian/Morgan, Rowland, 9.11 Revealed: Challenging the Facts behind the War on Terror, London 2005
(zit.: Henshall/Morgan, 9.11 Revealed)

Herbst, Catarina Cristina, Die lebensrettende Aussageerzwingung, Berlin 2011
(zit.: Herbst, Die lebensrettende Aussageerzwingung, S.)

Herzberg, Rolf Dietrich, Der Fall Hackethal: Strafbare Tötung auf Verlangen?, NJW 1986, S. 1635 – 1644
(zit.: Herzberg, Der Fall Hackethal: Strafbare Tötung auf Verlangen?, NJW 1986, 1635 (Fundseite))

Herzberg, Rolf Dietrich, Folter und Menschenwürde, JZ 2005, S. 321 – 328
(zit.: Herzberg, Folter und Menschenwürde, JZ 2005, 321 (Fundseite))

Hetzer, Wolfgang, Rechtsstaat oder Ausnahmezustand?, Berlin 2008
(zit.: Hetzer, Rechtsstaat oder Ausnahmezustand?, S.)

Hilgendorf, Eric, Forum – Zwischen Humanexperiment und Rettung ungeborenen Lebens, JuS 1993, S. 97 – 103
(zit.: Hilgendorf, Forum – Zwischen Humanexperiment und Rettung ungeborenen Lebens, JuS 1993, 97 (Fundseite))

Hilgendorf, Eric, Folter im Rechtsstaat?, JZ 2004, S. 331 – 339
(zit.: Hilgendorf, Folter im Rechtsstaat?, JZ 2004, 331 (Fundseite))

Hilgendorf, Eric, Tragische Fälle: Extremsituationen und strafrechtlicher Notstand, in: Blaschke/Förster/Lumpp/Schmidt (Hrsg.), Sicherheit statt Freiheit? Staatliche Handlungsspielräume in extremen Gefährdungslagen, Berlin 2005, S. 107 – 132
(zit.: Hilgendorf, Tragische Fälle, in: Sicherheit statt Freiheit?, S. 107 (Fundseite))

Hillgruber, Christian, Der Schutz des Menschen vor sich selbst, Diss. München 1992
(zit.: Hillgruber, Der Schutz des Menschen vor sich selbst, S.)

Hillgruber, Christian, Souveränität – Verteidigung eines Rechtsbegriffes, JZ 2002, S. 1072 – 1080
(zit.: Hillgruber, Souveränität – Verteidigung eines Rechtsbegriffes, JZ 2002, 1072 (Fundseite))

Hillgruber, Christian/Hoffmann, Jeannine, Mehr, als die Polizei erlaubt?, NWVBl. 2004, S. 176 – 180
(zit.: Hillgruber/Hoffmann, Mehr, als die Polizei erlaubt?, NWVBl. 2004, 176 (Fundseite))

Hillgruber, Christian, Der Staat des Grundgesetzes – nur „bedingt abwehrbereit“?, JZ 2007, S. 209 – 218
(zit.: Hillgruber, Der Staat des Grundgesetzes, JZ 2007, 209 (Fundseite))

Hirsch, Burkhard, Einsatz der Bundeswehr in inneren Krisen, ZRP 2003, S. 378
(zit.: Burkhard Hirsch, Einsatz der Bundeswehr in inneren Krisen, ZRP 2003, 378 (378))

Hirsch, Burkhard, Schutz des Luftverkehrs durch ein Luftsicherheitsgesetz?, ZRP 2004, S. 273 – 274
(zit.: Burkhard Hirsch, Schutz des Luftverkehrs durch ein Luftsicherheitsgesetz?, ZRP 2004, 273 (Fundseite))

Hirsch, Burkhard, Verfassungsbeschwerde gegen das Gesetz zur Neuregelung von Luftsicherheitsaufgaben, KritV 89 (2006), S. 3 – 20
(zit.: Burkhard Hirsch, Verfassungsbeschwerde gegen das Gesetz zur Neuregelung von Luftsicherheitsaufgaben, KritV 89 (2006), 3 (Fundseite))

Hirsch, Burkhard, Zum Verbot des Rettungstotschlags, NJW 2007, S. 1188 – 1189
(zit.: Burkhard Hirsch, Zum Verbot des Rettungstotschlags, NJW 2007, 1188 (Fundseite))

Hirsch, Hans Joachim, Einwilligung und Selbstbestimmung, in: Stratenwerth u.a. (Hrsg.), Festschrift für Hans Welzel zum 70. Geburtstag am 25. März 1974, Berlin 1974, S. 775 – 800
(zit.: Hirsch, Einwilligung und Selbstbestimmung, in: FS Welzel, S. 775 (Fundseite))

Hirsch, Hans Joachim, „Strafrecht und rechtsfreier Raum“, in: Kaufmann u.a. (Hrsg.), Festschrift für Paul Bockelmann, München 1979, S. 89 – 115
(zit.: Hirsch, „Strafrecht und rechtsfreier Raum“, in: FS Bockelmann, S. 89 ff. (Fundseite))

Hirsch, Hans Joachim, Anm. zum Urteil des BGH v. 15.5.1979 – 1 StR 74/79 (= NJW 1979, 2053), JR 1980, S. 115 – 118
(zit.: Hirsch, Anm. zum Urteil des BGH v. 15.5.1979 – 1 StR 74/79, JR 1980, 115 (Fundseite))

Hirsch, Hans Joachim, Defensiver Notstand gegenüber ohnehin Verlorenen, in: Hettinger u.a. (Hrsg.), Festschrift für Wilfried Küper zum 70. Geburtstag, Heidelberg 2007, S. 149 – 172
(zit.: Hirsch, Defensiver Notstand gegenüber ohnehin Verlorenen, in: FS Küper, S. 149 (Fundseite))

Hobe, Stephan, Zu den verfassungsrechtlichen Grenzen der Gefahrenabwehr im nationalen Luftraum, 55 ZLW (2006), S. 333 – 339
(zit.: Hobe, Zu den verfassungsrechtlichen Grenzen der Gefahrenabwehr im nationalen Luftraum, 55 ZLW (2006), 333 (Fundseite))

Hochhuth, Martin, Militärische Bundesintervention bei inländischem Terrorakt, NZWehrr 2002, S. 154 – 167
(zit.: Hochhuth, Militärische Bundesintervention bei inländischem Terrorakt, NZWehrr 2002, 154 (Fundseite))

Höfling, Wolfram, Menschenwürde und gute Sitten, NJW 1983, S. 1582 – 1585
(zit.: Höfling, Menschenwürde und gute Sitten, NJW 1983, 1582 (Fundseite))

Höfling, Wolfram/Augsberg, Stefan, Luftsicherheit, Grundrechtsregime und Ausnahmezustand, JZ 2005, S. 1080 – 1088
(zit.: Höfling/Augsberg, Luftsicherheit, Grundrechtsregime und Ausnahmezustand, JZ 2005, 1080 (Fundseite))

Hofmann, Hans, Die Menschenwürde in Grenzbereichen der Rechtsordnung; in: Pitschas/Uhle, Wege gelebter Verfassung in Recht und Politik Festschrift für Rupert Scholz, Berlin 2007, S. 225 – 249
(zit.: Hofmann, Die Menschenwürde in Grenzbereichen der Rechtsordnung; in: FS Scholz, S. 225 (Fundseite)

Hofmann, Jens, Zur Absolutheit des Menschenwürdeschutzes im Wirken des Präsidenten des BVerfG Hans-Jürgen Papier, NVwZ 2010, S. 217 – 221
(zit.: Jens Hofmann, Zur Absolutheit des Menschenwürdeschutzes im Wirken des Präsidenten des BVerfG Hans-Jürgen Papier, NVwZ 2010, 217 (Fundseite))

Hömig, Dieter, Menschenwürdeschutz in der Rechtsprechung des Bundesverfassungsgerichts, in: Gröschner/Lembcke (Hrsg.), Das Dogma der Unantastbarkeit, Tübingen 2009, S. 25 – 52
(zit.: Hömig, Menschenwürdeschutz in der Rechtsprechung des Bundesverfassungsgerichts, in: Das Dogma der Unantastbarkeit, S. 25 (Fundseite))

Honigsberg, Peter Jan, Our Nation Unhinged: The Human Consequences of the War on Terror, Berkeley, CA 2009
(zit.: Honigsberg, Our Nation Unhinged, S.)

Horlacher, Carmen, Auskunftserlangung mittels Folter, Diss. Hamburg 2007
(zit.: Horlacher, Auskunftserlangung mittels Folter, S.)

Horlick, Gary N., The Developing Law of Air Hijacking, 12 Harv. Int'l. L. J. (1971), S. 33 – 70
(zit.: Horlick, The Developing Law of Air Hijacking, 12 Harv. Int'l. L. J. (1971), 33 (Fundseite))

Horn, Lutz, Die Anwendung militärischer Gewalt auf zivile Passagierflugzeuge im Friedensvölkerrecht und ihre Rechtsfolgen, Diss. Frankfurt a.M. 1992
(zit.: Lutz Horn, Die Anwendung militärischer Gewalt auf zivile Passagierflugzeuge im Friedensvölkerrecht und ihre Rechtsfolgen, S.)

Horn, Sascha, Die Verfassungsgemäßheit präventiver Terrorismusbekämpfungsmaßnahmen, Diss. Frankfurt a.M. 2014
(zit.: Horn, Die Verfassungsgemäßheit präventiver Terrorismusbekämpfungsmaßnahmen, S.)

Hörnle, Tatjana, Menschenwürde und Lebensschutz, ARSP 89 (2003), S. 318 – 338
(zit.: Hörnle, Menschenwürde und Lebensschutz, ARSP 89 (2003), 318 (Fundseite))

Hörnle, Tatjana, Hijacked Airplanes: May They Be Shot Down?, 10 New Crim. L. Rev. (2007), S. 582 – 612
(zit.: Hörnle, Hijacked Airplanes: May They Be Shot Down?, 10 New Crim. L. Rev. (2007), 582 (Fundseite))

Hörnle, Tatjana, Töten, um viele Leben zu retten. Schwierige Notstandsfälle aus moralphilosophischer und strafrechtlicher Sicht, in: Holm u.a. (Hrsg.), Strafrecht zwischen System und Telos Festschrift für Rolf Dietrich Herzberg zum siebzigsten Geburtstag am 14. Februar 2008, Tübingen 2008, S. 555 – 574
(zit.: Hörnle, Töten, um viele Leben zu retten, in: FS Herzberg, S. 555 (Fundseite))

Hörnle, Tatjana, Shooting Down a Hijacked Plane – The German Discussion and Beyond, 3 Criminal Law and Philosophy (2009), S. 111 – 131
(zit.: Hörnle, Shooting Down a Hijacked Plane, 3 Criminal Law and Philosophy (2009), 111 (Fundseite))

Huang, Reyko, Counterterrorism and the Rule of Law, in: Hurwitz/Huang (Hrsg.), Civil War and the Rule of Law, London 2008, S. 261 – 284
(zit.: Huang, Counterterrorism and the Rule of Law, in: Civil War and the Rule of Law, S. 261 (Fundseite))

Huber, Karl, § 34 StGB als Rechtfertigungsgrund für hoheitliches Handeln, Diss. München 1982
(zit.: Huber, § 34 StGB als Rechtfertigungsgrund für hoheitliches Handeln, S.)

Hughes, William J., Aerial Intrusions by Civil Airliners and the Use of Force, 45 J. Air L. & Com. (1979-1980), S. 595 – 620
(zit.: Hughes, Aerial Intrusions by Civil Airliners and the Use of Force, J. Air L. & Com. 45 (1979-1980), 595 (Fundseite))

Hülsse, Rainer/Spencer, Alexander, The Metaphor of Terror: Terrorism Studies and Constructivist Turn, 39 Security Dialogue (2008), S. 571 – 592
(zit.: Hülsse/Spencer, The Metaphor of Terror, 39 Security Dialogue (2008), 571 (Fundseite))

Hunter, Nan D., The Law of Emergencies: Public Health and Disaster Management, Online-Ausgabe 2010
(zit.: Hunter, The Law of Emergencies, S.)

Huskisson, Darren C., The Air Bridge Denial Program and the Shootdown of Civil Aircraft under International Law, 56 A.F.L. Rev. (2005), S. 109 – 166
(zit.: Huskisson, The Air Bridge Denial Program and the Shootdown of Civil Aircraft under International Law, 56 A.F.L. Rev. (2005), 109 (Fundseite)

Ipsen, Jörn, Niedersächsisches Polizei- und Ordnungsrecht, 4. Aufl., Stuttgart 2010
(zit.: Jörn Ipsen, Nds. Polizei- und Ordnungsrecht, § Rn.)

Ipsen, Knut, Menschenwürde und Waffeneinsatz mit Kollateralwirkung auf Zivilpersonen, NZWehrr 2008, S. 156 – 163
(zit.: Ipsen, Menschenwürde und Waffeneinsatz mit Kollateralwirkung auf Zivilpersonen, NZWehrr 2008, 156 (Fundseite))

Ipsen, Knut, Völkerrecht, 7. Aufl., München 2018
(zit.: Ipsen, Völkerrecht, § Rn.)

Isensee, Josef, Menschenwürde: die säkulare Gesellschaft auf der Suche nach dem Absoluten, AöR 131 (2006), S. 173 – 216
(zit.: Isensee, Menschenwürde: die säkulare Gesellschaft auf der Suche nach dem Absoluten, AöR 131 (2006), 173 (Fundseite))

Isensee, Josef, Leben gegen Leben – Das grundrechtliche Dilemma des Terrorangriffs mit gekapertem Passagierflugzeug, in: Pawlik/Zaczyk (Hrsg.), Festschrift für Günther Jakobs, Berlin 2007, S. 205 – 234
(zit.: Isensee, Leben gegen Leben, in: FS Jakobs, S. 205 (Fundseite))

Isensee, Josef, Das Grundrecht als Abwehrrecht und als staatliche Schutzpflicht, in: Isensee/Kirchhof, Handbuch des Staatsrechts, Band IX, § 191, 3. Aufl., Heidelberg 2011, S. 413 – 568
(zit.: Isensee, Das Grundrecht als Abwehrrecht und als staatliche Schutzpflicht, in: HStR IX, S. 413 (Fundseite))

Jäger, Christian, Die Abwägbarkeit menschlichen Lebens im Spannungsfeld von Strafrechtsdogmatik und Rechtsphilosophie; ZStW 115 (2003), S. 765 – 790
(zit.: Jäger, Die Abwägbarkeit menschlichen Lebens im Spannungsfeld von Strafrechtsdogmatik und Rechtsphilosophie; ZStW 115 (2003), 765 (Fundseite))

Jäger, Christian, Das Verbot der Folter als Ausdruck der Würde des Staates, in: Holm/Putzke u.a. (Hrsg.), Strafrecht zwischen System und Telos Festschrift für Rolf Dietrich Herzberg zum siebzigsten Geburtstag am 14. Februar 2008, Tübingen 2008, S. 539 – 553
(zit.: Jäger, Das Verbot der Folter als Ausdruck der Würde des Staates, in: FS Herzberg, S. 539 (Fundseite))

Jahn, Matthias, Das Strafrecht des Staatsnotstandes, Frankfurt a.M. 2004
(zit.: Jahn, Das Strafrecht des Staatsnotstandes, S.)

Jahn, Matthias, Gute Folter – schlechte Folter?, KritV 87 (2004), S. 24 – 49
(zit.: Jahn, Gute Folter – schlechte Folter?, KritV 87 (2004), 24 (Fundseite))

Jakobs, Günther, Strafrecht Allgemeiner Teil, 2. Aufl., Berlin 1991
(zit.: Jakobs, Strafrecht AT, S.)

Jakobs, Günther, Bürgerstrafrecht und Feindstrafrecht, HRRS 2004, S. 88 – 95
(zit.: Jakobs, Bürgerstrafrecht und Feindstrafrecht, HRRS 2004, 88 (Fundseite))

Jakobs, Günther, Terroristen als Personen im Recht?, ZStW 117 (2005), S. 839 – 851
(zit.: Jakobs, Terroristen als Personen im Recht?, ZStW 117 (2005), 839 (Fundseite))

Jakobs, Günther, Rechtszwang und Personalität, Paderborn 2008
(zit.: Jakobs, Rechtszwang und Personalität, S.)

Jarass, Hans D./Pieroth, Bodo, Grundgesetz für die Bundesrepublik Deutschland, Kommentar, 15. Aufl., München 2018
(zit.: Bearbeiter, in: Jarass/Pieroth, GG, Art. Rn.)

Jerouschek, Günter/Kölbel, Ralf, Folter von Staats wegen?, JZ 2003, S. 613 – 620
(zit.: Jerouschek/Kölbel, Folter von Staats wegen?, JZ 2003, 613 (Fundseite))

Jerouschek, Günter, Nach dem 11. September 2001: Strafrechtliche Überlegungen zum Abschuss eines von Terroristen entführten Flugzeugs, in: Amelung u.a. (Hrsg.), Strafrecht – Biorecht – Rechtsphilosophie. Festschrift für Hans-Ludwig Schreiber, Heidelberg 2003, S. 185 – 198
(zit.: Jerouschek, Nach dem 11. September 2001: Strafrechtliche Überlegungen zum Abschuss eines von Terroristen entführten Flugzeugs, in: FS Schreiber, S. 185 (Fundseite))

Jestaedt, Matthias, Phänomen Bundesverfassungsgericht. Was das Gericht zu dem macht, was es ist, in: ders./Lepsius/Möllers/Schönberger, Das entgrenzte Gericht – Eine kritische Bilanz nach sechzig Jahren Bundesverfassungsgericht, Berlin 2011, S. 77 – 157
(zit.: Jestaedt, Phänomen Bundesverfassungsgericht. Was das Gericht zu dem macht, was es ist, in: Das entgrenzte Gericht, S. 77 (Fundseite))

Joecks, Wolfgang/Miebach, Klaus (Hrsg.), Münchener Kommentar StGB, Band 1 §§ 1 – 37 StGB, 3. Aufl., München 2017
(zit.: Bearbeiter, in: Mü-Ko/StGB, § Rn.)

Joecks, Wolfgang/Miebach, Klaus (Hrsg.), Münchener Kommentar StGB, Band 2 §§ 38 – 79b StGB, 3. Aufl., München 2016
(zit.: Bearbeiter, in: Mü-Ko/StGB, § Rn.)

Joecks, Wolfgang/Miebach, Klaus (Hrsg.), Münchener Kommentar StGB, Band 4 §§ 185 – 262 StGB, 3. Aufl., München 2017
(zit.: Bearbeiter, in: Mü-Ko/StGB, § Rn.)

Joecks, Wolfgang, Studienkommentar StGB, 12. Aufl., München 2018
(zit.: Joecks, Studienkommentar StGB, § Rn.)

June, Dale J., Gemini: Terrorism and Homeland Security, in: June (Hrsg.), Terrorism and Homeland Security: Perspectives, Thoughts, and Opinions, Boca Raton, FL 2011, S. 1 – 36
(zit.: June, Gemini: Terrorism and Homeland Security, in: Terrorism and Homeland Security, S. 1 (Fundseite))

Jüttner, Julia, Der Nationalsozialistische Untergrund, in: Röpke/Speit (Hrsg.), Blut und Ehre, Berlin 2013, S. 61 – 93
(zit.: Jüttner, Der Nationalsozialistische Untergrund, in: Blut und Ehre, S. 61 (Fundseite))

Kadish, Sanford H./Schulhofer, Stephen J./Streiker, Carol S./Barkow, Rachel E., Criminal Law and its Processes: Cases and Materials, 9. Aufl., New York, NY 2012
(zit.: Kadish/Schulhofer/Streiker/Barkow, Criminal Law and its Processes, S.)

Kahl, Wolfgang/Waldhoff, Christian/Walter, Christian (Hrsg.), Bonner Kommentar zum Grundgesetz, Band 2 Art 2 und 3, Ergänzungslieferung Heidelberg November 2019
(zit.: Bearbeiter, in: Bonner Kommentar GG, Art. Rn.)

Kahn, Paul W., The Cultural Study of Law, Chicago, IL 1999
(zit.: Kahn, The Cultural Study of Law, S.)

Kahn, Paul W., Putting Liberalism in Its Place, Princeton, NJ 2005
(zit.: Kahn, Putting Liberalism in Its Place, S.)

Kahn, Paul W., Sacred Violence: Torture, Terror, and Sovereignty, Ann Arbor, MI 2008
(zit. Kahn, Sacred Violence, S.)

Kahn, Paul W., Political Theology: Four New Chapters on the Concept of Sovereignty, New York, NY 2012
(zit.: Kahn, Political Theology: Four New Chapters on the Concept of Sovereignty, S.)

Kantorowicz, Ernst H., Mysterien des Staates, in: ders., Götter in Uniform, Stuttgart 1998, S. 263 – 289
(zit.: Kantorowicz, Mysterien des Staates, in: Götter in Uniform, S. 263 (Fundseite))

Katyal, Neal K./Tribe, Laurence H., Waging War, Deciding Guilt: Trying the Military Tribunals, 111 Yale L. J. (2002), S. 1259 – 1310
(zit.: Katyal/Tribe, Waging War, Deciding Guilt: Trying the Military Tribunals, 111 Yale L. J. (2002), 1259 (Fundseite))

Kaufmann, Arthur, Rechtsfreier Raum und eigenverantwortliche Entscheidung, in: Schroeder/Zipf (Hrsg.), Festschrift für Reinhart Maurach zum 70. Geburtstag, Karlsruhe 1972, S. 327 – 345
(zit.: Kaufmann, Rechtsfreier Raum und eigenverantwortliche Entscheidung, in: FS Maurach, S. 327 (Fundseite))

Kauper, Paul G., The Steel Seizure Case: Congress, the President, and the Supreme Court, 51 Mich. L. Rev. (1952), S. 141 – 182
(zit.: Kauper, The Steel Seizure Case, 51 Mich. L. Rev. (1952), 141 (Fundseite))

Kealy, Sean J., Examining the Posse Comitatus Act: Toward a Right to Civil Law Enforcement, 21 Yale L. & Pol'y Rev. (2003), S. 383 – 442
(zit.: Kealy, Examining the Posse Comitatus Act, 21 Yale L. & Pol'y Rev. (2003), 383 (Fundseite))

Kersten, Jens, Die Tötung von Unbeteiligten – Zum verfassungsrechtlichen Grundkonflikt des § 14 III LuftSiG, NVwZ 2005, S. 661 – 663
(zit.: Kersten, Die Tötung von Unbeteiligten, NVwZ 2005, 661 (Fundseite))

Kesler, Charles R./Rossiter, Clinton (Hrsg.), The Federalist Papers, New York, NY 1999 (Nachdruck 1961)
(zit.: Kesler/Rossiter (Hrsg.), The Federalist Papers, No., S.)

Kessler Ferzan, Kimberly, Defending Imminence: From Battered Women to Iraq, 46 Arizona L. Rev. (2004), S. 213 – 262
(zit.: Kessler Ferzan, Defending Imminence: From Battered Women to Iraq, 46 Arizona L. Rev. (2004), 213 (Fundseite))

Khan, Daniel-Erasmus, Der Staat im Unrecht: Luftsicherheit und Menschenwürde, in: Breuer u.a. (Hrsg.), Der Staat im Recht – Festschrift für Eckart Klein zum 70. Geburtstag, Berlin 2013, S. 143 – 156
(zit.: Khan, Der Staat im Unrecht: Luftsicherheit und Menschenwürde, in: Der Staat im Recht, S. 143 (Fundseite))

Kindhäuser, Urs/Neumann, Ulfried/Paeffgen, Hans-Ullrich (Hrsg.), Strafgesetzbuch Kommentar Band 1, 5. Aufl., Baden-Baden 2017
(zit.: Bearbeiter, in: Kindhäuser/Neumann/Paeffgen, StGB, § Rn.)

Kindhäuser, Urs/Neumann, Ulfried/Paeffgen, Hans-Ullrich (Hrsg.), Strafgesetzbuch Kommentar Band 2, 5. Aufl., Baden-Baden 2017
(zit.: Bearbeiter, in: Kindhäuser/Neumann/Paeffgen, StGB, § Rn.)

Kindhäuser, Urs/Hilgendorf, Eric (Hrsg.), Nomos-Kommentar Strafgesetzbuch, 8. Aufl., Baden-Baden 2020
(zit.: Kindhäuser/Hilgendorf, Nomos-Kommentar StGB, § Rn.)

Kinzig, Jörg, Not kennt kein Gebot?, ZStW 115 (2003), S. 791 – 814
(zit.: Kinzig, Not kennt kein Gebot?, ZStW 115 (2003), 791 (Fundseite))

Kinzig, Jörg, Not kennt kein Gebot? Die strafrechtlichen Konsequenzen von Folterhandlungen an Tatverdächtigen durch Polizeibeamte mit präventiver Zielsetzung, in: Gehl (Hrsg.), Folter – Zulässiges Instrument im Strafrecht?, Weimar 2005, S. 11 – 35
(zit.: Kinzig, Not kennt kein Gebot?, in: Folter – Zulässiges Instrument im Strafrecht?, S. 11 (Fundseite))

Kirchhof, Paul, Die Zulässigkeit staatlicher Gewalt in Ausnahmesituationen, in: Birtles u.a. (Hrsg.), Die Zulässigkeit staatlicher Gewalt in Ausnahmesituationen, Karlsruhe 1976, S. 83 – 118
(zit.: Kirchhof, Die Zulässigkeit staatlicher Gewalt in Ausnahmesituationen, in: Die Zulässigkeit staatlicher Gewalt in Ausnahmesituationen, S. 83 (Fundseite))

Kirchhof, Paul, Eingriffsbefugnisse und private Nothilfe, NJW 1978, S. 969 – 973
(zit.: Kirchhof, Eingriffsbefugnisse und private Nothilfe, NJW 1978, 969 (Fundseite))

Klein, Eckart, Das Gesetz zur Neuregelung von Luftsicherheitsaufgaben (LuftSiG) auf dem Prüfstand, ZG 2005, S. 289 – 299
(zit.: Klein, Das Gesetz zur Neuregelung von Luftsicherheitsaufgaben (LuftSiG) auf dem Prüfstand, ZG 2005, 289 (Fundseite))

Klein, Eckart, Die vorsätzliche Tötung unbeteiligter Personen durch den Staat, in: Grupp/Hufeld (Hrsg.), Recht – Kultur – Finanzen, Festschrift für Reinhard Mußgnug, Heidelberg 2005, S. 71 – 83
(zit.: Klein, Die vorsätzliche Tötung unbeteiligter Personen durch den Staat, in: FS Mußgnug, S. 71 (Fundseite))

Klinger, David A./Grossman, Dave, Who Should Deal with Foreign Terrorists on U.S. Soil?: Socio-legal Consequences of September 11 and the Ongoing Threat of Terrorist Attacks in America, 25 Harv. J. L. & Pub. Pol'y (2001/2002), S. 815 – 834
(zit.: Klinger/Grossman, Who Should Deal with Foreign Terrorists on U.S. Soil?, 25 Harv. J. L. & Pub. Pol'y (2001/2002), 815 (Fundseite))

Kloepfer, Michael, Grundrechtstatbestand und Grundrechtsschranken in der Rechtsprechung des Bundesverfassungsgerichts – Dargestellt am Beispiel der Menschenwürde, in: Starck (Hrsg.), Bundesverfassungsgericht und Grundgesetz - Festschrift 25 Jahre Bundesverfassungsgericht, Tübingen 1976, S. 405 – 420
(zit.: Kloepfer, Grundrechtstatbestand und Grundrechtsschranken in der Rechtsprechung des Bundesverfassungsgerichts, in: FS 25 Jahre BVerfG, S. 405 (Fundseite))

Kloepfer, Michael, Leben und Würde des Menschen, in: Badura/Dreier (Hrsg.), Festschrift 50 Jahre Bundesverfassungsgericht, Tübingen 2001, S. 77 – 104
(zit.: Kloepfer, Leben und Würde des Menschen, in: FS 50 Jahre BVerfG, S. 77 (Fundseite))

Knelangen, Wilhelm, Innere Sicherheit als neue Aufgabe für die Bundeswehr, in: Irlenkaeuser/Krause (Hrsg.): Bundeswehr – Die nächsten 50 Jahre – Anforderungen an deutsche Streitkräfte im 21. Jahrhundert, Opladen 2006, S. 253 – 273
(zit.: Knelangen, Innere Sicherheit als neue Aufgabe für die Bundeswehr, in: Bundeswehr – Die nächsten 50 Jahre – Anforderungen an deutsche Streitkräfte im 21. Jahrhundert, S. 253 (Fundseite))

Knödler, Christoph, Terror, Schutz – und Einsatz der Streitkräfte im Innern, BayVBl. 2002, S. 107 – 111
(zit.: Knödler, Terror, Schutz – und Einsatz der Streitkräfte im Innern, BayVBl. 2002, 107 (Fundseite))

Koch, Arnd, Tötung Unschuldiger als straflose Rettungshandlung?, JA 2005, S. 745 – 749
(zit.: Koch, Tötung Unschuldiger als straflose Rettungshandlung?, JA 2005, 745 (Fundseite))

Koch, Thorsten, Der Grundrechtsschutz des Drittbetroffenen: zur Rekonstruktion der Grundrechte als Abwehrrechte, Tübingen 2000
(zit.: Thorsten Koch, Der Grundrechtsschutz des Drittbetroffenen, S.)

Koh, Harold Hongju, Setting the World Right, 115 Yale L. J. (2006), S. 2350 – 2379
(zit.: Koh, Setting the World Right, 115 Yale L. J. (2006), 2350 (Fundseite))

Köhler, Michael, Die objektive Zurechnung der Gefahr als Voraussetzung der Eingriffsbefugnis im Defensivnotstand, in: Hoyer u.a. (Hrsg.), Festschrift für Friedrich-Christian Schroeder zum 70. Geburtstag, Heidelberg 2006, S. 257 – 270
(zit.: Köhler, Die objektive Zurechnung der Gefahr als Voraussetzung der Eingriffsbefugnis im Defensivnotstand, in: FS Schroeder, S. 257 (Fundseite))

Koskenniemi, Martti, International Legislation Today: Limits and Possibilities, 23 Wis. Int'l L. J. (2005), S. 61 – 92
(zit.: Koskenniemi, International Legislation Today: Limits and Possibilities, 23 Wis. Int'l L. J. (2005), 61 (Fundseite))

Kreimer, Seth F., Too Close to the Rack and the Screw: Constitutional Constraints on Torture in the War on Terror, 6 U. Pa. J. Const. L. (2003-2004), S. 278 – 325
(zit.: Kreimer, Too Close to the Rack and the Screw, 6 U. Pa. J. Const. L. (2003-2004), 278 (Fundseite))

Krenzler, Michael, An den Grenzen der Notstandsverfassung, Diss. Berlin 1974
(zit.: Krenzler, An den Grenzen der Notstandsverfassung, S.)

Kretzmer, David, Targeted Killing of Suspected Terrorists: Extra-Judicial Executions or Legitimate Means of Defense, 16 EJIL (2005), S. 171 – 212
(zit.: Kretzmer, Targeted Killing of Suspected Terrorists, 16 EJIL (2005), 171 (Fundseite))

Krey, Volker/Esser, Robert, Deutsches Strafrecht Allgemeiner Teil, 6. Aufl., Stuttgart 2016
(zit.: Krey/Esser, Deutsches Strafrecht AT, § Rn.)

Krings, Günter/Burkiczak, Christian, Bedingt abwehrbereit?, DÖV 2002, S. 501 – 512
(zit.: Krings/Burkiczak, Bedingt abwehrbereit?, DÖV 2002, 501 (Fundseite))

Krings, Günter/Burkiczak, Christian, Sicherer Himmel per Gesetz? – Zum Regierungsentwurf für ein Luftsicherheitsgesetz –, NWVBl. 2004, S. 249 – 253
(zit.: Krings/Burkiczak, Sicherer Himmel per Gesetz?, NWVBl. 2004, 249 (Fundseite))

Krüger, Ralf, Die bewußte Tötung bei polizeilichem Schusswaffengebrauch, NJW 1973, S. 1 – 2
(zit.: Krüger, Die bewußte Tötung bei polizeilichem Schusswaffengebrauch, NJW 1973, 1 (Fundseite))

Kugelmann, Dieter, Polizei- und Ordnungsrecht, 2. Aufl., Heidelberg 2012
(zit.: Kugelmann, Polizei- und Ordnungsrecht, S.)

Kühl, Kristian, Strafrecht Allgemeiner Teil, 8. Aufl., München 2017
(zit.: Kühl, Strafrecht AT, § Rn.)

Kunath, Jana, RAF. Die Reaktion des Staates auf den Terrorismus der Roten Armee Fraktion, Marburg 2004
(zit.: Kunath, RAF, S.)

Kunz, Karl-Ludwig, Die organisierte Nothilfe, ZStW 95 (1983), S. 973 – 992
(zit.: Kunz, Die organisierte Nothilfe, ZStW 95 (1983), 973 (Fundseite))

Küper, Wilfried, Grund- und Grenzfragen der rechtfertigenden Pflichtenkollision im Strafrecht, Berlin 1979
(zit.: Küper, Grund- und Grenzfragen der rechtfertigenden Pflichtenkollision im Strafrecht, S.)

Küper, Wilfried, Tötungsverbot und Lebensnotstand. Zur Problematik der Kollision „Leben gegen Leben", JuS 1981, S. 785 – 794
(zit.: Küper, Tötungsverbot und Lebensnotstand, JuS 1981, 785 (Fundseite))

Küper, Wilfried, Grundsatzfragen der „Differenzierung" zwischen Rechtfertigung und Entschuldigung, JuS 1987, S. 81 – 92
(zit.: Küper, Grundsatzfragen der „Differenzierung" zwischen Rechtfertigung und Entschuldigung, JuS 1987, 81 (Fundseite))

Kutscha, Martin, Das Grundrecht auf Leben unter Gesetzesvorbehalt – ein verdrängtes Problem – In memoriam Hans Lisken, NVwZ 2004, S. 801 – 804
(zit.: Kutscha, Das Grundrecht auf Leben unter Gesetzesvorbehalt, NVwZ 2004, 801, (Fundseite))

Lackner, Karl/Kühl, Kristian, Strafgesetzbuch Kommentar, 29. Aufl., München 2018
(zit.: Lackner/Kühl, StGB, § Rn.)

Ladiges, Manuel, Die Bekämpfung nicht-staatlicher Angreifer im Luftraum: unter besonderer Berücksichtigung des § 14 Abs. 3 LuftSiG und der strafrechtlichen Beurteilung der Tötung von Unbeteiligten, Diss. Berlin 2007
(zit.: Ladiges, Die Bekämpfung nicht-staatlicher Angreifer im Luftraum, S.)

Ladiges, Manuel, Die notstandsbedingte Tötung von Unbeteiligten im Fall des § 14 Abs. 3 LuftSiG – ein Plädoyer für die Rechtfertigungslösung, ZIS 2008, S. 129 – 140
(zit.: Ladiges, Die notstandsbedingte Tötung von Unbeteiligten im Fall des § 14 Abs. 3 LuftSiG, ZIS 2008, 129 (Fundseite))

Ladiges, Manuel, Der Einsatz der Streitkräfte im Katastrophennotstand nach dem Plenarbeschluss des Bundesverfassungsgerichts, NVwZ 2012, S. 1225 – 1228
(zit.: Ladiges, Der Einsatz der Streitkräfte im Katastrophennotstand nach dem Plenarbeschluss des Bundesverfassungsgerichts, NVwZ 2012, 1225 (Fundseite))

LaFave, Wayne R., Pinguitudinous Police, Pachydermatous Prey: Whence Fourth Amendment "Seizures"?, 1991 U. Ill. L. Rev. (1991), S. 729 – 764
(zit.: LaFave, Pinguitudinous Police, Pachydermatous Prey: Whence Fourth Amendment "Seizures"?, 1991 U. Ill. L. Rev. (1991), 729 (Fundseite)

LaFave, Wayne R., Criminal Law, 5. Aufl., St. Paul, MN 2010
(zit.: LaFave, Criminal Law, S.)

LaFave, Wayne R., Principles of Criminal Law, 2. Aufl., St. Paul, MN 2010
(zit.: LaFave, Principles of Criminal Law, S.)

LaFave, Wayne R., Search and Seizure: A Treatise on the Fourth Amendment, Vol. 3, 4. Aufl., o. O. 2004
(zit.: LaFave, Search and Seizure, S.)

Lange, Richard, Terrorismus kein Notstandsfall?, NJW 1978, S. 784 – 786
(zit.: Lange, Terrorismus kein Notstandsfall?, NJW 1978, 784 (Fundseite))

Laschewski, Gregor, Der Einsatz der deutschen Streitkräfte im Inland: unter Berücksichtigung des neuen Luftsicherheitsgesetzes sowie aktueller Initiativen zur Änderung des Grundgesetzes, Diss. Würzburg 2005
(zit.: Laschewski, Der Einsatz der deutschen Streitkräfte im Inland, S.)

Lawson, Gary/Ferguson, Katharine/Montero, Guillermo A., "Oh Lord, Please Don't Let Me Be Misunderstood!": Rediscovering the Mathews v. Eldridge and Penn Central Frameworks, 81 Notre Dame L. Rev. (2005), S. 1 – 51
(zit.: Lawson/Ferguson/Montero, "Oh Lord, Please Don't Let Me Be Misunderstood!": Rediscovering the Mathews v. Eldridge and Penn Central Frameworks, 81 Notre Dame L. Rev. (2005), 1 (Fundseite))

Leber, Georg, Vom Frieden, Stuttgart 1979
(zit.: Leber, Vom Frieden, S.)

Leisner, Walter, Grundrechte und Privatrecht, München 1960
(zit.: Leisner, Grundrechte und Privatrecht, S.)

Lenckner, Theodor, Der rechtfertigende Notstand: zur Problematik der Notstandsregelung im Entwurf eines Strafgesetzbuches (E 1962), 1965 Tübingen
(zit.: Lenckner, Der rechtfertigende Notstand, S.)

Lenckner, Theodor, Der Grundsatz der Güterabwägung als Grundlage der Rechtfertigung, GA 1985, S. 295 – 313
(zit.: Lenckner, Der Grundsatz der Güterabwägung als Grundlage der Rechtfertigung, GA 1985, 295 (Fundseite))

Lepsius, Oliver, Das Luftsicherheitsgesetz und das Grundgesetz, in: Roggan (Hrsg.), Mit Recht für Menschenwürde und Verfassungsstaat, Festgabe für Dr. Burkhard Hirsch, Berlin 2006, S. 47 – 74
(zit.: Lepsius, Das Luftsicherheitsgesetz und das Grundgesetz, in: FG Burkhard Hirsch, S. 47 (Fundseite))

Lepsius, Oliver, Human Dignity and the Downing of Aircraft: The German Federal Constitutional Court Strikes Down a Prominent Anti-terrorism Provision in the New Air-transport Security Act, German. L. J. 7 (2006), S. 761 – 772
(zit.: Lepsius, Human Dignity and the Downing of Aircraft, 7 German. L. J. (2006), 761 (Fundseite))

Lerche, Peter, Der gezielte tödliche Schuß nach künftigem einheitlichem Polizeirecht – Zum Verhältnis hoheitlicher Eingriffsbefugnisse zu den allgemeinen Notrechten, in: Kipp/Mayer/Steinkamm (Hrsg.), Um Recht und Freiheit Festschrift für Friedrich August Freiherr von der Heydte zur Vollendung des 70. Lebensjahres, Zweiter Halbband, Berlin 1977, S. 1033 – 1052
(zit.: Lerche, Der gezielt tödliche Schuß nach künftigem einheitlichem Polizeirecht, in: FS Freiherr von der Heydte, S. 1033 (Fundseite))

Levinson, Sanford, Constitutional Faith, Princeton, NJ 1988
(zit.: Levinson, Constitutional Faith, S.)

Ligatti, Christopher, The Legality of American Military Troops Engaging in Domestic Law Enforcement in the Event of a Major Terrorist Attack, 41 New Eng. L. Rev. (2006), S. 199 – 246
(zit.: Ligatti, The Legality of American Military Troops Engaging in Domestic Law Enforcement in the Event of a Major Terrorist Attack, 41 New Eng. L. Rev. (2006), 199 (Fundseite))

Lindner, Josef Franz, Die Würde des Menschen und sein Leben – Zum Verhältnis von Art. 1 Abs. 1 Satz 1 und Art. 2 Abs. 2 Sätze 1 und 3 GG –, DÖV 2006, S. 577 – 588
(zit.: Lindner, Die Würde des Menschen und sein Leben, DÖV 2006, 577 (Fundseite))

Linke, Tobias, Verfassungswidrige Wahrnehmung luftpolizeilicher Aufgaben durch die Bundeswehr, DÖV 2003, S. 890 – 895
(zit.: Linke, Verfassungswidrige Wahrnehmung luftpolizeilicher Aufgaben durch die Bundeswehr, DÖV 2003, 890 (Fundseite))

Linke, Tobias, Innere Sicherheit durch die Bundeswehr? Zu Möglichkeiten und Grenzen der Inlandsverwendung deutscher Streitkräfte, AöR 129 (2004), S. 489 – 541
(zit.: Linke, Innere Sicherheit durch die Bundeswehr?, AöR 129 (2004), 489 (Fundseite))

Linke, Tobias, Zur Rolle des Art. 35 GG in dem Entwurf eines Gesetzes zur Neuregelung von Luftsicherheitsaufgaben, NZWehrr 2004, S. 115 – 125
(zit.: Linke, Zur Rolle des Art. 35 GG in dem Entwurf eines Gesetzes zur Neuregelung von Luftsicherheitsaufgaben, NZWehrr 2004, 115 (Fundseite))

Linke, Tobias, Die >>militärische Waffe<< Ein Begriffsgespenst im Wehrverfassungs- und im Recht der inneren Sicherheit, NZWehrr 2006, S. 177 – 191
(zit.: Linke, Die >>militärische Waffe<< Ein Begriffsgespenst im Wehrverfassungs- und im Recht der inneren Sicherheit, NZWehrr 2006, 177 (Fundseite))

Linke, Tobias, Ein Karlsruher Befreiungsschlag für den Rechtsstaat?, NWVBl 2006, S. 174 – 180
(zit.: Linke, Ein Karlsruher Befreiungsschlag für den Rechtsstaat?, NWVBl. 2006, 174 (Fundseite))

Litzau, William Combating Terrorism: The Consequences of Moving From Law Enforcement to War, in: Whippman/Evangelista (Hrsg.), New Wars, New Laws? Applying the Laws of War in Twenty-First Century Conflicts, Ardsley, NY 2005, S. 31 – 51
(zit.: Litzau, Combating Terrorism: The Consequences of Moving From Law Enforcement to War, in: New Wars, New Laws?, S. 31 (Fundseite))

Lorse, Jürgen, Die Befehls- und Kommandogewalt des Art. 65a GG im Lichte terroristischer Herausforderungen, DÖV 2004, S. 329 – 334
(zit.: Lorse, Die Befehls- und Kommandogewalt des Art. 65a GG im Lichte terroristischer Herausforderungen, DÖV 2004, 329 (Fundseite))

Lorse, Jürgen, Der Beitrag der Streitkräfte zur Neuausrichtung des Katastrophenschutzes, ZRP 2005, S. 6 – 9
(zit.: Lorse, Der Beitrag der Streitkräfte zur Neuausrichtung des Katastrophenschutzes, ZRP 2005, 6 (Fundseite))

Lowenfeld, Andreas F., Agora: The Downing of Iran Air Flight 655, 83 Am. J. Int'l L. (1989), S. 319 – 341
(zit.: Lowenfeld, Agora: The Downing of Iran Air Flight 655, 83 Am. J. Int'l L. (1989), 318 (Fundseite))

Luban, David, Liberalism, Torture, and the Ticking Bomb, 91 Va. L. Rev. (2005), S. 1425 – 1461
(zit.: Luban, Liberalism, Torture, and the Ticking Bomb, 91 Va. L. Rev. (2005), 1425 (Fundseite))

Luban, David, On the Commander in Chief Power, 81 S. Cal. L. Rev. (2007/08), S. 477 – 569
(zit.: Luban, On the Commander in Chief Power, 81 S. Cal. L. Rev. (2007/08), 477 (Fundseite))

Lübbe-Wolff, Gertrude, Rechtsstaat und Ausnahmerecht. Zur Diskussion der Reichweite des § 34 StGB und der Notwendigkeit einer verfassungsrechtlichen Regelung des Ausnahmezustandes, ZParl 11 (1980), S. 110 – 125
(zit.: Lübbe-Wolff, Rechtsstaat und Ausnahmerecht, ZParl 11 (1980), 110 (Fundseite))

Lüderssen, Klaus, Zwischenruf – Kriegsrecht in Deutschland?, StV 2005, S. 106 – 107
(zit.: Lüderssen, Zwischenruf – Kriegsrecht in Deutschland?, StV 2005, 106 (Fundseite))

Lutz, Julia Stephanie, Die Behandlung von „illegalen Kämpfern" im US-Amerikanischen Recht und im Völkerrecht, Diss. Frankfurt a.M. 2011
(zit.: Lutz, Die Behandlung von illegalen Kämpfern" im US-Amerikanischen Recht und im Völkerrecht, S.)

Lutze, Christian, Abwehr terroristischer Angriffe als Verteidigungsaufgabe der Bundeswehr, NZWehrr 2003, S. 101 – 115
(zit.: Lutze, Abwehr terroristischer Angriffe als Verteidigungsaufgabe der Bundeswehr, NZWehrr 2003, 101 (Fundseite))

Mandel, Michael, How America Gets Away with Murder: Illegal War, Collateral Damage and Crimes Against Humanity, London 2004
(zit.: Mandel, How America Gets Away with Murder, S.)

Mandel, Michael, A License to Kill: America's Balance of War Powers and the Flaws of the War Powers Resolution, 7 Cardozo Pub. L. Pol'y & Ethics (2009), S. 785 – 820
(zit.: Mandel, A License to Kill: America's Balance of War Powers and the Flaws of the War Powers Resolution, 7 Cardozo Pub. L. Pol'y & Ethics (2009), 785 (Fundseite))

von Mangoldt, Hermann/Klein, Friedrich/Starck, Christian (Hrsg.), Kommentar zum Grundgesetz, Band 1: Präambel, Artikel 1 bis 19, 7. Aufl., München 2018
(zit.: Bearbeiter, in: von Mangoldt/Klein/Starck, GG, Art Rn.)

Marcus, Maeva, Truman and the Steel Seizure Case: The Limits of Presidential Power, (Nachdruck 1977) Durham, NC 1994
(zit.: Marcus, Truman and the Steel Seizure Case: The Limits of Presidential Power, S.)

Martínez Soria, José, Polizeiliche Verwendung der Streitkräfte, DVBl. 2004, S. 597 – 606
(zit.: Martínez Soria, Polizeiliche Verwendung der Streitkräfte, DVBl. 2004, 597 (Fundseite))

Martinez, J. Michael, Terrorist Attacks on American Soil: From the Civil War Era to the Present, Lanham, MD 2012
(zit.: Martinez, Terrorist Attacks on American Soil, S.)

Marzahn, Thomas, Das Feindstrafrecht als Komponente des Präventionsstaates?, Berlin 2011
(zit.: Marzahn, Das Feindstrafrecht als Komponente des Präventionsstaates?, S.)

Maunz, Theodor/Dürig, Günter (Begründer), Herzog, Robert/Scholz, Rupert/Herdegen, Matthias/Klein, Hans H. (Hrsg.), Grundgesetz-Kommentar, Band I, Art. 1-5, 88. Ergänzungslieferung, August 2019
(zit. Bearbeiter, in: Maunz/Dürig, GG, Art. Rn.)

Maurach, Reinhart, Kritik der Notstandslehre, Berlin 1935
(zit.: Maurach, Kritik der Notstandslehre, S.)

Maurach, Reinhart/Zipf, Heinz, Strafrecht Allgemeiner Teil, Teil 1, 8. Aufl., Heidelberg 1992
(zit.: Maurach/Zipf, Strafrecht AT Teil 1, § Rn.)

Mazzone, Jason, The Commandeerer in Chief, 83 Notre Dame L. Rev. (2007/08), S. 265 – 351
(zit.: Mazzone, The Comandeerer in Chief, 83 Notre Dame L. Rev. (2007/08), 265 (Fundseite))

McCann, Joseph T., Terrorism on American Soil: A Concise History of Plots and Perpetrators from the Famous to the Forgotten, Boulder, CO 2006
(zit.: McCann, Terrorism on American Soil, S.)

McCormack, Wayne/Luma, Erik, Understanding the Law of Terrorism, Danvers, MA 2007
(zit.: McCormack/Luma, Understanding the Law of Terrorism, S.)

McInnes, Thomas N., The Evolution of the Fourth Amendment, Lanham, MD 2009
(zit.: McInnes, The Evolution of the Fourth Amendment, S.)

McKelvey, Benjamin, Due Process Rights and the Targeted Killing of Suspected Terrorists: The Unconstitutional Scope of Executive Killing Power, 44 Vand. J. Transnat'l L. (2011), S. 1353 – 1384
(zit.: McKelvey, Due Process Rights and the Targeted Killing of Suspected Terrorists, 44 Vand. J. Transnat'l L. (2011), 1353 (Fundseite))

Mehlich, Andreas, Der Verteidiger in den Strafprozessen gegen die Rote Armee Fraktion, Diss. Berlin 2012
(zit.: Mehlich, Der Verteidiger in den Strafprozessen gegen die Rote Armee Fraktion, S.)

Meier, Heinrich, Die Lehre Carl Schmitts. Vier Kapitel zur Unterscheidung Politischer Theologie und Politischer Philosophie, 3. Aufl., Stuttgart 1994
(zit.: Meier, Die Lehre Carl Schmitts. Vier Kapitel zur Unterscheidung Politischer Theologie und Politischer Philosophie, S.)

Meißner, Andreas, Die Interessenabwägungsformel in der Vorschrift über den rechtfertigenden Notstand (§ 34 StGB), Diss. Berlin 1990
(zit.: Meißner, Die Interessenabwägungsformel in der Vorschrift über den rechtfertigenden Notstand (§ 34 StGB), S.)

Melzer, Nils, Targeted Killing in International Law, Diss. Oxford 2008
(zit.: Melzer, Targeted Killing in International Law, S.)

Melzer, Wolfgang/Haslach, Christian/Socher, Oliver, Der Schadensausgleich nach dem Luftsicherheitsgesetz, NVwZ 2005, S. 1361 – 1368
(zit.: Melzer/Haslach/Socher, Der Schadensausgleich nach dem Luftsicherheitsgesetz, NVwZ 2005, 1361 (Fundseite))

Merkel, Reinhard, Früheuthanasie: Rechtsethische und strafrechtliche Grundlagen ärztlicher Entscheidungen über Leben und Tod in der Neonatalmedizin, Baden-Baden 2001
(zit.: Merkel, Früheuthanasie, S.)

Merkel, Reinhard, § 14 Abs. 3 Luftsicherheitsgesetz: Wann und warum darf der Staat töten?, JZ 2007, S. 373 – 385
(zit.: Merkel, § 14 Abs. 3 Luftsicherheitsgesetz: Wann und warum darf der Staat töten?, JZ 2007, 373, (Fundseite))

Merkel, Reinhard, Folter und Notwehr, in: Pawlik/Zaczyk (Hrsg.), Festschrift für Günther Jakobs, Berlin 2007, S. 375 – 403
(zit.: Merkel, Folter und Notwehr, in: FS Jakobs, S. 375 (Fundseite))

Merten, Detlef, Zum Streit um den Todesschuß. Vom Tätermitleid zur Opferpreisgabe?, in: Heilbronner/Ress/Stein (Hrsg.), Staat und Völkerrechtsordnung Festschrift für Karl Doehring, Berlin 1989, S. 579 – 605
(zit.: Merten, Zum Streit um den Todesschuß, in: FS Doehring, S. 579 (Fundseite))

Merten, Detlef, Grundrechtsverzicht, in: Merten/Papier (Hrsg.), Handbuch der Grundrechte III, Heidelberg 2009, S. 717 – 748
(zit.: Merten, Grundrechtsverzicht, in: Handbuch der Grundrechte III, S. 717 (Fundseite))

Mesler II, Mark Albert, When an Innocent Bystander Who is Injured by a Police Officer can Recover Under § 1983, 25 U. Mem. L. Rev. (1995), S. 781 – 805
(zit.: Mesler II, When an Innocent Bystander Who is Injured by a Police Officer can Recover Under § 1983, 25 U. Mem. L. Rev. (1995), 781 (Fundseite))

Michael, Lothar, Rechtsetzende Gewalt im kooperierenden Verfassungsstaat, Berlin 2002
(zit.: Michael, Rechtsetzende Gewalt im kooperierenden Verfassungsstaat, S.)

Michaels, Ralf, Functional Method, in: Reimann/Zimmermann (Hrsg.), The Oxford Handbook of Comparative Law, Oxford 2006, S. 339 – 382
(zit.: Michaels, Functional Method, in: The Oxford Handbook of Comparative Law, S. 339 (Fundseite))

Mitsch, Wolfgang, „Nantucket Sleighride“ – Der Tod des Matrosen Owen Coffin, in: Heinrich u.a. (Hrsg.), Festschrift für Ulrich Weber zum 70. Geburtstag 18. September 2004, Bielefeld 2004, S. 49 – 67
(zit.: Mitsch, „Nantucket Sleighride“ – Der Tod des Matrosen Owen Coffin, in: FS Weber, S. 49 (Fundseite))

Mitsch, Wolfgang, „Luftsicherheitsgesetz“ – Die Antwort des Rechts auf den „11. September 2001“, JR 2005, S. 274 – 279
(zit.: Mitsch, „Luftsicherheitsgesetz“ , JR 2005, 274 (Fundseite))

Mitsch, Wolfgang, Flugzeugabschüsse und Weichenstellungen. Unlösbare Strafrechtsprobleme in ausweglosen Notstandssituationen, GA 2006, S. 11 – 24
(zit.: Mitsch, Flugzeugabschüsse und Weichenstellungen, GA 2006, 11 (Fundseite))

Möhlenbeck, Michaela, Das absolute Folterverbot, Diss. Frankfurt a.M. 2008
(zit.: Möhlenbeck, Das absolute Folterverbot, S.)

Möllers, Christoph, Legalität, Legitimität und Legitimation des Bundesverfassungsgerichts, in: Jestaedt/Lepsius/ders./Schönberger, Das entgrenzte Gericht – Eine kritische Bilanz nach sechzig Jahren Bundesverfassungsgericht, Berlin 2011, S. 281 – 422
(zit.: Möllers, Legalität, Legitimität und Legitimation des Bundesverfassungsgerichts, in: Das entgrenzte Gericht, S. 281 (Fundseite))

Möllers, Christoph, Staat als Argument, 2. Aufl., Tübingen 2011
(zit.: Möllers, Staat als Argument, S.)

Momsen, Carsten, Die Zumutbarkeit als Begrenzung strafrechtlicher Pflichten, Baden-Baden 2006
(zit.: Momsen, Die Zumutbarkeit als Begrenzung strafrechtlicher Pflichten, S.)

Morgan, Craig A., The Downing of Korean Air Lines Flight 007, 11 Yale J. Int'l L. (1985-1986), S. 231 – 257
(zit.: Morgan, The Downing of Korean Air Lines Flight 007, 11 Yale J. Int'l L. (1985-1986), 231 (Fundseite))

Morris, Daniel Stephan, The Death of "Life?" Due Process Doctrine After Abigail Alliance for Better Access to Developmental Drugs v. von Eschenbach, 40 Rutgers L. J. (2009), S. 503 – 533
(zit.: Morris, The Death of "Life?", 40 Rutgers L. J. (2009), 503 (Fundseite))

von Münch, Ingo/Kunig, Philip, Grundgesetz Kommentar, Band 1: Präambel bis Art. 69, 6. Aufl., München 2012
(zit.: Bearbeiter, in: von Münch/Kunig, GG, Art. Rn.)

Murphy, Richard/Radsan, Afsheen John, Due Process and Targeted Killing of Terrorist, 31 Cardozo L. Rev. (2009-2010), S. 405 – 450
(zit.: Murphy/Radsan, Due Process and Targeted Killing of Terrorists, 31 Cardozo L. Rev. (2009-2010), 405 (Fundseite))

Murphy, Richard/Radsan, Afsheen John, Notice and an Opportunity to Be Heard Before the President Kills You, 48 Wake Forest L. Rev. (2013), S. 829 – 885
(zit.: Murphy/Radsan, Notice and an Opportunity to Be Heard Before the President Kills You, 48 Wake Forest L. Rev. (2013), 829 (Fundseite))

Murphy, Sean D., The International Legality of US Military Cross-Border Operations from Afghanistan into Pakistan, 85 Int'l L. Stud. Ser. US Naval War Col. (2009), S. 109 – 139
(zit.: Murphy, The International Legality of US Military Cross-Border Operations from Afghanistan into Pakistan, 85 Int'l L. Stud. Ser. US Naval War Col. (2009), 109 (Fundseite))

Mußgnug, Friederike, Das Recht des polizeilichen Schusswaffengebrauchs, Diss. Frankfurt a.M. 2001
(zit.: Mußgnug, Das Recht des polizeilichen Schusswaffengebrauchs, S.)

Neumann, Ulfrid, Der Rechtfertigungsgrund der Kollision von Rettungsinteressen – Rechte, Pflichten und Interessen als Elemente der rechtfertigenden „Pflichtenkollision" –, in: Schünemann u.a. (Hrsg.), Festschrift für Claus Roxin zum 70. Geburtstag am 15. Mai 2001, Berlin 2001, S. 421 – 439
(zit.: Neumann, Der Rechtfertigungsgrund der Kollision von Rettungsinteressen, in: FS Roxin, S. 421 (Fundseite))

Neumann, Ulfrid, Sterbehilfe im rechtfertigenden Notstand (§ 34 StGB), in: Holm u.a. (Hrsg.), Strafrecht zwischen System und Telos Festschrift für Rolf Dietrich Herzberg zum siebzigsten Geburtstag am 14. Februar 2008, Tübingen 2008, S. 575 – 590
(zit.: Neumann, Sterbehilfe im rechtfertigenden Notstand (§ 34 StGB), in: FS Herzberg, S. 575 (Fundseite))

Nolte, Georg, Preventive Use of Force and Preventive Killings: Moves into a Different Legal Order, 5 Theoretical Inq. L. (2004), S. 111 – 129
(zit.: Nolte, Preventive Use of Force and Preventive Killings: Moves into a Different Legal Order, 5 Theoretical Inq. L. (2004), 111 (Fundseite))

O'Brian, David M., Constitutional Law and Politics, Vol. I, 7. Aufl., New York, NY 2008
(zit.: O'Brian, Constitutional Law and Politics, Vol. I, S.)

O'Connell, Mary Ellen, The Choice of Law Against Terrorism, 4 J. Nat'l Security L. & Pol'y (2010), S. 343 – 368
(zit.: O'Connell, The Choice of Law Against Terrorism, 4 J. Nat'l Security L. & Pol'y (2010), 343 (Fundseite))

O'Connell, Mary Ellen, Unlawful Killing with Combat Drones: A Case Study of Pakistan, 2004-2009, in: Bronitt/Gani/Hufnagel (Hrsg.), Shooting to Kill: The Law Governing Lethal Force in Context, Oxford 2012, S. 263 – 291
(zit.: O'Connell, Unlawful Killing with Combat Drones: A Case Study of Pakistan, 2004-2009, in: Shooting to Kill: The Law Governing Lethal Force in Context, S. 263 (Fundseite))

Odendahl, Kerstin, Der Umgang mit Unbeteiligten im Recht der Gefahrenabwehr: Das Luftsicherheitsgesetz als verfassungsgemässer Paradigmenwechsel?, Die Verwaltung 2005, S. 425 – 452
(zit.: Odendahl, Der Umgang mit Unbeteiligten im Recht der Gefahrenabwehr, Die Verwaltung 2005, 425 (Fundseite))

Oehler, Dietrich, Die Achtung vor dem Leben und die Notstandshandlung, JR 1951, S. 489 – 495
(zit.: Oehler, Die Achtung vor dem Leben und die Notstandshandlung, JR 1951, 489 (Fundseite))

Offill-Klein, Alexei, Targeted Killings: Al-Aulaqi v. Obama and the Misuse of the Political Question Doctrine, 19 U.C. Davis J. Int'l L. & Pol'y (2013), S. 207 – 224
(zit.: Offill-Klein, Targeted Killings: Al-Aulaqi v. Obama and the Misuse of the Political Question Doctrine, 19 U.C. Davis J. Int'l L. & Pol'y (2013), 207 (Fundseite))

von Olshausen, Henning, Menschenwürde im Grundgesetz: Wertabsolutismus oder Selbstbestimmung?, NJW 1983, S. 2221 – 2224
(zit.: von Olshausen, Menschenwürde im Grundgesetz, NJW 1983, 2221 (Fundseite))

O'Shaughnessy, James P., The Posse Comitatus Act: Reconstruction Politics Reconsidered, 13 Am. Crim. L. Rev. (1975-1976), S. 713 – 735
(zit.: O'Shaughnessy, The Posse Comitatus Act, 13 Am. Crim. L. Rev. (1975-1976), 713 (Fundseite))

Otto, Harro, Pflichtenkollision und Rechtswidrigkeitsurteil, 3. Aufl., Marburg 1978
(zit.: Otto, Pflichtenkollision und Rechtswidrigkeitsurteil, S.)

Otto, Harro, Die strafrechtliche Beurteilung der Kollision rechtlich gleichrangiger Interessen, Jura 2005, S. 470 – 480
(zit.: Otto, Die strafrechtliche Beurteilung der Kollision rechtlich gleichrangiger Interessen, Jura 2005, 470 (Fundseite))

Otto, Harro, Diskurs über Gerechtigkeit, Menschenwürde und Menschenrechte, JZ 2005, S. 473 – 481
(zit.: Otto, Diskurs über Gerechtigkeit, Menschenwürde und Menschenrechte, JZ 2005, 473 (Fundseite))

Paeffgen, Hans-Ullrich, Bürgerstrafrecht, Vorbeugungsstrafrecht, Feindstrafrecht?, in: Böse/Sternberg-Lieben (Hrsg.), Grundlagen des Straf- und Strafverfahrensrechts Festschrift für Knut Amelung zum 70. Geburtstag, Berlin 2009, S. 81 – 123
(zit.: Paeffgen, Bürgerstrafrecht, Vorbeugungsstrafrecht, Feindstrafrecht?, in: FS Amelung, S. 81 (Fundseite))

Palm, Ulrich, Der wehrlose Staat? Der Einsatz der Streitkräfte im Innern nach der Entscheidung des Bundesverfassungsgerichts zum Luftsicherheitsgesetz, AöR 132 (2007), S. 95 – 113
(zit.: Palm, Der wehrlose Staat?, AöR 132 (2007), 95 (Fundseite))

Parks, W. Hays, Memorandum of Law, Executive Order 12333 and Assassination, 1989 The Army Lawyer (1989), S. 4 – 9
(zit.: Parks, Memorandum of Law, Executive Order 12333 and Assassination, 1989 Army Law. (1989), 4 (Fundseite))

Paulke, Katja, Die Abwehr von Terrorgefahren im Luftraum im Spannungsverhältnis zwischen neuen Bedrohungsszenarien und den Einsatzmöglichkeiten der Streitkräfte im Inneren unter besonderer Berücksichtigung des Luftsicherheitsgesetzes, Diss. Hamburg 2005
(zit.: Paulke, Die Abwehr von Terrorgefahren im Luftraum, S.)

Pausch, Wolfgang, Die Rechtmäßigkeit der vorhandenen gesetzlichen Regelungen des Todesschusses in den Polizeigesetzen des Bundes und der Länder, Diss. o. O. 1996
(zit.: Pausch, Die Rechtmäßigkeit der vorhandenen gesetzlichen Regelungen des Todesschusses in den Polizeigesetzen des Bundes und der Länder, S.)

Paust, Jordan J., Executive Plans and Authorizations to Violate International Law Concerning Treatment and Interrogation of Detainees, 43 Colum. J. Transnat'l L. (2004-2005), S. 811 – 863
(zit.: Paust, Executive Plans and Authorizations to Violate International Law Concerning Treatment and Interrogation of Detainees, 43 Colum. J. Transnat'l L. (2004-2005), 811 (Fundseite))

Paust, Jordan J., Self-Defense Targetings of Non-State Actors and Permissibility of U.S. Use of Drones in Pakistan, 19 J. Transnat'l L. & Pol'y (2010), S. 237 – 280
(zit.: Paust, Self-Defense Targetings of Non-State Actors and Permissibility of U.S. Use of Drones in Pakistan, 19 J. Transnat'l L. & Pol'y (2010), 237 (Fundseite))

Pawlik, Michael, Der rechtfertigende Defensivnotstand, Jura 2002, S. 26 – 31
(zit.: Pawlik, Der rechtfertigende Defensivnotstand, Jura 2002, 26 (Fundseite))

Pawlik, Michael, Der rechtfertigende Notstand: zugleich ein Beitrag zum Problem strafrechtlicher Solidaritätspflichten, Berlin/New York 2002
(zit.: Pawlik, Der rechtfertigende Notstand, S.)

Pawlik, Michael, Der rechtfertigende Defensivnotstand im System der Notrechte, GA 2003, S. 12 – 24
(zit.: Pawlik, Der rechtfertigende Defensivnotstand im System der Notrechte, GA 2003, 12 (Fundseite))

Pawlik, Michael, § 14 Abs. 3 des Luftsicherheitsgesetzes – ein Tabubruch?, JZ 2004, S. 1045 – 1055
(zit.: Pawlik, § 14 Abs. 3 des Luftsicherheitsgesetzes – ein Tabubruch?, JZ 2004, 1045 (Fundseite))

Perron, Walter, Foltern in Notwehr?, in: Heinrich u.a. (Hrsg.), Festschrift für Ulrich Weber zum 70. Geburtstag 18. September 2004, Bielefeld 2004, S. 143 – 154
(zit.: Perron, Foltern in Notwehr?, in: FS Weber, S. 143 (Fundseite))

Pestalozza, Christian, Inlandstötungen durch die Streitkräfte – Reformvorschläge aus ministeriellem Hause, NJW 2007, S. 492 – 495
(zit.: Pestalozza, Inlandstötungen durch die Streitkräfte, NJW 2007, 492 (Fundseite))

Peters, Karl, Zur Lehre von den persönlichen Strafausschließungsgründen, JR 1949, S. 496 – 500
(zit.: Peters, Zur Lehre von den persönlichen Strafausschließungsgründen, JR 1949, 496 (Fundseite))

Pflieger, Klaus, Die Rote-Armee-Fraktion: RAF, 2. Aufl., Baden-Baden 2007
(zit.: Pflieger, Die Rote-Armee-Fraktion, S.)

Pielow, Johann-Christian, Der sogenannte finale Todes- oder Rettungsschuss, Jura 1991, S. 482 – 489
(zit.: Pielow, Der sogenannte finale Todes- oder Rettungsschuß, Jura 1991, 482 (Fundseite))

Pieroth, Bodo/Hartmann, Bernd J., Der Abschuss eines Zivilflugzeugs auf Anordnung des Bundesministers für Verteidigung, Jura 2005, S. 729 – 734
(zit.: Pieroth/Hartmann, Der Abschuss eines Zivilflugzeugs auf Anordnung des Bundesministers für Verteidigung, Jura 2005, 729 (Fundseite))

Pieroth, Bodo/Schlink, Bernhard/Kniesel, Michael, Polizei und Ordnungsrecht mit Versammlungsrecht, fortgeführt von Kingreen, Thorsten/Poscher, Ralf, München 2014
(zit.: Pieroth/Schlink/Kniesel, Polizei und Ordnungsrecht, § Rn.)

Pietzcker, Jost, Die Rechtsfigur des Grundrechtsverzichts, Der Staat 17 (1978), S. 527 – 551
(zit.: Pietzcker, Die Rechtsfigur des Grundrechtsverzichts, Der Staat 17 (1978), 527 (Fundseite))

Poscher, Ralf, Grundrechte als Abwehrrechte: reflexive Regelung rechtlich geordneter Freiheit, Tübingen 2003
(zit.: Poscher, Grundrechte als Abwehrrechte, S.)

Poscher, Ralf, „Die Würde des Menschen ist unantastbar.“, JZ 2004, S. 756 – 762
(zit.: Poscher, „Die Würde des Menschen ist unantastbar.“, JZ 2004, 756 (Fundseite))

Poscher, Ralf, Menschenwürde als Tabu: Die verdeckte Rationalität eines absoluten Rechtsverbots der Folter, in: Beestermöller/Brunkhorst (Hrsg.), Rückkehr der Folter: der Rechtsstaat im Zwielicht, München 2016, S. 75 – 87
(zit.: Poscher, Menschenwürde als Tabu, in: Rückkehr der Folter, S. 75 (Fundseite))

Posner, Eric A./Vermeule, Adrian, Terror in the Balance: Security, Liberty, and the Courts, Oxford 2007
(zit.: Posner/Vermeule, Terror in the Balance, S.)

Posner, Richard A., Rethinking the Fourth Amendment, 49 Sup. Ct. Rev. (1981), S. 49 – 80
(zit.: Posner, Rethinking the Fourth Amendment, 49 Sup. Ct. Rev. (1981), 49 (Fundseite))

Posner, Richard A., Not a Suicide Pact: The Constitution in a Time of National Emergency, Oxford 2006
(zit.: Posner, Not a Suicide Pact: The Constitution in a Time of National Emergency, S.)

Powell, H. Jefferson, The President as the Commander in Chief: An Essay in Constitutional Vision, Durham, NC 2014
(zit.: Powell, The President as the Commander in Chief, S.)

Prantl, Heribert, Der Terrorist als Gesetzgeber, München 2008
(zit.: Prantl, Der Terrorist als Gesetzgeber, S.)

Prittwitz, Cornelius, Strafwürdigkeit und Strafbarkeit von Folter und Folterandrohung, in: Holm u.a. (Hrsg.), Strafrecht zwischen System und Telos Festschrift für Rolf Dietrich Herzberg zum siebzigsten Geburtstag am 14. Februar 2008, Tübingen 2008, S. 515 – 538
(zit.: Prittwitz, Strafwürdigkeit und Strafbarkeit von Folter und Folterandrohung, in: FS Herzberg, S. 515 (Fundseite))

Pusey, Merlo J., The Way We Go to War, Boston, MA 1969
(zit.: Pusey, The Way We Go to War, S.)

Quaritsch, Helmut, Der Verzicht im Verwaltungsrecht und auf Grundrechte, in: Selmer/von Münch (Hrsg.), Gedächtnisschrift für Wolfgang Martens, Berlin 1987, S. 407 – 418
(zit.: Quaritsch, Der Verzicht im Verwaltungsrecht und auf Grundrechte, in: GS Martens, S. 407 (Fundseite))

Radsan, Afsheen John/Murphy, Richard, Measure Twice, Shoot Once: Higher care for CIA-Targeted Killing, 2011 U. Ill. L. Rev. (2011), S. 1201 – 1242
(zit.: Radsan/Murphy, Measure Twice, Shoot Once, 2011 U. Ill. L. Rev. (2011), 1201 (Fundseite))

Rahdert, Mark C., Double-Checking Executive Emergency Power: Lessons From Hamdi and Hamdan, 80 Temp. L. Rev. (2007), S. 451 – 488
(zit.: Rahdert, Double-Checking Executive Emergency Power, 80 Temp. L. Rev. (2007), 451 (Fundseite))

Rakowski, Eric, Taking and Saving Lives, 93 Colum. L. Rev. (1993), S. 1063 – 1156
(zit.: Rakowski, Taking and Saving Lives, 93 Colum. L. Rev. (1993), 1963 (Fundseite))

Ramsey, Michael D., The Constitution's Text in Foreign Affairs, Cambridge, MA. 2007
(zit.: Ramsey, The Constitution's Text in Foreign Affairs, S.)

Raven-Hansen, Peter/Banks, William C., Pulling the Purse Strings of the Commander in Chief, 80 Va. L. Rev. (1994), S. 833 – 944
(zit.: Raven-Hansen/Banks, Pulling the Purse Strings of the Commander in Chief, 80 Va. L. Rev. (1994), 833 (Fundseite))

Reisman, W. Michael, International Legal Responses on Terrorism, 22 Hous. J. Int'l L. (1999), S. 3 – 61
(zit.: Reisman, International Legal Responses on Terrorism, 22 Hous. J. Int'l L. (1999), 3 (Fundseite))

Rengier, Rudolf, Anmerkung: BGH: Strafmilderung bei Mord, NStZ 1984, S. 21 – 23
(zit.: Rengier, Anmerkung: BGH: Strafmilderung bei Mord, NStZ 1984, 21 (Fundseite))

Rengier, Rudolf, Strafrecht Allgemeiner Teil, 11. Aufl., München 2019
(zit.: Rengier, Strafrecht AT, § Rn.)

Renzikowski, Joachim, Notstand und Notwehr, Diss. Berlin 1994
(zit.: Renzikowski, Notstand und Notwehr, S.)

Resnicoff, Steven H., Shooting Down Suicide Airplanes – What's Law Got to Do with it?, 10 Issues in Aviation Law and Policy (2010-2011), S. 281 – 306
(zit.: Resnicoff, Shooting Down Suicide Airplanes, 10 Issues in Aviation Law and Policy (2010-2011), 281 (Fundseite))

Rettenmaier, Felix, Das Luftsicherheitsgesetz – Bewährungsprobe für den grundrechtlichen Lebensschutz?, VR 2006, S. 109 – 114
(zit.: Rettenmaier, Das Luftsicherheitsgesetz, VR 2006, 109 (Fundseite))

Richberg, Donald R., The Steel Seizure Cases, 38 Va. L. Rev. (1952), S. 713 – 727
(zit.: Richberg, The Steel Seizure Cases, 38 Va. L. Rev. (1952), 713 (Fundseite))

Roach, Kent, The 9/11 Effect: Comparative Counter-Terrorism, New York, NY 2011
(zit.: Roach, The 9/11 Effect, S.)

Robbers, Gerhard, Der Grundrechtsverzicht, JuS 1985, S. 925 – 931
(zit.: Robbers, Der Grundrechtsverzicht, JuS 1985, 925 (Fundseite))

Roellecke, Gerd, Der Rechtsstaat im Kampf gegen den Terror, JZ 2006, S. 265 – 270
(zit.: Roellecke, Der Rechtsstaat im Kampf gegen den Terror, JZ 2006, 265 (Fundseite))

Rogall, Klaus, Ist der Abschuss gekaperter Flugzeuge widerrechtlich?, NStZ 2008, S. 1 – 5
(zit.: Rogall, Ist der Abschuss gekaperter Flugzeuge widerrechtlich?, NStZ 2008, 1 (Fundseite))

Röpke, Andrea/Speit, Andreas, Einleitung, in: dies. (Hrsg.), Blut und Ehre, Berlin 2013, S. 9 – 22
(zit.: Röpke/Speit, Einleitung, in: Blut und Ehre, S.)

Rosand, Eric, The Security Council as "Global Legislator": Ultra Vires or Ultra-Innovative? 28 Fordham Int'l L. J. (2004-2005), S. 542 – 590
(zit.: Rosand, The Security Council as "Global Legislator", 28 Fordham Int'l L.J. (2004-05), 542 (Fundseite))

Rosenfeld, Michel, Constitutional Adjudication in Europe and the United States: Paradoxes and Contrasts, 2 Int'l J. Const. L. (2004), S. 633 – 668
(zit.: Rosenfeld, Constitutional Adjudication in Europe and the United States, 2 Int'l J. Const. L. (2004), 633 (Fundseite))

Roxin, Claus, Der durch Menschen ausgelöste Defensivnotstand, in: Vogler (Hrsg.), Festschrift für Hans-Heinrich Jescheck zum 70. Geburtstag, Berlin 1985, S. 457 – 484
(zit.: Roxin, Der durch Menschen ausgelöste Defensivnotstand, in: FS Jescheck, S. 457 (Fundseite))

Roxin, Claus, Die notstandsähnliche Lage – ein Strafunrechtsausschließungsgrund?, in: Herzberg (Hrsg.), Festschrift für Dietrich Oehler zum 70. Geburtstag, Köln 1985, S. 181 – 196
(zit.: Roxin, Die notstandsähnliche Lage, in: FS Oehler, S. 181 (Fundseite))

Roxin, Claus, Sterbehilfe aus Mitleid mit Patienten, NStZ 1992, S. 34 – 36
(zit.: Roxin, Sterbehilfe aus Mitleid mit Patienten, NStZ 1992, 35 (Fundseite))

Roxin, Claus, Kann staatliche Folter in Ausnahmefällen zulässig oder wenigstens straflos sein?, in: Arnold u.a. (Hrsg.), Menschengerechtes Strafrecht Festschrift für Albin Eser zum 70. Geburtstag, München 2005, S. 461 – 471
(zit.: Roxin, Kann staatliche Folter in Ausnahmefällen zulässig oder wenigstens straflos sein?, in: FS Eser, S. 461 (Fundseite))

Roxin, Claus, Rettungsfolter?, in: Griesbaum/Hannich/Schnarr (Hrsg.), Strafrecht und Justizgewährung Festschrift für Kay Nehm zum 65. Geburtstag, Berlin 2006, S. 205 – 217
(zit.: Roxin, Rettungsfolter?, in: FS Nehm, S. 205 (Fundseite))

Roxin, Claus, Strafrecht Allgemeiner Teil Band I, 4. Aufl., München 2006
(zit.: Roxin, Strafrecht AT I, § Rn.)

Roxin, Claus, Der Abschuss gekaperter Flugzeuge zur Rettung von Menschenleben, ZIS 2011, S. 552 – 563
(zit.: Roxin, Der Abschuss gekaperter Flugzeuge zur Rettung von Menschenleben, ZIS 2011, 552 (Fundseite))

Rücker, Nicolas, Die Allokation von Lebenschancen, Diss. Baden-Baden 2014
(zit.: Rücker, Die Allokation von Lebenschancen, S.))

Rupprecht, Reinhard, Die tödliche Abwehr des Angriffs auf menschliches Leben, JZ 1973, S. 263 – 267
(zit.: Rupprecht, Die tödliche Abwehr des Angriffs auf menschliches Leben, JZ 1973, 263 (Fundseite))

Ruschmann, Paul, The War on Terror, 2. Auf., New York, NY 2008
(zit.: Ruschmann, The War on Terror, S.)

Rushkoff, Bennett C., A Defense of the War Powers Resolution, 93 Yale L. J. (1984), S. 1330 – 1354
(zit.: Rushkoff, A Defense of the War Powers Resolution, 93 Yale L. J. (1984), 1330 (Fundseite))

Ruys, Tom, 'Armed Attack' and Article 51 of the UN Charter: Evolutions in Customary Law and Practice, Cambridge 2010
(zit.: Ruys, 'Armed Attack' and Article 51 of the UN Charter, S.)

Ryan, Stephan, The United Nations, in: Buckley/Singh (Hrsg.), The Bush Doctrine and the War on Terrorism, London 2006, S. 173 – 188
(zit.: Ryan, The United Nations, in: The Bush Doctrine and the War on Terrorism, S. 173 (Fundseite))

Sachs, Michael (Hrsg.), Grundgesetz Kommentar, 8. Aufl., München 2018
(zit.: Bearbeiter, in: Sachs, GG, Art. Rn.)

Sacksofsky, Ute, Der Schutz der Würde des Menschen – ein absolutes Versprechen in Zeiten relativer Gewissheiten, in: Masing/Wieland (Hrsg.), Menschenwürde – Demokratie – Christliche Gerechtigkeit, Berlin 2011, S. 23 – 38
(zit.: Sacksofsky, Der Schutz der Würde des Menschen, in: Menschenwürde – Demokratie – Christliche Gerechtigkeit, S. 23 (Fundseite))

Saito, Natsu Taylor, Asserting Plenary Power Over the "Other": Indians, Immigrants, Colonial Subjects, and Why U.S. Jurisprudence Needs to Incorporate International Law, 20 Yale L. & Pol'y. Rev. (2002), S. 427 – 480
(zit.: Saito, Asserting Plenary Power Over the "Other", 20 Yale L. & Pol'y. Rev. (2002), 427 (Fundseite))

Saito, Natsu Taylor, Beyond the Citizen/Alien Dichotomy: Liberty, Security, and the Exercise of Plenary Power, 14 Temp. Pol. & Civ. Rts. L. Rev. (2004-2005), S. 389 – 408
(zit.: Saito, Beyond the Citizen/Alien Dichotomy, 14 Temp. Pol. & Civ. Rts. L. Rev. (2004-2005), 389 (Fundseite))

Saliger, Frank, Absolutes im Strafprozess? Über das Folterverbot, seine Verletzung und die Folgen seiner Verletzung, ZStW 116 (2004), S. 35 – 65
(zit.: Saliger, Absolutes im Strafprozess?, ZStW 116 (2004), 35 (Fundseite))

Sanne, Alexander/Weniger, Frank, Soldatengesetz Kommentar, 2. Aufl., Regensburg 2014
(zit.: Sanne/Weniger, Soldatengesetz, § Rn.)

Sattler, Henriette, Terrorabwehr durch die Streitkräfte nicht ohne Grundgesetzänderung – Zur Vereinbarkeit des Einsatzes der Streitkräfte nach dem Luftsicherheitsgesetz mit dem Grundgesetz, NVwZ 2004, S. 1286 – 1291
(zit.: Sattler, Terrorabwehr durch die Streitkräfte nicht ohne Grundgesetzänderung, NVwZ 2004, 1286 (Fundseite))

Satzger, Helmut/Schmitt, Bertram/Widmaier, Gunter (Hrsg.), Strafgesetzbuch Kommentar, 1. Aufl., Köln 2009
(zit.: Satzger/Schmitt/Widmaier, StGB, § Rn.)

Saurer, Johannes, Die Ausweitung sicherheitsrechtlicher Regelungsansprüche im Kontext der Terrorismusbekämpfung, NVwZ 2005, S. 275 – 282
(zit.: Saurer, Die Ausweitung sicherheitsrechtlicher Regelungsansprüche im Kontext der Terrorismusbekämpfung, NVwZ 2005, 275 (Fundseite))

Scharf, Michael P., The Torture Lawyer, 20 Duke J. Com. & Int'l L. (2009-2010), S. 389 – 411
(zit.: Scharf, The Torture Lawyer, 20 Duke J. Com. & Int'l L. (2009-2010), 389 (Fundseite))

Scharpf, Fritz W., Judicial Review and the Political Question: A Functional Analysis, 75 Yale L.J. (1966), S. 517 – 597
(zit.: Scharpf, Judicial Review and the Political Question: A Functional Analysis, 75 Yale L. J. (1966), 517 (Fundseite))

Schäuble, Wolfgang, Der wehrfähige Rechtsstaat, in: Pitschas/Uhle, Wege gelebter Verfassung in Recht und Politik, Festschrift für Rupert Scholz, Berlin 2007, S. 97 – 108
(zit.: Schäuble, Der wehrfähige Rechtsstaat, in: FS Scholz, S. 97 (Fundseite))

Schenke, Wolf-Rüdiger, Das Luftsicherheitsgesetz und das Recht der Gefahrenabwehr – Kompetenzen, Prognosen und Verhältnismäßigkeitsgrundsatz, in: Roggan (Hrsg.), Mit Recht für Menschenwürde und Verfassungsstaat, Festgabe für Dr. Burkhard Hirsch, Berlin 2006, S. 75 – 99
(zit.: Schenke, Das Luftsicherheitsgesetz und das Recht der Gefahrenabwehr, in: FG Burkhard Hirsch, S. 75 (Fundseite))

Schenke, Wolf-Rüdiger, Die Verfassungswidrigkeit des § 14 III LuftSiG, NJW 2006, S. 736 – 739
(zit.: Schenke, Die Verfassungswidrigkeit des § 14 III LuftSiG, NJW 2006, 736 (Fundseite))

Schenke, Wolf-Rüdiger, Polizei- und Ordnungsrecht, in: Steiner/Bringtrine (Hrsg.), Besonderes Verwaltungsrecht, 9. Aufl., Heidelberg 2018, S. 147 – 359
(zit.: Schenke, Polizei- und Ordnungsrecht, in: Besonderes Verwaltungsrecht, S. 147 (Fundseite))

Schenke, Wolf-Rüdiger, Polizei- und Ordnungsrecht, 10. Aufl., Heidelberg 2018
(zit.: Schenke, Polizei- und Ordnungsrecht § Rn.)

Scherer, Werner/Alff, Richard/Poretschkin, Alexander/Lucks, Ulrich, Soldatengesetz sowie Reservistinnen- und Reservistengesetz Kommentar, 9. Aufl., München 2013
(zit.: Scherer/Alff/Poretschkin/Lucks, Soldatengesetz, § Rn.)

Schily, Otto, Das Notstandsrecht des Grundgesetzes und die Herausforderungen der Zeit, in: Robbers/Umbach/Gebauer (Hrsg.), Innere Sicherheit, Menschenwürde, Gentechnologie, Frankfurt a.M. 2005, S. 17 – 33
(zit.: Schily, Das Notstandsrecht des Grundgesetzes und die Herausforderungen der Zeit, in: Innere Sicherheit, Menschenwürde, Gentechnologie, S. 17 (Fundseite))

Schladebach, Marcus, Lufthoheit – Kontinuität und Wandel, Tübingen 2014
(zit.: Schladebach, Lufthoheit, S.)

Schlesinger, Jr., Arthur M., The Imperial Presidency, Boston, MA 2004(Nachdruck 1973)
(zit.: Schlesinger, Jr., The Imperial Presidency, S.)

Schmelter, Hubert, Der finale Rettungsschuss/Todesschuss – zur Rechtslage in Nordrhein-Westfalen, VR 1989, S. 161 – 163
(zit.: Schmelter, Der finale Rettungsschuss/Todesschuss, VR 1989, 161 (Fundseite))

Schmidt, Christopher J./Klinger, David A., Altering the Posse Comitatus Act: Letting the Military Address Terrorist Attacks on U.S. Soil, 39 Creighton L. Rev. (2005-2006), S. 667 – 693
(zit.: Schmidt/Klinger, Altering the Posse Comitatus Act, 39 Creighton L. Rev. (2005-2006), 667 (Fundseite))

Schmidt-Bleibtreu, Bruno/Hofmann, Hans/Henneke, Hans-Günther, GG Kommentar, 14. Auflage, Köln 2018
(zit.: Bearbeiter, in: Schmidt-Bleibtreu/Hofmann/Henneke, GG, Art. Rn.)

Schmidt-Jortzig, Edzard, Die Verallgemeinerung des Außergewöhnlichen, in: Bröhmer u.a. (Hrsg.), Internationale Gemeinschaft und Menschenrechte Festschrift für Georg Ress zum 70. Geburtstag am 21. Januar 2005, München 2005, S. 1569 – 1581
(zit.: Schmidt-Jortzig, Die Verallgemeinerung des Außergewöhnlichen, in: FS Ress, S. 1569 (Fundseite)

Schmidt-Jortzig, Edzard, Verfassungsänderung für Bundeswehreinsätze im Innern Deutschlands?, DÖV 2002, S. 773 – 778
(zit.: Schmidt-Jortzig, Verfassungsänderung für Bundeswehreinsätze im Innern Deutschlands?, DÖV 2002, 773 (Fundseite))

Schmidt-Radefeldt, Roman, Inlandseinsätze der Bundeswehr auf dem Prüfstein der Wehrverfassung: Die Wehrverfassung in schlechter Verfassung?, UBWV 2008, S. 269 – 276
(zit.: Schmidt-Radefeldt, Inlandseinsätze der Bundeswehr auf dem Prüfstein der Wehrverfassung, UBWV 2008, 269 (Fundseite))

Schmitt, Carl, Der Führer schützt das Recht, Deutsche Juristen-Zeitung, 1934, S. 946 – 950
(zit.: Schmitt, Der Führer schützt das Recht, Deutsche Juristen-Zeitung 1934, 946 (Fundseite))

Schmitt Glaeser, Walter, Big Brother is watching you – Menschenwürde bei RTL 2, ZRP 2000, S. 396 – 402
(zit.: Schmitt Glaeser, Big Brother is watching you – Menschenwürde bei RTL 2, ZRP 2000, 396 (Fundseite))

Schmitt Glaeser, Walter, Folter als Mittel staatlicher Schutzpflicht?, in: Depenheuer u.a. (Hrsg.), Staat im Wort Festschrift für Josef Isensee, Heidelberg 2007, S. 507 – 523
(zit.: Schmitt Glaeser, Folter als Mittel staatlicher Schutzpflicht?, in: Staat im Wort, S. 507 (Fundseite)

Schoch, Friedrich, Polizei- und Ordnungsrecht, in: Schmidt-Aßmann/Schoch (Hrsg.), Besonderes Verwaltungsrecht, 14. Aufl., Berlin 2008, S. 127 – 303
(zit.: Schoch, Polizei- und Ordnungsrecht, in: Besonderes Verwaltungsrecht, S. 127 (Fundseite))

Schöne, Thomas/Klaes, Thomas, Die hoheitliche Befugnis zur Tötung eines Angreifers, DÖV 1996, S. 992 – 998
(zit.: Schöne/Klaes, Die hoheitliche Befugnis zur Tötung eines Angreifers, DÖV 1996, 992 (Fundseite))

Schönke, Adolf/Schröder, Horst (Begründer), Strafgesetzbuch Kommentar, 30. Aufl., München 2019
(zit.: Bearbeiter, in: Schönke/Schröder, StGB, § Rn.)

Scholz, Leander, Einleitung: Theodizee und Thanatologie, in: ders., Der Tod der Gemeinschaft, Berlin 2012, S. 12 - 27
(zit.: Scholz, Einleitung: Theodizee und Thanatologie, in: Der Tod der Gemeinschaft, S. 12 (Fundseite))

Schreiber, Hans-Ludwig, Das Recht auf den eigenen Tod – zur gesetzlichen Neuregelung der Sterbehilfe, NStZ 1986, S. 337 – 346
(zit.: Schreiber, Das Recht auf den eigenen Tod, NStZ 1986, 337 (Fundseite))

Schroeder, Friedrich-Christian, Notstandslagen bei Dauergefahr – BGH, NJW 1979, 2053, JuS 1980, S. 336 – 342
(zit.: Schroeder, Notstandslagen bei Dauergefahr, JuS 1980, 336 (Fundseite))

Schulze, Matthias, Die Sprache der (Un-) Sicherheit. Die Konstruktion von Bedrohung im Sicherheitspolitischen Diskurs der Bundesrepublik Deutschland, Marburg 2012
(zit.: Schulze, Die Sprache der (Un-) Sicherheit, S.)

Schünemann, Bernd, Rechtsfreier Raum und eigenverantwortliche Entscheidung, in: Neumann/Hassemer/Schroth (Hrsg.), Verantwortetes Recht, ARSP Beiheft 100, Stuttgart 2005, S. 145 – 156
(zit.: Schünemann, Rechtsfreier Raum und eigenverantwortliche Entscheidung, in: Verantwortetes Recht, S. 145 (Fundseite))

Schünemann, Bernd, Feindstrafrecht ist kein Strafrecht, in: Griesbaum/Hannich/Schnarr (Hrsg.), Strafrecht und Justizgewährung. Festschrift für Kay Nehm zum 65. Geburtstag, Berlin 2006, S. 219 – 227
(zit.: Schünemann, Feindstrafrecht ist kein Strafrecht, in: FS Nehm, S. 219 (Fundseite))

Schwabe, Jürgen Der Schutz des Menschen vor sich selbst, JZ 1998, S. 66 – 75
(zit.: Schwabe, Der Schutz des Menschen vor sich selbst, JZ 1998, 66 (Fundseite))

Seelmann, Kurt, Grenzen privater Nothilfe, ZStW 89 (1977), S. 36 – 60
(zit.: Seelmann, Grenzen privater Nothilfe, ZStW 89 (1977), 36 (Fundseite))

Seifert, Jens, Problemkreise des Grundrechtsverzichts, Jura 2007, S. 99 – 104
(zit.: Jens Seifert, Problemkreise des Grundrechtsverzichts, Jura 2007, 99 (Fundseite))

Seifert, Jürgen, Plädoyer gegen die Ächtung des politischen Gegners, in: Enzensberger/Michel (Hrsg.), Folter in der BRD: zur Situation der Politischen Gefangenen, Kursbuch 32 (1973), S. 129 – 135
(zit.: Seifert, Plädoyer gegen die Ächtung des politischen Gegners, in: Folter in der BRD, Kursbuch 32 (1973), S. 129 (Fundseite))

Shanor, Charles A./Hogue, L. Lynn, National Security and Military Law in a Nutshell, 3. Aufl., St. Paul, MN 2003
(zit.: Shanor/Hogue, National Security and Military Law, S.)

Sharum, Jerald A., The Politics of Fear and Outsourcing Emergency Powers: The Death and Rebirth of the Posse Comitatus Act, 37 Lincoln L. Rev. (2009-2010), S. 111 – 148
(zit.: Sharum, The Politics of Fear and Outsourcing Emergency Powers, 37 Lincoln L. Rev. (2009-2010), 111 (Fundseite))

Shields, Christopher A., American Terrorism Trials: Prosecutorial and Defense Strategies, o. O. 2012
(zit.: Shields, American Terrorism Trials, S.)

Sidhu, Dawinder S., Spatial Terrorism, 41 Fordham Urban L. J. (2013), S. 79 – 126
(zit.: Sidhu, Spatial Terrorism, 41 Fordham Urban L. J. (2013), 79 (Fundseite))

Sinn, Arndt, Tötung Unschuldiger auf Grund § 14 III Luftsicherheitsgesetz – rechtmäßig?, NStZ 2004, S. 585 – 593
(zit.: Sinn, Tötung Unschuldiger auf Grund § 14 III Luftsicherheitsgesetz, NStZ 2004, 585 (Fundseite))

Sittard, Ulrich/Ulbrich, Martin, Fortgeschrittenenklausur – Öffentliches Recht: Das Luftsicherheitsgesetz, JuS 2005, S. 432 – 436
(zit.: Sittard/Ulbrich, Fortgeschrittenenklausur – Öffentliches Recht: Das Luftsicherheitsgesetz, JuS 2005, 432 (Fundseite))

Slobogin, Christopher, The World Without a Fourth Amendment, UCLA L. Rev. 39 (1991-1992), S. 1 – 107
(zit.: Slobogin, The World Without a Fourth Amendment, 39 UCLA L. Rev. (1991-1992), 1 (Fundseite))

Sodan, Helge, Grundgesetz Beck'scher Kompakt-Kommentar, 4. Aufl., München 2018
(zit.: Sodan, GG, Art. Rn.)

Sofaer, Abraham D., The Sixth Annual Waldemar A. Solf Lecture in International Law: Terrorism, the Law, and the National Defense, 126 Mil. L. Rev. (1989), S. 89 – 123
(zit.: Sofaer, The Sixth Annual Waldemar A. Solf Lecture in International Law: Terrorism, the Law, and the National Defense, 126 Mil. L. Rev. (1989), 89 (Fundseite))

Sofaer, Abraham D., On the Necessity of Pre-emption, in: Gazzini/Tsagourias (Hrsg.), The Use of Force in International Law, Farnham 2012, S. 289 – 306
(zit.: Sofaer, On the Necessity of Pre-emption, in: The Use of Force in International Law, S. 289 (Fundseite))

Solis, Gary, Targeted Killing and the Law of Armed Conflict, 60 Naval War Coll. Rev. (2007), S. 127 – 146
(zit.: Solis, Targeted Killing and the Law of Armed Conflict, 60 Naval War Coll. Rev. (2007), 127 (Fundseite))

Sonderegger, Linus, Die Rückkehr der Folter?: Anwendung von Zwang bei der Vernehmung im deutschen und US-amerikanischen Recht, Diss. Berlin 2012
(zit.: Sonderegger, Die Rückkehr der Folter?, S.)

Spendel, Günter, Luftsicherheitsgesetz und Bundesverfassungsgericht – Eine notwendige Kritik, RuP 2005/2006, S. 131 – 135
(zit.: Spendel, Luftsicherheitsgesetz und Bundesverfassungsgericht, RuP 2005/2006, 131 (Fundseite))

Spickhoff, Andreas (Hrsg.), Medizinrecht, 2. Aufl., München 2014
(zit.: Bearbeiter, in: Spickhoff, Medizinrecht, § Rn.)

Starck, Christian, Rechtsvergleichung im öffentlichen Recht, JZ 1997, 1021 – 1030
(zit.: Starck, Rechtsvergleichung im öffentlichen Recht, JZ 1997, 1021 (Fundseite))

Stauf, Wolfgang, Unmittelbarer Zwang-Gesetz Bundeswehr, Online-Ausgabe, 1. Aufl., 2012
(zit.: Stauf, Unmittelbarer Zwang-Gesetz Bundeswehr, § Rn.)

Steiger, Dominik, Das völkerrechtliche Folterverbot und der „Krieg gegen den Terror", Diss. Heidelberg 2013
(zit.: Steiger, Das völkerrechtliche Folterverbot und der „Krieg gegen den Terror", S.)

Stein, Alexander, Das Verbot der Folter im nationalen und internationalen Recht, Diss. Frankfurt a.M. 2007
(zit.: Alexander Stein, Das Verbot der Folter im nationalen und internationalen Recht, S.

Stein, Thorsten, Rechtssicherheit aus einer Hand? Die verfassungsrechtliche Grundlage des Luftsicherheitsgesetzes in: Grupp/Hufeld (Hrsg.), Recht – Kultur – Finanzen, Festschrift für Reinhard Mußgnug, Heidelberg 2005, S. 85 – 99
(zit.: Stein, Rechtssicherheit aus einer Hand?, in: FS Mußgnug, S. 85 (Fundseite))

Stempel, Jeffrey W., The Insurance Aftermath of 9/11: Myriad Claims, Multiple Lines, Arguments over Occurrence Counting, War Risk Exclusions, the Future of Terrorism Coverage, and new Issues of Government Role, 37 Tort & Ins. L. J. (2002), S. 817 – 882
(zit.: Stempel, The Insurance Aftermath of 9/11, 37 Tort & Ins. L. J. (2002), 817 (Fundseite))

Stern, Klaus, Das Staatsrecht der Bundesrepublik Deutschland, Band III/2, München 1994
(zit.: Stern, Staatsrecht III/2, S.)

Sternberg-Lieben, Detlev, Die objektiven Schranken der Einwilligung im Strafrecht, 1997 Tübingen
(zit.: Sternberg-Lieben, Die objektiven Schranken der Einwilligung im Strafrecht, S.)

Stief, Matthias, Die Einwilligungsfähigkeit im Strafrecht, Diss. Berlin 2012
(zit.: Stief, Die Einwilligungsfähigkeit im Strafrecht, S.)

Stokes Paulsen, Michael, Youngstown Goes to War, 19 Const. Comment. (2002), S. 215 – 258
(zit.: Stokes Paulsen, Youngstown Goes to War, 19 Const. Comment. (2002), 215 (Fundseite))

Stokes Paulsen, Michael, The Constitutional Power to Interpret International Law, 118 Yale L. J. (2009), S. 1762 – 1842
(zit.: Stokes Paulsen, The Constitutional Power to Interpret International Law, 118 Yale L. J. (2009), 1762 (Fundseite)

Straßner, Alexander, Die dritte Generation der „Roten Armee Fraktion", 1. unveränderter Nachdruck Wiesbaden 2005
(zit.: Straßner, Die dritte Generation der „Roten Armee Fraktion", S.)

Streng, Franz, Gerechtfertigte Aufopferung Unbeteiligter? Anmerkungen zum Defensivnotstand bei terroristischen Angriffen, in: Jahn/Kudlich/Streng (Hrsg.), Strafrechtspraxis und Reform Festschrift für Heinz Stöckel zum 70. Geburtstag, Berlin 2010, S. 135 – 157
(zit.: Streng, Gerechtfertigte Aufopferung Unbeteiligter?, in: FS Stöckel, S. 135 (Fundseite))

Stübinger, Stephan, „Not macht erfinderisch" – Zur Unterscheidungsvielfalt in der Notstandsdogmatik – am Beispiel der Diskussion über den Abschuss einer sog. „Terrormaschine", ZStW 123 (2011), S. 403 – 446
(zit.: Stübinger, „Not macht erfinderisch", ZStW 123 (2011), 403 (Fundseite))

Suchomel, Jan-Ulf, Partielle Disponibilität der Würde des Menschen, Diss. Berlin 2010
(zit.: Suchomel, Partielle Disponibilität der Würde des Menschen, S.)

Sundby, Scott E., A Return to Fourth Amendment Basics: Undoing the Mischief of Camara and Terry, 72 Minn. L. Rev. (1988), S. 383 – 448
(zit.: Sundby, A Return to Fourth Amendment Basics: Undoing the Mischief of Camara and Terry, 72 Minn. L. Rev. (1988), 383 (Fundseite))

Sundermann, Heinz-Georg, Polizeiliche Befugnisse bei Geiselnahmen, NJW 1988, S. 3192 – 3194
(zit.: Sundermann, Polizeiliche Befugnisse bei Geiselnahmen, NJW 1988, 3192 (Fundseite))

Swaine, Edward T., The Political Economy of Youngstown, 83 S. Cal. L. Rev. (2010), S. 263 – 339
(zit.: Swaine, The Political Economy of Youngstown, 83 S. Cal. L. Rev. (2010), 263 (Fundseite))

Szasz, Paul C., The Security Council Starts Legislating, 96 Am. J. Int'l L. (2002), S. 901 – 904
(zit.: Szasz, The Security Council Starts Legislating, 96 Am. J. Int'l L. (2002), 901 (Fundseite))

Taft, IV, William H., The Law of Armed Conflict After 9/11: Some Salient Features, 28 Yale J. Int'l L. (2003), S. 319 – 323
(zit.: Taft, IV, The Law of Armed Conflict After 9/11, 28 Yale J. Int'l L. (2003), 319 (Fundseite))

Tams, Christian J., The Use of Force Against Terrorists, in: Gazzini/Tsagourias (Hrsg.), The Use of Force in International Law, Farnham 2012, S. 339 – 397
(zit.: Tams, The Use of Force Against Terrorists, in: The Use of Force in International Law, S. 339 (Fundseite))

Teifke, Nils, Das Prinzip Menschenwürde: zur Abwägungsfähigkeit des Höchstrangigen, Diss. Tübingen 2011
(zit.: Teifke, Das Prinzip Menschenwürde, S.)

Tenthoff, Christian, Die Strafbarkeit der Tötung auf Verlangen im Lichte des Autonomieprinzips, Diss. Berlin 2008
(zit.: Tenthoff, Die Strafbarkeit der Tötung auf Verlangen im Lichte des Autonomieprinzips, S.)

Tettinger, Peter J., Der Luftsicherheitseinsatz der Bundeswehr, 53 ZLW (2004), S. 334 – 346
(zit.: Tettinger, Der Luftsicherheitseinsatz der Bundeswehr, 53 ZLW (2004), 334 (Fundseite))

Thewes, Wilfried, Rettungs- oder Todesschuß?: Pro und Contra zum polizeilichen Schußwaffeneinsatz mit der Absicht oder dem Risiko der Tötung, Diss. Hilden/Rhld. 1988
(zit.: Thewes, Rettungs- oder Todesschuß?, S.)

Thorburn, Malcolm, The Constitution of Criminal Law: Justifications, Policing and the State's Fiduciary Duties, 5 Crim. L. & Phil. (2011), S. 259 – 276
(zit.: Thorburn, The Constitution of Criminal Law, 5 Crim. L. & Phil. (2011), 259 (Fundseite))

Tolmein, Oliver, Vom Deutschen Herbst zum 11. September: die RAF, der Terrorismus und der Staat, Hamburg 2002
(zit.: Tolmein, Vom Deutschen Herbst zum 11. September, S.)

Tomkovicz, James J., Beyond Secrecy for Secrecy's Sake: Toward an Expanded Vision of the Fourth Amendment Privacy Province, 36 Hast. L. J. (1985), S. 645 – 737
(zit.: Tomkovicz, Beyond Secrecy for Secrecy's Sake, 36 Hast. L. J. (1985), 645 (Fundseite))

Tomuschat, Christian, Der 11. September 2001 und seine rechtlichen Konsequenzen, EuGRZ 2001, S. 535 – 545
(zit.: Tomuschat, Der 11. September 2001 und seine rechtlichen Konsequenzen, EuGRZ 2001, 535 (Fundseite))

Trevisani, Dante P., Passenger Standing in Challenging Searches and Seizures: A Distinction Without a Constitutional Difference, 61 Fla. L. Rev. (2009), S. 329 – 354
(zit.: Trevisani, Passenger Standing in Challenging Searches and Seizures, 61 Fla. L. Rev. (2009), 329 (Fundseite))

Turner, Michael J., Fade to Black: The Formalization of Jackson's Youngstown Taxonomy by Hamdan and Medellin, 58 Am. U. L. Rev. (2009), S. 665 – 698
(zit.: Michael Turner, Fade to Black: The Formalization of Jackson's Youngstown Taxonomy by Hamdan and Medellin, 58 Am. U. L. Rev. (2009), 665 (Fundseite))

Turner, Robert F., America Fights Back: The Legal Issues, 11 Cardozo J. Int'l & Comp. L. (2003-2004), S. 831 – 874
(zit.: Turner, America Fights Back: The Legal Issues, 11 Cardozo J. Int'l & Comp. L. (2003-2004), 831 (Fundseite))

Turner, Robert F., What Went Wrong? Torture and the Office of Legal Counsel in the Bush Administration, 32 Campbell L. Rev. (2009-2010), S. 529 – 559
(zit.: Turner, What Went Wrong? Torture and the Office of Legal Counsel in the Bush Administration, 32 Campbell L. Rev. (2009-2010), 529 (Fundseite))

Turner, Robert F., The War Powers Resolution at 40: Still an Unconstitutional, Unnecessary, and Unwise Fraud that Contributed Directly to the 9/11 Attacks, 45 Case Wes. Res. J. Int'l L. (2012), S. 109 – 142
(zit.: Turner, The War Powers Resolution at 40, 45 Case Wes. Res. J. Int'l L. (2012), 109 (Fundseite))

Tushnet, Mark, Emergencies and the Idea of Constitutionalism, in: ders. (Hrsg.), The Constitution in Wartime: Beyond Alarmism and Complacency, Durham, NC 2005, S. 39 – 54
(zit.: Tushnet, Emergencies and the Idea of Constitutionalism, in: The Constitution in Wartime: Beyond Alarmism and Complacency, S. 39 (Fundseite))

Umbach, Dieter C./Clemens, Thomas (Hrsg.), Grundgesetz Mitarbeiterkommentar und Handbuch, Band I, Heidelberg 2002
(zit.: Bearbeiter, in: Umbach/Clemens, GG. Art. Rn.)

Urbonya, Kathryn R., "Accidental" Shootings as Fourth Amendment Seizures, 20 Hastings Const. L. Q. (1992/93), S. 337 – 389
(zit.: Urbonya, "Accidental" Shootings as Fourth Amendment Seizures, 20 Hastings Const. L. Q. (1992/93), 337 (Fundseite))

Vlasic, Mark V., Assassination & Targeted Killing—A Historical and Post-Bin Laden Legal Analysis, 43 Geo. J. Int'l L. (2011-2012), S. 259 – 332
(zit.: Vlasic, Assassination & Targeted Killing, 43 Geo. J. Int'l L. (2011-2012), 259 (Fundseite))

Volpp, Leti, The Citizen and the Terrorist, 49 UCLA L. Rev. (2001-2001), S. 1575 – 1599
(zit.: Volpp, The Citizen and the Terrorist, 49 UCLA L. Rev. (2001-2001), 1575 (Fundseite))

Wachtel, Howard A., Targeting Osama Bin Laden: Examining the Legality of Assassination as a Tool of U.S: Foreign Policy, 55 Duke L. J. (2005), S. 677 – 710
(zit.: Wachtel, Targeting Osama Bin Laden, 55 Duke L. J. (2005), 677 (Fundseite))

Wagenländer, Georg, Zur strafrechtlichen Beurteilung der Rettungsfolter, Diss. Berlin 2006
(zit.: Wagenländer, Zur strafrechtlichen Beurteilung der Rettungsfolter, S.)

Waisberg, Tatiana, War on Terror and the New International Order: Shaping International Law Use of Force Discourse at the 21st Century, 2012
(zit.: Waisberg, War on Terror and the New International Order, S.)

Walz, Dieter/Eichen, Klaus/Sohm, Stefan, Soldatengesetz, 3. Aufl., Heidelberg 2016
(zit.: Bearbeiter, in: Walz/Eichen/Sohm, Soldatengesetz, § Rn.)

Wang, Gang, Die strafrechtliche Rechtfertigung von Rettungsfolter: ein Rechtsvergleich zwischen Deutschland und den USA, Diss. Berlin 2014
(zit.: Wang, Die strafrechtliche Rechtfertigung von Rettungsfolter, S.)

Wasserstrom, Silas J., The Incredible Shrinking Fourth Amendment, 21 Am. Crim. L. Rev. (1983-1984), S. 257 – 401
(zit.: Wasserstrom, The Incredible Shrinking Fourth Amendment, 21 Am. Crim. L. Rev. (1983-1984), 257 (Fundseite))

Watkin, Kenneth, Canada/United States Military Interoperability and Humanitarian Law, Issues: Land Mines, Terrorism, Military Objectives and Targeted Killing, 15 Duke J. Comp. & Int'l L. (2005), S. 281 – 314
(zit.: Watkin, Canada/United States Military Interoperability and Humanitarian Law, 15 Duke J. Comp. & Int'l L. (2005), 281 (Fundseite))

von Weber, Hellmuth, Das Notstandsproblem und seine Lösung in den deutschen Strafgesetzentwürfen von 1919 und 1925, Leipzig 1925
(zit.: von Weber, Das Notstandsproblem und seine Lösung in den deutschen Strafrechtsgesetzentwürfen von 1919 und 1925, S.)

Weber, Max, Wirtschaft und Gesellschaft, 5. Aufl., Tübingen 1976
(zit.: Weber, Wirtschaft und Gesellschaft, S.)

Weichert, Thilo, Der sogenannte „finale Rettungsschuss“, VBl.BW 1991, S. 249 – 254
(zit.: Weichert, Der sogenannte „finale Rettungsschuss“, VBl.BW 1991, 249 (Fundseite))

Weilert, Anja Katarina, Grundlagen und Grenzen des Folterverbots in verschiedenen Rechtskreisen: eine Analyse anhand der deutschen, israelischen und pakistanischen Rechtsvorschriften vor dem Hintergrund des jeweiligen historisch-kulturell bedingten Verständnisses der Menschenwürde, Diss. Berlin 2009
(zit.: Weilert, Grundlagen und Grenzen des Folterverbots in verschiedenen Rechtskreisen, S.)

Welding, Steen Olaf, Ist das Luftsicherheitsgesetz fragwürdig?, RuP 2005/2006, S. 165 – 168
(zit.: Welding, Ist das Luftsicherheitsgesetz fragwürdig?, RuP 2005/2006, 165 (Fundseite))

Welzel, Hans, Zum Notstandsproblem, ZStW 1951, S. 47 – 56
(zit.: Welzel, Zum Notstandsproblem, ZStW 63 (1951), 47 (Fundseite))

Wessels, Johannes/Beulke, Werner/Satzger, Helmut, Strafrecht Allgemeiner Teil, 49. Aufl., Heidelberg 2019
(zit.: Wessels/Beulke/Satzger, Strafrecht AT, § Rn.)

Wiebe, Matthew C., Assassination in Domestic and International Law: The Central Intelligence Agency, State-Sponsored Terrorism, and the Right of Self-Defense, 11 Tulsa J. Comp. Int'l L. (2003-2004), S. 363 – 406
(zit.: Wiebe, Assassination in Domestic and International Law, 11 Tulsa J. Comp. Int'l L. (2003-2004), 363 (Fundseite))

Wiefelspütz, Dieter/Klein, Hans H., Einsatz der Bundeswehr in inneren Krisen, ZRP 2003, S. 140
(zit.: *Wiefelspütz*/Klein, Einsatz der Bundeswehr in inneren Krisen, ZRP 2003, 140 (140))

Wiefelspütz, Dieter, Das Gewaltverbot und seine Durchbrechungen: Aktuelle Tendenzen im Völkerrecht, ZfP 53 (2006), S. 143 – 171
(zit.: Wiefelspütz, Das Gewaltverbot und seine Durchbrechungen, ZfP 53 (2006), 143 (Fundseite))

Wiefelspütz, Dieter, Verteidigung und Terrorismusbekämpfung durch die Streitkräfte, NZWehrr 2007, S. 12 – 21
(zit.: Wiefelspütz, Verteidigung und Terrorismusbekämpfung durch die Streitkräfte, NZWehrr 2007, 12 (Fundseite))

Wieland, Joachim, Verfassungsrechtliche Grundlagen polizeiähnlicher Einsätze der Bundeswehr, in: Fleck (Hrsg.), Rechtsfragen der Terrorismusbekämpfung durch Streitkräfte, Baden-Baden 2004, S. 167 – 181
(zit.: Wieland, Verfassungsrechtliche Grundlagen polizeiähnlicher Einsätze der Bundeswehr, in: Rechtsfragen der Terrorismusbekämpfung durch Streitkräfte, S. 164 (Fundseite))

Wiessner, Siegfried, American Indian Treaties and Modern International Law, 7 St. Thomas L. Rev. (1995), S. 567 – 602
(zit.: Wiessner, American Indian Treaties and Modern International Law, 7 St. Thomas L. Rev. (1995), 567 (Fundseite))

Wilkesmann, Peter, Terroristische Angriffe auf die Sicherheit des Luftverkehrs, NVwZ 2002, S. 1316 – 1322
(zit.: Wilkesmann, Terroristische Angriffe auf die Sicherheit des Luftverkehrs, NVwZ 2002, 1316 (Fundseite))

Will, Rosemarie, Die Menschenwürde: Zwischen Versprechen und Überforderung, in: Roggan (Hrsg.), Mit Recht für Menschenwürde und Verfassungsstaat, Festgabe für Dr. Burkhard Hirsch, Berlin 2006, S. 29 – 44
(zit.: Will, Die Menschenwürde: Zwischen Versprechen und Überforderung, in: FG Burkhard Hirsch, S. 29 (Fundseite))

Williams, Andrew S., The Interception of Civil Aircraft Over the High Seas in the Global War on Terror, 59 A.F.L. Rev. (2007), S. 73 – 152
(zit.: Williams, The Interception of Civil Aircraft Over the High Seas in the Global War on Terror, 59 A.F.L. Rev. (2007), 73 (Fundseite))

Wilmerding, Jr., Lucius, The President and the Law, 67 Pol. Sci. Q. (1952), 321 – 338
(zit.: Wilmerding, Jr., The President and the Law, 67 Pol. Sci. Q. (1952), 321 (Fundseite))

Winkeler, Frank, Bedingt abwehrbereit? Die verfassungsrechtliche Zulässigkeit von Gefahrabwehrmaßnahmen auf Kosten Unschuldiger am Beispiel des Luftsicherheitsgesetzes, Diss. Stuttgart 2007
(zit.: Winkeler, Bedingt abwehrbereit?, S.)

Winkler, Adam, Fundamentally Wrong about Fundamental Rights, 23 Const. Comment. (2006), S. 227 – 239
(zit.: Winkler, Fundamentally Wrong about Fundamental Rights, 23 Const. Comment. (2006), 227 (Fundseite))

Winkler, Daniela, Die Systematik der grundgesetzlichen Normierung des Bundeswehreinsatzes unter Anknüpfung an die Regelung des LuftSiG, DÖV 2006, S. 149 – 158
(zit.: Daniela Winkler, Die Systematik der grundgesetzlichen Normierung des Bundeswehreinsatzes unter Anknüpfung an die Regelung des LuftSiG, DÖV 2006, 149 (Fundseite))

Winkler, Daniela, Verfassungsmäßigkeit des Luftsicherheitsgesetzes, NVwZ 2006, S. 536 – 538
(zit.: Daniela Winkler, Verfassungsmäßigkeit des Luftsicherheitsgesetzes, NVwZ 2006, 536 (Fundseite))

von Winterfeld, Achim, Der Todesschuß der Polizei, NJW 1972, S. 1881 – 1884
(zit.: von Winterfeld, Der Todesschuß der Polizei, NJW 1972, 1881 (Fundseite))

Wittreck, Fabian, Menschenwürde und Folterverbot, DÖV 2003, S. 873 – 882
(zit.: Wittreck, Menschenwürde und Folterverbot, DÖV 2003, 873 (Fundseite))

Wittreck, Fabian, Achtungs- gegen Schutzpflicht? Zur Diskussion um Menschenwürde und Folterverbot, in: Blaschke u.a. (Hrsg.), Sicherheit statt Freiheit?, Berlin 2005, S. 161 – 190
(zit.: Wittreck, Achtungs- gegen Schutzpflicht?, in: Sicherheit statt Freiheit?, S. 161 (Fundseite))

Wittreck, Fabian, Menschenwürde als Foltererlaubnis? Zum Dogma von der ausnahmslosen Unabwägbarkeit des Art. 1 Abs. 1 GG, in: Gehl (Hrsg.), Folter – Zulässiges Instrument im Strafrecht?, Weimar 2005, S. 37 – 57
(zit.: Wittreck, Menschenwürde als Foltererlaubnis?, in: Folter – Zulässiges Instrument im Strafrecht?, S. 37 (Fundseite))

Witzstrock, Heike, Der polizeiliche Todesschuss, Diss. Frankfurt a.M. 2001
(zit.: Witzstrock, Der polizeiliche Todesschuss, S.)

Wolfslast, Gabriele, Anmerkung, NStZ 1981, S. 219 – 220
(zit.: Wolfslast, Anmerkung, NStZ 1981, 219 (Fundseite))

Wolter, Jürgen (Hrsg.), Systematischer Kommentar zum Strafgesetzbuch, 9. Auflage Köln 2017, Band I §§ 1- 37 StGB
(zit.: Bearbeiter, in: Systematischer-Kommentar/StGB, § Rn.)

Yoo, John C., The Continuation of Politics by Other Means: The Original Understanding of War Powers, 84 Cal. L. Rev. (1996), S. 167 – 305
(zit.: Yoo, The Continuation of Politics by Other Means, 84 Cal. L. Rev. (1996), 167 (Fundseite))

Yoo, John C./Ho, James C., The Status of Terrorists, 44 Virginia J. Int'l L. (2003), S. 207 – 228
(zit.: Yoo/Ho, The Status of Terrorists, 44 Virginia J. Int'l L. (2003), 207 (Fundseite))

Zimmermann, Andreas/Geiß, Robin, Die Tötung unbeteiligter Zivilisten: Menschenunwürdig im Frieden – Menschenwürdig im Krieg?, Der Staat 46 (2007), S. 377 – 393
(zit.: Zimmermann/Geiß, Die Tötung unbeteiligter Zivilisten, Der Staat 46 (2007), 377 (Fundseite))

Zimmermann, Till, Rettungstötungen: Untersuchungen zur strafrechtlichen Beurteilung von Tötungshandlungen im Lebensnotstand, Diss. Baden-Baden 2009
(zit.: Zimmermann, Rettungstötungen, S.)

Zuleeg, Manfred, Die Ausübung der Lufthoheit über der Bundesrepublik Deutschland, 24 ZLW (1975), S. 189 – 202
(zit.: Zuleeg, Die Ausübung der Lufthoheit über der Bundesrepublik Deutschland, 24 ZLW (1975), 189 (Fundseite))

Zweigert, Konrad/Kötz, Hein, Einführung in die Rechtsvergleichung, Band 1: Grundlagen, Tübingen 1971
(zit.: Zweigert/Kötz, Einführung in die Rechtsvergleichung, Bd. 1, S.)

Onlinequellen

10 U.S.C. § 331,
https://www.law.cornell.edu/uscode/text/10/331, (zuletzt eingesehen 05.12.2015)

10 U.S.C. § 333,
https://www.law.cornell.edu/uscode/text/10/333, (zuletzt eingesehen 05.12.2015)

10 U.S.C. § 375,
https://www.law.cornell.edu/uscode/text/10/375, (zuletzt eingesehen 05.12.2015)

10 U.S.C. § 382,
https://www.law.cornell.edu/uscode/text/10/382, (zuletzt eingesehen 05.12.2015)

10 U.S.C. § 948a,
https://www.law.cornell.edu/uscode/text/10/948a, (zuletzt eingesehen 04.12.2015)

18 U.S.C. § 1385,
https://www.law.cornell.edu/uscode/text/18/1385, (zuletzt eingesehen 05.12.2015)

18 U.S.C. § 831,
https://www.law.cornell.edu/uscode/text/18/831, (zuletzt eingesehen 05.12.2015)

22 U.S.C. § 2656f (d),
https://www.law.cornell.edu/uscode/text/22/2656f, (zuletzt eingesehen 04.12.2015)

50 U.S.C. § 1541,
https://www.law.cornell.edu/uscode/text/50/1541, (zuletzt eingesehen 05.12.2015)

6 U.S.C. § 466,
http://www.dhs.gov/sites/default/files/publications/hr_5005_enr.pdf, (zuletzt eingesehen 15.11.2015)

Ackerman, Spencer, Insides Obama's drone panopticon: a secret machine with no accountability, The Guardian, 24.04.2015,
http://www.theguardian.com/us-news/2015/apr/25/us-drone-program-secrecy-scrutiny-signature-strikes, (zuletzt eingesehen 14.11.2015)

Aerial Incident of July, 1955; United States v. Bulgaria, I.C.J. Pleadings, Memorial of the United States,
http://www.icj-cij.org/docket/files/36/10995.pdf, (zuletzt eingesehen am 24.10.2015)

Aeronautical Information Publication, Amendment 1, 22.08.2013,
http://www.faa.gov/air_traffic/publications/atpubs/aip/aip.pdf, (zuletzt eingesehen am 24.10.2015)

Al-Aulaqi v. Obama, United States District Court, District of Columbia Complaint for Declaratory and Injunctive Relief (Violation of constitutional rights and international law – targeted killing), http://www.aclu.org/files/assets/alaulaqi_v_obama_complaint.pdf, (zuletzt eingesehen 25.03.2015)

Amnesty International, USA: Cruel and Inhuman: Conditions of Isolation for Detainees at Guantánamo Bay, 05.04.2007, www.amnesty.org/en/library/info/AMR51/051/2007/en, (zuletzt eingesehen 14.11.2015)

Anderson, Kenneth, Targeted Killing in U.S. Counterterrorism Strategy and Law, Working Paper, 11.05.2009, http://ssrn.com/abstract=1415070, (zuletzt eingesehen 20.10.2015)

Authorization for Use of Military Force, 115 Stat. 224 Pub. L. No. 107-40–Sept. 18, 2001, http://www.gpo.gov/fdsys/pkg/PLAW-107publ40/pdf/PLAW-107publ40.pdf, (zuletzt eingesehen 24.10.2015)

BBC News, Boston Bombings: Obama condemns 'act of terrorism', 16.04.2013, www.bbc.co.uk/news/world-us-canada-22171684, (zuletzt eingesehen 15.11.2015)

Blake, Andrew, Obama-led drone strikes kill innocents 90% of the time: report, The Washington Post, 15.10.2015, http://www.washingtontimes.com/news/2015/oct/15/90-of-people-killed-by-us-drone-strikes-in-afghani/, (zuletzt eingesehen 14.11.2015)

Brennan, John O., Program on Law and Security, 16.09.2011, https://www.lawfareblog.com/2011/09/john-brennans-remarks-at-hls-brookings-conference/, (zuletzt eingesehen 24.10.2015)

Burkeman, Oliver, Obama Administration Says Goodbye to 'War on Terror', The Guardian, 25.03.2009, http://www.theguardian.com/world/2009/mar/25/obama-war-terror-overseas-contingency-operations, (zuletzt eingesehen 10.11.2015)

Bush, George W., Address to the Nation on the Terrorist Attacks, 11.09.2001, http://www.presidency.ucsb.edu/ws/?pid=58057, (zuletzt eingesehen 15.11.2015)

Bush, George W., Address to the Nation, 02.05.2003, BBC News, 02.05.2003, http://news.bbc.co.uk/2/hi/americas/2994345.stm, (zuletzt eingesehen 04.12.2015)

Bush, George W., Address to the Nation, 11.09.2006, The Washington Post, Text of President Bush's Address to the Nation, 11.09.2006, http://www.washingtonpost.com/wp-dyn/content/article/2006/09/11/AR2006091100775.html, (zuletzt eingesehen 15.11.2015)

Bush, George W., Graduation Speech at West Point, 01.06.2002, http://georgewbush-whitehouse.archives.gov/news/releases/2002/06/20020601-3.html, (zuletzt eingesehen 22.10.2015)

Bush, George W., Presidential Address to the Nation, 07.10.2001, http://georgewbush-whitehouse.archives.gov/news/releases/2001/10/20011007-8.html, (zuletzt eingesehen 22.10.2015)

Chivers, C. J., The Secret Casualties of Iraq's Abandoned Chemical Weapons, The New York Times, 14.10.2014, http://www.nytimes.com/interactive/2014/10/14/world/middleeast/us-casualties-of-iraq-chemical-weapons.html?_r=1, (zuletzt eingesehen 10.11.2015)

Civil Aviation Safety Act, http://www.faa.gov/about/initiatives/iasa/mcar/media/08_mcar_part_8_and_is_v2.6.docx, (zuletzt eingesehen 24.10.2015)

CNN.com/World, Israel Shoots Down Light Aircraft, 24.05.2001, http://edition.cnn.com/2001/WORLD/meast/05/24/israel.plane/, (zuletzt eingesehen 24.10.2015)

Deutscher Bundestag, Innenausschuss-Protokoll 15/35, Öffentliche Anhörung 26.04.2005, http://webarchiv.bundestag.de/archive/2007/0206/ausschuesse/archiv15/a04/Oeffentliche_Anhoerungen/Anhoerungen_2/Protokoll.pdf, (zuletzt eingesehen 14.01.2016)

Eland, Ivan, Unauthorized Government Killing by Drones, Bombs, or Other Means Is Still Murder, 04.04.2015, http://www.huffingtonpost.com/ivan-eland/unauthorized-government-k_b_6596114.html, (zuletzt eingesehen 14.11.2015)

FAA Regulierung zulässiger Maßnahmen gegen entführte Zivilflugzeuge, https://www.faa.gov/air_traffic/publications/atpubs/aim/aim0506.html, (zuletzt eingesehen 10.02.2015)

FAA, Order JO 7610.4 – Special Operations und FAA Order JO 7110.67 – Special Aircraft Operations by Federal, State Law Enforcement, Military Organizations and Special Activities, http://www.faa.gov/air_traffic/publications/spec_ops/, (zuletzt eingesehen 17.11.2015)

FAA, Special Operations, http://www.faa.gov/air_traffic/publications/spec_ops/, (zuletzt eingesehen 04.12.2015)

FAQs zum 11. September 2001, http://www.911memorial.org/faq-about-911, (zuletzt eingesehen 24.10.2015)

Farrand, Max (Hrsg.), The Records of the Federal Convention of 1787, Vol. II, http://lf-oll.s3.amazonaws.com/titles/1786/0544-02_Bk.pdf, (zuletzt eingesehen 24.10.2015)

Federation of American Scientists, Presidential Policy Directives, Barack Obama Administration, http://fas.org/irp/offdocs/ppd/index.html, (zuletzt eingesehen 05.12.2015)

Grimmett, Richard F., The War Powers Resolution: After Thirty-Six Years, Congressional Research Service, https://www.fas.org/sgp/crs/natsec/R41199.pdf, (zuletzt eingesehen 24.01.2016)

Halper, Daniel, Lawmakers: Treat Suspect as ‚Enemy Combatant', The Weekly Standard 20.04.2013, http://www.weeklystandard.com/blogs/lawmakers-treat-suspect-enemy-combatant_718136.html, (zuletzt eingesehen 15.11.2015)

Haltern, Ulrich, Unbedingtheit der Satire, NZZ, 09.01.2015, http://www.nzz.ch/meinung/debatte/unbedingtheit-der-satire-1.18457390, (zuletzt eingesehen 08.12.2015)

Hastings, Michael, The Rise of the Killer Drones: How America Goes to War in Secret, The Rolling Stone, 16.04.2012, http://www.rollingstone.com/politics/news/the-rise-of-the-killer-drones-how-america-goes-to-war-in-secret-20120416?page=4, (zuletzt eingesehen 14.11.2015)

Heller, Kevin Jon, Let's Call Killing al-Awlaki What It Is – Murder, Opinio Juris, 08.04.2010, http://opiniojuris.org/2010/04/08/lets-call-killing-al-awlaki-what-it-is-murder/ (zuletzt eingesehen 20.10.2015)

Human Rights Watch, United States: "We are not the Enemy" Hate Crimes Against Arabs, Muslims, and Those Perceived to be Arab or Muslim after September 11, November 2002, Vol. 14, No. 6, https://www.hrw.org/reports/2002/usahate/, (zuletzt eingesehen 14.11.2015)

I.C.J. Case Concerning the Aerial Incident of July 1988, http://www.icj-cij.org/docket/files/79/6639.pdf, (zuletzt eingesehen 24.10.2015)

International Human Rights and Conflict Resolution Clinic (Stanford Law School) and Global Justice Clinic (NYU School of Law), Living under Drones: Death, Injury, and Trauma to Civilians from US Drone Practices in Pakistan (September 2012), http://chrgj.org/wp-content/uploads/2012/10/Living-Under-Drones.pdf, (zuletzt eingesehen 14.11.2015)

Junod, Tom, The Lethal Presidency of Barack Obama, Esquire, August 2012, http://www.esquire.com/news-politics/a14627/obama-lethal-presidency-0812/, (zuletzt eingesehen 14.11.2015)

Kessler, George W. Bush's claims on weapons found and not found, in Iraq, The Washington Post, 13.11.2014, https://www.washingtonpost.com/news/fact-checker/wp/2014/11/13/george-w-bushs-claims-on-weapons-found-and-not-found-in-iraq/, (zuletzt eingesehen 10.11.2015)

Kix, Paul, The truth about suicide bombers, 05.12.2010, http://www.boston.com/bostonglobe/ideas/articles/2010/12/05/the_truth_about_suicide_bombers/, (zuletzt eingesehen 14.11.2015)

Kleine-Brockhoff, Thomas, Wenn die Bombe tickt, Die Zeit vom 15.12.2005 Nr. 51, http://www.zeit.de/2005/51/Amerika_2fFolter, (zuletzt eingesehen 08.12.2015)

Koh, Harold Hongju, The Obama Administration and International Law, Address at the Annual Meeting of the American Society of International Law, 25.03.2010, http://www.state.gov/s/l/releases/remarks/139119.htm, (zuletzt eingesehen 20.10.2015)

Ladiges, Manuel, Reichweite des Verteidigungsbegriffs bei terroristischen Angriffen, HFR 2009, S. 19 – 29, http://www.humboldt-forum-recht.de/deutsch/2-2009/index.html, (zuletzt eingesehen 14.06.2015)

Landler, Mark, Obama Calls Blasts an 'Act of Terrorism', The New York Times, 16.04.2013, http://www.nytimes.com/2013/04/17/us/politics/obama-calls-marathon-bombings-an-act-of-terrorism.html, (zuletzt eingesehen 15.11.2015)

Lincoln, Abraham, Letter to William H. Herndon, 15.02.1848, http://www.classic-literature.co.uk/american-authors/19th-century/abraham-lincoln/the-writings-of-abraham-lincoln-02/ebook-page-18.asp, (zuletzt eingesehen 14.11.2015)

Madison, James, Debates in the Federal Convention of 1787, http://www.thefederalistpapers.org/wp-content/uploads/2012/12/Debates-in-the-Federal-Convention-of-1787.pdf, (zuletzt eingesehen 24.10.2015)

Mayer, Jane, The Predator War, The New Yorker, 26.10.2009, http://www.newyorker.com/magazine/2009/10/26/the-predator-war, (zuletzt eingesehen 14.11.2015)

Merkel, Reinhard, Wenn der Staat Unschuldige opfert, Zeitonline 29/2004 vom 8. Juli 2004, http://www.zeit.de/2004/29/Abschussgesetz, (zuletzt eingesehen 24.05.2015)

North Atlantic Council, 12.09.2001, www.nato.int/docu/pr/2001/p01-124e.htm, (zuletzt eingesehen 24.10.2015)

"NYPD Able to Shoot Down Planes Over City: Police Chief", National Post, 26.09.2011, http://news.nationalpost.com/2011/09/26/nypd-able-to-shoot-down-planes-over-city-police-chief/, (zuletzt eingesehen 24.10.2015)

Office of Legal Counsel, U.S. Department of Justice, Memorandum for Alberto R. Gonzales, Counsel to the President, William J. Haynes II, General Counsel of the Department of Defense, Re: Authority for Use of Military Force to Combat Terrorist Activity Within the United States, 23.10.2001, http://www.justice.gov/opa/documents/memomilitaryforcecombatus10232001.pdf, (zuletzt eingesehen 24.10.2015)

Office of Legal Counsel, U.S. Department of Justice, Memorandum for Alberto R. Gonzales, Counsel to the President, and William J. Haynes II, General Counsel of the Department of Defense, Re: Application of Treaties and Laws to al Qaeda and Taliban Detainees, 22.01.2002, http://www.justice.gov/sites/default/files/olc/legacy/2009/08/24/memo-laws-taliban-detainees.pdf, (zuletzt eingesehen 24.10.2015)

Office of Legal Counsel, U.S. Department of Justice, Memorandum for Alberto R. Gonzales, Counsel to the President, Re: Standards of Conduct for Interrogation under 18 U.S.C. §§ 2340-2340A, 01.08.2002, (= Torture Memo), http://www.justice.gov/sites/default/files/olc/legacy/2010/08/05/memo-gonzales-aug2002.pdf, (zuletzt eingesehen 05.12.2015)

Prantl, Heribert, Schäuble: Beim Abschuss gilt das Kriegsrecht, Süddeutsche.de, 11.05.2010, http://www.sueddeutsche.de/politik/2.220/quasi-verteidigungsfall-schaeuble-beim-abschuss-gilt-das-kriegsrecht-1.303724, (zuletzt eingesehen 25.09.2015)

Protocols for Responding to Hijackings, Rutgers University Law Review, http://www.rutgerslawreview.com/2011/2-protocols-for-responding-to-hijackings/, (zuletzt eingesehen 28.01.2016)

Range, Harald, ARD Tagesthemen vom 08.11.2012, 22.15 Uhr, http://www.tagesschau.de/multimedia/video/sendungsbeitrag199648.html, (zuletzt eingesehen 30.01.2016)

Range, Harald, „Die NSU-Morde sind unser 11. September", FAZ vom 25.03.2012 http://www.faz.net/aktuell/politik/inland/generalbundesanwalt-harald-range-die-nsu-morde-sind-unser-11-september-11696086.html, (zuletzt eingesehen 30.01.2016)

S/Res. 1368 (2001), 12.09.2001, http://www.un.org/depts/german/sr/sr_01-02/sr1368.pdf, (zuletzt eingesehen 24.10.2015)

S/Res. 1373 (2001), 28.09.2001, http://www.un.org/depts/german/sr/sr_01-02/sr1373.pdf, (zuletzt eingesehen 24.10.2015)

Schlink, Bernhard, An der Grenze des Rechts, Der Spiegel 3/2005, S. 34 – 36, http://www.spiegel.de/spiegel/print/d-38998436.html, (zuletzt eingesehen 13.06.2015)

Schmitt, Eric, U.S. Practices How to Down Hijacked Jets, N.Y. Times, 03.10.2003, http://www.nytimes.com/2003/10/03/us/us-practices-how-to-down-hijacked-jets.html, (zuletzt eingesehen 24.10.2015)

Schultz, Paul, The Necessity Defense Revisited: An Examination Through the Case of Regina v. Dudley & Stephens and President Bush's Order to Shoot Down Hijacked Aircraft in the Wake of September 11, 2001, 3 Rutgers J. L. & Religion (2001-2002), http://lawandreligion.com/sites/lawandreligion.com/files/Schultz.pdf, (zuletzt eingesehen 16.10.2015)

Smith, Clive Stafford, We are sleepwalking into the Drone Age, unaware of the consequences, The Guardian, 02.06.2012, http://www.theguardian.com/commentisfree/2012/jun/02/drone-age-obama-pakistan (zuletzt eingesehen 14.11.2015)

Stevens, John, „NYPD-Missiles would not have stopped 9/11": Mayor Bloomberg Casts Doubt on Police Chief's Claim That Cops Can Shoot Down Planes over New York, The Daily Mail, 26.09.2011, http://www.dailymail.co.uk/news/article-2041882/Mayor-Bloomberg-casts-doubt-police-chiefs-claims-cops-shoot-planes-New-York.html, (zuletzt eingesehen 24.10.2015)

The 9/11 Commission Report, http://www.9-11commission.gov/report/911Report.pdf, (zuletzt eingesehen 21.09.2015)

The New York Times, Indictment against Dzhokhar Tsarnaev, http://www.nytimes.com/interactive/2013/06/27/us/28tsarvaev-indictment.html?_r=1&, (zuletzt eingesehen 15.11.2015)

The White House, Fact Sheet: U.S. Policy Standards and Procedures for the Use of Force in Counterterrorism Operations Outside the Unites States and Areas of Active Hostilities, 23.05.2013, http://www.whitehouse.gov/the-press-office/2013/05/23/fact-sheet-us-policy-standards-and-procedures-use-force-counterterrorism, (zuletzt eingesehen 20.10.2015)

The White House, President Barack Obama's State of the Union Address, 28.01.2014, https://www.whitehouse.gov/the-press-office/2014/01/28/president-barack-obamas-state-union-address (zuletzt eingesehen 10.11.2015)

The White House, The National Security Strategy of the United States of America (2002) (= Security Strategy 2002), http://www.state.gov/documents/organization/63562.pdf, (zuletzt eingesehen 24.10.2015)

Tokioter Abkommen, http://www.luftrecht-online.de/l-o-regelwerke/TokioterAbkommenD.pdf, (zuletzt eingesehen 24.10.2015)

Tolmein, Oliver, Feindstrafrecht und Krieg, http://www.menschenundrechte.de/cms2/documents-upload/pdf/1153327940.PDF, (zuletzt eingesehen 14.06.2015)

United Nations, Security Council Official Records 2476th Meeting: 12. September 1983, http://www.securitycouncilreport.org/atf/cf/%7B65BFCF9B-6D27-4E9C-8CD3-CF6E4FF96FF9%7D/s_pv_2476.pdf, (zuletzt eingesehen 17.11.2015)

USA Today, Official: 15 of 19 Sept. 11 hijackers were Saudi, 06.02.2002, http://usatoday30.usatoday.com/news/world/2002/02/06/saudi.htm, (zuletzt eingesehen 15.11.2015)

US-Today/WOLRD, Israel Shoots Down Lebanese Civilian Plane, Associated Press, 19.06.2001, http://www.usatoday.com/news/world/mideast/2001-05-24-planeshotdown.htm, (zuletzt eingesehen 24.10.2015)

Watkin, Kenneth, Warriors without Rights? Combatants, Unprivileged Belligerents, and the Struggle Over Legitimacy, http://www.hpcrresearch.org/sites/default/files/publications/OccasionalPaper2.pdf, (zuletzt eingesehen 17.11.2015)

Wiefelspütz, Dieter, Bundeswehr muss Terrorangriffe aus der Luft abwehren, DIE WELT vom 20.02.2006, http://www.welt.de/print-welt/article199274/Bundeswehr-muss-Terrorangriffe-aus-der-Luft-abwehren.html, (zuletzt eingesehen 20.06.2015)

Wikipedia, Hijackers in the September 11 attacks, http://en.wikipedia.org/wiki/Hijackers_in_the_September_11_attacks, (zuletzt eingesehen 15.11.2015)

Wikipedia, Timothy McVeigh, http://de.wikipedia.org/wiki/Timothy_McVeigh, (zuletzt eingesehen 15.11.2015)

Stichwortverzeichnis

Anhang

Antworten Weiterleiten Löschen

RE: Message from www.faa.gov: Steve.Haga@faa.gov

Datum: 10.02.2015 (16:32:11 CET)
Von: Steve.Haga@faa.gov
An: sarah.fischer@jura.uni-hannover.de

Text (2 KB)

Sarah,

FAA Order 7610.4 is only available for individuals/agencies with an operational need to know. I am unable to provide you access to this order.

Steve W. Haga
Aviation Technical Systems Specialist
FAA WSC, Operations Support Group, AJV-W2
Office: 425-203-4563
Fax: 425-203-4580
Cell: 206-225-0456

---@-(v)-@---

-----Original Message-----
From: sarah.fischer@jura.uni-hannover.de [mailto:sarah.fischer@jura.uni-hannover.de]
Sent: Tuesday, February 10, 2015 7:25 AM
To: Haga, Steve (FAA)
Subject: Message from www.faa.gov: Steve.Haga@faa.gov

This email was sent through the Federal Aviation Administration's public website. You have been contacted via an email link on the following page:
http://www.faa.gov/air_traffic/publications/spec_ops/

Message:

Dear Mr. Haga:

My name is Sarah Fischer and I am currently writing my doctoral thesis at the University of Hannover, Germany, comparing the rules and regulations regarding a response to a hijacked aircraft in the US and in Germany. I was able to access the 9/11 Commissioners Report, but found out that the former FAA regulation was cancelled.
If possible, it would be really helpful if you could give me access to the new regulations, especially FAA Order JO 7610.4 - Special Operations FAA Order JO 7110.67 - Special Aircraft Operations by Federal, State Law Enforcement, Military Organizations and Special Activities dealing with the emergency responses to the threat of a hijacked aircraft in the US.

Thank you very much. If you have any further questions, please let me know.
Sincerely,
Sarah Fischer